ORGANIZIMI DHE ARKITEKTURA E KOMPJUTERAVE

Nëpërmjet shembujve dhe ushtrimeve

Agim Çami

Pjesa e parë

ORGANIZIMI DHE ARKITEKTURA E KOMPJUTERAVE
(Nëpërmjet shembujve dhe ushtrimeve)
Pjesa e parë

nga

Agim Çami
Lektor i lëndës "Arkitekturë e Kompjuterave" në Universitetin e Tiranës
agimcami@gmail.com ; http://www.agimcami.al/

ISBN-13: 978-1480197909

ISBN-10: 1480197904

Në kujtim të tim eti...

Përmbajtja

vi

Parathënie

Libri që ju keni në dorë, është vazhdim dhe plotësim i koncepteve dhe elementëve themelorë të organizimit dhe arkitekturës së kompjuterit, të trajtuara tashmë, kryesisht në formë teorike, në librin : Agim Çami - "Arkitektura e Kompjuterave", botim i parë, 2011.

Libri, *"Organizimi dhe Arkitektura e Kompjuterave– nëpërmjet shembujve dhe ushtrimeve"*, ndalet në aspekte aplikative të çështjeve të trajtuara në librin e teorisë. Në këtë botim të ri, vend të veçantë zënë trajtimi i aspekteve plotësues, duke u fokusuar në shpjegimin e shembujve ilustrues.

Konceptet dhe çështjet e shtjelluara në librin e teorisë, ilustrohen nëpërmjet shembujve të shumtë të zgjidhur; janë gjithsej 163 të tillë.

Të gjithë kapitujt shoqërohen me ushtrime. Do të gjeni rreth 215 ushtrime për zgjidhje në dispozicionin tuaj. Gjithashtu, rreth 50 quize të shpërndarë në libër, do t'u lehtësojnë kontrollin e shpejtë të njohurive.

Kapitujt përfundojnë me raste studimi dhe kuriozitete, që shpresoj t'ua bëjnë më të këndshëm studimin.

Studim të këndshëm!

Agim Çami

Tiranë, tetor 2012

"I have always wished that my computer would be as easy to use as my telephone... My wish has come true : I no longer know how to use my telephone" .

Bjarne Stroustrup

KAPITULLI 1

KONCEPTE FILLESTARE TE ORGANIZIMIT TE KOMPJUTERIT

1.1 Struktura e kompjuterit sipas John Von Neuman

Kompjuteri sipas konceptit të Von Neuman është i ndërtuar bazuar në parimin të programit të regjistruar në kujtesë. Kështu, programi dhe të dhënat shoqëruese gjenden të regjistruar në kujtesë, pa i dalluar njëri nga tjetri. Instruksionet janë pra sekuenca bitësh, të cilët duhet të lexohen nga kujtesa (*"fetch"*), dekodohen e pastaj ekzekutohen në radhë, njëri pas tjetrit. Në figurën 1.1, gjendet kompjuteri që mundëson realizimin e konceptit të Von Neuman.

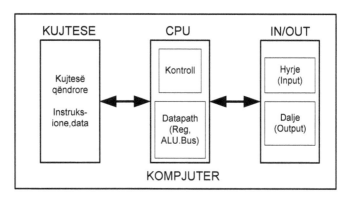

Figura 1.1

Modeli i kompjuterit sipas Von Neuman presupozon se instruksione dhe të dhënat që ai manipulon gjenden në të njëjtën kujtesë, ose siç thuhet ndryshe në të njëjtën hapësirë adresimi. CPU përdor të njëjtët sinjale kontrolli për leximin e instruksioneve ashtu edhe të të dhënave. Kjo arkitekturë e kujtesës njihet edhe me emrin "arkitektura Princeton" (ang. "Princeton architecture").

Një mënyrë tjetër e administrimit të kujtesës është edhe ajo ku instruksionet dhe të dhënat vendosen në kujtesa të ndryshme, pra në hapësira të ndryshme adresimi. Në këtë rast, CPU përdor dy bashkësi të veçanta sinjalesh kontrolli për leximin e instruksioneve dhe të dhënave. Kjo arkitekturë njihet me emrin "arkitektura Harvard" (ang. "Harvard architecture").

Regjistrimi i instruksioneve të programit në kujtesën e kompjuterit, bën të domosdoshme edhe ekzekutimin e instruksioneve njeri pas tjetrit, sipas një sekuence të caktuar. Kështu, instruksionet lexohen prej kujtesës qëndrore, dekodohen, ekzekutohen, e kështu me radhë.

Shembull 1.1
Supozojmë se procesori mund të ekzekutojë instruksionet e paraqitur në tabelën 1.1. Në tabelë paraqiten fazat që kalon secili instruksion, shoqëruar me kohëzgjatjet përkatëse.

Jepet kodi :

```
load  r1, 100(r2)   ; Mem(r2+100) -> r1
add   r3,r1,r0      ; r1+r0-> r3
store r3, 104(r2)    ; r3 -> Mem(r2+104)
```

Të gjendet : sa do të zgjasë ekzekutimi i këtyre tre instruksioneve?

Zgjidhje
Ekzekutimi i instruksioneve prej procesorit do të kryhet në mënyrë sekuenciale. Pra, ekzekutimi i një instruksioni do të fillojë sapo të përfundojë ekzekutimi i paraardhësit. Nisur nga ky parim, mjafton të mbledhim kohët e ekzekutimit të instruksioneve që përbëjnë kodin, për të gjetur kohëzgjatjen e ekzekutimit të këtij kodi:

Koha e ekzekutimit të kodit = 8 + 6 +7 = 21 ns

Në figurën 1.1 janë paraqitur katër komponentët kryesorë që përbëjnë çdo kompjuter, si më poshtë :
1. Njësisë së kontrollit (ang. *"control unit"*) që realizon dekodimin e instruksioneve, sekuencimin në kohë të operacioneve, etj.

2. Rruga e të dhënave (ang. "*datapth*") që mundëson instruksionet të realizohen dhe që përbëhet prej bankës së regjistrave (ang. "*register file*"), ALU, regjistra specifikë (PC, Ri), etj.

   Njësia e kontrollit dhe "datapath" formojnë atë që zakonisht e quajmë procesor ose CPU (Central Processing Unit).

3. Kujtesa ku ruhen instruksionet dhe të dhënat që manipulohen.

4. Input/Output , që mundëson komunikimin me jashtë procesorit dhe që përbëhet prej pajisjeve In/Out, buset, kontrollorët etj.

Më poshtë do të trajtojë shkurtimisht secilin prej këtyre komponentëve, duke u ndalur kryesisht në disa koncepte të rëndësishme që lidhen me ta, shoqëruar me shembujt përkatës.

Tabela 1.1

Klasa e instruksio neve	Leximi i instruksio- neve (fetch)	Dekodim instruksi oni	Veprime ALU	Lexim i "data"	Shkrim (write) Regjistr i	Kohëzgj atja e plotë = Σ e fazave
	Ifetch	**Idecode**	**EXE- cution**	**MEM- ory**	**WBack**	
ALU (integer)	2 ns	1 ns	2 ns		1 ns	6 ns
Load	2 ns	1 ns	2 ns	2 ns	1 ns	8 ns
Store	2 ns	1 ns	2 ns	2 ns		7 ns
Branch	2 ns	1 ns	2 ns			5 ns
Jump	2 ns	1 ns	2 ns			5 ns

1.2 Procesori qëndror (CPU)

Funksioni dhe ndërtimi i procesorit trajtohen shkurtimisht në Kapitulli 1 të [1] dhe [2].

1.2.1 "Fjala" e një procesori

Përkufizim :

Fjalë (ang. "word", fr. "mot") është një grupim i caktuar bitësh që manipulohen si një njësi e vetme prej bashkësisë së instruksioneve dhe/ose hardware i procesorit. Pra, "fjala" duhet konsideruar si "njësia natyrale e të dhënave" që përdoret prej një procesori të caktuar.

"Fjala" është një karakteristikë e rëndësishme e procesorëve. Madhësia e fjalës ndikon në mënyrë të drejtpërdrejtë në madhësinë e regjistrave të një procesori, të cilët zakonisht kanë madhësinë e një fjale.

Shembull 1.2

Në aneksin e kapitullit, në tabelat 1.11 dhe 1.12, janë përmbledhur gjatësia e fjalës për disa nga procesorët dhe kompjuterat më në zë sipas kohës kur ata janë konceptuar.

Të gjithë procesorët modernë, siç tregohet në tabelat e aneksit, kanë fjalë me gjatësi 64 bit. Procesorët 64 bit përpunojnë dy herë më shumë të dhëna në një cikël clocku, në krahasim me procesorët 32 bit.

```
QUIZ 1.1

Cilët nga këta komponentë bëjnë pjesë në
CPU – Central Processing Unit ?

O  Njësia e kontrollit.

O  Kujtesa qëndrore.

O  "Datapath" (ALU, regjistra etj.).

O  Hard disk.

O  Sekuencor.

O  Bankë regjistrash.
```

1.2.2 Banka e regjistrave ("register files")
Banka e regjistrave (ang. "register file") është një nga komponentët qëndrorë të rrugës së të dhënave ("datapath") të procesorit. Banka e regjistrave është një grup regjistrash, të cilët mund të lexohen ose shkruhen duke i seleksionuar individualisht nëpërmjet instruksioneve. Seleksionim i tyre bëhet nëpërmjet numrit korrespondues të specifikuar në instruksion. Në përgjithësi, në këta regjistra ruhen të dhënat që manipulohen prej instruksionit, por disa prej tyre mund të kenë edhe përdorime specifike. Kështu p.sh. në regjistra të caktuar mund të ruhen adresa.

Banka e regjistrave, është pjesë e sistemit të kujtesës së procesorit. Regjistrat janë kujtesa më e shpejtë me të cilën operojnë instruksionet. Kryesisht për shkak të kostos së lartë, ata janë në numër të kufizuar. Shikoni "Hierarkia e kujtesës" në [1].

Shembull 1.3
Procesori R2000 është procesori i parë i familjes MIPS (Microprocessor without Interlocked Pipeline Stages), i cili ka 32 regjistra të organizuar në një bankë regjistrash. Gjatësia e regjistrave është 32 bit. Këta regjistra shërbejnë si vendndodhje të operandave që përdoren prej instruksioneve

arithmetikë e logjikë që manipulojnë numra të plotë (integer), sipas formatit të mëposhtëm:

Operacion	Regjister-destinacion	Regjister-burim1	Regjister-burim2

Në kodin e mëposhtëm tregohet si seleksionohen regjistrat nëpërmjet instruksioneve arithmetikë e logjikë.

```
add   $6, $5, $6      ; R6+R5 ->R6
sub   $9, $8, $6      ; R8- R6 ->R9
```

Për të përzgjedhur regjistrat në gjuhën asembler përdoret numri i regjistrit në formën $no.reg (ku no.reg = 0-31), por mund të përdoret edhe emërtimi konvencional i regjistrit, sipas tabelës të treguar në aneksin e kapitullit (Tabela 1.13). Sipas këtij, kodi i mësipërm do të merrte formën.

```
add   $a2, $a1, $a2   ; R6+R5 ->R6
sub   $t1, $t0, $a2   ; R8- R6 ->R9
```

> **QUIZ 1.2**
>
> *Instruksionet e programit ruhen në kujtesë*
> *në formë të koduar në formë:*
>
> O Asembler
>
> O Gjuhë makinë.
>
> O ASCII.
>
> O Hexadecimal

Në figurën e mëposhtme është paraqitur banka e regjistrave që përdoret prej procesorëve të familjes MIPS.

Ajo përbëhet prej dy portave që shërbejnë për leximin e njëkohshëm të regjistrave (Read Data 1 dhe 2) dhe një portë për shkrimin në regjistra (Write Data). Për seleksionimin e regjistrave përdoren tre grup-linjat përkatëse të adresës (Read/Write register selection).

Për të lexuar përmbajtjen e një regjistri të caktuar, meqenëse ky proces nuk ndryshon asnjë gjendje, mjafton që linjat "Read register selection" të specifikojnë regjistrin e duhur. Në dalje, pra në Read Data X, do të përftohet e dhëna e lexuar prej këtij regjistri. Në vetvete regjistrat konsiderohen si një vektor i bistablave të tipit D ("linear array of D Flip-flop").

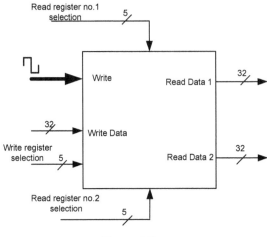

Figura 1.2

Shkrimi në një regjistër është disi më kompleks, sepse ai do të ndryshojë gjendjen e regjistrit të përzgjedhur. Në këtë rast, nevojiten tre hyrje : seleksionimi i regjistrit (Write register selection), të dhënat që do të shkruhen (Write data) dhe sinjali "Write", i cli kontrollon shkrimin.
Si mundësohet seleksionimi i regjistrit brenda bankës? Për këtë le të "futemi" brenda saj. Në figurën 1.3 tregohet përzgjedhja e regjistrave në dy daljet për lexim.
Seleksionimi i regjistrave mundësohet prej dy multiplexerave 32-to-1 (MUX), nga një për secilën dalje "Read data". Në këtë mënyrë mund të lexohen njëkohësisht dy regjistra të bankës. Në mënyrë të ngjashme seleksionohen regjistrat në shkrim. Për këtë, përdoret një dekodues 1-to-32, i cili në bashkëpunim me portën AND do të dërgojë impulsin "write" në hyrjen clock të regjistrit përkatës. Në këtë mënyrë, të dhënat që gjenden në hyrje "Register ata ose "Write data", do të shkruheshin në regjistrin e përzgjedhur. Kjo tregohet në figurën 1.4
Në shembullin 1.3, regjistri $6 është njëkohësisht në origjinë të operandës dhe destinacion të rezultatit të instruksionit "add". Ky veprim duhet të ndodhë brenda një cikli clocku. Kjo realizohet prej hardwar-it të "register file", i cili bën të mundur që i njëjti regjistër të shkruhet në gjysmën e parë

18

të ciklit të clock-ut dhe mandej ai të mund të lexohet në gjysmën e dytë të tij.

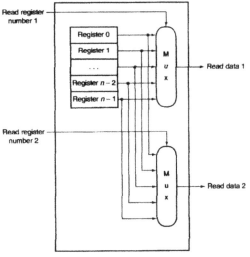

Figura 1.3

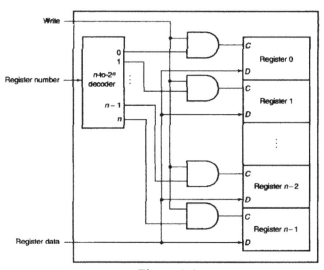

Figura 1.4

Në aneksin e këtij kapitulli janë treguar regjistrat e programueshëm të procesorëve të familjes 80x86.

QUIZ 1.3

Banka e regjistrave të procesorit përdor MUX 16-to-1. Numri i regjistrave në bankë është :

O 2^{16} O 2^1 O 4   O 16   O 32

1.3 Njësia arithmetike dhe logjike (ALU)

Bashkësia e instruksioneve të cilitdo procesor është e pajisur me një numër të konsiderueshëm instruksionesh të manipulimit të të dhënave. Për të mundësuar ekzekutimin e këtyre instruksioneve, "datapath-i" i procesorit plotësohet me njësi arithmetike e logjike, shkurt ALU. Për më shumë informacion referojuni [1].

1.4 Kujtesa qëndrore

Instruksionet manipulojnë me shpejtësi të dhëna të ruajtura në regjistra, por numri i tyre është i pamjaftueshëm. Kështu, procesori e ka të domosdoshme të lexojë dhe ekzekutojë programe me madhësi të konsiderueshme (disa KB –qindra MB); të manipulojë të dhëna të organizuara në tabela me madhësi gjithashtu jo të vogël; të manipulojë skedarë të dhënash me madhësi dhjetëra GB apo edhe më shumë. Në këto raste na vjen në ndihmë kujtesa qëndrore e kompjuterit. Ajo është në qendër të hierarkisë së kujtesës të çdo sistemi kompjuterik.

Kujtesa qëndrore e një kompjuteri mund të konsiderohet si një tabelë një-dimensionale, ku adresa me të cilën ajo kapet, shërben si indeksi i tabelës duke filluar prej vlerës zero. Cila është madhësia e informacionit në kujtesë, që mund të kapet ose shprehet me një adresë ? Kjo vlerë shprehet nëpërmjet një parametri, që shpesh quhet edhe "granulariteti i kujtesës" (kokërrzim i kujtesës= memory access granularity), i cili tregon se sa është madhësia më e vogël (ose njësia) e informacionit në kujtesë që një adresë mund të kapë ose që përfaqëson. Kështu dallojmë :

- Kujtesë e adresueshme në nivel byte ("byte addressable memory"), ku secili byte në kujtesë ka adresën e tij të vetme. Ky është rasti i pjesës më të madhe të kompjuterave aktualë.

- Kujtesë e adresueshme në nivel fjale ("word addressable memory"). Në këtë rast është *fjala* (word) në kujtesë ajo që disponon një adresë të vetme. Presupozohet se një fjalë është shumëfish i byte.

1. KONCEPTE FILLESTARE TE ORGANIZIMIT TE KOMPJUTERIT

Skematikisht kjo është paraqitur në figurën e mëposhtme. Kujtesat janë të organizuara me "N" adresa me 1 byte secila dhe "K" adresa me 1word = 2 byte.

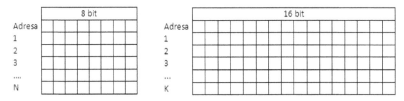

Figura 1.5

Procesorët ose kompjuterat aktualë, pavarësisht se mundësojnë adresimin e kujtesës në nivel byte, ata lexojnë/shkruajnë në kujtesë dhe manipulojnë *fjalë* që janë shumëfishë të byte (zakonisht word = 32 bit ose 64 bit). Çfarë do të thotë kjo? Le të përpiqemi ta sqarojmë këtu më poshtë.

Për rastin e aksesit të kujtesës, procesori me gjatësi fjale 32 bit dhe me mundësi adresimi të kujtesës me byte, mund të përdorim skematikisht figurën e mëposhtme.

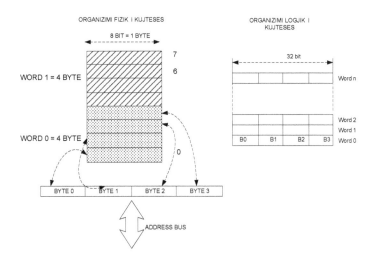

Figura 1.6

Ashtu sikurse paraqitet në figurë, pavarësisht se kujtesa është e adresueshme me byte, procesori komunikon me kujtesën vetëm nëpërmjet fjalëve me madhësi 4 byte. Pra, procesori e trajton kujtesën të organizuar me fjalë me madhësi 4 byte, pavarësisht se fizikisht ai e adreson atë duke përdorur adresën e byte të parë të fjalës përkatëse. Kjo është mënyra se si e shikojnë sot kujtesën pjesa dërmuese e procesorëve modernë. Lind pyetja :

përse atëherë është e nevojshme që kujtesa të adresohet me byte ndërkohë që ajo lexohet vetëm me fjalë?

Le të përpiqemi ta sqarojmë këtë fakt duke e trajtuar për analogji me adresat e apartamenteve.

Në një godinë shumëkatëshe (kujtesë qëndrore), në çdo kat (1kat=1fjalë), gjendet një numër i caktuar apartamentesh (1apart.= 1byte). Për të identifikuar apartamentin (byte) është e domosdoshme adresa e tij.

Në dy shembujt e deklarimit të variablave të paraqitura këtu më poshtë, pavarësisht se procesori i lexon/shkruan njëherazi ato në kujtesë, ai ka nevojë ti identifikojë ato në mënyrë më të detajuar. Për këtë shërben tipi i variabëlit "char" (që është më i vogli i mundshëm) të cilin, ashtu si edhe të gjithë variablat e tjerë, kompilatorët mund ti rezervojnë vendin e duhur vetëm në kujtesën qëndrore të kompjuterit. Në rastin e "char" natyrisht që hapësira është = 1 byte.

```
/*lista e karaktereve ne kujtese*/
    char  data1;
    char  data2;
    char  data3;
    char  data4;
    .....
ose

struct  adresa {
    short  int numri_i_pallatit;
    char       kati;
    char       apartamenti_no;
}
```

Disa përfundime

- Pjesa dërmuese e procesorëve modernë komunikojnë me kujtesën qëndrore duke përdorur "fjalën" e procesorit si njësi, ndërkohë që granulariteti i saj është 8 bit ose një karakter.

- Një adresë e kujtesës qëndrore është gjithmonë një numër i plotë (integer) pa shenjë.

- Parametrat e mësipërm nuk përcaktohen nga kujtesa, por nga vetë procesori ose procesorët, të cilëve ajo u shërben.

Shembull 1.4

Supozoni se kujtesa qëndrore e një kompjuteri ka madhësi 2M x 32. Sa bit do të nevojiteshin për të adresuar këtë kujtesë në qoftë se :

   a.   Kujtesa është e adresueshme në nivel byte ("byte adressable")?
   b.   Kujtesa është e adresueshme në nivel fjale ("word adressable")?

1. KONCEPTE FILLESTARE TE ORGANIZIMIT TE KOMPJUTERIT

Zgjidhje
Madhësia e fjalës në këtë kujtesë është 32 bit = 4 byte.
- a. Kujtesa është e organizuar në formën 2M x 32 bit = 2 x 1024 x 1024 x 4 byte = $2 \times 2^{20} \times 2^2 = 2^{23}$

Përfundimisht për të zgjedhur 1 byte në këtë kujtesë do të nevojiteshin 23 bit adresë.
- b. Meqenëse kujtesa ka 2M fjalë (1 fjalë = 4 byte), atëherë për të adresuar kujtesën do të nevojiteshin 21 bit ($2 \times 2^{20} = 2^{21}$).

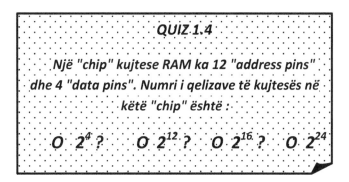

QUIZ 1.4

Një "chip" kujtese RAM ka 12 "address pins" dhe 4 "data pins". Numri i qelizave të kujtesës në këtë "chip" është :

O 2^4 ?   O 2^{12} ?   O 2^{16} ?   O 2^{24}

Shembull 1.5
Kujtesa qëndrore e një kompjuteri ka madhësi 2^{20} byte. Të gjendet :
- **a.** Cila është adresa më e vogël dhe më e madhe, të shprehura në decimal, binar dhe hexadecimal, në se kujtesa është e adresueshme në nivel byte ("byte adressable").
- **b.** Cila është adresa më e vogël dhe më e madhe, të shprehura në decimal, binar dhe hexadecimal, në se kujtesa është e adresueshme në nivel fjale me madhësi 32 bit ("word adressable").

Zgjidhje
Për të dy rastet, adresat do të shtrihen në intervalin nga 0 në 2^n-1, ku "*n*" i korrespondon fuqisë së 2-shit e nevojshme për të përftuar adresat e nevojshme.
- a. Në këtë rast n =20, pra fusha e shtrirjes së adresave do të ishte : 0 deri 2^{20} - 1

  Decimal : 0 – 1048575, binar : 0-11111111111111111111, hexadecimal : 0-FFFFF

- b. Në këtë rast, meqenëse 1fjalë = 4 byte, atëherë kujtesa me madhësi 2^{20} byte do të përmbante $2^{20}/2^2 = 2^{18}$ falë. Pra, n=18 që i korrespondon fushës së shtrirjes së adresave : 0 deri 2^{18}-1.

  Decimal : 0-262143, binar : 0-111111111111111111, hexadecimal : 0-3FFFF

Shembull 1.6

Procesorët P1 dhe P2, që operojnë fjalë me gjatësi 32 bit, përdorin 30 bit për adresimin e kujtesës. Pavarësisht se përdorin numër të njëjtë bitësh, ata kanë zgjedhur modele të ndryshme për adresimin e kujtesës. Kështu P1 përdor mënyrën e adresimit në nivel byte, ndërsa P2 adresim në nivel fjale. Llogarisni madhësinë e kujtesës qëndrore në byte që këta dy procesorë mund të adresojnë.

Zgjidhje

Për të dy procesorët hapësira e adresimi të kujtesës shtrihet në intervalin $0 - 2^{30} - 1$. Në total pra, mund të adresohen $1 \times 10^9 = 1$ G njësi memorizuese. Kështu procesori P1 do të mund të adresojë kujtesë me madhësi 1Gbyte ndërsa procesori P2 1Gfaljë = 1Gx4 byte = 4 Gbyte.

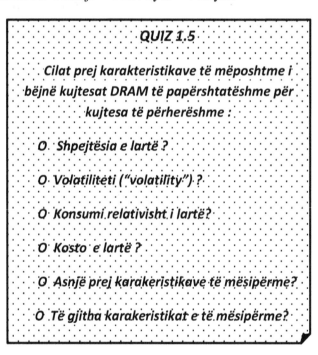

QUIZ 1.5

Cilat prej karakteristikave të mëposhtme i bëjnë kujtesat DRAM të papërshtatëshme për kujtesa të përherëshme :

O Shpejtësia e lartë ?

O Volatiliteti ("volatility") ?

O Konsumi relativisht i lartë?

O Kosto e lartë ?

O Asnjë prej karakeristikave të mësipërme?

O Të gjitha karakeristikat e të mësipërme?

1.5 Kujtesa të alinjuara dhe të pa-alinjuara. Big Endian, Little Endian

Përderisa procesorët ose kompjuterat aktualë, pavarësisht se mundësojnë adresimin e kujtesës në nivel byte, ata lexojnë/shkruajnë në kujtesë dhe manipulojnë *fjalë* që janë shumëfishë të byte, atëherë lindin edhe këto dy çështje, të cilat mund të konsiderohen edhe si komplikime, për tu trajtuar :

1. Alinjimi i fjalëve në kufijtë natyrore të kujtesës.
2. Renditja e byteve në kujtesën qëndrore (big-endian , little-endian)

1.5.1 Kujtesa të alinjuara dhe të pa-alinjuara

Skematikisht kjo situatë, për rastin kur procesorët kanë fjalë të njëjtë prej 32 bitësh, është paraqitur në figurën e mëposhtëme. Në të dy rastet lexohen 4 byte në kujtesë.

Bytet në fjalë	0	1	2	3
Alinjuar				
Jo –ali-njuar				
Jo –ali-njuar				

Adrs.0	4		8		12	16
Adrs.0	4	5	8	9	12	16

Figura 1.7

Në përgjithësi mund të themi se kapja në kujtesë i një informacioni me madhësi m në adresën A do të jetë i alinjuar kur :

A mod m = 0

Skematikisht ky fakt është paraqitur në figurën e mëposhtme (marrë prej [3]).

Gjarësia e objektit	Vlera e tre biteve me peshë më të vogël të adresës							
	0	1	2	3	4	5	6	7
1 byte	Alinjuar	Alinjuar	Alinjuar	Alinjuar	Alinjuar	Alinjuar	Alinjuar	Alinjuar
2 byte (halfword)	Alinjuar		Alinjuar		Alinjuar		Alinjuar	
2 byte (halfword)		Jo-alinjuar		Jo-alinjuar		Jo-alinjuar		Jo-alinj.
4 byte (word)	Alinjuar				Alinjuar			
4 byte (word)		Jo-alinjuar				Jo-alinjuar		
4 byte (word)			Jo-alinjuar				Jo-alinjuar	
4 byte (word)				Jo-alinjuar				Jo-alinj.
8 byte doubleword	Alinjuar							
8 byte doubleword		Jo-alinjuar						
8 byte doubleword			Jo-alinjuar					
8 byte doubleword				Jo-alinjuar				
8 byte doubleword					Jo-alinjuar			
8 byte doubleword						Jo-alinjuar		
8 byte doubleword							Jo-alinjuar	
8 byte doubleword								Jo-alinj.

Figura 1.8

Nga barazimi i mësipërm dhe figura, rezulton se adresat do të jenë të alinjuara kur:

- Byte-t mund të fillojnë kudo, në cilëndo adresë; ata janë kurdoherë të alinjuar.
- Gjysmë-fjalët ("halfwords = 2Byte) të fillojnë në adresa që plotpjesëtohen me 2.
- Fjalët (words) të fillojnë në adresa që plotpjesëtohen me 4.
- Fjalët dyfishe ("doublewords") të fillojnë në adresa që plotpjesëtohen me 8.

Pra shkurt : që të dhënat të gjenden në adresa të alinjuara në kujtesë duhet që ato, pra adresat, të jenë shumëfishe të madhësisë së të dhënave në kujtesë.

Historikisht kompjuterat e hershëm si p.sh IBM System/360 (1964) kanë përdorur kujtesë të alinjuar. Më vonë, për të lehtësuar kufizimet që alinjimi shkakton në programim dhe në thjeshtimin e realizimit të kompilatorëve, u adaptuan kujtesat e pa-alinjura. Të tillë janë p.sh. kompjuterat e familjes IBM 370 dhe procesorët Intel x86. Pas viteve '80, procesorët RISC risollën alinjimin e kujtesës për disa arsye që janë : rritje e performancës, zvogëlimi i kompleksitetit, thjeshtim i manipulimit të kujtesës virtuale etj. Përjashtim përbën procesori PowerPC, i tipit RISC, i cili mund të përdorë të dhëna të pa-alinjuara në kujtesë.

Përse alinjimi i të dhënave në kujtesë sjell rritjen e performancës si pasojë e rritjes së shpejtësisë së leximit të kujtesës?

Për ta sqaruar, vini re figurën e mëposhtme.

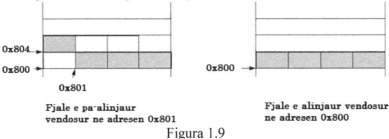

Fjale e pa-alinjaur
vendosur ne adresen 0x801

Fjale e alinjaur vendosur
ne adresen 0x800

Figura 1.9

Për rastin e kujtesës së alinjuar, fjala në adresën 0x800, me gjatësi 4 byte lexohet /shkruhet në një cikël aksesi të kujtesës. Ndërsa në rastin e kujtesës së pa-alinjuar do të nevojiteshin :

1 cikël leximi të 3 byte në adresën 0x801 (koha T0)

1 cikël leximi të 1 byte të mbetur në adresën 0x804 (koha T1)

1 cikël për rigrupimin e alinjuar të byte-eve në një regjistër të përkohshëm (koha T2).

Këto operacione janë paraqitur skematikisht në figurën 1.10.

Përse është i rëndësishëm alinjimi ?

Le të marrim një shembull të shtrirjes në kujtesë të një strukture në gjuhën C.

Shembull 1.7

```
struct shembull4 {
   char a;
   short b;
   char c;
   int d ;
}
```

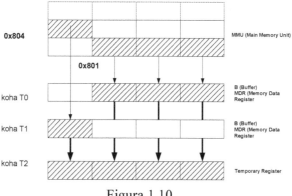

Figura 1.10

Normalisht kjo strukturë do të duhej të okuponte 1+2+1+4= 8 byte në kujtesë. Në realitet, kompilatorët, për të evituar zvogëlimin e performancave që shkakton mos-alinjimi i kujtesës, kryejnë alinjimin e strukturës ndoshta edhe në dëm të okupimit të saj në kujtesë. Kjo është paraqitur në figurën e mëposhtme.

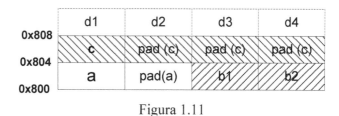

Figura 1.11

Pra, struktura "*shembull4*" do të shtrihet në kujtesë në 12 byte në vend të 8 byte të llogaritura.

Kompilatori shton blloqe "pad" për të "mbushur" hapësirat në kujtesë. Procesi quhet "padding".

Si mund të optimizojmë këtë strukturë me qëllim që të okupojë më pak vend në kujtesë? Shumë thjesht, mjafton që të ri-rendisim variablat si më poshtë:

```
struct shembull4 {
    char a;
    char c;
    short b;
    int d ;
}
```

Shembull 1.8

Le të shohim një rast tjetër

```
struct A
{
    char x;
    int z;
    char y;
}
```

Sa hapësirë do të zinte në kujtesë kjo strukturë me supozimin se madhësia e fjalës është 32 bit? Si mund të optimizohet ajo?

Zgjidhje

Struktura A do të okuponte 12 byte në kujtesën qëndrore si më poshtë:

charx pad pad pad
intz   intz intz intz
chary pad pad pad

Pas riorganizimit në formën e mëposhtëme, e njëjta strukturë do të okuponte tani 8 byte:

```
struct A
{
    char x;
    char y;
    int z;
}
```

Disa përfundime

Si trajtohet alinjimi i kujtesës prej procesorëve të ndryshëm?

a. Në mënyrë eksplicite, që do të thotë se bashkësia e instruksioneve të procesorit përmban instruksione të posaçëm që e kapin kujtesën në mënyrë të alinjuar dhe instruksione të tjerë që e trajtojnë atë të pa-alinjuar. Do të gjenerohet një gabim, kur një adresë e pa-alinjuar kapet me një instruksion "të alinjuar", dhe anasjelltas.

Shembull : Procesorët MIPS hyjnë në këtë kategori. Ja disa nga instruksionet e kapjes së kujtesës të MIPS:

Tabela 1.2

Instruksioni	Përshkrimi	Të dhënat e alinjuara?
Lw	Load Word	Po
Lwu	Load Word Unsigned	Po
Sw	Store Word	Po
Lwl	Load Word Left	Jo
Lwr	Load Word Right	Jo
Swl	Store Word Left	Jo
Swr	Store Word Right	Jo

28

b. <u>Në mënyrë implicite</u>, që do të thotë se bashkësia e instruksioneve të procesorit përmban vetëm një grup instruksionesh që kapin kujtesën pavarësisht si janë të dhënat në të. Mikroarkitektura e kompjuterit do të kapë shpejt kujtesën kur të dhënat janë të alinjuara dhe ngadalë në rast të kundërt.

Shembull : Të gjithë procesorët e familjes Intel x86, hyjnë në këtë kategori. Të dhënat e alinjuara kapen shumë më shpejt se në rastin kur ato nuk janë të alinjuara. Sidoqoftë, shtesa SSE2 (Streaming SIMD Extensions 2) e instruksioneve të kësaj familje, kërkon që të dhënat të jenë të alinjuara me 16 byte (128 bit).

QUIZ 1.6

Pjesë të Sistemit Operativ (BIOS) që përdoren edhe për lëshimin e kompjuterit (boot), vendosen zakonisht në ROM sepse :

O ROM është më i shpejë se RAM !

O ROM është më i lirë se RAM !

O ROM është jo volatile !

O Asnjë nga arsyet e mësipërme !

1.5.2 Renditja e byte-ve në kujtesën qëndrore ("byte order")
Big-endian,little-endian, apo e thënë ndryshe "ku ta kërkoj zeron"?
Përderisa kujtesa qëndrore e kompjuterit zakonisht është e adresueshme me byte, atëherë variablat që kanë gjatësi më të madhe se një byte (short, int etj.) kanë dy mundësi për tu "akomoduar" në kujtesë :
- Të vendosin byte-in me peshë më të madhe (MSB –"Most Significant Bit") në fillim dhe pastaj të tjerët në vazhdim. Pra, në adresat me vlerë më të vogël të kujtesës do të vendoset MSB.
- Të vendosin byte-in me peshë më të vogël (LSB –"Least Significant Bit") në fillim dhe pastaj të tjerët në vazhdim. Pra, në adresat me vlerë më të vogël të kujtesës do të vendoset LSB.

Skematikisht kjo situatë paraqitet në figurë për rastin kur kërkohet të zënë vend 4 byte (p.sh. një integer)

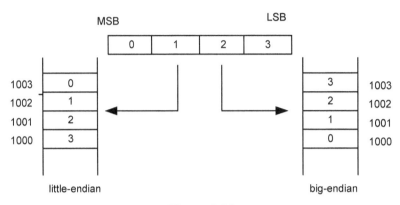

Figura 1.12

Për herë të parë *Danny Cohen në artikullin "On holy wars and a plea for peace"* [7], opsionin e parë e quajti "majë-gjerë" (ang."big-endian", fr."gros-boutiste"), ndërsa të dytin "majë-ngushtë" (ang. "little-endian", fr. "petit-boutiste") sipas personazheve të librit të famshëm të Jonathan Swift "Udhëtimet e Guliverit". Ndërsa fenomeni u quajt "endianess". Pra, një procesor "majë-gjerë" ("big-endian") vendos fillimisht në kujtesë apo lexon prej kujtesës, bitët MSB. Ndërsa procesorët "majë-ngushtë" bëjnë të kundërtën, ata vendosin apo lexojnë në fillim, bitët LSB.

Shembull 1.9
Supozojmë se variabëli me gjatësi 4 byte (integer) ka vlerën 00001234 në hexadecimal (0x1234). Ai vendoset në kujtesë duke filluar prej adresës 0x100. Tregoni vendosjen në kujtesë të variabëlit kur procesori është një "big-endian" dhe kur një "little-endian".
Zgjidhje
Skematikisht rezultati paraqitet këtu më poshtë
Tabela 1.3

Adresa në KQ	100	101	102	103
Big-endian(hexa)	00	00	12	34
Little-endian(hexa)	34	12	00	00

KQ=Kujtesë Qëndrore

Shembull 1.10
Supozojmë se deklarojmë variabëlin "string":

char string[] = "abcdef";
Supozojmë se "string" do të vendoset në kujtesë duke filluar prej adresës 0x100. Tregoni vendosjen në kujtesë të "string" kur procesori është një "big-endian" dhe kur një "little-endian".

Zgjidhje

Skematikisht rezultati paraqitet këtu më poshtë

Tabela 1.4

Adresa në KQ	100	101	102	103	104	105	106
Big-endian	a	b	c	d	e	f	0
Little-endian	a	b	c	d	e	f	0

Shembull 1.11

Vlera me 32 bit 0x30a79847 vendoset në adresën 0x100. Cila do të jetë vlera në adresën 0x101 n.q.s. procesori është big-endian? Po little-endian?

Zgjidhje

Skematikisht rezultati paraqitet këtu më poshtë

Tabela 1.5

Adresa në KQ	100	101	102	103
Big-endian(hexa)	30	a7	98	47
Little-endian(hexa)	47	98	a7	30

Vërtet kaq e rëndësishme dhe problematike qenka çështja "endianess" në paraqitjen e të dhënave? Nuk është edhe aq, sa kohë që të dhënat nuk dalin jashtë kompjuterit apo komunikohet me kompjutera që kanë "endianess" të njëjtë. Por, "endianess" bëhet i rëndësishëm kur komunikohet ndërmjet kompjuterave me "endianess" të ndryshëm. Në këtë rast ai duhet njohur e testuar para fillimit të komunikimit.

Shembull 1.12

Supozojmë se shkruajmë një kod në C, i cili shkruan një integer në një skedar, si më poshtë:

init i;
fwrite(&i, sizeof(i), 1,f);

Kështu, funksioni fwrite() do të shkruajë në skedar 4 byte të " i", sipas renditjes së byte-ve kujtesën qëndrore. Për leximin e skedari përdoret kodi :

init i;
fread(&i, sizeof(i), 1,f);

fread() do të lexojë 4 bytet prej skedarit, sipas renditjes që ato kanë, dhe do ti vendosë në kujtesën qëndrore.

Natyrisht që procedura e mësipërme vlen sa kohë që kompjuterat kanë "endianess" të njëjtë. Ajo do të rezultojë në lexim të gabuar të skedarit kur ata kanë "endianess" të ndryshëm. Prandaj, "endianess" duhet të deklarohet, testohet dhe parashikuar proceduara që invertojnë rendin e të dhënave numerike në rast se është e nevojshme.

> **QUIZ 1.7**
>
> Një një kompjuter little-endian 32 bitësh dhe kujtesë të adresueshme me byte, vlera hexa 0xA1B2C3D5 regjistrohet në adresën 0x1000. Cila do të ishte vlera që gjendet e regjistruar në adresën 0x1002?
>
> O 0x2B   O 0xC3   O 0xD5   O 0x......   O 0x5D

Në tabelën e mëposhtëme tregohet në formë të përmbledhur "endianess" e disa procesorëve të njohur, protokolleve komunikimi dhe të disa formate skedarësh. Procesorët bi-endian mund të trajtojnë të dhënat në të dy format e "endianess".

Vini re në tabelë, se edhe skedarët binarë të të dhënave si p.sh. jpg, tiff, pcx etj., përdorin një renditje të caktuar të byteve në formimin e numrave. Pra, janë edhe ata subjekte të "endianess". Për më shumë informacion si trajtohet "endianess" në manipulimin me këta skedarë, shikoni në [8].

Tabela 1.6

	Big-Endian	**Little-Endian**	**Bi-Endian**
Procesorë	Motorola 68xxx	Intel x86	PowerPC
Procesorë	IBM 360/370	AMD	MIPS
Procesorë	HP PA-RISC	DEC VAX	ARM
Procesorë	Sun SPARC(<V9)	DEC ALPHA	Intel Itanium
Procesorë	Java Virtual Machine		Sun SPARC (>V9)
Protokoll komunikimi	TCP/IP	RS232	
Protokoll komunikimi	UDP	USB	
Protokoll komunikimi		PCI -32/-64/-Express	
File format	PSD	BMP	DFX (Acad)
File format	JPEG/JPG	GIF	PS
File format	SGI	PCX	TIFF
File format	MacPaint	RTF	

Në aneksin e kapitullit është përmbledhur në një tabelë "endianess" që përdorin disa sisteme operativë, në vartësi të procesorit ku ata funksionojnë. Kështu, sistemi operativ linux sillet si "little-endian" në mikroprocesorët Intel dhe si "big-endian" në SPARC apo PowerPC.

Megjithëse në pamjen e parë, përzgjedhja e formës së paraqitjes së të dhënave me majë të gjerë apo të ngushtë, është pa shumë rëndësi, në të vërtetë secila metodë ka përparësi dhe të meta. Ja cilat janë në formë të përmbledhur përparësitë e secilës mënyrë:

Big-endian : përcaktohet me lehtësi shenja e numrit, krahasim dhe pjesëtim i shpejtë i dy numrave, lexim i thjeshtë në një "debug".

Little-endian : mbledhje dhe shumëzim i shpejtë në rastin e numrave me precizion të ndryshueshëm ("multiprecizion").

1.6 Nënsistemi i hyrje/daljeve (ang. "Input/Output Subsystem)

Një nga komponentët e kompjuterit sipas Von Neuman, figura 1.1, janë edhe hyrje/daljet. Nënsistem i hyrje/daljeve njihet edhe me emrin Nën Sistem Periferik, shkurt NSP (ang. Peripherial Subsystem).

Ky nënsistem përmbush dy funksione themelore :

- Transferimin e programeve, të dhënave dhe rezultateve drejt dhe nga kujtesa qëndrore nën kontrollin e CPU, d.m.th. funksionin e komunikimit me ambientin e jashtëm.
- Ruajtjen e informacionit masiv në kujtesa të jashtme. Një nga detyrat më të rëndësishme të çdo sistemi të shfrytëzimit të kompjuterit lidhet drejtpërdrejt me përdorimin, kontrollin dhe ruajtjen e informacionit masiv në këtë nënsistem.

Për më shumë informacion rreth NSP referojuni [1].

1.7 Performanca në përgjithësi

La ta fillojmë këtë aspekt të trajtimit tonë me një koncept të rëndësishëm që ka të bëjë me shpejtësinë dhe kapacitetin.

1.7.1 Ngadalësia ose vonesa (ang. latency) dhe debiti (ang. Bandwidth ose "throughput")

Në përgjithësi, janë të vlefshme këto përkufizime:

- Ngadalësia (ang. "latency") është koha që nevojitet për të kryer një detyrë ("task") të caktuar.
- Debiti ("bandwidth") ose "throughput" shpreh numrin e detyrave ("task") që kryen në një kohë të caktuar.

Këto janë koncepte të përgjithshme, të aplikueshme pra edhe në fusha të tjera, përfshirë edhe atë të kompjuterave.

Shembull 1.13
Supozojmë se 10 persona duhet të shkojnë në një destinacion 10 km larg. Të analizojmë alternativat e mundshme për të kryer këtë transport.
   a. Përdorim një veturë : kapaciteti 5 persona, shpejtësia mesatare 60 km/orë. Do të duheshin 10 minuta për të transportuar një grup prej 5 personash. Në total do të nevojiteshin 30 minuta për transportin e grupit me 10 persona.
   b. Përdorim një autobus : kapaciteti 40 persona, shpejtësia mesatare 30 km/orë. Do të duheshin 20 minuta për të transportuar grupin prej 10 personash.
Përmbledhim rezultatet në tabelë:

Tabela 1.7

	Veturë	Autobus
Vonesa (latency) min.	10	20
Debit(bandwith) Persona/orë	15	60

Shënim : në të dy rastet është marrë në konsideratë rruga "bosh" në kthim.
Përfundimi : Vetura edhe pse është më e shpejtë, ka një "debit" shumë më të vogël se autobusi. Në rastin që po analizojmë, rezulton se përdorim i autobusit është optimali.

Le të shikojmë tani një rast të ndërmjetëm.
Shembull 1.14
Dy Fakultete të UT, që gjenden larg 10 km nga njeri-tjetri, mund të shkëmbejnë informacion elektronik në dy mënyra:
   1. Nëpërmjet lidhjes Internet me debit 12 Mb/s.
   2. Nëpërmjet një automobili, i cili distancën ndërmjet Fakulteteve e përshkruan me shpejtësi mesatare 20 km/orë. Ai mund të transportojë deri në 200 copë DVD më kapacitet 4.5 GB/copë.
Nga matjet që u bënë në linjën Internet rezultoi se vlera mesatare e "round-trip-time" mesatare është 80 ms.
Të gjenden:
   a. Vonesa dhe "bandwith" në rastin e përdorimit të linjës Internet ?
   b. Vonesa dhe "bandwith" në rastin e përdorimit të automobilit ?
   c. Supozoni se ndërmjet dy Fakulteteve do të shkëmbehen 22.5 GB të dhëna. Cilën mënyrë duhet të përzgjedhim si optimale?
Zgjidhje
   a. "Round Trip Time" është koha që shpenzon sinjali të përshkojë distancën vajtje-ardhje ndërmjet dy Fakulteteve. Rrjedhimisht vonesa e shkaktuar nga linja e Internetit do të ishte:
   Vonesa-i=80/2 = 40 ms = 0.04 s.

Debiti i linjës Internet llogaritet : 12 Mbit/8 = 1.5 MByte/s.

b. Vonesa e automobilit do të ishte : Vonesa-a=10/20 = 0.5 ore = 1800 s.

Prurja e të dhënave me automobil llogaritet : 4.5*1024*200/1800 = 512 MByte/s.

c. Në rastin e Internetit koha e nevojshme për të "lëvizur" 22.5 GB do të ishte :

22.5 *1024/1.5 MB/sek = 256 minuta = 4.27 orë

Në rastin e automobilit koha e nevojshme për të transportuar 5 copë DVD do të ishte i barabartë me Vonesa-a, pra 0.5 orë.

Duke pasur si kriter përzgjedhje kohën, përdormi i automobilit do të ishte optimali, krahasuar me lidhjen Internet.

Dhe tani një shembull plotësisht nga fusha e kompjuterave.

Shembull 1.15

Procesori Intel Pentium 4, për të komunikuar me komponentët e kompjuterit, përdor busin FSB (Front Side Bus), i cili ka këto parametra:

Bus Clock : 133 MHz.

Transanction/clock : 4

Bus With : 64 bit

Të llogariten vonesa dhe bandwith i busit FSB.

Zgjidhje

Vonesa e FSB do të përcaktohej nga kohëzgjatja e një transmetimi të dhënash në bus, e cila do të llogaritej:

Vonesa FSB = $1/133*10^6$ = 7.52 ns

Në çdo interval clocku kryhen 4 shkëmbime informacioni me nga 64 bit (8 byte) secili. Bandwith i busit FSB do të llogaritej:

Debit FSB = $133*10^6*4*8$= 4256 MB/s

1.7.2 Përcaktimi i performancës së kompjuterave

Si ti përdorim konceptet e ngadalësisë dhe debitit për të vlerësuar performancën e kompjuterave?

Për këtë përdorim dy parametra që janë :
- "koha e përgjigjes" (ang. "response time" ose "execution time"), që shpreh kohën e plotë që një kompjuter shpenzon për të kryer një detyrë.
- "bandwidth" ose "throughput"- që shpreh numrin e detyrave të kryera në njësinë e kohës.

Vërejtje : Dallojmë dy përcaktime që kanë të bëjnë me kohën e ekzekutimit të një programi ose detyre (task):

- Koha e plotë e ekzekutimit të një detyre ose programi, që në anglisht njihet me termat "wall-clock time", "response time" ose "elapsed time". Kjo është kohëzgjatja e plotë e nevojshme që të kompletohet një detyrë ose program, që përfshin kohën e shpenzuar nga CPU , kohën për kapjen e diskut (në përgjithësi Input/Output), kohën për aksesin e kujtesës, kohën e shpenzuar nga sistemi operativ (OS overhead). Pra, përfshihen të gjithë kontributorët e mundshëm në vonesat për realizimin e një programi ose detyre të caktuar.

   Kjo kohë shërben për të përcaktuar "performancën e sistemit" ose një kompjuteri në tërësi. Ky parametër në anglisht quhet "system performance".

- "CPU execution time", shkurt "CPU time", është koha që procesori shpenzon për realizimin e këtij programi ose detyre, duke lënë jashtë të gjithë kohët e tjera të konsumuara (disk access, input/output etj.). Kjo kohë ndahet zakonisht nga dy komponentë:

   o "User CPU Time", që është koha që procesori shpenzon në ekzekutimin e programit në fjalë.

   o "System CPU Time", që është <u>koha që procesori shpenzon në ekzekutimin e instruksioneve të sistemit operativ (OS), për llogari të programit në fjalë.</u>

   Komponentja "user CPU time" shërben për të përcaktuar "performancën e CPU-së ("CPU performance").

Lind pyetja : Është "response time" apo "throughput" që duhet përdorur si kriter i performancës së një kompjuteri, apo për të krahasuar kompjuterat ndërmjet tyre?

Përgjigja : Kjo varet!

Për përdoruesin e një personal kompjuteri është shpejtësia me të cilën reagon kompjuteri, kriteri parësor për përcaktimin e performancës. Është pra "response time"ajo që ka rëndësi për këtë përdorues..

Për administratorin e një serveri është i rëndësishëm fakti, që disa përdoruesve duhet tu shërbehet <u>njëkohësisht</u> dhe shpejt. Prandaj, ai është i interesuar jo vetëm për shpejtësinë me të cilën ekzekutohet një program i caktuar, por kryesisht për faktin se sa "punë" është i aftë të kryejë ky server një intervali kohe të dhënë. Pra, ai interesohet kryesisht për një "throughput" të lartë të serverit.

Kjo temë do të trajtohet më gjerë në kapitullin 5.

1.7.3 Llogaritja e performancave të CPU ("CPU performance")

Le të përpiqemi të llogaritim performancën e një procesori duke u bazuar në një parametër universal që është koha e ekzekutimit të një pune (ang. "task", fr. "tache") ose të një programi.

Për këtë do të na shërbejnë këto tre madhësi:

- I - numri total i instruksioneve që përbëjnë këtë punë ose program. Matet me *instruksione/program*.
- CPI - numri mesatar i cikleve të clockut të nevojshëm për ekzekutimin e një instruksioni. Matet me *cikle clocku/instruksion*.
- T - kohëzgjatja e një cikli clocku. Matet me *sekonda/cikle clocku*.

Kohëzgjatja e ekzekutimit prej një procesori të caktuar (CPUa) të një pune, ose programi të caktuar (Pa) do të llogaritej sipas barazimit të mëposhtëm :

$$\text{Koha ekzekutimit Pa} = I*CPI*T$$

Barazimi i mësipërm njihet zakonisht me emrin "Ekuacioni i performancës së CPU-së" ("*CPU performance equation*"). Në literaturën anglofone ai njihet edhe me emrin "*Iron law of Processor Performance*".

Pra, performanca e procesorit CPUa që ekzekuton punën ose programin Pa do të ishte :

$$\text{PerformanceCPU}_a = 1 / \text{ Koha ekzekutimit}P_a$$

ku :

"Koha ekzekutimitPa" është koha e ekzekutimit të punës ose programit Pa prej procesorit CPUa.

Vërejtje që rrjedhin prej ekuacionit të performancës

1. Performanca e një procesori është e lidhur gjithmonë me një punë ose detyrë të caktuar.
2. Koha e ekzekutimit është madhësia universale për matjen e performancës së procesorit.
3. Kohëzgjatja e clockut do të varet prej mënyrës si është konceptuar dhe ndërtuar procesori si dhe prej teknologjisë (VLSI) së përdorur në të.
4. Parametri CPI (clock Cycles Per Instruction), shpreh numrin e cikleve të clockut që <u>mesatarisht</u> duhen për të ekzekutuar një instruksion. CPI shërben për të krahasuar arkitekturat materiale, që do ti quajmë "mikro-arkitektura" të procesorëve që përdorin të njëjtën arkitekturë software ose ISA (ISA = Instruction Set Architecture), duke eliminuar kështu influencën e teknologjisë, që shprehet nëpërmjet T = perioda e cklock-ut.

Shembull 1.16

Programi "alpha1.0" ekzekutohet në procesorin "beta", sipas këtyre parametrave :
- Numri i plotë i instruksioneve të ekzekutuar   :10.000.000
- Vlera mesatare e CPI për programin "alpha1.0"   :2.5 cikle/instruksion
- Frekuenca e clockut (F.clock)   :200 MHz

Të gjendet : Sa kohë do të zgjasë ekzekutimi i programit?

Zgjidhje

Koha e exe. Prog.alpha=I*CPI*T = 10.000.000 * 2.5 * 1/F.clock = 10.000.000 * 2.5 * 5*10^{-9}

Koha e exe. Prog.alpha =0.125 sekonda

Shembull 1.17

Supozoni se ju do të ekzekutoni programin " pro12", i cili ka 7.5 x 10^9 instruksione   dhe CPI = 0.8 në një kompjuter, procesori i të cilit ka frekuencë 5 Ghz.
a. Cila do të ishte koha që ju parashikoni të zgjasë ekzekutimi i këtij programi?
b. Por, kur ekzekutoni programin "pro12" ju vini re se ai kërkon 3 sekonda të ekzekutohet. Çfarë ka ndodhur ?

Zgjidhje

a. Koha e llogaritur e ekzektimit të programit do të ishte :
Koha= I*CPI*T = 7.5*10^9 * 0.8 * 0.2*10^{-9}= 1.2 sekonda

b. Koha e matur e ekzekutimin e këtij programi rezulton më e madhe për dy arsye kryesore : programi në fjalë, përveç kohës CPU, përdor edhe burime të tjara informatike si p.sh. skedarë që gjenden në kujtesa masive (hard disk, optical drive etj.), hyrje/dalje etj. Krahas kësaj, kompjuteri, duke qenë një sistem « multitask » e përdor CPU në formën « time-sharing ». Për këto aryse programi « pro12 » do të konsumojë 1.2/3 = 40 % të kohës për llogaritje. Ndërsa kohën e mbetur , pra   60 %, do të konsumohet për input/output si dhe do të qëndrojë në pritje (idle) për të përdorur procesorin.

Në literaturë përdoret herë pas here edhe parametri MIPS. Kështu, për një program të caktuar, që ekzekutohet në një CPU të caktuar, madhësia **MIPS** (**Mi**lion **I**nstructions **P**er **S**econd), tregon sa instruksione të programit në fjalë ekzekutohen në një sekondë prej procesorit. Nisur nga ekuacioni i performancës së CPU, mund të llogaritim:

$$MIPS = \frac{I*10^{-6}}{CPUexeTime} = \frac{I*10^{-6}}{I*CPI*T} = F*IPC$$

Ku : **F** është frekuenca e clockut të procesorit e shprehur në Megaherz.
Siç tregohet edhe në kapitullin 5, MIPS nuk konsiderohet më si një tregues
i besueshëm i performancës.

1.7.4 Krahasimi i performancave të procesorëve.

Nisur nga fakti se koha e ekzekutimit të një pune ose programi është
parametri më objektiv dhe universal për matjen e performancës së një
procesori, atëherë është logjike që edhe krahasimi i performancave të tyre
duhet bërë mbi këtë bazë. Kështu, për dy procesorë CPUa dhe CPUb dhe
për <u>një program të caktuar</u> mund të shkruajmë :

$$Speedup = Permirsim = \frac{Performance\ CPUa}{PerformanceCPUb} = \frac{Koha\ ekecutimitb}{Koha\ ekzekutimita}$$

Shembull 1.18

Supozojmë se kemi të njëjtën bashkësi instruksionesh të implementuar në
dy procesorë të ndryshëm A1 dhe B2. Në të dy procesorët ekzekutojmë
programin "fortiC". Kemi këto të dhëna:
Procesori A1 ka cikël clocku (clock cycle time) 10 ns. dhe një CPI-a1=2.0
Procesori B2 ka cikël clocku 20 ns. dhe një CPI-b2=1.2
Te gjendet : Cili prej këtyre kompjuterave është më performant dhe sa më i
shpejtë se tjetri?

Zgjidhje

    CPU time A1 = I X CPI-a1 X cycle time = I X 2.0 X 10 ns = 20 x I ns.
    CPU time B2 = I X CPI-b2 X cycle time = I X 1.2 X 20 ns = 24 x I ns.
    ku : "CPU time XX" është koha e ekzekutimit të programit "fortiC"në
procesorët respektivë.
    SpeedupA1/B2 = 24I/20I = 1.2
    Pra, procesori A1 do të ekzekutojë programin "fortiC"1.2 herë më i
shpejt se B2.

1.7.5 Ligji i Amdah-lit

Meqenëse jemi duke folur për performancat e procesorëve, dhe përderisa
një kompjuter përbëhet nga disa komponentë (CPU, kujtesë dhe
Input/Output), natyrshëm lind pyetja: si dhe sa do të reflektohet rritja e
performancave të një komponenti në performancat e përgjithshme të
kompjuterit? Për këtë na vjen në ndihmë ligji i Amdah-lit, cili formulohet
pak a shumë kështu : përfitimi në performancë që sjell përmirësimi i një

pjese të kompjuterit, kufizohet prej madhësisë që kjo pjesë përdoret. Matematikisht paraqitet me barazimin:

$$Speedup(E) = \frac{1}{1 - F + F/S}$$

Ku: Speedup (E) – është përmirësimi i performancës së kompjuterit.
       F- është pjesa që përmirësohet.
       S- është përmirësimi që aplikohet në pjesën F.
Shënim : Ligji i Amdahl-it do të trajtohet me detaje në kapitullin 5.

QUIZ 1.8

Çfarë tregon pë ju akronimi MIPS?

O *Microprocessor without Interlocked Pipeline Stages*

O *Million Instruction Per Second*

O *Meaningless Indicator of Processor Speed*

Shembull 1.19
Supozojmë se një procesor nuk është i pajisur me hardware për kryerjen e veprimit të shumëzimit. Prandaj, një veprim i tillë kërkon 200 cikle clocku për tu ekzekutuar. Një co-procesor, që mund ti bashkëngjitet procesorit në fjalë, ekzekuton veprimin e shumëzimit në 4 cikle clocku. Supozojmë se programi "prog1" shpenzon 10 % të kohës së ekzekutimit, në veprime shumëzimi. Ndërsa në programin "prog2" shumëzimet konsumojnë 40% të kohës së ekzekutimit.
Të gjendet sa më shpejt do të ekzekutohen "prog1" dhe "prog2, n.q.s. do të përdoret co-procesori?

Zgjidhje
Përmirësimi që sjell shtimi i co-procesorit llogaritet : S=200/4 = 50 herë.
    a.   Për programin prog1, pjesa që përmirësohet është 10 % ose 0.1
    Zëvendësojmë në formulën e Amdahl-it:
$$Permiresimi = \frac{1}{1 - F + F/S} = \frac{1}{1 - 0.1 + 0.1/50} = 1.11$$
    b.   Për programin prog2, pjesa që përmirësohet është 40 % ose 0.4

1. KONCEPTE FILLESTARE TE ORGANIZIMIT TE KOMPJUTERIT

Zëvendësojmë në formulën e Amdahl-it:

$$Permiresimi = \frac{1}{1 - 0.4 + 0.4/50} = 1.64$$

Pra, i njëjti co-procesor, do të shkurtojë kohën e ekzekutimit të programit "prog1" me 11%, ndërsa "prog2" do të ekzekutohet 64% më shpejt.

1.8 Kategoritë e sistemeve kompjuterikë aktualë

Zhvillimet në informatikë kanë bërë që sot sistemet kompjuterike të mund ti kategorizojmë në pesë klasa ose kategori të përmbledhura në tabelën e mëposhtme. Ky kategorizim është i rëndësishëm pasi ndihmon të dallojmë qëllimin dhe fushën e përdorimit për të cilën janë konceptuar, kërkesat dhe teknologjitë që përdoren për çdo klasë kompjuterash etj.

Personal Mobile Devices – PMD. Në këtë kategori përfshihen pajisjet që mundësojnë komunikimin pa tel (wireless) me ndërfaqe multimediale, të cilat i ofrojnë përdoruesve të tyre mobilitet maksimal. Të tilla janë telefonat mobilë, tabletat etj. Aspektet kryesore që u kushtohet rëndësi e veçantë gjatë konceptimit të pajisjeve PMD janë :
- Çmim i ulët. Këto pajisje janë të destinuara kryesisht për përdorim individual (ang. *"consumer market"*), prandaj çmimi i ulët është një nga karakteristikat kryesore të këtyre pajisjeve.
- Konsum i ulët. Funksionimi i tyre me bateri, kërkon që konsumi të jetë sa më i ulët me qëllim që të sigurohet autonomi maksimale.
- Reagim i shpejtë. Këto pajisje përdoren edhe për qëllime komunikimi, prandaj performanca e tyre për aplikime "real-time" duhet të jetë e lartë. Ato duhet të ofrojnë "response time" sa më të ulët për këtë kategori aplikimesh.

Kompjutera desktop (desktop computers). Në këtë kategori përfshihen "notebook" të nivelit të ulët, kompjuterat portativë dhe workstations. Përsa i përket volumit të shitjeve në USD, është segmenti më i madh, por nuk është më fitimprurësi. Që prej vitit 2008 më shumë se gjysma e kompjuterave desktop të rinj të shitur, janë laptop dhe notebook.
Konceptuesit e kompjuterave të këtij segmenti, tentojnë të optimizojnë kryesisht raportin çmim/performancë të pajisjeve.

Servera – janë pajisjet që sot mbulojnë pjesën qëndrore llogaritëse të sistemeve kompjuterikë të ndërmarrjeve dhe institucioneve të ndryshme duke filluar prej atyre të vogla e deri në shumëkombëshet. Kompjuterat desktop janë pajisjet periferike të këtij sistemi, të cilat komunikojnë me serverat nëpërmjet LAN (Local Area Network).

Tabela 1.8

Veçoritë	Personal Mobile Device (PMD)	Kompjutera desktop dhe laptop	Servera	Klustera/war ehouse scale computers	Kompjutera të integruar (embedded)
Çmim i i sistemit – USD	100-1000	300-2500	5000-$1*10^7$	100.000-$20*10^7$	10-100.000
Çmim i procesorit (USD)	10-100	50-500	200-2000	50-250	0.01-100
Aspektet që u kushtohet rëndësi e veçantë	Kosto, konsumi, media performance, reagim i shpejtë	Çmim/perfor mance, konsumi, performanca grafike	Through put, disponibi liteti, mundësia për zgjerim, konsumi	Çmim/perfor mance, throughput, konsumi	Çmimi, konsumi, performanca për programe të caktuar
Fusha e përdorimit	Përdorim personal mobile	Përdorim personal, mobilitet i kufizuar	Konsolid im burimesh dhe shërbime sh, data centre	Data centre	Kudo që kërkohet komandim dhe kontroll
Shitjet në vitin 2010 në copë	1.8 miliardë (90% celularë)	350 milion	20 milion	?	19 miliard

1. KONCEPTE FILLESTARE TE ORGANIZIMIT TE KOMPJUTERIT

Në ditët e sotme, BYOD (Bring Your Own Device), pra punonjësit përdorin pajisjet mobile (PMD) private për qëllime pune, duke u lidhur në rrjetin e kompanisë, po gjen gjithnjë e më shumë përhapje në sistemet informatike të kompanive.

Aspektet kryesore që u kushtohet rëndësi e veçantë në segmentin e serverave janë :

- Disponibiliteti – serverat ë shërbejnë qindra ose mijëra përdoruesve, në 24 orë /7 ditë në javë. Rrjedhimisht mosfunksionimi i tyre do të shoqërohej pra me humbje të mëdha, (ang. *"cost of downtime"*) që llogariten nga mijëra deri në miliona USD/orë. Për të mundësuar këtë, serverat sigurojnë "redoundance" (tepri) të hardwar-it si p.sh. në burime ushqimi, "hard disk", kujtesë qëndrore etj.
- Mundësia për zgjerim (ang. *"scalability"*). Nevojat për më shumë burime informatike (CPU time, hard drive, throughput) rriten shpejt. Serverat duhet të jenë të parashikuar ti përgjigjen këtyre nevojave në rritje.
- "Throughput" i lartë. Serverat u shërbejnë një numri të konsiderueshëm përdoruesish, prandaj është me rëndësi që këto platforma të jenë të optimizuara për të përmbushur një numër sa më të lartë kërkesash për shërbime në njësinë e kohës. Të sigurojnë pra, një "throughput" të lartë.

Klustera dhe Warehouse Scale Computers (WSC)

Në kushtet e rritjes së përdorimit të kompjuterave dhe aplikacioneve sipas modelit "Software as a Service" (SaaS), përqëndrimi i kapaciteteve llogaritëse dhe të dhënave në qendra gjigante llogaritëse ("data centers") është një tendencë që theksohet vazhdimisht. Në qendër të "data centers" qëndrojnë të ashtuquajturit "Clusters", të cilët janë bashkim i një numri të madh serverash ("nyje"), që komunikojnë nëpërmjet LAN dhe që të tërë bashkë, sillen si një kompjuter i vetëm. Klusterat gjigantë të formuar nga bashkimi i mijëra serverave quhen Warehouse Scale Computers (WSC).

Aspektet kryesore, të cilave u kushtohet rëndësi e veçantë në WSC janë raporti çmim/performancë, konsumi i ulët dhe throughput sa më i madh.

Shembuj të përdorimit të aplikacioneve sipas modelit SaaS janë "search engines" (google, bing, etj.), social networking (facebook, twitter etj.), video sharing (youtube), e-commerce.

Kompjutera të integruar (ang. embedded)

Kompjuteri që gjendet brenda një pajisje tjetër dhe që përdoret për të ekzekutuar një ose disa aplikime të posaçme, quhet kompjuter i integruar. Megjithëse kanë ngjashmëri me PMD, kompjuterat e integruar dallojnë nga këta të fundit. Kështu, PMD kanë aftësinë të ekzekutojnë aplikime të tjera shtesë (third-party software), gjë që u mungon tërësisht kompjuterave të integruar.

Kompjuterat e integruar i gjejmë kudo sot në jetën e përditshme : në pajisjet shtëpiake, automobila, telefona celularë, pajisje mjekësore, pajisje industriale; praktikisht kudo.

Aspektet kryesore, të cilave u kushtohet rëndësi e veçantë në gamën e kompjuterave të integruar janë çmimi dhe konsumi i ulët.

> **QUIZ 1.9**
>
> Në cilën kategori mendoni se përfshihet elementi llogaritës (procesori) i laptopit tuaj?
>
> O Applications Specific Integrated Circuits -ASIC.
>
> O Mikrokontrollar.
>
> O Application Specific Processors -ASP.
>
> O General Purpose Processors.

1.9 Kategoritë dhe përzgjedhja e elementëve llogaritës

Le të shikojmë tani një aspekt tjetër, që ka të bëjë me kategorizimin e elementëve llogaritës elektronikë (ang. computing element) dhe në veçanti me procesorët.

Pajisjet e mësipërme elektronike kanë të gjitha në qendër të tyre elementë që përpunojnë të dhëna, pra element llogaritës. Këta elementë, deri tani, ne i kemi quajtur me një emër të vetëm : "procesor". Më poshtë do të shikojmë se ekzistojnë specifika dhe nuanca në lidhje me këta elementë llogaritës.

Për të realizuar një element llogaritës, në vartësi të disa kritereve, ekzistojnë këto mundësi realizimi :

1. Applications Specific Integrated Circuits (ASIC) – janë hardware VLSI të konceptuar nga fillimi që të kryejë një detyrë specifike.
2. Configurable hardware – realizohet kryesisht me FPGA (Field Programmable Gate Arrays), të cilat janë qarqe logjikë digitalë që ri-programohen prej konceptuesve të një sistemi.

44

3. Co-processors – janë komponentë hardware që kryejnë një algoritëm specifik që plotëson funksionet e procesorit kryesor. Rast tipik kanë qenë coprocesorët aritmetikë me presje notuese të Intel si 8087, 80387, etj.
4. Application Specific Processors ASP – janë procesorë që kanë bashkësi instruksionesh (ISA) të optimizuar për aplikime specifike. Shembuj të tillë janë GPU (Graphic Processing Unit), DSP (Digital Signal Processor), NP (Network Processor), etj.
5. General Purpose Processors - janë procesorë që kanë bashkësi instruksionesh (ISA) të përdorimit të përgjithshëm. Është rasti i procesorëve që përdoren masivisht në kompjutera desktop, servera, etj. Shembuj të tillë janë Intel x86, AMD microprocessors, PowerPC, Itanium, UltraSPARC etj.

Në tabelën e mëposhtme janë përmbledhur këto pesë mundësi të shoqëruara me karakteristikat e tyre kryesore dhe faktorët që përcaktojnë alternativën e duhur llogaritëse.

Në grafikun e mëposhtëm tregohet pozicioni i tyre në vartësi të dy faktorëve përcaktues që janë performanca dhe lehtësia në programim.

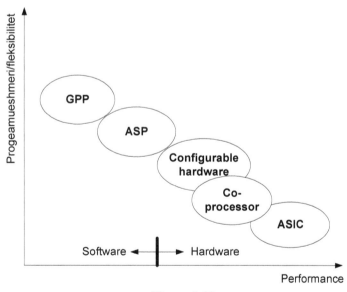

Figura 1.13

Tabela 1.9

Elementi kompjuterik	Faktorët që përcaktojnë alternativën llogaritëse							Pajisjet ku përdoren	Mënyra e realizimit
	Tipi dhe kompleksitet i algoritmit llogaritës	Niveli i kërkuar i flexibilitetit dhe programimit	Kosto e sistemit kompjuterik	Kosto dhe kohae nevojshme për zhvillim	Performanca e kërkuar	Konsumi energjetik	Kërkesa për "real-time application"		
General Purpose Processors (GPP)	***	***	** (***)	***	***	** (***)	*	Desktop, servera, kluster	Hardware /Software
Application Specific Processors (ASP)	**	**	**	**	**	**	***	GPU, DSP, NP, etj Mobile phones	Hardware /Software
Co-Processors	*	*	**	**	***	**	**		Hardware
Configurable Hardware	*	*	*	*	***	*	***	Sisteme kontrolli	Hardware
ASIC	*	*	*	***	***	*	***	Sisteme kontrolli, elektro-shtëpiake	Hardware

Shënim : ***i lartë , ** i moderuar, * i ulët ose minimal

1. KONCEPTE FILLESTARE TE ORGANIZIMIT TE KOMPJUTERIT

Tabela 1.10

	Tipi	Gjatësia e fjalës (bit)	Shembuj	Përdoren në..	Karakteristika kryesore
Procesor	GPP	64	Intel Processors, PowerPC, MIPS, Sun SPARC	Server, Workstation, notebooks, laptop	Kanë performanca të larta, përdoren për aplikime të përgjithshme, të programueshme nga përdoruesi final, përdorin sisteme operative komplekse (Windows, UNIX), jo të përshtatshëm për real-time, kosto dhe konsumi nuk janë problem
Procesorë të Integruar (embedded processors and processor cores)	ASP	16-32	Intel Xscale ARM, NEC V800, SH7000	Telefona Celularë, pajisje mjekësore, elektronikë shtëpiake (consumer electronics), game consoles,pajisje ushtarake	Përdoren kur kosto, konsumi dhe madhësia e programit të jenë të vegjël, të mirë në aplikime real-time, ekzekutohet një OS pak aplikime specialë, Jo të programueshme nga përdoruesi final, Sistem Operativ i vogël ose pa OS.
Mikrokontrollorë	ASP	8	Intel 8051, Motorola 68HC11	Sisteme kontrolli, në automobilë, pajisje elektro-shtëpiake	Përdoren kur kosto, konsumi dhe madhësia e programit duhet të jenë minimalë, ekzekutohet një program, pa OS,

Cilin prej këtyre pesë komponentëve llogaritës është realisht një procesor? Për këtë nisemi prej përkufizimit të procesorit :

"Procesor është një element llogaritës i programueshëm, i aftë të ekzekutojë programe të bazuar në bashkësi instruksionesh të paracaktuar".

Atëherë, procesorë duhen konsideruar General Purpose Processors (GPP) dhe Application Specific Processors (ASP).

Në këtë libër dhe kurs leksionesh do të trajtohen vetëm procesorët e përdorimit të përgjithshëm, që ne do ti quajmë shkurt "Procesorë" ose CPU.

Në tabelën 1.10 janë përmbledhur karakteristikat e përbashkëta të tre llojeve të procesorëve : GPP ose procesorët e mirëfilltë, procesorët e integruar dhe mikro-kontrollorët.

 **USHTRIME**

Ushtrim 1.1
Supozoni se një CPU ekzekuton instruksionin e shumëzimit (mul) në 12 ns, ndërsa një instruksion mbledhje (add) në 2 ns. Llogaritni:
    a. Sa kohë do ti duhet CPU-së të llogarisë shprehjen R=a*b +a*c?
    b. A mund të optimizoni kohën e ekzekutimit të barazimit? Sa kohë do të kërkonte tani?

Ushtrim 1.2
Procesori Px përdor "n" bit për adresimin e kujtesës qëndrore.
    a. Paraqitni hapësirën e adresimi të kujtesës qëndrore duke filluar prej adresës 0 (zero) n.q.s. procesori Px do të përdorte një arkitekturë Princeton.
    b. Paraqitni hapësirën e adresimi të kujtesës qëndrore duke filluar prej adresës 0 (zero) n.q.s. procesori Px do të përdorte një arkitekturë Harvard, në rastin kur madhësia e kujtesës së instruksioneve është e barabartë me atë të të dhënave.

Ushtrim 1.3
Procesori R2000 është procesor i familjes MIPS i pajisur me një bankë regjistrash me 32 regjistra me nga 32 bit secili. Gjeni:
    a. Sa bit do të nevojiteshin për secilën nga hyrjet seleksionuese (Read/Write register selection) të bankës së regjistrave? Argumentoni përgjigjen tuaj.

b. Cila është arsyeja që banka e regjistrave mundëson leximin e njëkohshëm të dy regjistrave? A është kjo e domosdoshme? Argumentoni përgjigjen tuaj.

c. Supozoni se një veprim mbledhje gjeneron këtë kombinim të përzgjedhës në hyrje të bankës së regjistrave:
Read register 1 selection = 00101
Read register 2 selection = 00110
Write register selection = 00111
Shkruani në asembler instruksionin që po ekzekutohet në procesor.

Ushtrim 1.4

Ekziston edhe varianti 64 bit i familjes së procesorëve MIPS, e quajtur MIPS64. Instruksionet arithmetikë e logjikë që manipulojnë numra të plotë (integer), kanë formatin e mëposhtëm:

Operacion	Regjister-destinacion (Rd)	Regjister-burim1 (Rb1)	Regjister-burim2 (Rb2)

Zonat Rd=Rb1=Rb2 = 5 bit.
Gjeni:
a. Sa është numri i regjistrave i bankës së regjistrave të një procesori MIPS64?
b. Sa është gjatësia e tyre ?
c. Ku ngjasojnë dhe ku ndryshojnë versionet 32 dhe 64 bit të MIPS në lidhje me manipulimin me regjistrat?

Ushtrim 1.5

Supozoni se kujtesa qëndrore e një kompjuteri ka madhësi 8M X 16. Sa bit do të nevojiteshin për të adresuar këtë kujtesë në qoftë se :
a. Kujtesa është e adresueshme në nivel byte ("byte adressable")
b. Kujtesa është e adresueshme në nivel fjale ("word adressable")

Ushtrim 1.6

Supozoni se kujtesa qëndrore e një kompjuteri ka madhësi 1M X 8. Sa bit do të nevojiteshin për të adresuar këtë kujtesë në qoftë se :
a. Kujtesa është e adresueshme në nivel byte ("byte adressable")
b. Kujtesa është e adresueshme në nivel fjale ("word adressable")

Ushtrim 1.7

Kujtesa qëndrore e një kompjuteri ka madhësi 1G X 16. Sa bit do të nevojiteshin për të adresuar këtë kujtesë në qoftë se :

    a. Kujtesa është e adresueshme në nivel byte ("byte adressable")
    b. Kujtesa është e adresueshme në nivel fjale ("word adressable")

Ushtrim 1.8

Kujtesa qëndrore e një kompjuteri ka madhësi 1 Giga byte. Të gjendet :
    a. Cila është adresa më e vogël dhe më e madhe, të shprehura në decimal, binar dhe hexadecimal, në se kujtesa është e adresueshme në nivel byte ("byte adressable").
    b. Cila është adresa më e vogël dhe më e madhe, të shprehura në decimal, binar dhe hexadecimal, në se kujtesa është e adresueshme në nivel fjale me madhësi 16 bit ("word adressable").

Ushtrim 1.9

Sistemi operativ i një kompjuteri, për të adresuar kujtesën, përdor adresa me gjatësi 32 bit. Cila është madhësia maksimale e kujtesës qëndrore që mund të shfrytëzohet prej përdoruesit të kompjuterit? Cila është zgjidhja që ju do të propozonit për të kapërcyer këtë limit?

Ushtrimi 1.10

Supozoni se një procesor mund të adresojë në mënyrë të drejtpërdrejtë deri në 4 GB kujtesë qëndrore dhe mund të operojë me fjalë me madhësi 32 bit. Tregoni sa duhet të jetë madhësia e regjistrave "*S*" (regjistri i seleksionimit të kujtesës që shpesh quhet edhe MAR = Memory Address Register), "*B*" (buffer në hyrje/dalje të kujtesës qëndrore ose MDR =Memory Data Register) dhe regjistrit "*akumulator*" në këtë kompjuter?

Ushtrim 1.11

Minikompjuteri PDP-10, mjaft i suksesshëm në vitet 60-70, përdorte 18 bit adresë për të kapur kujtesën në mënyrën "word addressable memory", madhësia maksimale e të cilës ishte 9 Mbyte. Cila ishte madhësia e fjalës me të cilën operonte ky kompjuter ?

Ushtrim 1.12

Instruksionet e një procesori MIPS, kanë të gjithë gjatësi fikse prej 32 bitësh. Për të adresuar kujtesën në nivel byte, ky procesor ka në dispozicion 32 bit. A mendoni se leximi i instruksioneve do të funksiononte normalisht në se Program Counter do të ishte 30 bit i gjatë? Argumentoni përgjigjen tuaj.

Ushtrim 1.13

Gjeni sa është hapësira që do të zërë në kujtesë struktura e mëposhtme dhe si mund të optimizohet ajo. Supozoni se madhësia e fjalës së procesorit është 32 bit.

```
struct y {
    char a;
    int b;
    char c;
    char d;
    char e;
    int f;
}
```

Ushtrim 1.14

Gjeni sa është hapësira që do të zërë në kujtesë struktura e mëposhtëme dhe si mund të optimizohet ajo. Supozoni se madhësia e fjalës së procesorit është 32 bit.

```
struct {
char c1;
short s1;
char c2;
long l1;
char c3;
} ushtrim;
```

Ushtrim 1.15

Bazuar në optimizimet që keni bërë në strukturat e mësipërme në C, a mund të dilni në një përfundim mbi deklarimin optimal të variablave në të?

Ushtrim 1.16

a. Kjo është fjala me gjatësi 32 bit në adresën 0 të një procesori little-endian. Rendisni katër bytet në të.

0

b. Kjo është fjala me gjatësi 32 bit në adresën 0 të një procesori big-endian. Rendisni katër bytet në të.

0

Ushtrim 1.17

Supozoni se regjistri AX, 64 bit i gjatë, ka këtë përmbajtje në hexadecimal: 0xA0B1C2D3E4F56789.

Tregoni si do të shkruhej përmbajtja e tij në kujtesë qëndrore, kur procesori është big-endian dhe little-endian.

Big-endian

0

Little-endian

0

Ushtrim 1.18

Supozoni se variabëli integer ka vlerën 0x90abff00 në hexadecimal. Ai vendoset në kujtesë duke filluar prej adresës 0x1000. Në tabelë tregoni vlerat që do të marrin adresat në kujtesë kur procesori është një "big-endian" dhe kur një "little-endian".

Adresa në kujtesë	1000	1001	1002	1003
Big-endian				
Little-endian				

Ushtrim 1.19

Këtu më poshtë është paraqitur programi në C dhe rezultati që përftohet prej ekzekutimit të tij (OUTPUT). Si mendoni : procesori i kompjuterit duhet të jetë big-endian apo little-endian? Arsyetoni përgjigjen tuaj.

```
#include <stdio.h>
int main(){
    int x=0x01234567;
    int *intprt = &x;
    unsigned char *b=(unsigned char*) intptr;
    int i;

    for (i=0; i<4;i++){
      printf("i[%d]=%x/n",i,b[i]);
      {
}
OUTPUT:
i[0]=1
i[1]=23
```

52

i[2]=45
i[3]=67

Ushtrim 1.20

Supozoni se zinxhiri i karaktereve "UNIX" do të dërgohet nga një kompjuter big-endian në një tjetër little-endian. Si do të lexohen karakteret e mësipërme në kompjuterin "little-endian" kur:

   a. Përdoret një protokoll komunikimi, i cili operon me fjalë me gjatësi 1 byte.

   b. Përdoret një protokoll komunikimi, i cili operon me fjalë me gjatësi 2 byte.

   c. Përdoret një protokoll komunikimi, i cili operon me fjalë me gjatësi 4 byte.

Ushtrim 1.21

Supozoni se në një kompjuter i cili, për paraqitjen e numrave të plotë të shkurtuar (short integer) përdor 16 bit, vlera 1A2B në hexadecimal është ruajtur në adresën 100 (hex.) të kujtesës qëndrore. Tregoni :

   a. Si do të ruhet ky numër në rast se kompjuteri është "big-endian"? Paraqisni skematikisht shtrirjen e numrit në qelizat e kujtesës.

   b. Si do të ruhet ky numër në rast se kompjuteri është "little-endian". Paraqisni skematikisht shtrirjen e numrit në qelizat e kujtesës.

Ushtrim 1.22

Supozoni se në një kompjuter i cili, për paraqitjen e numrave të plotë (integer) përdor 32 bit, vlera 1234 në hexadecimal është ruajtur në adresën 100 (hex.) të kujtesës qëndrore. Tregoni :

   a. Si do të ruhet ky numër në rast se kompjuteri është "big-endian"? Paraqisni skematikisht shtrirjen e numrit në qelizat e kujtesës.

   b. Si do të ruhet ky numër në rast se kompjuteri është "little-endian". Paraqisni skematikisht shtrirjen e numrit në qelizat e kujtesës.

   c. Në se do të duhet të rritni vlerën në 123456, cili prej procesorëve do të ishte më i përshtatshëm, little apo big endian? Shpjegoni arsyetimin tuaj.

Ushtrim 1.23

Koncepti i "Endianess", pavarësisht se lidhet me renditjen e të dhënave në kompjuter, mund të thuhet se ai është më i gjerë se kaq. Atë e gjejmë edhe në raste të tjera nga jeta e përditshme. Përpiquni të sillni disa raste të tilla. (Ndihmë : 21 në gjermanisht, paraqitja e datës, etj. etj.).

Ushtrim 1.24

Ekzistenca e "endianess" e komplikon disi shkëmbimin e informacionit ndërmjet kompjuterave të ndryshëm. Kjo vlen si për portabilitetin programeve ashtu edhe të dhënave binare. Ekziston të paktën një mundësi që e eviton plotësisht këtë komplikim në shkëmbim. Ajo ka natyrisht edhe anët e saj negative. Cila mendoni se është kjo mundësi?

Ushtrim 1.25

Si mendoni të ndikojë në kohën e ekzekutimit të një programi ("response time") dhe në "throughput":

- Zëvendësimi i procesorit me një tjetër më të shpejtë?
- Shtojmë procesorë të tjerë?

Ushtrim 1.26

Supozoni se aplikimi që ju përdorni përbehet nga dy pjesë: një pjesë funksionon në server, ndërsa tjetra në klient (ose PC). Keni të bëni pra, me një aplikim të tipit klient-server. Supozoni gjithashtu se, nga verifikimet dhe matjet që ju keni bërë, keni arritur në përfundimin se performanca e këtij aplikimi, varet vetëm prej performancës së rrjetit që bashkon serverin me klientin. Ju ndërmerrni ndryshimet e mëposhtëme. Gjeni se si do të ndikojnë ato, duke përzgjedhur njërën prej tre mundësive A, B, ose C :

A- vetëm në "throughput",	B- njëkohësisht "throughput" dhe "response" time	C- nuk ndikon

1. Një kanal lidhës shtohet ndërmjet klientit dhe serverit. Ai do të sjellë rritjen e debitit total të rrjetit dhe zvogëlimin e vonesës për të kapur rrjetin. Përgjigja juaj është:

A	B.....	C......
....	......	......

2. Software i komunikimit me rrjetit përmirësohet, duke zvogëluar vonesën në komunikim, por pa ndryshuar madhësinë e prurjes së informacioni në rrjet. Përgjigja juaj është:

A	B.....	C......
....	......	......

3. Shtohet kujtesë qëndrore (RAM) në klient (PC). Përgjigja juaj është:

1. KONCEPTE FILLESTARE TE ORGANIZIMIT TE KOMPJUTERIT

A	B.....	C...... ......

4. Zëvendësojmë procesorin me një tjetër me frekuencë më të lartë. Përgjigja juaj është:

A	B.....	C...... ......

Ushtrim 1.27

Kërkohet të krahasohet performanca e dy kompjuterave : kompjuteri "alpha" dhe kompjuteri "beta". Matjet e kryera në këta kompjutera për programet P1 dhe P2 janë përmbledhur në këtë tabelë.

	Koha e ekzekutimit në alpha	Koha e ekzekutimit në beta
PROGRAMI P1	2 sek.	1.5 sek.
PROGRAMI P2	5 sek.	10 sek.

a. Për secilin program, cili kompjuter është më i shpejtë dhe sa?
b. Supozoni se nga matjet e kryera rezultoi edhe se :

	Numri i instruksioneve të ekzekutuar në alpha	Numri i instruksioneve të ekzekutuar në beta
PROGRAMI P1	5×10^9	6×10^9

Gjeni numrin e instruksioneve të P1 që ekzekutohen në çdo sekondë ("*instruction execution rate*") prej secilit kompjuter.

c. Supozoni se kompjuteri alpha kushton 60.000 lekë, ndërsa beta 90.000 lekë. Në se do t'ju duhet të ekzekutoni programin P1 një numër të madh herësh, cilin prej kompjuterave do të blinit në sasi të mëdha? Arsyetoni përgjigjen tuaj.

Ushtrim 1.28

Kompjuteri A ka një CPI mesatare prej 1.3 dhe një frekuencë clocku 600Mhz. Kompjuteri B ka një CPI mesatare prej 2.5 dhe funksionon me frekuencë clocku 750Mhz. Në këta kompjutera do të ekzekutojmë një program i caktuar, p.sh. programin "zeta2.0". Kur kompilohet në kompjuterin A, "zeta 2.0" rezulton të ketë 100.000 instruksione. Gjeni sa instruksione duhet të ketë programi i kompiluar në kompjuterin B me qëllim që në të dy kompjuterat kohëzgjatja e ekzekutimit të tij të jetë e njëjtë?

Ushtrim 1.29

Supozoni se jeni duke kryer një "upgrade" të procesorit të një serveri web. Nga të dhënat krahasuese, ju vëreni se procesori i ri është 10 herë më i shpejtë se ai ekzistuesi. Gjithashtu, nga vrojtimi i punës së këtij serveri, ju keni arritur në konkluzionin se procesori aktual është i ngarkuar në 40 % të kohës, ndërkohë që pjesën tjetër, pra 60 %, ai pret të përfundojnë operacionet Input/Output.

Llogarisni sa parashikohet të ritet shpejtësia e këtij serveri nëpërmjet "upgrade" të procesorit?

Ushtrim 1.30

Zgjidhni alternativën e duhur në 7 pyetjet e mëposhtme.

1. Cila është vlera në dhjetor e numrit 0x25 hexadecimal?

A. 25   B. 31   C. 37   D. 47

----

2. Cila prej këtyre është kujtesë "volatile"?

A. CD-ROM   B. Flash   C. ROM   D. DRAM

----

3. Cila prej këtyre kujtesave ka kosto për byte më të ulët?

A. SRAM B. DRAM   C. Shirit Magnetik   D. Hard Disk

4.Sa është shuma në sistemin dhjetor e numrave binarë 100101 dhe 11010 ?

A. 32   B. 63   C. 64 D. 127

----

5. Në kompjuterin desktop, ju keni një kartë grafike performante. Në cilën kategori mendoni se përfshihet elementi llogaritës (procesori) i kësaj karte?

A. Applications Specific Integrated Circuits -ASIC.

B. Co-processorë.

C. Application Specific Processors -ASP.

D. General Purpose Processors.

56

6. "Ligi i Moore" thotë:

A. Frekuenca e clockut të mikroprocesorëve dyfishohet çdo 18 muaj.

B. Numri i transistorëve në një qark të integruar dyfishohet çdo 18 muaj.

C. Përmirësimi maksimal në një sistem kompjuterik, kufizohet prej numrit të detyrave që mund të ekzekutohen në paralel.

D. Rryma elektrike ndërmjet dy pikave të një qarku, është në përpjesëtim të zhdrejtë me rezistencën ndërmjet pikave.

----

7. Në gjuhën makinë të mikroprocesorit Motorola 6809, sekuenca e biteve 0x2710 ka kuptimin "n.q.s. rezultati i veprimit të mëparshëm ishte 0, atëherë jump 16 byte para". Vetëm prej këtij informacioni ju arrini të kuptoni se :

A. 6809 është një procesor "big-endian".
B. 6809 përdor adresë me 16 bit.
C. 6809 ka regjistra indexi.
D. 6809 përdor instruksione kërcimi të kushtëzuar.

STUDIME

RASTESH

Rast studimi 1.1

Dy institucione aplikojnë periudha me kohëzgjatje të ndryshme për zëvendësimin ose "upgrade" të kompjuterave të tyre. Institucionin ABC ka zgjedhur që kjo periudhë të jetë 2 vjet, ndërsa Institucioni CBA ka zgjedhur të zëvendësojë kompjuterat çdo 5 vjet.

Duke u nisur nga ky fakt, cila do të ishte politika në blerjen e kompjuterave që ju do të propozonit për secilin institucion ? Argumentoni propozimin tuaj. Ligji i "Moore" mund t'ju vinte në ndihmë për këtë.

Rast studimi 1.2

Supozoni se në një gazetë jeni duke lexuar njoftimin e firmës ABC :

"Kompania jonë do të hedhë së shpejti në treg versionin 5 GHz të procesorit ABC-Pro, i cili rrit me 25 % performancën e procesorit të mëparshëm 4 GHz. Procesori i ri i vendosur në një "system board" të konceptuar për procesorin e parë ABC-Pro, që funksiononte me 1 GHz, do të sjellë rritjen e performancave me 70 %."

Cili është komenti juaj në lidhje me këtë njoftim? A ju duken të justifikuara shifrat e dhëna në lidhje me performancat? Si do ta cilësonit ju këtë njoftim?

Rast studimi 1.3
Supozoni se ju jeni drejtuesi i projektit të konceptimit të një kompjuteri për lojëra ("gaming system") të ri. Ju duhet të zgjidhni procesorin e pajisjes ndërmjet këtyre tre mundësive:
-   Procesor IBM Xeon me tre "core" (që përdoret në Xbox 360).
-   Cell Broadband Engine (që përdoret në PlayStation3).
-   Intel Larrabee processor, i cili nuk është hedhur ende në treg dhe që supozohet të ketë 40 core.

Cilin prej këtyre procesorëve do të zgjidhnit? Argumentoni zgjedhjen tuaj.

Rast studimi 1.4
ENIAC (Electronic Numerical Integrator And Computer) është konsideruar si kompjuteri i parë elektronik. Juridikisht kjo nuk është më e vërtetë që prej 19 tetorit të vitit 1973, kur Gjykata Amerikane e Distriktit të Minesotës vendosi që ky primat i përket kompjuterit Atanasoff–Berry Computer (ABC), pasi ENIAC i Mauchly dhe Eckert ishte vazhdimi i idesë fillestare të Dr. John Vincent Atanasoff. Çështja gjyqësore që njihet si *"Honeywell vs. Sperry Rand"*, dhe është ndër çështjet e para gjyqësore në industrinë e kompjuterave. Është me interes për ju që të kërkoni dhe mësoni më shumë, rreth argumenteve që përdori kjo Gjykatë, të cilat çuan në vendimin e saj.

 # Këndi i Historisë dhe Kurioziteteve

1. Konsiderohet një nga shpikjet më të mëdha të shkullit XX. I krijuar në Bell Labs, ai qëndron në themel të elektronikës moderne. Tre shpikësit e tij, në vitin 1956 morën çmimin Nobel në fizikë. Cila është kjo shpikje?

1. KONCEPTE FILLESTARE TE ORGANIZIMIT TE KOMPJUTERIT

2. Dikur problemi që shkaktohej prej paraqitjes të të dhënave në forma të ndryshme në vartësi të kompjuterit, u quajt "NUXI problem". U quajt kështu, sepse fjala "UNIX" në një IBM 360, kur kalonte në kompjuterin PDP-11, lexohej "NUXI". Si mendoni, cila ishte arsyeja që ndodhte ky fenomen? Afërsisht, në cilat vite mendoni se duhet të jetë shfaqur "NUXI problem"?

3. Cila është e vërteta rreth modelit "Von Neuman"? Presper Eckert dhe John Mauchly gjatë kohës që po krijonin ENIAC, në Universitetin e Pensilvanisë, patën hedhur idenë e programit të vendosur në kujtesë ("stored-program concept"). Kështu, që në janar të vitit 1944, sipas tyre, makina e tyre e ardhshme EDVAC, do të ruante të dhënat dhe programin në një kujtesë të adresueshme, krijuar prej një linje vonese me përbërje zhive dhe metali. Kjo ishte hera e parë që propozohej një makinë me program të regjistruar në kujtesë. Në këtë kohë, John Von Neuman ishte i përfshirë në projektin Manhattan në Los Alamos National Laboratory (projekti i bombës atomike amerikane), projekt i cili kërkonte llogaritje të shumta. Kjo e tërhoqi Von Neuman-in në projektin ENIAC, gjatë verës së 44-trës. Këtu ai u përfshi në diskutimet rreth kompjuterit me program të regjistruar, që do të ishte EDVAC. Pjesë e grupit tashmë, Von Neuman vullnetarisht shkroi një raport, i bërë i famshëm tashmë, të cilin ai a titulloi "*First Draft of a Raport on the EDVAC*". Ende i papërfunduar, raporti që mbante vetëm emrin e Von Neuman-it, filloi të shpërndahej prej kolegut të tij Herman Goldstine. Natyrisht që kjo shkaktoi pakënaqësinë e Eckert dhe Mauchly. Raporti u lexua prej disa dhjetëra kolegëve të Von Neumani-it në Europë dhe SHBA, dhe influencoi kërkimet e mëtejshme në konceptimin e kompjuterave.

4. Ja si e përfundon Danny Cohen artikullin e tij "On Holy Wars and a Plea for Peace", ku për

herë të parë përdoren termat "big dhe little endian": "Swift's point is that the difference between breaking the egg at the little-end and breaking it at the big-end is trivial. Therefore, he suggests, that everyone does it in his own preferred way. We agree that the difference between sending eggs with the little- or the big-end first is trivial, but we insist that everyone must do it in the same way, to avoid anarchy. Since the difference is trivial we may choose either way, but a decision must be made."

5. Jo gjithonë një "byte" ka qenë 8 bit i gjatë. Në cilin kompjuter u përdor për herë të parë 1 byte=8 bit dhe që prej atëherë kjo u vendos si standard?

6. Cili standard në fushën e kompjuterave është përcaktuar, duke u bazuar në kohëzgjatjen e Simfonisë së Nëntë të Bethovenit?

7. Është i vetmi libër i informatikës i përfshirë, së bashku me 12 libra të tjerë prej "American Scientist", në monografitë shkencore më të mira të shekullit. Dy prej tyre janë: "QED: The Strange Theory of Light and Matter" prej Richard Feynman dhe Teoria e Relativitetit e Albert Einstein. Cili është ky libër?

1. KONCEPTE FILLESTARE TE ORGANIZIMIT TE KOMPJUTERIT

 **ANEKSI I KAPITULLIT**

A.1.1 Tabelat shoqëruese të ushtrimit 1.2

Tabela 1.11

Viti	Kompjuteri	Fjala-bit	Viti	Procesori	Fjala-bit	Viti	Procseori	Fjala-bit
1964	IBM 360	32	1971	Intel4004	4	1975	Mot. 6800	8
1970	PDP -11	16	1974	8080	8	1976	Zilog Z80	8
1978	VAX 11/780	32	1978	8086	16	1979	Mot. 68000	32
1991	Cray C90	64	1985	80386	32	1989	Mot. 68040	32
2000	IBM z/Series	64	2001	Itanium	64	1991	PowerPC	32/64
			2003	AMD64	64	2006	Cell	64
			2004	Pentium 4	64			
			2008	Core i7	64			

Tabela 1.12

Viti	Procesori RISC	Fjala-bit
1985	MIPS	32
1985	ARM1	32
1986	SPARC V7	32
1991	MIPS R4000	64
1995	UltraSPARC	64
2005	ARM V7 (Cortex)	32
2011?	ARM V8	64

A.1.2 Regjistrat e MIPS

Procesori MIPS ka një "register file" prej 32 regjistrash me gjatësi 32 bit. Këta regjistrat përdoren prej instruksioneve që manipulojnë numra të plotë (integer). Në tabelë paraqiten banka e regjistrave të MIPS.

Gjuha asembler e MIPS përdor një mënyrë konvencionale për të emërtuar këta regjistra. Ajo paraqitet nën kolonën "Conventional Name".

Tabela 1.13

Register Number	Conventional Name	Përdorimi (usage)
$0	$zero	Hard-wired to 0
$1	**$at**	**Reserved for pseudo-instructions**
$2 - $3	$v0, $v1	Return values from functions
$4 - $7	$a0 - $a3	Arguments to functions - not preserved by subprograms
$8 - $15	$t0 - $t7	Temporary data, not preserved by subprograms
$16 - $23	$s0 - $s7	Saved registers, preserved by subprograms
$24 - $25	$t8 - $t9	More temporary registers, not preserved by subprograms
$26 - $27	**$k0 - $k1**	**Reserved for kernel. Do not use.**
$28	$gp	Global Area Pointer (base of global data segment)
$29	$sp	Stack Pointer
$30	$fp	Frame Pointer
$31	$ra	Return Address

Procesori MIPS ka edhe një bankë të posaçme regjistrash për instruksionet që manipulojnë të dhëna me presje notuese. Kjo bankë ka 32 regjistra me gjatësi 32 bit të quajtur $f0 -$f31.

$f0 - $f3	Floating point return values
$f4 - $f10	Temporary registers, not preserved by subprograms
$f12 - $f14	First two arguments to subprograms, not preserved by subprograms
$f16 - $f18	More temporary registers, not preserved by subprograms
$f20 - $f31	Saved registers, preserved by subprograms

A.1.3 Regjistrat e procesorit Intel x86

Këtu më poshtë tregohen regjistrat e procesorëve të familjes Intel x86.
Të gjithë regjistrat kanë gjatësi 16 bit. Regjistrat e të dhënave AX, BX,CX dhe DX mund të kapen prej instruksioneve edhe si gjysmë-regjistra në formën AH (Accumulator High), AL (Accumulator Low), BH, BL e kështu me radhë. Në variantin e tyre 32 bit (i80386) regjistrave u shtohet prefiksi E=Extended. Në përgjithësi kemi këto emërtime të regjistrave të të dhënave:
32 bits : EAX EBX ECX EDX
16 bits : AX BX CX DX
 8 bits : AH AL BH BL CH CL DH DL

General Purpose Registers (16 bit)

AH	AL	AX (primary accumulator)
BH	BL	BX (base, accumulator)
CH	CL	CX (counter, accumulator)
DH	DL	DX (accumulator, other functions)

Index registers (16 bit)

SI	Source Index
DI	Destination Index
BP	Base Pointer
SP	Stack Pointer

Segment register (16 bit)

CS	Code Segment
DS	Data Segment

ES	ExtraSegment
SS	Stack Segment
Instruction pointer (16 bit)	
IP	Instruction Pointer

A.1.4 Endianess

Përmbledhje e "endianess" e disa sistemeve operativë, në vartësi të procesorëve ku ata ekzekutohen.

Sistemi Operativ	Big-endian në procesorët ...	Little-endian në procesorët ...
AIX	POWER	
HP-UX	Itanium dhe PA-RISC	
iOS		ARM
Linux	MIPS, SPARC, PA-RISC, PowerPC,POWER	x-86,x86-64,Itanium, ARM, Alpha
Mac OS	PowerPC, 680x0	
Mac OS X	PowerPC	x-86,x86-64
OpenBSD	PowerPC, SPARC, PA-RISC	x-86,x86-64, Alpha, VAX
Sun Solaris	SPARC	x-86,x86-64, PowerPC
Windows		X86, x86-64, Alpha, PowerPC, MIPS, Itanium

KAPITULLI 2

ARITHMETIKA E KOMPJUTERAVE

2.1 Paraqitja e numrave me një bazë të çfarëdoshme
Sistemi dhjetor, që ne e përdorim rëndom, dhe ai binar i përdorur në informatikë, janë veçse dy mundësi të paraqitjes së numrave. Duke e përgjithësuar paraqitjen e numrit X me *n* shifra ($x_{n-1}x_{n-2}...x_1x_0$) në një bazë të çfarëdoshme B, mund të shprehim:

$$X = x_{n-1} * B^{n-1} + x_{n-2} * B^{n-2} + \cdots + x_1 * B + x_0 = \sum_{i=0}^{n-1} x_i B^i$$

Për të paraqitur një numër të çfarëdoshëm me bazë B do të nevojiteshin B simbole të ndryshme. N.q.s. B është $\leq$ 10, atëherë përdorim numrat e zakonshëm arabë (0-9). N.q.s. B$\geq$10, atëherë është e nevojshme të përdorim simbole të tjerë për të "numëruar" nga 10 deri në B. Kështu p.sh. kur B=16, përdorim simbolet a,b,c,d,e,f për të shprehur simbolet nga 10 - 15. Baza B quhet edhe "radix".
Sistemi i mësipërm i numërimit quhet "sistem i peshuar" (ang. *"positional notation"*), sepse shifrat që përbëjnë numrin kanë një peshë të caktuar brenda numrit.
Shembull 2.1
Të tregohet se çfarë vlere në sistemin dhjetor shpreh numri 101.
Zgjidhje
Numri 101 shpreh :
    a.   Vlerën 101 (njëqind e një) kur B=10

b. Vlerën $2^2 + 1 = 5$ kur B=2
c. Vlerën $8^2 + 1 = 17$ kur B=8
d. Vlerën $1*n^2 + 1 = n^2 + 1$ kur B=n

Përfundimi : Zakonisht nuk e paraqesim bazën në të cilën është shprehur numri. Kjo sepse na vjen në ndihmë konteksti në të cilin përfshihet ky numër. N.q.s. konteksti lë vend për dykuptime atëherë, shprehim bazën e numërimit sipas formës 101_{10} ose 101_2 ose 101_8 .

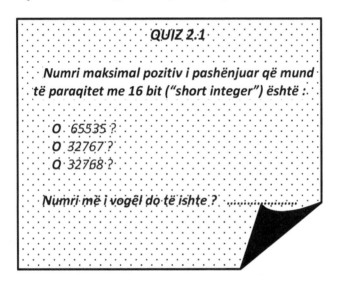

QUIZ 2.1

Numri maksimal pozitiv i pashënjuar që mund të paraqitet me 16 bit ("short integer") është :

O 65535 ?
O 32767 ?
O 32768 ?

Numri më i vogël do të ishte ?

Cila do të ishte vlera maksimale që mund të shprehim me *"n"* simbole? Natyrisht që kjo do të varej nga baza B e paraqitjes së numrit, sipas barazimit :

$$(B-1)B^{n-1} + (B-1)B^{n-2} + (B-1)B^{n-3} + (B-1) =$$

$$= (B-1) \sum_{0}^{n-1} B^i = (B-1)\frac{B^n - 1}{B - 1} = B^n - 1$$

Pra, me "n" simbole do të mund të paraqisnim të gjithë numrat pozitivë nga $0 - B^n{-}1$.

Shembull 2.2
a. Cili është numri maksimal pozitiv që mund të paraqesim me 8 shifra dhjetore?
b. Cili është numri maksimal pozitiv që mund të paraqesim në hapësirën një byte në kujtesën e një kompjuteri?

Zgjidhje
a. $10^8 - 1$ = 99999999

66

b. $2^8 - 1 = 255$

2.2 Bazat e numrave që përdoren në informatikë

Baza kryesore që përdoret në kompjuter apo informatikë, në përgjithësi në elektronikën digitale, është B=2. Simbolet që paraqesin një numër mund të marrin vetëm dy vlera : "0" dhe "1". Një simbol i tillë quhet shifër binare, shkurt "bit" (nga anglishtja BIT=BInary digiT). Kjo është një zgjedhje e detyruar prej komponentëve elektronikë. Kështu, është e thjeshtë të dallohen dy vlerat ekstreme të tensionit, të cilat përfaqësojnë dy gjendjet e shifrës binare. Përdormi i kodimit dhjetor të numrave, në përgjithësi të informacionit, do të kërkonte të dalloheshin dhjetë gjendje të ndryshme tensioni. Kjo do të kërkonte që qarqet elektronikë të ishin shumë më kompleksë, dhe rezultati do të ishte më pak i saktë, krahasuar me përdorimin e logjikës binare.

E meta kryesore e paraqitjes binare të numrave është numri i madh i bitëve që kërkohen për të paraqitur një numër.

Shembull 2.3

Supozojmë se jepet numri N. Të tregohet sa është numri i simboleve që do të nevojiten për të paraqitur këtë numër në formë binare (B=2) dhe në formë dhjetore (B=10). Sa shifra binare do të nevojiteshin më shumë në krahasim me shifrat dhjetore?

Zgjidhje

Për të paraqitur numrin N në formë binare do të mjaftonin $\log_2 N$ shifra binare. Ndërsa për të paraqitur numrin N në formë dhjetore do të mjaftonin $\log_{10} N$ shifra dhjetore.

Raporti $\log_2 N / \log_{10} N = \log_2 10 = 3.3219280949$. Do të nevojiten pra rreth 3.3 herë më shumë shifra binare për të paraqitur të njëjtin numër dhjetor.

> **QUIZ 2.2**
>
> *Rregjistrimi i numrave në kujtesën e një kompjuteri bëhet në formë :*
>
> O dhjetore?
>
> O oktal ?
>
> O binare?
>
> O hexadecimale?

Përderisa kemi bërë zgjedhjen që kompjuteri të jetë një sistem binar, atëherë numrat në kompjuter do të okupojnë hapësirën e nevojshme, që llogaritet nga barazimi n=log2N. Ne nuk kemi tjetër zgjedhje në këtë drejtim. Por, ajo që mund të bëjmë, është që këtë shprehje binare, të mund ta konvertojmë lehtësisht në një vlerë, e cila të ketë kuptim për ne. Pra, të jemi në gjendje ta lexojmë , interpretojmë dhe përdorim atë me lehtësi.

Paraqitja me bazë 2, e cila reflekton në mënyrë besnike regjistrimin e një numri apo informacioni në kompjuter, përveç numrit të madh të bitëve, që e bën atë jo praktik në përdorim, nuk është edhe intuitive. Kështu ne e kemi të vështirë të gjykojmë rreth vlerës së një numri, nisur nga forma binare e tij.

A mund të ishte forma dhjetore e paraqitjes së numrit e përshtatshme? Sigurisht që po, por konvertimi nga binar në dhjetor dhe anasjelltas nuk është i lehtë për tu kryer.

Pikërisht për këtë, në informatikë janë përdorur formatet me bazë 8 ose "octal" si dhe ai me bazë 16 ose hexadecimal, shkurt hexa. Praktikisht formati "octal" nuk përdoret më. Paraqitja me bazë hexa-decimale përdoret gjerësisht sepse :

- Konvertimi nga binar në hexa kryhet lehtësisht. Për këtë mjafton që bitët ti grupojmë katër nga katër dhe mandej të bëjmë konvertimin sipas tabelës që gjendet në aneksin e kapitullit. Konvertimi i anasjelltë është simetrik.
- Meqenëse "byte" konsiderohet si njësia bazë e paraqitjes së informacionit dhe njëkohësisht e adresimit të kujtesës qëndrore, atëherë kjo njësi mund të paraqitet lehtësisht me dy simbole hexadecimalë.

Shembull 2.4

Të paraqiten në formë hexa numrat binarë : 101101000110 dhe 1101010.
Të paraqitet në formë binare numri $4ce_{16}$.

Zgjidhje

$101101000110_2 = b46_{16}$
$1101010_2 = 01101010_2 = 6a_{16}$
$4ce_{16} = 010011001110_2$

QUIZ 2.3

Si mendoni, a mund të jetë ABC një numër?

O Po

O Jo

Vërejtje : Meqenëse kalimi nga dhjetor në binar i numrave nuk është automatik, në disa kompjutera është përdorur historikisht kodi BCD (Binary Coded Decimal). Kompjutera të tillë kanë qenë p.sh. IBM System/ 360 dhe VAX. Sipas këtij kodi, çdo shifër dhjetore transformohet menjëherë në 4 bit. Natyrisht ky nuk mund të konsiderohet si një kodim binar i pastër, por ai thjesht ndihmon në rishkrimin e shifrave në njërën bazë apo në tjetrën. Megjithëse lehtëson konvertimin e numrave, operacionet aritmetikë do të komplikoheshin mjaft. Për më shumë lexoni në [1].

2.3 Paraqitja e numrave negativë
Nga sa pamë më sipër, dimë tashmë të paraqesim numrat e plotë pozitivë. Si veprohet me numrat negativë?
2.3.1 Paraqitja "shenjë dhe vlerë absolute"
Në një numër të shprehur me "n" bit, biti me peshë më të madhe (msb), tregon shenjën e numrit, sipas marrëveshjes që kur msb=1, atëherë numri është negativ. Vlera absolute binare e numrit shprehet me n-1 bitët e mbetur.

Shembull 2.5
Të paraqiten me 8 bit në formën shenjë + vlerë absolute numrat: 23, -23, -48, -65.
Zgjidhje
    a. $+23 = 00010111_2$
    b. $-23 = 1\ 001\ 0111_2$
    c. $-48 = 1\ 011\ 0000_2$
    d. $-65 = 1\ 100\ 0001_2$

Shembull 2.6
Gjeni rezultatin e mbledhjes së numrave +10 dhe -4 kur ata paraqiten në 8 bit në formën shenjë + vlerë absolute.
Zgjidhje
$+10 = 00001010_2$, $-4 = 10000100_2$

```
        00001010
  +     10000100
-----------------------
        10001110  = -14₁₀ Pra, rezultati është i gabuar.
---------
```

Për shkak të komplikacioneve që sjell shenja e numrit gjatë veprimeve aritmetike, si në shembullin e mësipërm, këto veprime kanë nevojë për kontrolle të shenjës, rrjedhimisht ato do të ngadalësohen. Kjo është njëra nga arsyet, që kjo mënyrë nuk përdoret në paraqitjen e numrave.

QUIZ 2.4

Lexoni me vemendje këtë pohim : "Në botë ekzistojnë vetëm **10** lloj njerëzish : ata që e kuptojnë logjikën binare dhe ata që nuk e kuptojnë". Po ju, ku bëni pjesë?

2.3.2 Paraqitja "komplement i dyshit"

Komplement i dyshit është paraqitja standard e numrave negativë në çdo kompjuter. Pra, kur bëhet fjalë për numra të plotë me shenjë, trajta negative e tyre, paraqitet gjithmonë në formën komplement i dyshit.

Si përftohet komplementi i 2-shit i një numri N të paraqitur me "n" bit ?

Me "n" bit mund të paraqesim numra në intervalin $[-2^{n-1}, 2^{n-1}-1]$. Pra mund të paraqesim në total 2^n numra. Numrat pozitivë paraqiten në formën e zakonshme binare. Numrat negativë përftohen duke i shtuar +1 komplementit të njëshit të numrit N dhe duke injoruar ndonjë mbetje të mundshme. Komplementi i njëshit i numrit përftohet duke invertuar numrin N bit për bit. Komplementi i dyshit të numrit X zakonisht shënohet edhe në formën $C_2(X)$.

Shënim : Është i vërtetë barazimi $X + C_2(X) = 2^n$. Që këtej rrjedh edhe emri "komplementi i dyshit" i kësaj mënyra paraqitje të numrave. Pra, mund të llogaritim : $C_2(X) = 2^n - X$.

Ja disa nga vetitë e komplementit të dyshit, që e bëjnë atë të favorizuar në paraqitjen e numrave:

- Shenja e një numrit mund të përcaktohet lehtë nëpërmjet bitit MSB të numrit. Kur ky bit është 0, atëherë numri është pozitiv, në të kundërt, pra kur MSB=1, numri është negativ.
- $C_2(C_2(X)) = X$. Komplementi i dyshit i komplementit të dyshit të numrit X , jep vetë numrin X.
- Ekziston vetëm një paraqitje e numrit zero.
- Zbritja ndërmjet dy numrave, konsiderohet si mbledhje e një numri me komplementin e dyshit të numrit tjetër.

Shembull 2.7

Të paraqiten në formë binare numrat dhjetorë -20 dhe -52. Të përdoren 8 bit për paraqitjen e numrave.

Zgjidhje

$+20 = 00010100_2$

$-20 = 11101011 + 1 = 11101100_2$

$+52 = 00110100_2.$

$-52 = C_2(00110100) = 11001100_2$

Shembull 2.8

Numrat e tabelës së mëposhtme të paraqiten me 8 bit në formën shenjë + vlerë absolute dhe $C_2(X)$.

Numër dhjetor	Shenjë+v.absolute	Kompl.i-2-shit
99	01100011	01100011
127	01111111	01111111
-99	11100011	10011101
-127	11111111	10000001

Kujdes : Të mos ngatërrohet paraqitja e numrave në formën "komplement i dyshit", sipas të cilës paraqiten vetëm numrat negativë, me operacionin e llogaritjes së komplementit të dyshit $[C_2(X) = \bar{X}+1]$. Numrat pozitivë nuk ndryshojnë formë.

Shembull 2.9

Duke përdorur formatin me 32 bit, paraqitni në formatet binare (shenjë + vlerë absolute), komplement i dyshit dhe BCD këta numra : +999, -999, +1000, -1000

Zgjidhje

1. +999

1.a 0 0000000000000000000001111100111

1.b 0 0000000000000000000001111100111- numrat + nuk ndryshojnë

1.c 0000 00000000000000000100110011001

2. -999

2.a 1 0000000000000000000001111100111

2.b 1 1111111111111111111110000011001

2.c 0001 00000000000000000100110011001

3. +1000

3.a 0 0000000000000000000001111101000

3.b 0 0000000000000000000001111101000 - numrat + nuk ndryshojnë

3.c 0000 0000000000000001000000000000

4. -1000

4.a 1 0000000000000000000001111101000

4.b 1 1111111111111111111110000011000

4.c 0001 0000000000000001000000000000

> **QUIZ 2.5**
> **A ёshё i nevojshёm biti i shenjёs kur numrat parqiten nё formёn komplement i dyshit?**
>
> O Po
>
> O Jo

Shembull 2.10

Nё tabelёn e mёposhtme jepen kombinimet binare tё 4 bitёve. Vendosni pёrbri tyre vlerat dhjetore qё ato pёrfaqёsojnё pёr kёto dy raste :

1. Shprehin numra tё pashёnjuar ('unsigned")
2. Shprehin numra tё shёnjuar ("signed")

Zgjidhje

Pёr numrat e shёnjuar, biti me peshё mё tё madhe shpreh shenjёn e numrit sipas marrёveshjes "1"=numёr negativ, "0"=numёr pozitiv. Nё se numri ёshtё negativ, atёherё ai shprehet nё formёn komplement i dyshit.

Tabela 2.1

Vlera binare	Numёr i pashёnjuar	Numёr i shёnjuar
0000	0	0
0001	1	1
0010	2	2
0011	3	3
0100	4	4
0101	5	5
0110	6	6
0111	7	7
1000	8	-8
1001	9	-7
1010	10	-6
1011	11	-5
1100	12	-4
1101	13	-3
1110	14	-2
1111	15	-1

2.4 Zgjerimi i shenjës

Herë pas here kërkohet që të zgjerohet paraqitja me "n" bit e një numri edhe me "x" bit të tjerë shtesë. Kështu p.sh. për të mbledhur një numër të paraqitur me një byte, me një tjetër me gjatësi 2byte, para se të kryhet veprimi i mbledhjes, duhet që numri i parë të zgjerohet në 2 byte. Ose p.sh. kur një qelizë kujtese me gjatësi 8 bit lexohet në një regjistër të procesorit, i cili është 32 bit i gjatë. Si veprohet në këto raste, me qëllim që numri të zgjerohet, por pa ndryshuar vlerën ? Për këtë, kryhet ajo që zakonisht quhet "zgjerimi i shenjës". Le të shikojmë se si kryhet ky proces për tre mënyrat e paraqitjes së numrit.

- Numrat e pashënjuar
Në këtë rast, mjafton që të shtohet zero në fillim të numrit. Kështu numri 11010011 në 8 bit do të behej 0000000011010011 në 16 bit.
- Numra të paraqitur në formën shenjë + vlerë absolute
Në këtë rast mjafton që biti i shenjës të bëhet biti MSB i numrit të zgjeruar dhe duke shtuar zero në bitët e tjerë të numrit.

Shembull 2.11
Numrat e mëposhtëm të shprehur në formën shenjë + vlerë absolute në 8 bit, të zgjerohen në 16 bit.
01101000, 10000111 dhe 11010011
Zgjidhje
01101000   zgjerohet në 0000000001101000 (numër pozitiv)
10000111   zgjerohet në 1000000000000111 (numër pozitiv)
11010011   zgjerohet në 1000000000101011 (numër negativ)

- Numra të paraqitur në formën komplement i dyshit
Në këtë rast, biti i shenjës të numrit kopjohet në të gjithë bitët shtesë. Kështu, n.q.s. numri është pozitiv, biti i shenjës është 0, atëherë bitët shtesë plotësohen me zero. N.q.s. numri është negativ, biti i shenjës është 1 dhe atëherë ky bit replikohet në të gjithë bitët shtesë.

Shembull 2.12
Numrat e mëposhtëm të shprehur në formën komplement i dyshit me 8 bit, të zgjerohen në 16 bit.
01101000, 10000111 dhe 11010011
Zgjidhje
01101000   zgjerohet në 0000000001101000 (numër pozitiv)
10000111   zgjerohet në 1111111111000111 (numër pozitiv)
11010011   zgjerohet në 1111111111101011 (numër negativ)

> **QUIZ 2.6**
>
> *A mund të jetë* 678_8 *një numër i vlefshëm?*
>
> O Po
>
> O Jo.

2.5 Kapërderdhja
(ang. overflow, fr. débordement)

Numrave të shënjuar ose jo, në çdo rast, i rezervohet një vend i caktuar në kujtesën e kompjuterit. Natyrisht që gjatë veprimeve arithemetike, p.sh. mbledhje, rezultati mund të dalë përtej hapësirës që kompilatori ka vendosur në dispozicion të numrit (variabëlit). Kemi të bëjmë me atë që quhet "kapërderdhje" ose "overflow". Në cilat kushte ndodh dhe si mund të detektojmë një "overflow"? Këtu më poshtë trajtohen disa shembuj. Në "Raste studimi" trajtohen shembuj të tjerë në lidhje me trajtimin e "overflow" prej gjuhëve të ndryshme të programimit.

Shembull 2.13

Supozojmë se për të paraqitur numrat e plotë (integer) të shënuar kemi në dispozicion 11 bit. A do të rezultojë veprimi i mëposhtëm në një "overflow"? Shpjegoni arsyetimin tuaj.

-567 + (-458)

Zgjidhje

Me 11 bit në dispozicion mund të paraqesim numra prej -2^{10} në 2^{10} - 1, ose -1024 deri në 1023.

Rrjedhimisht shuma -1025 do të rezultojë detyrimisht me "overflow".

Shembull 2.14

Të paraqiten në formatin 8 bit në formë hexadecimale dhe binare në formën shenjë + vlerë absolute dhe komplement i dyshit, numrat : +127, -64. dhe -128. Të kryhen veprimet 127+127 dhe -64+127.

Zgjidhje

127 = 7F(hex) = 0 1111111

-64 = 0C(hex) = 1 1000000 – komplement i dyshit

-128 = 80(hex) = 1 0000000 – komplement i dyshit

127 + 127 = 7F(hex) +7F(hex)=FE(hex)

Veprimi i mbledhjes 127 + 127 të paraqitur në formë binare:

2. ARITHMETIKA E KOMPJUTERAVE

0 1111111
0 1111111
_____

01111110 **0** = carry flag (CF), rs = 1, **1** = Biti i shenjës

Rezultati është – 2, i paraqitur në formën komplement i dyshit, pra është i gabuar. Kjo ndodh sepse kemi humbje të informacionit, pasi mbetja që rezulton nga mbledhja e bitëve të rendit 7 ndikon në bitin e shenjës (biti i 8-të). Ketë mbetje e shënojmë me "**rs**". Për ketë rast kemi që rs=1.
Veprimi tjetër : -64 + 127 = 63
C0(hex)+7F(hex)=3F (hex) ose 63 (decimal)
Veprimi në binar:

1 1000000
0 1111111
_____

100111111 **1**= CF, rs =1

Në këtë rast shuma rezulton të jetë 3F (hex) ose 63 (dec), pra është e saktë edhe pse rs=1.
Nga shembuj të tjerë të ngjashëm, do të arrijmë në këtë përfundimin e përmbledhur në tabelë:

Tabela 2.2

CF	rs	Saktësia e rezultatit
0	0	i saktë
0	1	i gabuar
1	0	i gabuar
1	1	i saktë

Përfundimisht arrijmë në konkluzionin se rezultatin e gabuar të mbledhjes se dy numrave mund ta detektojmë nëpërmjet një biti, që po e shënojmë "OF" , i cili përftohet nga relacioni : OF=CF $\oplus$ rs.
Ky bit quhet "OVERFLOW" (kapërderdhje) dhe është njeri prej indikatorëve të gjendjes (FLAGS) të njësisë se përpunimit.

Disa përfundime që rrjedhin prej këtij shembulli
1. "Overflow" ndodh kur rezultati i një veprimi aritmetik nuk mund të paraqitet me hardwar-in që kemi në dispozicion. Kështu, në ushtrimin e mësipërm, 8 bitet që kemi në dispozicion për paraqitjen e numrave janë të pamjaftueshëm për të paraqitur rezultatin, i cili kërkon 9 bit.
2. Në përfundim të veprimeve aritmetike me numra algjebrike, duhet të testohet indikatori (flag) Overflow për të njohur saktësinë e rezultatit.

3. Në se OF=1, atëherë rezultati duhet korrektuar nëpërmjet vendosjes të më shumë bitëve në dispozicion të paraqitjes së rezultatit.

Kështu në se shumën 7F(hex) + 7F (hex) e paraqesim jo më me 8 bit, por e zgjerojmë në 16 bit, atëherë do të përftojmë :

0 000 0000 1111 1110 =00FE $_{16}$ = 254 $_{10}$. Ky është një rezultat i saktë!

QUIZ 2.7

Cilat mendoni se janë arsyet që mund të shndërrojë një "buffer overflow." në kërcënim për sigurinë e kompjuterit?

O Kur "hackeri" arrin të devijojë ekzekutimin e një programi.

O Kur "buffer overflow." gjendet ndërmjet dy kompjuterave në një rrjet ("network").

O Kur të dhëna të rëndësishme për sigurinë mbivendosen ("overwriten").

O Kur të dhëna kritike për ekzekutimin e programit mbivendosen duke shkaktuar "crash" të programit.

2.6 Paraqitja e numrave me presje fike

Në jetën e përditshme ne përdorim jo vetëm numra të plotë, por edhe numra thyesorë apo edhe numra irracionalë. Pra shkurt, në jetën reale ne manipulojmë me numra realë.

Shembull 2.15

Të paraqitet në dhjetor numri binar N=110101 dhe të kryhet veprimi N/2.

Zgjidhje

$N=110101_2=2^5 + 2^4 +2^2+2^0=32+16+4+1= 53_{10}$

$N/2=53/2 =26,5_{10}$

Si mund të paraqesim këtë numër thyesor në kompjuter? Përgjigja është e thjeshtë : në ngjashmëri me presjen dhjetore, në një kompjuter përdorim presjen binare. Kështu bitët në të majtë të presjes kanë peshat $2^0, 2^1, 2^2$, etj. ndërsa të djathtë pozicionohen termat $2^{-1}, 2^{-2}, 2^{-3}$ etj.

Kështu numri ynë 26.5 do të paraqitej kështu në binar :

$26,5 = 1*2^4+1*2^3+0*2^2+1*21+02^0 +1*2^{-1} = 11010,1_2$

Ky shembull shërben edhe për të demonstruar se zhvendosja e presjes binare majtas me 1 bit rezulton të jetë një pjesëtim me 2 i numrit, ndërsa zhvendosja djathtas me 1 bit është shumëzim me 2.

1.6.1 Paraqitja me presje fikse e numrave pozitivë

Në përgjithësi mund të themi se, me një shprehje binare "n" bit të gjatë, nga të cilat "p" bitët me peshë më të vogël përdoren për të shprehur pjesën thyesore të numrit, mund të paraqesim numrin X, i cili do të ketë vlerën :

$$X = x_{n-p-1} * 2^{n-p-1} + x_{n-p-2} * 2^{n-p-2} + \cdots + x_1 * 2 + x_0 + x_{-1} * 2^{-1}$$
$$+ x_{-2} * 2^{-2} + \cdots$$
$$\cdots + x_{-p} * 2^{-p} = \sum_{i=-p}^{n-p-1} x_i \, 2^i$$

Numri X do të paraqitet në formën : $x_{n-p-1}x_{n-p-2}...x_1x_0,x_{-1}x_{-2}...x_{-p}$.

Pra, numri ynë binar do të përbëhet nga pjesa e plotë e formuar nga "n-p" bit dhe pjesa thyesore nga "p" bit.

Për të paraqitur pra një numër me presje fikse në një kompjuter, mjafton që në mënyrë implicite të fiksojmë presjen binare në një pozicion fiks brenda shprehjes binare. Nga sa më sipër, kuptohet se të fiksosh presjen binare brenda një shprehje binare, do të thotë të fiksosh vlerën e dy parametrave:

- n - Gjerësia e paraqitjes së numrave, ose e thënë ndryshe numri i bitëve në dispozicion për të shprehur një numër
- p - pozicioni i presjes brenda numrit.

Kështu p.sh. në se simbolikisht shënojmë *fixed <n,p>*, vlera *fixed(8,3)* do të thotë se ne paraqesim numrin me n=8 bit, ndërsa pjesa thyesore, që përcakton edhe pozicionin e presjes binare, do të jetë p=3 bit.

Shembull 2.16

Të paraqiten në formë binare me një byte, numrat dhjetorë 5.5 dhe 6.25.

Zgjidhje

Duke ditur se zhvendosja me një rend i presjes binare, rezulton një pjesëtim me 2 i numrit, llogaritim:
$5,5*2 = 11_{10} = 0000101,1_2$
$6,25*4 = 25_{10} = 000110,01_2$

Shembull 2.17

Cilët janë disa nga numrat dhjetorë që mund të shprehim nëpërmjet shprehjes binare : 00010110_2

Zgjidhje

Në një kompjuter, nëpërmjet një shprehje binare mund të paraqesim gjithçka. Kështu p.sh.:

a. N.q.s shprehjen e mësipërme binare e trajtojmë si numër të plotë (integer), atëherë do të kemi:$00010110 = 16+4+2 = 22_{10}$. Ky është një rast specifik i paraqitjes së numrit me presje fikse kur p=0 (numri nuk ka pjesë thyesore).

b. Në formatin fixed <8,3> do të rezultonte: $00010,110_2 = 2^1 + 2^{-1} + 2^{-2} = 2,75_{10}$

c. Ndërsa në formatin fixed <8,5> e njëjta shprehje binare do të paraqesë numrin
$000,10110 = 0,5 + 0,125 + 0,625 = 0,6875_{10}$.

2.6.2 Paraqitja me presje fikse e numrave negativë

Do të marrim në konsideratë rastin kur numrat negativë paraqiten në formën komplement i dyshit.

Le të rimarrim edhe një herë shembullin 2.15 që trajtuam më lart në të cilin llogaritëm që: $53_{10} = 110101_2$ dhe $26.5 = 11010,1_2$.

Ky shembull shërben për të treguar atë që dimë tashmë, që zhvendosja e presjes binare majtas me 1 bit është një pjesëtim me 2 të numrit. Ndërsa zhvendosja djathtas me 1 bit është një shumëzim me 2.

Këtë veti, e cila është e vlefshme për numrat pozitivë e negativë, do ta shfrytëzojmë në ushtrimin e mëposhtëm.

Shembull 2.18

Të paraqiten në 4 bit numrat e plotë të shënjuar në formën komplement i dyshit. Të paraqiten edhe numrat me presje fikse në formën fixed <4,1> dhe fixed <4,2> .

Zgjidhje

Numrat e kërkuar janë përmbledhur në tabelën e mëposhtme. Vlerat dhjetore të numrave me presje fikse llogariten prej pjesëtimit me 2 dhe me 4 të numrave të plotë të shënjuar korrespondues.

Tabela 2.3

Vlera Binare	Numër i plotë i shënjuar (N)	Numri (4,1)N/2	Numri (4,2)N/4
0000	0	0	0
0001	1	0,5	0,25
0010	2	1	0,5
0011	3	1,5	0,75
0100	4	2	1
0101	5	2,5	1,25

0110	6	3	1,5
0111	7	3,5	1,75
1000	-8	-4	-2
1001	-7	-3,5	-1,75
1010	-6	-3	-1
1011	-5	-2,5	-1,25
1100	-4	-2	-1
1101	-3	-1,5	-0,75
1110	-2	-1	-0,5
1111	-1	-0,5	-0,25

Përfundim : N.q.s. "n" është numri i biteve në dispozicion për të paraqitur një numër të shënjuar dhe "p" pozicioni i presjes brenda numrit binar, atëherë vlera dhjetore të numrit me presje fikse N(n-p,p) llogaritet nga barazimi:

$$N(n-p,p) = N/2^p$$

ku: N është vlera dhjetore e numrit të plotë (integer) të shënjuar të paraqitur me "n" bit.

2.6.3 Precizioni, rezolucioni, rendi i paraqitjes së numrave
Shembulli i mësipërm (shembull 2.18) çon drejt një përfundimi të rëndësishëm, që me 4 bit mund të paraqesim 16 numra të plotë të pashënjuar, 16 numra të shënjuar, pozitivë dhe negativë (komplement i 2-shit), 16 numra me presje notuese, etj. Pra, në përgjithësi themi se:
 Me "n" bit, mund të paraqesin vetëm 2^n "gjëra", pavarësisht se çfarë "gjërash" janë ato.

Le të shikojmë një shembull tjetër.
Shembull 2.19
Supozojmë se kemi në dispozicion një byte. Të tregohet se çfarë mund të paraqitet me një byte.
Zgjidhje
Për madhësinë një byte mund themi se:
   a. Mund të paraqesim 256 numra të plotë pozitive ("unsigned binary integers").
   b. Mund të paraqesim 256 numra të plotë pozitivë e negativë (komplement i 2-shit).
   c. Mund të paraqesim 256 numra të plotë me presje fikse.
   d. Vlera më e vogël e paraqitshme është zero = 00000000

e. Vlera më e madhe e paraqitshme në formatin fixed <8,4> është 15.9375 (1111.1111)

f. Vlera më e vogël në formatin fixed <8,4> është 0.0625 (0000.0001)

g. Hapësira e numrave ndërmjet dy numrave të plotë të njëpasnjëshëm ndahet në 16 numra (sepse 0.0625*16=1).

Nga ky shembull kuptojmë se me një byte jemi të kufizuar në rendin e paraqitjes së numrave (nga 0-15.9375) dhe të kufizuar në precizion (vetëm 16 vlera ndërmjet dy numrave të plotë). Kemi të bëjmë me atë që quhet "precizion i kufizuar" i paraqitjes së numrave me presje fikse në një kompjuter.

Përkufizime

Precizion : është numri maksimal i bitëve të ndryshëm nga zero që mund të paraqiten. P.sh. në shembullin 2.19 precizioni është 8 bit, pavarësisht se paraqesim numra të plotë apo me presje fikse.

Rezolucion : është numri më i vogël jo zero që mund të paraqitet. P.sh. në shembullin 2.19 rezolucioni për formatin fixed<8,4> është 0.0625. Ndërsa për formatin me presje fikse fixed<8,1> është 0.5.

Rend i numrave: është diferenca ndërmjet numrit maksimal negativ dhe numrit maksimal pozitiv të paraqitshëm.

Saktësi (ang. accuracy): është diferenca maksimale ndërmjet vlerës reale të numrit dhe paraqitjes së tij. Saktësia = Rezolucion/2.

```
QUIZ 2.8

Sa numra realë shtrihen ndërmjet
vlerave 0 dhe 0.0625?

O 1250
O 625
O Infinit
O 626
```

Në përfundim mund të themi se paraqitja e numrave me presje fikse është pothuajse e njëjtë me paraqitjen e numrave të plotë. Dallimi i vetëm qëndron në pozicionin e presjes binare. Me të vërtetë, numrat e plotë mund të konsiderohen si rast i veçantë i paraqitjes me presje fikse, kur presja binare gjendet në pozicionin 0. Rrjedhimisht, të gjithë operatorët arithmetikë dhe hardware që përdoren për numrat e plotë, vlejnë edhe për presjen fikse. E metë e rëndësishme e paraqitjes me presje fikse është rendi dhe saktësia e ulët, krahasuar me paraqitjen me presjen notuese.

Shumica e gjuhëve më të përdorshme të programimit nuk kanë tipa variablash specifikë për presjen fikse, por përdorin ato të "integer", pasi nuk është e nevojshme.

Shembull : #define int2fix(a) (((int)(a))<<8) //Convert char to fix. a is a char

2.7 Operatorët aritmetikë dhe logjikë me presje fikse
Në lidhje me ndërtimin e operatorit ALU referojuni [1].

Shembull 2.20– shumatorët, llogaritja e shpejtësisë së mbledhjes
Supozoni se tre shumatorë në paralel me 16 bit janë realizuar respektivisht sipas tre metodave: "ripple carry adder", 4 bit "Carry Lookahead adder" të vendosur në kaskadë, dhe "Carry Lookahead adder" i plotë.

Krahasoni shpejtësitë me të cilën llogaritet mbetja Ci në këta shumatorë.

Zgjidhje
Një mënyrë e thjeshtë, për të llogaritur vonesën që shkaktohet gjate një operacioni logjik, do të supozojmë se portat AND dhe OR i sjellin vonesa të barabarta sinjaleve elektrike. Këtë kohe e shënojmë Tporte. Kështu, vonesa që shkaktojnë portat logjike do të llogaritet thjesht duke numëruar portat gjate rrugës që përshkon mbetja Ci.

1. Ripple carry adder
Në një shumator të plotë me një bit, mbetja Ci-1 kalon neper 3 porta logjike për të përcaktuar mbetjen Ci.

Pra, në total koha e nevojshme për llogaritjen e mbetjes, në rastin me të keq, do të ishte : 3*16Tporte=48*Tporte.

2. Carry Lookahead + ripple carry
Numri i portave logjike për "4 bits Carry Lookahead adders" është : 1 porte për *pi(propagate)* dhe *gi (generate)*; 2 porta për mbetjet C0,C1,C2,C3. Ekziston një porte logjike në hyrje të një shumatori të tillë për Carry-in. Pra, në total koha e nevojshme për llogaritjen e mbetjes, për rastin me të keq, do të ishte : (1+2+1*4)Tporte=7*Tporte.

3. "Carry Lookahead adder" i plotë
Numri i portave logjike për këtë rast është : 1 porte për*pi (propagate)* dhe *gi (generate)*; 2 porta për mbetjet C0,C1,C2,C3 dhe 2 porta për "Carry Lookahead Unit" që bashkon 4 shumatorët. Pra, në total koha e nevojshme për llogaritjen e mbetjes do të ishte : (1+2+2)Tporte=5*Tporte.

Përfundim: Shumatorët "Carry Lookahead" janë nga 7 deri 9 here me të shpejte se ata "Ripple Carry".

> ### QUIZ 2.9
> **Numri maksimal pozitiv i shënjuar që mund të paraqitet me 16 bit (short integer) është :**
>
> O 65535
> O 32767
> O 32768
>
> **Ndërsa numri më i vogël negativ do të ishte ?**
>
> O -65535
> O -32768
> O -32767

Shembull 2.21

    a. Cila është vlera maksimale e numrit të paraqitur si "integer" pa shenjë ("unsigned integer")?

Sa bit do të nevojiteshin për të paraqitur në kompjuter:

    b. Moshën e tokës, rreth 4.600.000.000 vjet?

    c. Peshën në kg. të njësisë së masës atomike (atomic mass unit - a.m.u.) që është $1.6*10^{-27}$ kg.

Zgjidhje

    a. "Unsigned integer" paraqitet në 4 byte, rrjedhimisht numri maksimal i paraqitshëm prej tij është 2^{32} = 4.294.967.296.

    b. $\log_2 4.6*10^9$ = 32.098987 ; do të nevojiten 33 bit për të paraqitur moshën e tokës në një kompjuter.

    c. $\log_2 1.6*10^{-27}$ = -88.96087 ; do të nevojiten 89 bit për të paraqitur peshën në kilogram të njësisë së masës atomike.

Përfundim : "Integer" është i pamjaftueshëm për të paraqitur dy vlerat e mësipërme. Duhen përdorur të tjera formate të paraqitjes së numrave për të mundësuar këtë.

2.8 Paraqitja e numrave realë me presje notuese

Nga sa pamë më sipër, nëpërmjet numrave të plotë (integer) dhe me presje fikse mund të paraqiten një rend i caktuar numrash, natyrisht me një saktësi të caktuar. Kjo vlen si për numrat e mëdhenj ashtu edhe për ata shumë të vegjël. Numrat që nuk janë të paraqitshëm në të dy ekstremet, do të shoqërohen me "overflow" dhe "underflow" respektivisht.

2. ARITHMETIKA E KOMPJUTERAVE

Për të manipuluar numra realë që lëvizin në diapazone vlerash shumë të mëdha, përdoret paraqitja e numrave me presje notuese (ang. floating point, fr. virgule flottante), ose siç quhet shpesh herë "paraqitje shkencore". Shkurtimisht do ta shënojmë me FP.

Në lidhje me paraqitjen e numrave me presje notuese, mund ti referoheni [1] dhe [9]. Këtu po trajtojmë shkurtimisht këtë çështje, të fokusuar tek formati IEEE754-1985.

Ideja themelore e paraqitjes së numrave në FP, është që n.q.s përdorim një numër të caktuar bitësh (32 ose 64 bit) dhe që presja binare të mund të "lundrojë" mes biteve, aty ku ne kemi nevojë, atëherë ne mund të paraqitim numra shumë të vegjël dhe shumë të mëdhenj. Natyrisht, që disa nga këta bit do të përdoren për të treguar se ku gjendet presja binare.

Një numër i çfarëdoshëm N, paraqitet me presje notuese, atëherë kur atij i vihen në korrespondencë tre komponentë : shenja "S", mantisa "M" (ang. "significand" ose "coefficient") dhe eksponenti "E", të lidhur ndërmjet barazimit :

$$N=(-1)^S * M * B^E$$

Eksponenti E, është një numër i plotë i shënjuar ("signed integer") dhe i zhvendosur me një konstante K. Mantisa M është një numër me presje fikse dhe e normalizuar. Pra, paraqitja e një numri "N" me presje notuese në kompjuter, nuk është gjë tjetër veçse vënia në dispozicion të tij në kujtesën e kompjuterit të një hapësire të caktuar, të ndarë ndërmjet E, M dhe 1 bit për të shprehur shenjën "S" të numrit.

Cila është arsyeja që siç tregohet në [1], eksponenti E është i zhvendosur me një konstante K? Përgjigja është e thjeshtë: kryesisht për të thjeshtuar procesin e renditjes së numrave të paraqitur si FP. Vërtet, në se eksponenti E do të ishte një numër negativ, i paraqitur qoftë në formën "shenjë +vlerë absolute", qoftë si komplement i dyshit, biti MSB i tij do të ishte 1. Pra, një "E" negative do të bënte që një numër i vogël, në dukje, pra sipas FP, të shfaqej si i madh. Për të evituar këtë anomali, eksponenti E zhvendoset me një konstante K, në mënyrë të tillë që karakteristika (Exp=E+K) të shndërrohej në një numër të plotë të pashënjuar. Kemi të bëjmë me atë që quhet "eksponenti zhvendosur, në anglisht "bias notation". Në këtë mënyrë, eksponenti maksimal negativ, pra numri më i vogël, do të krijonte një karakteristikë plotësisht zero, ndërsa numri maksimal pozitiv, do të shoqërohej me karakteristikë maksimale, $111......111_2$. Për më shumë detaje mund të lexoni në [1] dhe [2].

2.8.1 Formati IEEE754

Që prej vitit 1985,paraqitja e numrave me presje notuese, standardizohet prej normës IEEE754, përmbledhur këtu më poshtë.

Paraqitje FP e shkurtër ("short FP") përdor 32 bit ("single precision"):

0 1   8 9   31

S	KARAKTERISTIKA	MANTISA

S – biti i shenjës,

Karakteristika = 8 bit. Exp=E+K =E+127.

Mantisa M e normalizuar paraqitet si një numër thyesor (<1) me 23 bit.

Numri real N, sipas standardit IEEE754 me 32 bit do të paraqitej nga barazimi i mëposhtëm:

$$N = (-1)^S * 2^{E-127} * (1,M)$$

ku 0<E<255.

Paraqitje FP e gjatë ("long FP") përdor 64 bit ("double precision"):

0 1   11 12   63

S	KARAKTERISTIKA	MANTISA

Karakteristika =11 bit. Exp=E+K =E+1023.

Mantisa M e normalizuar paraqitet si një numër thyesor (<1) me 52 bit.

Numri real N do të paraqitet sipas barazimit:

$$N=(-1)^S * 2^{E-1023} * (1,M)$$

ku 0<E<2047

Në tabelën e mëposhtme janë përmbledhur vlerat e mundshme të eksponentit dhe mantisës së një numri FP sipas standardit IEEE754, shoqëruar me interpretimin përkatës.

Tabela 2.4

FP 32 bit (single precision)		FP 64 bit (double precision)		Vlera
Eksponenti	Mantisa	Eksponenti	Mantisa	
0	0	0	0	0
0	Jo-zero	0	Jo-zero	Nr. i panormalizuar
1-254	Çfarëdo	1-2046	Çfarëdo	± Nr. FPnormal
255	0	2047	0	± infinit
255	Jo-zero	2047	Jo-zero	NaN (Not a Number)

Në tabelë, përveç vlerave normale të numrave, pra kur E=1-254, janë parashikuar edhe vlerat që duhet të marrë numri në kushtet ekstreme (E=0 dhe E=255).

Në standardin IEEE754 parashikohen edhe përafrimet ose rrumbullakimet e nevojshme të numrave FP. Kështu, kur një operacion arithmetik prodhon një përfundim, i cili nuk është i paraqitshëm në standardin FP që përdoret (single/double precision), atëherë ai rrumbullakoset duke i dhënë një vlerë të paraqitshme në FP. Në IEEE754 parashikohen katër mundësi për këtë: Përafron me vlerën më të afërt ("round to nearest, ties to even"), përafron me + ∞, përafron me −∞, dhe përafron me zero. Përafrimi standard ("default") është ("round to nearest, ties to even"), që do të thotë që rrumbullakos në vlerën më të afërt; n.q.s. numri bie në mes, atëherë përafro me një numrin çift më të afërt (biti LSB=0). Natyrisht që, duke pasur një numër të kufizuar bitësh në përdorim, nuk mund të paraqesim të gjithë numrat realë të mundshëm, duke bërë që të humbasë informacion dhe të shfaqen gabime që krijohen si pasojë e përafrimeve.

Në tabelën e mëposhtme janë përmbledhur të dhënat kryesore të numrave me presje notuese të shprehur sipas standardit IEEE754.

Tabela 2.5

Veçoria	Short / single	Long /double
Gjerësia e FP (bit)	32	64
Mantisa (bit)	23+1 i fshehur=24	52+1=53
Rendi i mantisës	$1, 2 - 2^{-23}$	$1,2 - 2^{-52}$
Eksponenti	8	11
Koeficienti i zhvendosjes (K)	127	1023
Vlera min. e paraqitshme	$2^{-126}=\pm1.18*10^{-38}$	$2^{-1022}=\pm2.23*10^{-308}$
Vlera max.e paraqitshme	$2^{128}=\pm3.4*10^{38}$	$2^{1024}= \pm1.8*10^{308}$
Zero (±0)	E+K=0, M=0	E+K=0, M=0
Panormalizuar	E+K=0,M≠0,paraqet $\pm0.M*2^{-126}$	E+K=0,M≠0,paraqet±0.M*2^{-1022}
Infinit (±∞)	E+K=255, M=0	E+K=2047, M=0
Paraqitje FP e zakonshme	E+K ∈ [1,254], E∈ [-126, 127], parqet $1,M*2^E$	E+K ∈ [1,2046], E ∈ [-1022, 1023], parqet $1,M*2^E$
NaN – Not a Number	E+K=255,M≠0	E+K=2047,M≠0

> **QUIZ 2.10**
>
> **Cili prej komponentëve të një numri FP përcakton edhe precisionin e tij ?**
>
> O Mantisa
>
> O Eksponenti

Shembull 2.22

Të konvertohet në formatin IEEE 754 , numri dhjetor -210,25 në " single precision" edhe në formatin "double precision".

Zgjidhje

1. N = -210.25 në " single precision" ose 32 bit.

Këtu më poshtë paraqitet edhe metodologjia e procesit të konvertimit.

    a. Fillimisht kthehet numri dhjetor 210,25 në binar duke e kryer procesin në dy faza: fillimisht konvertohet në binar pjesa e plotë e numrit dhe pastaj pjesa thyesore.

$210_{10} = 11010010_2$ sepse :

$$1*2^7 + 1*2^6 + 0*2^5 + 1*2^4 + 0*2^3 + 0*2^2 + 1*2^1 + 0*2^0 = 128+64+16+2$$

Konvertohet pjesa thyesore e numrit sipas barazimit : $a_0*2^{-1} + a_1*2^{-2} + a_2*2^{-3} + ...$

pra $0.25 = 0*2^{-1} + 1*2^{-2} = 01$

Përfundimisht numri 210.25 do të shprehej kështu në binar : 11010010,01

    b. Hapi i dytë, normalizimi i mantisës. Praktikisht kjo do të thotë që të lihet vetëm një bit me vlerë "1" , në të majtë të presjes binare. Kështu duke e zhvendosur presjen 7 pozicione në të majtë, përftohet vlera : 1,101001001.

Sipas standardit IEEE 754, biti i parë i çdo numri duhet të jetë kurdoherë 1. Në këto kushte, duke e konsideruar këtë bit si implicite =1, atë nuk e përfshijmë në mantisën e numrit. Prandaj, në rastin tonë, mantisa e shprehur në 23 bit do të ishte : 10100100100000000000000

    c. Përcaktohet karakteristika e numrit sipas barazimi :

$EXP = E + K = E + 127 = 7 + 124 = 134 = 10000110_2$

    d. Shenja e numrit . Në rastin tonë S=1
    e. Përftojmë numrin sipas formatit IEEE 754 nga bashkimi i 3 elementëve : shenjë, karakteristikë dhe mantisë si më poshtë :

1) 10000110 10100100100000000000000
    2. Formati "double precision" ose 64 bit do të ishte :

1 10000000110 10100100100000000000000000000000000000000000000000000

Shënim : pjesa karakteristikë, për formatin "double precision" formohet prej : EXP= 7 + 1023 = 1030 = 10000000110

QUIZ 2.11

Në formatin "single precision" vlera maksimale e paraqitëshme llogaritet të jetë $(2-2^{-23})*2^{127} \approx 2^{128}$?

O Po, sepse ....

O Jo, sepse ....

Në formatin "double precision" vlera maksimale e paraqitëshme llogaritet të jetë $(2-2^{-52})*2^{1023} \approx 2^{1024}$?

O Po, sepse ....

O Jo, sepse ....

Shembull 2.23
Jepet numri i shprehur në formatin 32 bit sipas standardit IEEE 754 :
1 10000110 10100100100000000000000
Të gjendet vlera dhjetore e numrit.
Zgjidhje
Fillimisht përcaktojmë shenjën : 1 = numër negativ
Përcaktojmë eksponentin :   10000110 = 134 (dhjetor) . E = EXP-127 = 134-127 = 7
Përcaktojmë mantisën :101001001 i shtojmë 1 dhe përftojmë 1,101001001
Zhvendosim presjen 7 pozicione djathtas dhe përftojmë numrin binar 11010010,01
Përcaktojmë pjesën e plotë që është 210 dhe pastaj edhe atë dhjetore që është 1/4 ose 0.25 . Përfundimisht numri dhjetor do të ishte -210.25

Shembull 2.24

Të kthehet në formatin IEEE 754 në "single-precision" numri dhjetor :   - 987,667.

Zgjidhje

Pjesa e plotë e numrit është $987 = 1111011011_2$

Pjesa thyesore është .667 = ,101010101100000

Pra 987.667 = 1111011011,101010101100000

Pas normalizimit do të marrim : $1,11101101110101010110000 \times 2^9$

Mantisa pra në 23 bit do të ishte : 11101101110101010110000

Karakteristika do të llogaritej : 9 + 127 = 136 = 10001000

Përfundimisht numri në IEEE 754 në 32 bit do të ishte :

1 10001000 11101101110101010110000

2.8.2 Formati IEEE754-2008

Versioni aktual i standardit IEEE754 është publikuar në vitin 2008, prandaj ai identifikohet si IEEE754-2008. Në standardin e përditësuar, janë ruajtur të pandryshuara specifikimet për "standard dhe double precision" të versionit IEEE754-1985. Janë shtuar, ndër të tjera, "half precision" dhe "quadruple precision", siç tregohet në tabelë.

Tabela 2.6

Emërtimi	Emërtimi i zakonshëm	Gjatësia e FP-bit	Mantisa bit	Karakteristika-bit	Koeficienti K i zhvendos.	Eksponenti Min.	Eksponenti Max.
Binary 16	Half precision	16	10+1	5	15	-14	+15
Binary 32	Single precision	32	23+1	8	127	-126	+127
Binary 64	Double precision	64	52+1	11	1023	-1022	+1023
Binary 128	Quadruple precision	128	112+1	15	16383	-16382	+16383

Shënim : Vini re emërtimet e reja "Binary32" dhe "Binary64", respektivisht për formatet "Single precision" dhe "Double precision".
Aktualisht binary16 përdoret prej nVidia, D3Dx etj. Ndërsa variabla FP sipas formatit binary128 mund të përdoren në Fortran (REAL *16) dhe në pak kompilatorë C/C++.

Shembull 2.25
Për numrat FP sipas formatit "half precision" të gjendet vlera minimale e një numri FP normal pozitiv dhe vlera maksimale e paraqitshme.
Zgjidhje
Vlera numrit N jepet nga barazimi :$N = (-1)^S * 2^{E-15} * (1,M)$

Ku për numra FP normalë : $1 < E < 30$, mantisa $M = 1 + 10$ bit
Vlera minimale e një numri normal pozitiv do të llogaritej : $1,0000000000 * 2^{1-15} = 2^{-14} \approx 6.1 * 10^{-5}$.
Vlera maksimale e paraqitshme do të llogaritej : $1,1111111111 * 2^{30-15} = (2 - 2^{-10}) * 2^{+15} = 65504$

Shembull 2.26
Këtu më poshtë jepen nëpërmjet shembujsh, disa nga vlerat karakteristike në formatin "half precision".

0 01111 0000000000 = 1
0 01111 0000000001 = $1 + 2^{-10}$ = 1.0009765625 (numri tjetër i paraqitshëm pas 1-shit)
1 10000 0000000000 = −2

0 11110 1111111111 = 65504 (max. half precision)

0 00001 0000000000 = $2^{-14} \approx 6.10352 \times 10^{-5}$ (minimum normal pozitiv)
0 00000 1111111111 = $2^{-14} - 2^{-24} \approx 6.09756 \times 10^{-5}$ (maximum subnormal)
0 00000 0000000001 = $2^{-24} \approx 5.96046 \times 10^{-8}$ (minimum subnormal pozitiv)

0 00000 0000000000 = 0
1 00000 0000000000 = −0

0 11111 0000000000 = infinit
1 11111 0000000000 = −infinit

0 01101 0101010101 ≈ 0.33325... ≈ 1/3

QUIZ 2.12

Formati IEEE754 « double precision » ofron avantazhe krhasuar me « single precision » sepse :

O Rrit precizionin.

O Rrit rendin në të cilin mund të shtrihen numrat ?

2.9 Implementimi i standardit IEEE754

Llogaritjet me numra të paraqitur me presje notuese (FP), janë shumë më komplekse se me numrat e plotë apo me presje fikse. Për tu bindur për këtë, këtu më poshtë do të shikojmë dy shembuj veprimesh me numra FP. Ky kompleksitet ka bërë që shumica dërmuese të procesorëve të përdorimit të përgjithshëm, të jetë e pajisur me të paktën një njësi ALU të specializuar për numrat FP. Natyrisht këto FP-ALU do të shfrytëzohen prej instruksioneve të specializuar për numra me presje notuese, të cilët përfshihen në bashkësinë e instruksioneve (ISA) të procesorit. Këta instruksione, në shumicën e rasteve, së bashku me kompilatorët, përdorin gjithashtu regjistra të posaçëm, të specializuar për FP. Që kjo infrastrukturë e ngritur në procesor për "presjen notuese", të mund të shfrytëzohet plotësisht prej programuesve/përdoruesve, duhet që edhe gjuhët e programimit dhe kompilatorët shoqërues ta mbështesin atë.

Pikërisht për këto çështje do të flasim në këtë paragraf.

2.9.1 Arithmetika e numrave me presje notuese

Le të shikojmë dy shembuj veprimesh të numrave realë të shprehur me presje notuese sipas standardit IEEE754, single precision.

Shembull 2.27

Të shprehen me presje notuese në "single precision" numrat 1.75 dhe 2.5 dhe të kryhet shumëzimi i tyre.

Zgjidhje

Fillimisht kthejmë dy numrat në format IEEE754, 32 bit

$1.75 = 1.75*2^0 = 0\ 01111111110000000000000000000000 = 3FE00000_{16}$
$2.5 = 1.25*2^1 = 0\ 10000000010000000000000000000000 = 40200000_{16}$

Veprimet që kryhen për shumëzimin e dy numrave FP janë si më poshtë:
a) Shumëzohen mantisat e plota, pra $1,11\ x1,01 = 10,0011_2$
b) Mblidhen eksponentët : $01111111 + 10000000 = 11111111$
c) N.q.s. është e nevojshme ri-normalizohet mantisa në formën 1,M dhe zhvendoset eksponenti i rezultatit. Në rastin tonë presja binare zhvendoset me 1 bit në të majtë, rrjedhimisht eksponenti i zhvendosur do të marrë vlerën $11111111 + 00000010 = 10000001$
d) Rrumbullakoset mantisa, në se është e nevojshme.
e) Llogaritet shenja e rezultatit në vartësi të shenjave të numrave që shumëzohen.
Përfundimi është:
$0\ 10000001\ 00011000000000000000000 = 408C0000_{16} = (1+2^{-4}+2^{-5})*2^2 = 4,375$

Shënim: Veprimi i pjesëtimit kryhet në mënyrë të ngjashme: mantisat pjesëtohen, ndërsa eksponentët zbriten.

Shembull 2.28
Të shprehen me presje notuese në "single precision" numrat 1.75 dhe 2.5 dhe të kryhet mbledhja e tyre.
Zgjidhje
Veprimet që kryhen për mbledhjen e dy numrave FP janë si më poshtë:
a) Zhvendoset presja binare e mantisës së njërit prej numrave, me qëllim që eksponentët e të dy numrave të alinjohen. Kështu numrat me eksponentë të alinjuar do të rezultonin :
$1,75 = 1,11*2^0 = 0,111*2^1$ ose $0\ 10000000\ 11100000000000000000000$
$2,5 = 1,01\ *2^1$ ose $0\ 10000000\ 01000000000000000000000$
b) Mblidhen mantisat duke bërë kujdes me shenjat :
$0,111*2^1 + 1,01\ *2^1 = 10,001_2$
c) N.q.s. është e nevojshme ri-normalizohet mantisa në formën 1,M dhe zhvendoset eksponenti i rezultatit. Në rastin tonë do të marrim rezultatin e mëposhtëm :
$0\ 10000001\ 00010000000000000000000$

2.9.2 ALU për numra me presje notuese (FPU)
Pjesa më e madhe e procesorëve të përdorimit të përgjithshëm (GPP) pajisen me hardware të posaçëm për manipulimin e numrave me presje notuese. Kjo njësi njihet edhe me emrin FPU – Floating Point Unit. Një i tillë është paraqitur skematikisht në figurën 2.1, e marrë prej [2].

Gjithçka fillon me "Small ALU", e cila përcakton se cili prej numrave që hyjnë në këtë FPU ka eksponent me vlerë më të madhe. Në vartësi të rezultatit të përftuar, do të kontrollohet ecuria e mëtejshme e veprimeve në ALU. Vini re në figurë, që secili prej llojit të veprimeve që ne kryem në dy shembujt e mësipërm, ("shift" i mantisës, veprimet arithmetike, normalizimi i mantisës, rrumbullakimi) kryhet prej një moduli hardware të posaçëm.

Zakonisht FPU shoqërohet me regjistra të posaçëm për ruajtjen e operandave dhe rezultateve të paraqitura në FP, që zakonisht njihen me emrin "floating point registers". Kështu, në aneksin e Kapitullit 1, janë paraqitur skematikisht 32 regjistrat FP të procesorit MIPS me gjatësi 32 bit. Këta regjistra adresohen në instruksione me emrat $f0-$f31.

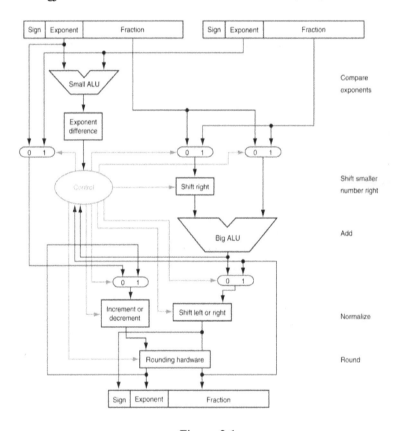

Figura 2.1

Shembull 2.29
Referuar aneksit të Kapitullit 1, procesori MIPS disponon 32 regjistra, $f0-$f31 me gjatësi 32 bit secili. Me këtë gjatësi, në këta regjistra mund të

ruhen numra me "single precision". Në specifikimet e procesorit MIPS thuhet se ky procesor disponon instruksion që manipulojnë numra FP single dhe double precision. Si është e mundur kjo gjë?

Zgjidhje

Projektuesit e MIPS kanë gjetur një zgjidhje origjinale për të ruajtur numra 64 bit ose "double precision" : duke bashkuar dy regjistra FP të njëpasnjëshëm. Kështu, në hardware, është mundësuar që këta regjistra të mund të "zinxhirëzojnë" përmbajtjet e tyre dy nga dy, duke krijuar kështu regjistra virtualë 64bit të gjatë. Kjo mundësohet, siç do të shikojmë edhe më poshtë, nëpërmjet instruksioneve FP "double precision". Në këtë rast 32 regjistrat FP të procesorit MIPS do të shikohen si 16 regjistra të adresueshëm me numra çift $f0, $f2, $f4....$f30 me gjatësi 64 bit secili.

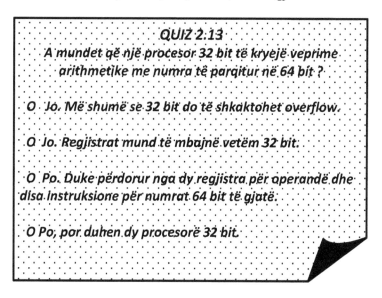

QUIZ 2.13

A mundet që një procesor 32 bit të kryejë veprime aritmetike me numra të parqitur në 64 bit ?

O Jo. Më shumë se 32 bit do të shkaktohet overflow.

O Jo. Regjistrat mund të mbajnë vetëm 32 bit.

O Po. Duke përdorur nga dy regjistra për operandë dhe disa instruksione për numrat 64 bit të gjatë.

O Po, por duhen dy procesorë 32 bit.

Në mikroprocesorët e viteve '80 dhe fillimit të viteve '90, ALU-të për numra me presje notuese, shoqëruar nga regjistrat, zakonisht vendoseshin në komponentë të posaçëm jashtë CPU-së, të quajtur "coprocessor". Kjo, sepse ky hardware është relativisht kompleks dhe kërkon mjaft transistorë. Kështu, procesorët MIPS të dikurshëm shoqëroheshin nga "coprocessor 1" ose FPA (Floating Point Accelerator) që përshpejton ndjeshëm ekzekutimin e instruksioneve FP. Një nga "coprocesorët" shumë të njohur të asaj periudhe kanë qenë edhe seria x87 e coprocesorëve të Intel,të ndërtuar me një arkitekturë të veçantë të tipit "stack machine". Kështu, p.sh. procesorët Intel x86, pa FPU të integruar (p.sh. 80486SX), por të pajisur vetëm me një ALU të zakonshme me presje fikse, detyroheshin të realizonin instruksionet FP nëpërmjet rutinave që trajtonin në mënyrë të veçantë mantisën dhe eksponentin si integer. Kemi të bëjmë me atë që quhet si "emulim i instruksioneve FP", i cili natyrisht merr shumë herë më shumë cikle procesori se sa do të kërkonte një "coprocesor". Procesori Intel 80486DX, është versioni i procesorëve i486, i cili përfshin një FPU brenda "chipit" të tij.

Në procesorët modernë, FPU përfshihet brenda procesorëve të përdorimit të përgjithshëm (GPP).

2.9.3 Instruksionet FP

Infrastruktura hardware për FP e mësipërme, mund shfrytëzohet vetëm nëpërmjet instruksioneve të posaçme që manipulojnë numra FP, të cilët bëjnë pjesë në bashkësinë e instruksioneve të procesorit. Kështu p.sh. bashkësitë e instruksioneve të procesorëve MIPS dhe x86 janë të pajisur me instruksione arithmetikë dhe të shkëmbimit me kujtesën qëndrore për numrat FP.

Shembull 2.30

Të sillen shembuj instruksionesh që manipulojnë të dhëna FP prej procesorëve të familjeve MIPS dhe Intel x86.

MIPS
```
add.s  $f1, $f2, $f3       # single-precision    $f1=$f2+$f3
add.d  $f2, $f4, $f6       # double-precision    $f2=$f4+$f6

lwc1   $f2, 0($a0)         # $f2 = M[$a0]
swc1   $f4, 4($sp)         # M[$sp+4] = $f4
```

Intel x86
```
fadd ST(0), ST(i)          # single or dual precision   ST(0) + ST(i) ->
ST(0)
fld  m32real               # push m32ral to FPU register stack
fld  m64real               # push m64ral to FPU register stack
```

Vërejtje

A mund të ruhet një numër FP single precision me gjatësi 32 bit në një regjistër të përgjithshëm p.sh. regjistrin $2 të MIPS? Natyrisht që mund të ruhet, pasi në një regjistër të përgjithshëm mund të ruhet çfarëdo vlere e 32 bitëve. Por, në se ju kërkonit ë kryeni veprime arithmetike me numra FP, atëherë ata duhet të vendosen në regjistrat përkatës FP, sepse vetëm këtu instruksionet FP i kërkojnë operandat e tyre.

QUIZ 2.14

Eksponenti i zhvendosur ose karakteristika e një numri sipas IEEE754 është:

O numër i plotë i shënjuar?

O numër i plotë i pa shenjë ?

Në përfundim të këtij kapitulli theksojmë se sekuencat e bitëve në kujtesën e një kompjuteri nuk kanë kuptim të qenësishëm. Ato mund të shprehin fare mirë numra të plotë të shënjuar ose të pashënjuar, ashtu si dhe numra me presje fikse ose notuese. Mund të paraqesin pse jo edhe instruksione të renditur në kujtesë. Gjithshka do të varet prej instruksioneve që manipulojnë këto të dhëna.

Shembull 2.31
Jepet sekuenca e mëposhtme bitëve:

1010 1101 0001 0000 0000 0000 0000 0010

Çfarë përfaqëson ajo n.q.s do të trajtohet si:
    a. Një numër i plotë i shënjuar.
    b. Një numër i plotë pa shenjë.
    c. Një numër FP single precision.
    d. Një instruksion MIPS.

Zgjidhje
    a. -1391460350
    b. 2903506946
    c. $-8.185454 * 10^{-12}$
    d. sw $s0,t0(16)

 **USHTRIME**

Ushtrim 2.1
Në jetën e përditshme për të shprehur një numër, përdorim bazën 10. Tregoni të paktën një rast, që ne përdorim një bazë tjetër për të shprehur një madhësi. (Ndihmë : përdoret gati në çdo moment. Pasi të keni gjetur rastin e parë, shpejt do të gjeni një të dytë e pastaj edhe një të tretë).

Ushtrim 2.2
Cili prej këtyre pohimeve është i vërtetë?
  f) Është e pamundur të krijohen qarqe elektronikë të aftë të përdorin dhe manipulojnë numra dhjetorë.
  g) Është e mundur të krijohen qarqe elektronikë të aftë të përdorin dhe manipulojnë numra dhjetorë. Këta qarqe do të ishin komplexë dhe me saktësi relativisht të ulët.

Ushtrim 2.3
Sillni të paktën një shembull kompjuteri që ka përdorur sistemin me bazë dhjetë.

Ushtrim 2.4
  a. Një BInary digiT quhet ....
  b. Grupi me 8 BInary digiT quhet ....

Ushtrim 2.5
Vlera maksimale e një numri dhjetor do të ishte: .... Në hexadecimal do të ishte:................................

Ushtrim 2.6
Sa është vlera në sistemin dhjetor e numrit 777_8 ?

Ushtrim 2.7
Ktheni   në   formë   binare   numrin $ABCD_{16}$:...

Ushtrim 2.8

a. Cila duhet të ishte baza më e vogël, që shprehja 1000 të konsiderohej një numër i vlefshëm?

b. Cila duhet të ishte baza më e vogël, që shprehja 5678 të konsiderohej një numër i vlefshëm?

Ushtrim 2.9-

Cila është vlera dhjetore e numrave të mëposhtëm të shprehur në binar të pashënjuar?

1100

100100

11111111

Ushtrim 2.10-

Cila është vlera dhjetore e numrave të mëposhtëm të shprehur në hexadecimal?

0x1b

0xa7

0x8ce

Ushtrim 2.11-

Cila është vlera në hexadecimal e numrave të mëposhtëm dhjetorë?

67

142

1348

Ushtrim 2.12

Tregoni si do të regjistrohen numrat dhjetorë 5 dhe -5 në kujtesën e një kompjuteri, i cili adreson kujtesën me byte. Paraqisni të gjithë rastet mundshme.

Ushtrim 2.13

Regjistri RX i një procesori 32 bitësh ka përmbajtjen e mëposhtme të paraqitur në binar. Procesori përdor 24 bit adresë dhe hapësirë adresimi me byte. Me anë të instruksionit "store", përmbajtja e regjistrit RX vendoset në kujtesën qëndrore në adresën 1111 1111 0001 0000 0000 0110.

RX	0010	1010	1010	0111	1111	000	0101	1111

Të shprehet në hexadecimal adresa dhe përmbajtja e kujtesës qëndrore duke pasur parasysh se procesori është "big-endian".

Adresa hex:.................	

Ushtrim 2.14
Paraqisni në kodin BCD numrat 47_{10}, 01001000_{10}, 01001000_{2}.

Ushtrim 2.15-
Si do të paraqiteshin 5 numrat e plotë dhjetorë të mëposhtëm nga një kompjuter, i cili përdor 8 bit për paraqitjen e numrave të plotë të pashënjuar?
37, 89 ,4 , 126 , 265

Ushtrim 2.16-
Llogarisni shumën e numrave të plotë të pashënjuar të mëposhtëm
11000100 + 10110110
00011100 + 01000100
11001100 + 11110011
00111111 + 00000001

Ushtrim 2.17
Supozoni se keni në dispozicion 4 bit, kombinimet e mundshme të të cilëve tregohen në tabelën e mëposhtme. Paraqisni me këto 4 bit, numrat në dy forma të mundshme :"shenjë + vlerë absolute" dhe komplement i dyshit dhe plotësoni tabelën me vlerat dhjetore të shënjuara.
Përpiquni ti përgjigjeni edhe këtyre pyetjeve:
  a. Sa janë numrat e shënjuar që mund të paraqiten në formën shenjë + vlerë absolute?
  b. Sa janë numrat e shënjuar që mund të paraqiten në formën komplement i dyshit?
  c. Përse ekziston ky ndryshim?
  d. Çfarë vini re në paraqitjen e numrit zero në të dy rastet?

Vlera Binare	Numër i shënjuar (shenjë + vlerë absolute)	Numër i shënjuar(komplement i 2-shit)
0000		
0001		
0010		
0011		
0100		
0101		
0110		
0111		
1000		

1001		
1010		
1011		
1100		
1101		
1110		
1111		

Ushtrim 2.18
Tre shprehjet binare të mëposhtme shprehin numrat në formën komplement
i dyshit. Llogarisni numrat dhjetorë përkatës.
1111 , 11111111,   1111111111111111.

Ushtrim 2.19-
Ju keni parë tashmë dy forma të paraqitjes së numrave të plotë, që janë
"shenjë + vlerë absolute" dhe "komplement i dyshit". Cila prej tyre
mendoni se do të ishte më e përshtatshme në secilën prej situatave të
mëposhtme?
  a. Kur hardware, që kryen inversin e një numri, kërkohet të jetë sa
      më i thjeshtë i mundshëm.
  b. Kur shumica e veprimeve arithmetike do të jenë mbledhje dhe
      zbritje.
  c. Kur shumica e veprimeve arithmetike do të jenë shumëzim dhe
      pjesëtim.
  d. Kur është e rëndësishme të dallohet me shpejtësi në se numrat janë
      pozitivë apo negativë.

Ushtrim 2.20-
  1. Gjeni sa bit do të nevojiteshin për të paraqitur në formë binare të
      pashënjuar numrat dhjetorë: 149, 384.
  2. Gjeni sa bit do të nevojiteshin për të paraqitur në formë binare të
      shënjuar numrat dhjetorë: 149, 384, 129, 257.

Ushtrim 2.21
Paraqisni në format binar 8 bit, komplement i dyshit numrat : 87, 129,
-129, -87.

Ushtrim 2.22
Numrat e tabelës së mëposhtme të paraqiten në binar me 8 bit në formën
shenjë + vlerë absolute dhe $C_2(X)$.
*Ndihmë: Kujtoni çfarë dini në lidhje me paraqitjen e numrave pozitivë në
formën komplement i dyshit.*

Numër dhjetor	Shenjë+v.absolute	Kompl.i-2-shit
45		
73		
84		
-99		
-102		
-118		

Ushtrim 2.23

Plotësoni tabelën me vlerat e llogaritura binare dhe dhjetore, sipas shembullit të dhënë.

Numri dhjetor X	X binar 8 bit	C2(X) 8bit	C2(X) dhjetor
3			
16			
19			
30			
45			
66	01000010	10111110	-66
126			
127			

Ushtrim 2.24

Zgjidhni alternativën e duhur në 18 pyetjet e mëposhtme.

1. Cili është rendi (fuqia e bazës 10) i shifrës 5, në pjesën thyesore të numrit 12.345,?

A. -3   B. -2   C. -1   D. 1

2. Cili është rendi (fuqia e bazës 2) i bitit LSB, në pjesën thyesore të numrit 10,001 ?

A. -3   B. -2   C. 1   D. -1

3. Llogarisni shumën 1 + 4/10 + 3/100 në sistemin dhjetor.

A. 1.043   B. 143.00   C. 1.43   D. 0.143

4. Llogarisni shumën 1 + 1/2 + 0/4+ 1/8 në sistemin binar.

2. ARITHMETIKA E KOMPJUTERAVE

A. 1.11   B. 1.011   C. 11.1 D. 1.101

5. Sa është vlera në sistemin dhjetor e 2^{-1} ?

A. 1/2 B. 1/4 C. 1/8 D. 2

6. Shprehni në sistemin dhjetor, numrin binar 1.012 .

A. 1.125   B. 1.25 C. 1.5   D. 1.625

7. Supozoni se bitët 1011 shprehin një numër binar me presje fikse, në të cilin presja binare vendoset në mesin e 4 bitëve. Gjeni numrin dhjetor ?

A. 10.75   B. 2.3   C. 2.75 D. 1.625

8. Supozoni se bitët 0001 shprehin një numër binar me presje fikse, në të cilin presja binare vendoset në mesin e 4 bitëve. Gjeni numrin dhjetor ?

A. 1.25   B. 2.2 C. 1.625   D. 0.25

9. Kryeni shumën e dy numrave të mësipërm dhe shpreheni vlerën e shumës në binar dhe dhjetor.

```
 1011
+0001
 ----
```
A. 1100 = 1210
B. 0110 = 1.510
C. 1100 = 3.510
D. 1100 = 310

10. Një metodë e cila përdor vetëm 5 bit mund të paraqesë deri në 32 vlera të ndryshme. Ky fakt konsiderohet si kufizim në :

A. Saktësi B. Precizion   C. Rend   D. Rezolucion

11. Cili nga pohimet e mëposhtme është i vërtetë? Zgjidhni një.

A.   Arithmetika e kompjuterit është shumë e saktë. N.q.s. të dhënat në hyrje janë të rregullta, atëherë të gjithë llogaritjet do të jenë të sakta.

B.   Arithmetika e kompjuterit është gjithmonë shumë më i saktë se një makinë llogaritëse e zakonshme.

C.   Edhe kur përdorim presje notuese me "double precision", gabimet gjatë llogaritjeve mund të akumulohen në mënyrë të tillë, që përfundimi të jetë krejtësisht i gabuar, madje i pakuptimtë.

D.   Precizioni me 64 bit është më se i mjaftueshëm për këdo.

12. Numri dhjetor 0.625, i paraqitur në binar me presje fikse, do të ishte :

A.   0.111   B.   1.011   C.   0.110   D.   0.101

13. Numri dhjetor 0.375, i paraqitur në binar me presje fikse, do të ishte :

A.   0.11   B.   0.111   C.   0.011   D.   0.001

14. Cili nga numrat binarë të mëposhtëm është përafrimi më i mirë i numrit dhjetor 0.8?

A.   0.11011   B.   0.10101   C.   0.11010   D.   0.0111

15. N.q.s. ju e dini paraprakisht se sa herë do të ekzekutohet një "loop", atëherë ju do të zgjidhnit këtë tip variabëli të kontrollit të "loop" :

A.   float   B.   double   C.   boolean   D.   int

16. Supozoni se në një program, ju përdorni një "do while loop", në të cilin kushti (conditional expression) bazohet mbi një variabël me presje notuese. Cilin prej operatorëve të mëposhtëm krahasues, NUK duhet të përdorni në kusht?

A.   ==   B.   >   C.   <   D.   <=

17. Cili prej këtyre numrave thyesorë dhjetorë, nuk mund të paraqitet me saktësi nëpërmjet numrave binarë me presje fikse?

A.   0.5   B.   0.0   C.   0.1   D.   0.125

18. Cilin prej tipave të mëposhtëm të variablave, duhet të përdorin shumica e programeve që kryejnë llogaritje me presje notuese,?

A.   double   B.   float   C.   single   D.   real

2. ARITHMETIKA E KOMPJUTERAVE

Ushtrim 2.25

Paraqisni në formë binare me 8 bit numrat dhjetorë : -1,25 ; 1,25 ; -3.5 ; 6,5; -33,5 ; 53,5; -53.5.

A mund të paraqitet numri -53.25? Jepni argumentin tuaj.

Ushtrim 2.26

Në tabelën e mëposhtme jepen shprehjet binare. Të plotësohet tabela me numrat dhjetorë që llogariten kur shprehja tregon një integer, fixed<8,1> dhe fixed<8,2>.

Shprehja binare	Signed integer	Fixed<8,1>	Fixed<8,2>
11110000			
11100011			
11110010			
11111011			

Ushtrim 2.27

Zgjidhni alternativën e duhur në 12 pyetjet e mëposhtme.

1. Cili është kuptimi i akronimit "IEEE" (në "IEEE 754 Floating Point") ?

A.   Industry Electrical Evaluation Enterprise
B.   International Enterprise for Electronics Education
C.   Institute of Electrical and Electronics Engineers
D.   Interstate Engineering and Electrification Effort
----

2. A mendoni se në vitin 1975, numrat FP paraqiteshin njësoj si në një IBM System/360 ashtu dhe në një DEC minikompjuter?

A.   Po, absolutisht.
B.   Ndoshta po.
C.   Jo.
D.   Nuk e di.
----

3. Si do ta shkruanit ndryshe numrin 1.234×10^3?

A.   .0001234
B.   12.34
C.   123.4
D.   1234
----

4. Si do të ishte paraqitja shkencore e numrit 0.0345?

A. 3.45×10^{-2}
B. 3.45×10^{-3}
C. $3.45 \times 10^{+3}$
D. -3.45×10^{2}

----

5. Cila pjesë e numrit 1.2345×10^{23} është mantisa ?

A.   23
B.   .2345
C.   10
D.   1.2345

----

6. Standardi "single precision" i IEEE 754 përbëhet nga 3 elementë : biti i shenjës, eksponenti i zhvendosur dhe mantisa. Sa bit është secili prej tyre?

A.   1, 12, 19
B.   2, 15, 15
C.   1, 8, and 23
D.   1, 4, 27

----

7. A është absolutisht e domosdoshme që çdo procesor të suportojë paraqitjen e të dhënave me presje notuese?

A.   Po, është e domosdoshme.
B.   Jo, nuk është e domosdoshme. Ajo që i duhet një procesori është një bashkësi e vogël instruksionesh. Gjithçka tjetër mund të krijohet prej tyre.
C.   Po, është e domosdoshme për mundësuar paraqitjen e të gjithë numrat reale.
D.   Nuk e di

----

8. Formula që lidh tre elementët e mësipërm për të paraqitur numrin N është $N = (-1)^{s} \times 1.M \times 2^{E-127}$.
Cili është eksponenti i zhvendosur që do të përdoret për të paraqitur numrin 2^{2}?

A. $3_{10} = 0000\ 0011_{2}$
B. $-124_{10} = 1000\ 0100_{2}$
C. $128_{10} = 1000\ 0000_{2}$
D. $129_{10} = 1000\ 0001_{2}$

----

9. Supozoni se do të paraqisni numrin binar 001.0011_2 si FP. Cila nga këto më poshtë do të ishte mantisa?

   A.   10011000000000000000000
   B.   00100110000000000000000
   C.   00110000000000000000000
   D.   11000000000000000000000
----
10. Supozoni se do të paraqisni numrin binar 010.1011011_2 si FP. Cila nga këto më poshtë do të ishte mantisa?

   A.   01011011000000000000000
   B.   10101101100000000000000
   C.   00101101100000000000000
   D.   01010110110000000000000
----
11. Supozoni se paraqitja "single precision" e numrit është : 0 01111111 00000000000000000000000. Numri dhjetor është:

   A.   0
   B.   1,0
   C.   -1
   D.   +infinit
----
12. Standardi "single precision" i IEEE 754 ka një precizion 24 bit (23 bit mantisa +1 bit implicit). Me sa shifra dhjetore është ekuivalent ky precizion?

   A.   7 ose 8
   B.   9 ose 10
   C.   12
   D.   23 ose 24

Ushtrim 2.28
Cila do të ishte vlera maksimale që do të marrë eksponenti i numrit të paraqitur sipas standardit IEEE754 "single precision"? Po "double precision"?

Ushtrim 2.29-
Paraqisni në format IEEE754 "single precision"numrat e dhjetorë 18,125 dhe 0,0625.

Ushtrim 2.30
Paraqisni në format IEEE754 "single precision" numrat e dhjetorë - 118,625 dhe -1186,25.

Ushtrim 2.31-
Dimë që sekuencat binare të mëposhtme paraqesin numra FP sipas standardit IEEE 754 "single precision". Gjeni se cilët numra dhjetorë paraqesin ato.

1011 1100 0100 0000 0000 0000 0000 0000
0101 0100 0110 0000 0000 0000 0000 0000
1100 0010 1111 0000 0000 0000 0000 0000

Ushtrim 2.32-
Dimë që sekuencat binare të mëposhtme paraqesin numra FP sipas standardit IEEE 754 "single precision". Tregoni në se çfarë lloj numrash ato paraqesin (të normalizuar, të panormalizuar, infinit, zero ose NaN) dhe tregoni vlerën e tyre dhjetore, në se kanë.

0100 0010 0100 0000 0000 0000 0000 0000
1000 0000 0100 0000 0000 0000 0000 0000
1111 1111 1000 0000 0000 0000 0000 0000
0111 1111 1000 0000 1111 0000 0001 0000
0000 0000 0000 0000 0000 0000 0000 0000

Ushtrim 2.33
NVIDIA për paraqitjen e numrave me presje notuese, përdor Binary16 të IEEE754-2008. Kështu në formatin me 16 bit të gjatë, biti MSB është shenja, eksponenti shprehet me 5 bit dhe K=16, ndërsa mantisa është 10 bit e gjatë. Cila prej alternativave të mëposhtme tregon saktësisht rendin numrave që mund të paraqiten me këtë format?

e. $1.0000\ 0000\ x2^0$ deri në $1.1111\ 1111\ 111\ x2^{30},0$
f. $1.0000\ 0000\ x2^{-14}$ deri në $1.1111\ 1111\ 11\ x2^{15},\pm0,\pm\infty,NaN$
g. $1.0000\ 0000\ 00x2^{-15}$ deri në $1.1111\ 1111\ 11\ x2^{14},\pm0,\pm\infty,NaN$
h. $1.0000\ 0000\ 00x2^{-14}$ deri në $1.1111\ 1111\ 11\ x2^{15},\pm0,\pm\infty,NaN$

Ushtrim 2.34
Supozoni se paraqitja e numrave me presje fikse bëhet sipas këtij formati:

1 bit	6 bit	8 bit
Shenja	Exponeti (K=31)	Mantisa

Gjeni :
- a. Cili është precizioni i paraqitjes së numrave me këtë format.
- b. Sa është rendi i paraqitjes së numrave?
- c. Si do të ishte paraqitja e numrit dhjetor -5.3
- d. Sa do të ishte gabimi që rrjedh prej rrumbullakimit të vlerës së këtij numri?

Ushtrim 2.35
Supozoni se do të paraqisni në një kompjuter numrin dhjetor 2000000000 (dy miliard). Përgjigjuni pyetjeve :
- a. A mund të paraqitet ky numër dhjetor, apo cilido numër tjetër, në ASCII?
- b. Në se përgjigja është pozitive, në cilin sistem do të paraqitej numri në këtë rast?
- c. Sa bit ose byte do të nevojiteshin për paraqitjen e numrit?
- d. A dini ndonjë mënyrë tjetër për të paraqitur këtë numër?
- e. Sa bit ose byte do të nevojiteshin për paraqitjen e numrit në këtë rast?.
- f. Cilët janë përfundimet që nxirrni prej ushtrimit?

 **STUDIME RASTESH**

Rasti 2.1- Overflow – Hardware/Software Interface
Dimë që fenomeni "overflow" (kapërderdhje) ndodh kur rezultati i një veprimi aritmetik nuk mund të paraqitet me hardwarin që kemi në dispozicion dhe që sinjalizohet nga indikatori ("flag") OF. Ky indikator shprehet nga barazimi OF=CF XOR rs dhe kur një "overflow" ndodh kemi automatikisht që OF=1.
Si përcillet fenomeni i "overflow" që zë fill në ALU , pra në "hardware" drejt "softwarit"? Për ketë le të marrim si shembull procesorët e familjes MIPS.
Gjuhët C dhe Java nuk i marrin parasysh "overflow" për numrat e plotë (integer), ndërsa Fortran dhe ADA sinjalizojnë kur ai ndodh. I takon pastaj programuesit të vendose se çfarë duhet të beje. Nga ana tjetër kompjuterat manipulojnë edhe numra pa shenjë (p.sh. adresa të operandave në kujtese) për të cilët fenomeni i "overflow" mund edhe të injorohet, pasi nuk përbën ndonjë problem serioz (pasi nuk kanë shenjë). Kjo do të thotë që në disa

raste "overflow" duhet të trajtohet, ndërsa në raste të tjera të injorohet. Për këto arsye procesorët MIPS kanë dy grupe instruksionesh arithmetike :

-add (add) , addi (add imediate), sub (subtract) – shkaktojnë një ndërprerje në rastin e një "overflow".

-addu (add uninsigned) , addiu (add imediate uninsigned), subu (subtract uninsigned) – NUK shkaktojnë një ndërprerje në rastin e një "overflow.

Përderisa gjuha C nuk merr parasysh "overflow", kompilatorët C për MIPS gjenerojnë gjithmonë, pavarësisht llojit të variablave, versionet "u" (uninsigned) të instruksioneve (addu, addiu, subu). Kompilatorët Fortan për MIPS, në varësi të llojit të operandave, përdorin grupin e duhur të instruksioneve arithmetike.

Siç përmendem edhe me sipër, procesorët MIPS e trajtojnë "overflow" si një ndërprerje. Kështu adresa e instruksionit që gjeneroi një ndërprerje, ruhet në një regjistër dhe CPU kërcen në ekzekutimin e një rutine të caktuar që duhet të trajtojë dhe korrigjojë efektin e "overflow". Për me shumë rreth ndërprerjeve referojuni [1].

Më poshtë është dhënë një shembull i përdorimit të instruksioni jno = Jump if No Overflow për numra të plotë me shenjë (signed integers).

```
/* Performs r = a + b, returns 1 if the result is safe (no overflow), 0
otherwise */
int add_i32(int32_t a, int32_t b, int32_t* r)
{
   volatile int no_overflow = 1;
   volatile int32_t result = a + b;
   asm volatile
   (
   "jno 1f       ;"
   "movl $0, %[xo]  ;"
   "1:           ;"
   : [xo] "=m" (no_overflow)
   );
   if(r)
      *r = result;
   return no_overflow;
}
```

Rast studimi 2.2 - Buffer Overflow ... Ja një nga arsyet perse ndodh!

"Buffer overflow" ose "buffer overrun" është një anomali që ndodh kur një program, gjate procesit të shkrimit në një "buffer", kapërcen kufijtë e përcaktuar të tij duke shkruar në kujtesën bashkangjitur buferit.

Ka shumë arsye përse mund të ndodhë një fenomen i tillë. Këtu më poshtë do të trajtojmë rastin kur një "buffer overflow" shkaktohet nga një "overflow" gjatë veprimeve arithmetike me numrat.

2. ARITHMETIKA E KOMPJUTERAVE

Gjatë shumëzimit ose mbledhjes se dy numrave të plotë (integer) rezultati mund të jetë një numër me vlere të gabuar dhe shumë të vogël. Në rast se ky numër përdoret për të përcaktuar madhësinë e një "bufferi", atëherë ai do të jetë më i vogël se sa duhet duke u bërë kështu shkak për një "buffer overflow" të mundshëm.

Si shembull do të na shërbejë një dobësi reale në kodin ("vulnerability") e OpenSSH (version 2.9.9 - 3.3). Këtu më poshtë është një pjesë kodi në gjuhen C i OpenSSH.

```
// nxirret një numër i plotë prej një pakete të mare prej OpenSSH.
nresp = packet_get_int();
if (nresp > 0) {
    // percaktohet një buffer me madhesi : nresp * 4 byte
    response = xmalloc(nresp*sizeof(char*));
    for (i = 0; i > nresp; i++)
        response[i] = packet_get_string(NULL);
}
```

Në kodin e mësipërm, një numër i plotë nxirret nga një paketë ("frame") ethernet e kapur prej OpenSSH. Ky numër shumëzohet me madhësinë e një shënjuesi "char" (sizeof(char) , që zakonisht është 4 byte). Rezultati i shumëzimit shërben si parametër për funksionin xmalloc (memory allocation), i cili krijon një bufer në kujtese.

Në se numri i plotë që merret nga një frame ethernet është 1 073 741 824, atëherë rezultati i operacionit nresp*sizeof(char*) do të ketë vlerën : 1073741824 * 4 = 4294967296

Vlera maksimale e një numri të plotë që mund të paraqitet me 32 bit është $2^{32} - 1 = 4\ 294\ 967\ 295$.

Rrjedhimisht do të kemi një "overflow" të nresp*sizeof(char*), duke bërë që vlera e madhësisë se buferit të jetë : nresp*sizeof(char*) = 0

Si përfundim funksionin xmalloc do të krijojë një bufer inekzistent, pasi ai do të ketë madhësi 0 byte. Pra, "buffer overflow" është i paevitueshëm.

Ja si është korrigjuar kjo dobësi në versionin 3.4 të OpenSSH :

```
nresp = packet_get_int();
    if (nresp > 100)
        fatal("input_userauth_info_response: nresp too big %u", nresp);
    if (nresp > 0) {
        response = xmalloc(nresp * sizeof(char*));
        for (i = 0; i < nresp; i++)
}
```

Rast studimi 2.3

Jo të gjithë procesorët kanë FPU (Floating Point Unit). Kështu, shumë procesorë të integruar (embedded processors) nuk janë të pajisur me FPU. Në këto raste, veprimet me presje notuese emulohen prej instruksioneve me numra të plotë (integer). Kjo bëhet e mundur falë faktit që numrat me presje notuese, mund të konsiderohen të përbërë nga dy numra të plotë.

Natyrisht, që një emulimi i tillë i veprimeve FP, do të shoqërohet me vonesa të konsiderueshme krahasuar me shpejtësinë e FPU.

Nga krahasimi i bërë në një procesor të integruar, që emulon veprimet FP, me variantin e tij të plotë, i cili përmban FPU, rezultuan këto të vlera:

- Procesor me FPU, kohëzgjatja mesatare e veprimeve FP : 10 cickle clocku.
- Procesor pa FPU (emulim) , kohëzgjatja mesatare e veprimeve FP : 50 cickle clocku.

Sillni raste procesorësh, që emulojnë në mënyrë të ngjashme veprimet FP.

Këndi i Historisë dhe Kurioziteteve

1.Ka ndodhur edhe kështu ...

Një "overflow" i trajtuar jo siç duhet ishte shkaku kryesor i dështimit të misionit **Ariane 5, Flight 501** duke shkaktuar një dëm prej 370 milion USD. Këtu më poshtë është një pjesë e kodeve në gjuhen ADA që shkaktuan rrëzimin e kësaj rakete.

Në rreshtin e fundit të këtij kodi kryhet një konvertim nga "64 bit floating point" në "16 bit signed integer". Ky konvertim, në një moment të caktuar, ka gjeneruar një "exception" si pasoje e "overflow", por ai nuk është parashikuar të trajtohet në ketë rresht në program, gjë e cila është bërë në rreshtat e mëparshëm të kodit të paraqitur këtu. Ky injorim i "overflow" i kushtoi misionit të Ariane 5, vetëm ... 370 milion $.

```
L_M_BV_32 := TBD.T_ENTIER_32S ((1.0/C_M_LSB_BV) *
G_M_INFO_DERIVE(T_ALG.E_BV));
if L_M_BV_32 > 32767 then
P_M_DERIVE(T_ALG.E_BV) := 16#7FFF#;
elsif L_M_BV_32 < -32768 then
```

```
P_M_DERIVE(T_ALG.E_BV) := 16#8000#;
else
P_M_DERIVE(T_ALG.E_BV) :=
UC_16S_EN_16NS(TDB.T_ENTIER_16S(L_M_BV_32));
end if;
P_M_DERIVE(T_ALG.E_BH) :=
UC_16S_EN_16NS (TDB.T_ENTIER_16S ((1.0/C_M_LSB_BH)
* G_M_INFO_DERIVE(T_ALG.E_BH)));
```

2. Tim Coe në janar 1995 publikoi faktin që në MATLAB, veprimi i mëposhtëm:
X=4195835 Y=3145727   Z=X - (X/Y)*Y
në vend të në rezultati zero, rezultontëe 256.
Cili ishte problemi dhe si u quajt ai?

3. Rreth shekullit të parë para Krishtit, matematikani indian Pingala, shkroi Chandaḥśāstra, ku për herë të parë ai zhvilloi një formalizëm matematik, që u rizbulua në 1679 prej Gottfried Leibniz. Për cilin formalizëm bëhet fjalë?

 ANEKSI   I

KAPITULLIT

A.2.1Tabela e konvertimit binar/hexadecimal

Tabela 2.7

Vlera binare	Vlera në Hexa-decimal
0000	0
0001	1
0010	2
0011	3
0100	4
0101	5
0110	6
0111	7

1000	8
1001	9
1010	A
1011	B
1100	C
1101	D
1110	E
1111	F

A.2.2 Këtu me poshtë "fondamental types of varibles" në C++

Tabela 2.8

Name	Description	Size*	Range*
Char	Character or small integer.	1byte	signed: -128 to 127 unsigned: 0 to 255
short int (short)	Short Integer.	2bytes	signed: -32768 to 32767 unsigned: 0 to 65535
Int	Integer.	4bytes	signed: -2147483648 to 2147483647 unsigned: 0 to 4294967295
long int (long)	Long integer.	4bytes	signed: -2147483648 to 2147483647 unsigned: 0 to 4294967295
Bool	Boolean value. It can take one of two values: true or false.	1byte	true or false
Float	Floating point number.	4bytes	+/- 3.4e +/- 38 (~7 digits)
Double	Double precision floating point number.	8bytes	+/- 1.7e +/- 308 (~15 digits)
long double	Long double precision floating point number.	8bytes	+/- 1.7e +/- 308 (~15 digits)
wchar_t	Wide character.	2 or 4 bytes	1 wide character

KAPITULLI 3

ARKITEKTURA E BASHKESISE SE INSTRUKSIONVE TE PROCESOREVE

3.1 Përkufizim i "Instruction Set Architecture" (ISA) ose kufiri ndarës hardware-software

Në literaturën anglisht, për të identifikuar objektin që do të trajtojmë në këta kapitull, përdoret termi ISA – Instruksion Set Architecture. Ja si përcaktohet koncepti i ISA në [12], përkufizim, i cili konsiderohet edhe sot si referencë:

"ISA janë atributet e një sistemi kompjuterik, ashtu siç ato shihen prej programuesit, d.m.th. struktura konceptuale dhe sjellja funksionale e tij, për ta dalluar nga organizimi që i bëhet lëvizjes së të dhënave dhe kontrollit, konceptimit logjik dhe realizimit fizik [të kompjuterit]".[12]

Skematikisht ky përcaktim i ISA është ilustruar në figurën 3.1.

ISA është ndërfaqja e parë software me të cilën përdoruesit komunikojnë me procesorin dhe nëpërmjet tij me gjithë kompjuterin. Kjo ndërfaqe software, përbëhet nga bashkësia e instruksioneve makinë të procesorit, të cilët janë pjesë e ISA. Nëpërmjet këtyre instruksioneve, për të realizuar manipulimin e kërkuar të të dhënave, të specifikuara në instruksione, vihet në lëvizje mekanizmi hardware në përbërje të kompjuterit. Në mënyrë të përgjithshme, ky mekanizëm hardware, nën shtresën ISA, shpesh identifikohet me emrin "mikro-arkitekturë" (ang. "micro-architecture"). Në këtë kuptim, ISA mund të shikohet edhe si kufiri që ndan komponentin

<u>hardware nga ai software në një kompjuter</u>. ISA duhet konsideruar pra, si një shtresë abstraksioni, ose makinë virtuale, e cila përcakton themelin dhe kriteret, të cilat do ti përdorin si kompilatorët (software), ashtu edhe projektuesit e CPU-së (hardware).

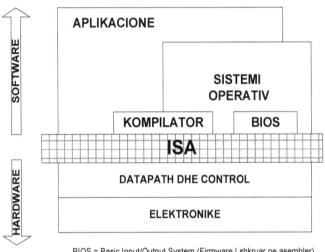

BIOS = Basic Input/Output System (Firmware I shkruar ne asembler)

Figura 3.1

Këta aspekte trajtohet në mënyrë relativisht të plotë edhe në [1], Makinat virtuale, paragrafi 2.2.

Në figurën 3.2 ilustrohet në mënyrë të thjeshtuar ky koncept. Kështu, një program i shkruar në një gjuhë të nivelit të lartë, do të përkthehet në instruksione të ekzekutueshëm nga procesori (të cilët ne simbolikisht i shprehim në gjuhën asembler) dhe mandej ato do të kthehen në një seri veprimesh elementare në hardware, që kanë një qëllim të vetëm: të ekzekutojnë instruksionet e specifikuara në program.

Një nga përparësitë kryesore të konceptimit të një kompjuteri në formë shtresore, ashtu siç paraqitet ne fig. 3.1, është ndarja e ISA prej mikro-arkitekturës. Në këtë mënyrë bashkësia e instruksioneve të një procesori do të dematerializohet. Rrjedhimisht, kompjutera me mikro-arkitekturë të ndryshme, do të kenë të njëjtën sjellje për përdoruesin, sa kohë që ata përdorin të njëjtën ISA.

Kompjuterat e parë të ndërtuar sipas këtij koncepti, krejt i zakonshëm sot, por revolucionar për kohën, janë kompjuterat e familjes IBM System/360. Për herë të parë, flitet për"familje kompjuterash", pra kompjutera që kanë sjellje të njëjtë, pavarësisht se hardware mund të jetë i ndryshëm. Madje edhe sot, programet e shkruar për IBM 360, mund të ekzekutohen në kompjuterat modernë, si p.sh. IBM zSeries.

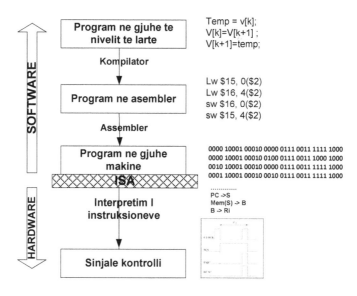

Figura 3.2

Shembull 3.1

Familja e mikroprocesorëve Intel ka dominuar prej vitesh tregun e PC-ve, po aq sa IBM System/360 atë të mainframe. Kjo familje njihet me emrin x86. Ajo është një ISA tipike e llojit CISC (Complex Instruction Set Computer). Prej më shumë se 30 vitesh, x86 është "pamja" që programuesit shikojnë në një mikroprocesor Intel, apo kompatibël me të. Me kalimin e viteve ajo ka evoluar, është përsosur e plotësuar, por duke ruajtur një bërthamë e arkitekturë të pa ndryshuar, me qëllim që programet e krijuar në versionet më të vjetra të x86, të mund të funksionojnë pothuajse normalisht me versionet më të reja të kësaj ISA. Kemi të bëjmë me atë që zakonisht quhet "backward compatibility" të programeve. Krahas kësaj, mikro-arkitekturat ku është mbështetur x86, kanë avancuar me një rritëm shumë të lartë. Si rezultat i këtij zhvillimi të dyfishtë, ne kemi pasur në dispozicion "Personal Computers" gjithnjë e më performantë, por duke qenë njëkohësisht të "ngjashëm" me njëri-tjetrin, kryesisht kjo në sajë të arkitekturës x86. Ky evolucion në vite i x86 dhe mikro-arkitekturave ku ajo është mbështetur, është përmbledhur në tabelën 3.1.

3.2 Arkitektura e Kompjuterit dhe Organizimi i Kompjuterit

Shpesh ju dëgjoni të përdoren terma të tillë si "Arkitektura e Kompjuterit" dhe "Organizimi i Kompjuterit". A shprehin këto emërtime të njëjtën gjë? Koncepti i ISA na ndihmon për të bërë dallimin.

Tabela 3.1

Viti	Emërtimi i Ndryshime ve të rëndësishm e të x86	Ndryshime t në x86	μ-arkitektur at	Mikro-procesori	Prodhuesi i Mikroproceso rit
1978	X86		8086	8086/8088	Intel
1985	IA-32	Instruksio ne dhe regjistra 32 bit	i386	80386 AMD Am386	Intel AMD
1993	MMX extensions	Shtuar multimedi a extension (MMX)	P5	Pentium, Pentium MMX Cyrix 5x86	Intel Cyrix
1995	PAE extension	Physical Address Extension (PAE), 36 bit	P6	Pentium Pro	Intel
1997	Streaming SIMD Extensions ose SSE	SSE	P6 AMD K6	Pentium II/III AMD K6	Intel AMD
2000	SSE2	Streaming extensions V.2	Netburst	Pentium4 ,	Intel
2003 - 2013	x86-64 SSE5	ISA 64 bit, regjistra = 64 bit	AMD K7 AMD K10-Barcelona Core VIA Isaiah Nehalem-Sandy-ivy-bridge Bulldozer and Trinity	Athlon 64, Opteron Phenom Intel Core 2 VIA Nano i3/i5/i7 FX-series	AMD AMD AMD Intel VIA Intel AMD

Koncepti modern që lidhet me termin "Arkitektura e Kompjuterit" (ang. "Computer Architecture") përmbledh në vetvete tre komponentë, të parë nga lart-poshtë:

- **ISA**- Instruction Set Architecture, ose atë që programuesi shikon prej një kompjuteri.

3. ARKITEKTURA E BASHKESISE SE INTRUKSIONEVE TE PROCESOREVE

- **Organizimi** i kompjuterit - tregon aspektet kryesore të ndërtimit dhe funksionimit të kompjuterit, si p.sh. ndërtimi i brendshëm i CPU-së, ekzekutimi i instruksioneve në "pipeline", struktura e buse-ve, kujtesa qëndrore dhe kashé, Input/Output etj.
- **Hardware ose implementimi**–ka të bëjë me faktin si organizimi i kërkuar i kompjuterit, implementohet në hardware. Këtu përcaktohet teknologjia, "logic design", "clock" etj.

"Arkitektura e Kompjuterave" përfshin pra të tri aspektet e mësipërme, duke filluar me konceptimin përgjithshëm të kompjuterit (ISA), organizimin e detajuar të "datapath" dhe të kontrollit të tij si dhe implementimin në hardware të funksionaliteteve të specifikuara në ISA.

"Organizimi i Kompjuterit" trajton njërin prej aspekteve të Arkitekturës. Për ta dalluar prej ISA, mënyra si është organizuar një procesor njihet edhe me termin "mikro-arkitekturë".

> **QUIZ 3.1**
> **Shtresa hardware, që ekzekuton instruksionet në një kompjuter, quhet "mikro-arkitekturë" sepse:**
>
> O Historikisht, kjo pjesë e kompjuterit kontrollohej prej mikroprogrameve.
> O Kjo shtresë merret kryesisht me detaje të arkitekturës së kompjuterit.
> O Ajo gjendet nën shtresën ISA.

3.3 Arkitektura dhe mikro-arkitektura

Cilat janë aspektet që trajton Instruction Set Architecture? ISA trajton aspekte shumë të rëndësishme për një kompjuter, të tilla si :

Përcakton bashkësinë e instruksioneve (ang. "instruction set"). Pra, tërësia e veprimeve që përdoruesi mund të kryejë me kompjuterin.

- Organizimin i kujtesës së programueshme, që përfshin kujtesën qëndrore dhe regjistrat. Në literaturën anglisht, për të përcaktuar këtë atribut të ISA, përdoret edhe termi *"Programmer visible state"*. Këtu specifikohen aspekte të tilla si, madhësia e kujtesës qëndrore të adresueshme, mënyra e kapjes së saj (kujtoni "byte/word adressable", big-little endian etj.), numri dhe përdorimi i regjistrave të procesorit, etj.

- Përcakton tipat dhe madhësitë e të dhënave dhe të strukturave, si kodohen dhe si paraqiten ato (kujtoni, char, int, float, IEEE754, etj.).
- Përcakton formatin e instruksioneve dhe kodimin e pjesës "kod operativ" të tyre.
- Përcakton mënyrat e adresimit, pra mënyrat si kapen të dhënat në kujtesë.
- Përcakton reagimin ndaj kushteve të posaçme (pjesëtim me zero, overflow etj.)

Pra, në fund të fundit ISA, ashtu siç thuhet edhe në [1],tregon atë çfarë procesori, apo kompjuteri në përgjithësi, shfaq ose "publikon", para programuesit.

Shtresa e mikro-arkitekturës, e cila gjendet nën ISA, mundëson implementimin e Instruction Set Architecture. Objektivi themelor i saj është të realizojë ISA në mënyrë optimale dhe të organizojë kompjuterin bazuar në disa parametra kryesorë të tillë si shpejtësia, energjia dhe kostoja.

Mikro-arkitektura trajton aspekte të tilla si p.sh. procesorët pipeline, kujtesa kashé, radha e ekzekutimit të instruksioneve ("execution ordering"), organizimi i buse-ve, ALU, konsumi energjetik, sipërfaqja në silicium i komponentëve etj.

*Kujdes : Këtu përmendëm "kujtesën e programueshme" (**"Programmer visible state"**) që përfshin regjistrat dhe kujtesën qëndrore, të cilat mund të kapen, adresohen prej instruksioneve, rrjedhimisht janë të programueshëm. Natyrisht që në një procesor, ekzistojnë edhe mjaft regjistrat të tjerë të përfshirë në mikro-arkitekturë, por që janë të pa kapshëm prej instruksioneve, pra të "jo-programueshëm". Për analogji këto kujtesa quhen **"Programmer Invisible State"**, ku përfshihen regjistrat e pipeline, kujtesa kashé, etj.*

3.4 Tipat e "Instruction Set Architecture"
Elementi themelor i çdo ISA janë instruksionet. Në përgjithësi, një instruksion duhet të tregojë :

1. Veprimin ose operacionin që ai kryen . Kjo tregohet në formë të koduar në "kodin operativ".
2. Ku do të gjendet operanda, ose operandat (në se ka).
3. Ku do të vendoset rezultati (në se ka).
4. Ku gjendet instruksioni tjetër për ekzekutim. Bazuar në parimin që instruksionet renditen njëri pas tjetrit në kujtesë (parimi i sekuencialitetit), instruksioni që do të ekzekutohet, do të jetë ai radhës, sa kohë që instruksioni në ekzekutim, nuk është instruksion

kërcimi, ose instruksion i ndërprerjes së sekuencës, siç quhet në mënyrë më të përgjithshme.

> **QUIZ 3.2**
> Organizimi i Kompjuterit ("Computer Organization") dhe mikro-arkitekturë, janë dy emërtime të ndryshme, që shprehin të njëtën gjë, pra mënyrën si implementohet ISA në një procesor?
>
> O Po
>
> O Jo

Mënyrat se si trajtohen dhe zgjidhen katër pikat e mësipërme përbën edhe objektin kryesor të çdo Instruksion Set Architecture. Për më shumë lexoni në [1].

Bazuar në opsionet që një ISA ofron në lidhje me vendndodhjen e operandave, dallohen këta tipa ose modele të Instruction Set Architecture:

1. Makina me 0 adresë ose "stack machine".
2. Makina me 1 adresë ose "makina me akumulator".
3. Makina të tipit "Memory-to-Memory", në të cilat nuk ka regjistra në përbërje të "datapath". Rrjedhimisht instruksionet i kërkojnë operandat vetëm në kujtesë. Zakonisht makinat e këtij tipi, në vartësi të numrit të operandave, janë quajtur edhe:
   a. Makina me dy adresa.
   b. Makina me tre adresa.
   c. Makina me katër adresa.
4. Makina me Regjistra të Përdorimit të Përgjithshëm (ang. General Purpose Registers –GPR), ku dallohen:
   a. Makina që në "datapath" kanë regjistra të përdorimit të përgjithshëm. Këto shpesh quhen edhe "*Register-Memory machine*", sepse instruksionet i kërkojnë operandat në regjistra dhe në kujtesë qëndrore.
   b. Makina të tipit "*load-store*" (quhen edhe "register-to-register machines"), në të cilat komunikimi i CPU me kujtesën kryhet nëpërmjet vetëm dy instruksioneve, që janë "load" dhe "store".

119

Shënim : përdoret termi "makinë (ang. "machine"), për të treguar një CPU me një ISA të caktuar.

Në figurën e mëposhtëme tregohen skematikisht tipat e makinave si dhe numri respektiv i operandave të specifikuara në mënyrë eksplicite në instruksion

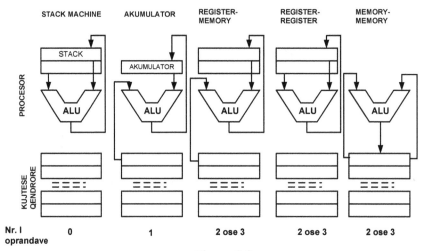

Figura 3.3

Janë me rëndësi vërejtjet e mëposhtëme:

1. Modelet e mësipërme të ISA kanë në themel të tyre njësinë ALU (Arithmetic Logic Unit). Kjo do të thotë se tipat e ISA përcaktohen vetëm prej instruksioneve arithmetikë e logjikë.

2. Duhet të bëhet dallimi ndërmjet numrit të adresave dhe numrit të operandave përfshira dhe rezultatit në një instruksion. Kështu, emërtimi i saktë i një makine me 2 adresa do të ishte "makina me dy adresa në kujtesë". Ky "konfuzion" vjen si rrjedhojë e faktit se historikisht, operandat kërkoheshin prej instruksioneve në kujtesë dhe jo në regjistrat lokalë të CPU-së. Këtu më poshtë jepet një tabelë (tabela 3.2), që ndihmon në qartësimin e këtij fakti (Tabela e plotë gjendet në aneksin e kapitullit).

Tabela 3.2

Numri max. i adresave në kujtesë	Numri max. i operandave + rezultat	Shembuj ISA
0	3	SPARC, MIPS, PowerPC
1	2	Intel 80386, Mot. 68000
2 ose 3	2 ose 3	VAX

Kështu në një makinë MIPS, instruksionet ALU nuk i kërkojnë operandat në kujtesën qëndrore. Kjo nuk do të thotë se ato janë makina me "zero adresë". Instruksionet e MIPS adresojnë njëherazi tre regjistra dhe ato mund të konsideroheshin fare mirë si makina me tre adresa. Megjithatë, për të evituar konfuzionin ne do ti quajmë si makina me GPR të tipit load/store me tre operanda.

Në [1] do të gjeni më shumë informacion në lidhje me makinat me një, dy dhe tre adresa. Këtu më poshtë do të trajtojmë makinat me zero adresë dhe ato load/strore. Në aneksin e kapitullit, jepen në mënyrë të përmbledhur procesorë të ndryshëm ndër vite si dhe tipin e "makinës" që ata kanë përdorur.

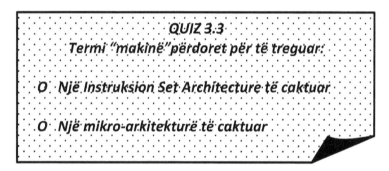

QUIZ 3.3
Termi "makinë" përdoret për të treguar:

O Një Instruksion Set Architecture të caktuar

O Një mikro-arkitekturë të caktuar

3.4.1 Makinat me zero adresë ("stack machines")
Një makinë do të quhet me zero adresë apo zero operandë, në rastin kur instruksionet aritmetike dhe logjike të saj nuk specifikojnë asnjë operandë në instruksion. Këto makina njihen me emrat "zero-address machine", "stack machine" apo "zero operand instructions". Kështu p.sh. instruksioni i mbledhjes do të ishte thjesht "**ADD**".

Që një instruksion të mund të realizojë veprime të tilla nëpërmjet ALU-se, ai ka nevojë të domosdoshme për një strukture të posaçme, siç është stiva. (ang. "stack", fr. "pile"). Skematikisht kjo paraqitet në figurën e mëposhtme. Pra, në mënyrë implicite dy operandat tërhiqen prej stivës, ndërsa rezultati, në mënyrë gjithashtu implicite vendoset në majë të stivës ("top of the stack", shkurt TOS).

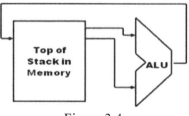

Figura 3.4

Në rastin që po trajtojmë, kemi të bëjmë me një stive hardware, e cila krijohet në kujtesën qëndrore dhe/ose në regjistra dhe që mbushet e zbrazet me instruksionet "**push**" dhe "**pop**" respektivisht.

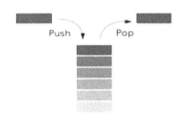

Shembull 3.2
Të shikojmë se si realizohet veprimi **S=A+B** në rastin e makinës me 0-adresë, ku S, A dhe B janë variabla që gjenden në kujtesën qëndrore.

Figura 3.5

Zgjidhje

PUSH A   ;vendos në stivë variab.A
PUSH B ; vendos në stivë variab. B
ADD ; kryej mbledhjen A+B. Rezultati në mënyrë implicite vendoset në majë të stivës ("top f the stack")
POP S ; rezultatin vendose në kujtese në "S"

Shënim : Në shembullin e mësipërm instruksionet PUSH dhe POP kopjojnë të dhëna brenda kujtesës qëndrore. Stiva mund të implementohet edhe në regjistra lokalë brenda CPU-së. Megjithatë kemi të bëjmë përsëri me makinë me 0-adresë, pasi instruksionet e manipulimit të të dhënave nuk "shikojnë" regjistra, por vetëm stivë, pra një strukturë të tipit LIFO. Këta janë pra, regjistra që procesori i trajton si një stivë.

Shembull 3.3
Le të marrim një shembull tjetër me veprim më kompleks :
$Z = (X \times Y) + (W \times U)$
Zgjidhje
Ekzekutimi do të ishte si më poshtë:
PUSH X
PUSH Y
MULT
PUSH W
PUSH U
MULT
ADD
POP Z

3. ARKITEKTURA E BASHKESISE SE INTRUKSIONEVE TE PROCESOREVE

Shënim : Arkitektura e tipit "stack" kërkon që veprimet arithmetike ti shprehim ndryshe nga sa jemi mësuar zakonisht ("**infix notation**"). Kështu veprimi i mësipërm, i shprehur sipas mënyrës së ekzekutimit nga makina me zero operandë do të ishte : Z=XY x WU x +.

Kjo mënyrë të shprehuri e veprimeve quhet "shënim postfix" (ang. "*postfix notation*") ose "shënim invers" "*reverse polish notation*". Kjo në nder të zbuluesit të saj, polakut Jan Lukasiewicz.

Shembull 3.4
Me supozimin kemi të bëjmë me një "stack machine" dhe se stiva është fillimisht bosh, të shkruhet kodi që llogarit shprehjen [(6x8) + (4-7)].
Zgjidhje
Sipas "postfix notation" shprehja [(6x8) + (4-7)] do të transformohej në formën: 68x47 - +
Prej këtej është e thjeshtë të shkruajmë kodin si më poshtë:
PUSH #6
PUSH #8
MUL
PUSH #4
PUSH #7
SUB
ADD
POP

QUIZ 3.4
Regjistri PC, Program Counter (Numëruesi i Programit) bëhet një regjistër i domosdoshëm prej :

O Nevojës së alinjimit të kujtesës qëndrore.
O Parimit të sekuencialitetit të vendndodhjes së instruksioneve.
O Kërkesës së rritjes së hapësirës së adresimit të procesorit.
O Kërkesës së rritjes së performancave të CPU-së.

Në formë të përmbledhur për makinat me zero-operandë mund të shkruajmë :

- Përdorin instruksione me **zero** operandë (ADD, MUL, etj.) dhe **një** operandë (PUSHA, POPZ etj).
- Instruksionet LOAD dhe STORE përdorin vetëm një operandë që gjendet në kujtesën qëndrore.
- Instruksionet e tjera përdorin operanda që në **mënyrë implicite** gjenden në stivë.
- Instruksionet PUSH dhe POP manipulojnë me të dhëna që gjenden **vetëm në majë të stivës** ("top of the stack").
- Instruksionet arithmetike e logjike përdorin **dy** të dhënat që gjenden në majë të stivës.
- Kanë avantazhin se krijojnë kod objekt më të vogël se arkitekturat e tjera dhe se kompilatorët dhe interpretuesit për këto makina janë më të thjeshtë.
- Ndryshe nga kujtesa, stiva nuk mund të adresohet në mënyrë të rastit, por vetëm në mënyrë LIFO.

3.4.2 Makinat e tipit load/store

Në se operandat e instruksioneve arithmetike e logjike gjenden të gjitha në regjistra, atëherë këta procesorë konsiderohen se kanë arkitekturë të tipit "*load/store*". Skematikisht një arkitekturë e tillë paraqitet në figurën e mëposhtme.

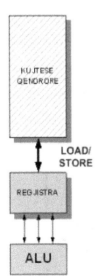

Pra, procedura është e thjeshtë : operandat ngarkohen në regjistra, kryhet veprimi arithmetik/logjik, rezultati depozitohet në kujtesën qëndrore.

Shembull 3.5

Të analizojmë si kompilatori kthen një instruksion në C në kod në gjuhen asembler për procesorin MIPS (mikroprocesor i tipit load/store).

Instruksioni në C është :

A[10] = h+A[5];

Pra, elementi i 5-të i vektorit ("array") A mblidhet me variabëlin "h" dhe përfundimi vendoset në elementin e 10-të të vektorit, i cili gjendet në kujtesën qëndrore.

Figura 3.6

Zgjidhje

Supozojmë se variabëli "h" memorizohet në regjistrin $S2, dhe adresa e fillimit të vektorit A ruhet në regjistrin $S3. Atëherë kompilatori do të krijonte këtë kod asembler për procesorin MIPS:

lw $t0,20($S3) ;ne regjistrin e përkohshëm $t0 vendos vlerën e A[5].
add $t0,$S2,t0 ;$S2+$t0 -> t0 MIPS është një makine me 3 adresa.
sw $t0,40($3) ;rezultatin e shumës që gjendet në $t0 vendose në kujtesë në A[10].
Shënim. Në procesorin MIPS fjalët në kujtesë fillojnë në adresa që janë shumëfish i 4-trës. Ato janë pra të alinjuara. Prandaj, elementët A[5] dhe A[10] të vektorit A, gjenden në adresat 20 dhe 40 respektivisht.

Në formë të përgjithshme për të realizuar shumën S=A+B, duhet të kryhen këto operacione:
LOAD r1,A
LOAD r2,B
ADD r1,r2,r3
STORE r3,S

Shembull 3.6

Jepet shprehja: A=(B+C)*(D+E)
Shkruani kodin në asembler që llogarit vlerën e A-së për rastet kur kemi të bëjmë me makina me 0, 1, 2, 3 adresa. Konsideroni që A,B,C,D dhe E janë adresa në kujtesë ku gjenden vlerat respektive të operandave. Kini parasysh që veprimet nuk duhet të ndryshojnë vlerat e operandave.
Zgjidhje:
Duke përdorur një hapësirë kujtese të përkohshme T (T=temporary), atëherë do të përftojmë kodet e paraqitur në tabelë.

Tabela 3.3

Stack machine	Akumulator machine	Makinë me 2 adresa	Makinë me 3 adresa
Push D	Lda D	Load A,B	Add A,B,C
Push E	Add E	Add A,C	Add T,D,E
Add	Sta T	Load T,D	Mul A,A,T
Push C	Lda B	Add T,E	
Push B	Add C	Mul A,T	
Add	Mul T		
Mul	Sta A		
Pop A			

Shembull 3.7

Supozojmë se vlerat e variablave A, B, C gjenden në kujtesën qëndrore të kompjuterit. Supozojmë gjithashtu se madhësia e kodit operativ të instruksionit është 8 bit, adresimi i kujtesës bëhet me 64 bit dhe adresa e regjistrave është 6 bit. Kërkohet:

  a. Të paraqitet ekzekutimi i shprehjes C=A*B në: "stack machine", "makinë me akumulator","register-memory" dhe "load/store".
  b. Llogarisni për secilin instruksion të ekzekutuar, madhësinë e tij në bit si dhe madhësinë totale të kodit që llogarit shprehjen e mësipërme.
  c. Cili është përfundimi që nxirret prej shembullit?

Zgjidhje

Ekzekutimi i veprimit C=A*B për katër tipat e makinave si dhe madhësia e kodit për secilin rast, janë paraqitur më poshtë.

Tabela 3.4

Stack	Code size	Akumulator	Code size	Reg-Mem	Code size	Load/Store	Code size
Push A	8+64	Load A	8+64	Load R1,A	8+6+64	Load R1,A	8+6+64
Push B	8+64	Mul B	8+64	Mul R3,R1,B	8+6+6+64	Load R2,B	8+6+64
Mul	8	Sore C	8+64	Store C	8+64+6	Mul R3,R1,R2	8+6+6+6
Pop C	8+64					Store C,R3	8+64+6
	Σ=224bit		Σ=216bit		Σ=240bit		Σ=260bit

Përfundimi që rrjedh prej këtij shembulli është se makina me akumulator krijon kodin më të shkurtër (216 bit) , ndërsa ajo "load/store" më të gjatin (260 bit), ose rreth 20 % më të madh, se makina me akumulator.

Madhësia e kodit të gjeneruar është i vetmi kriter për të vlerësuar një ISA? Natyrisht që jo, pasi ai është vetëm njëri prej kritereve të vlerësimit.

3.4.3 Krahasim i makinave të ndryshme ISA

Natyrshëm lind pyetja e zakonshme: cila prej këtyre makinave ISA është më e mira? Përgjigja nuk është edhe kaq e thjeshtë sa pyetja.

Për të bërë një vlerësim objektiv të ISA, përcaktohen kritere vlerësuese të arkitekturave ISA, disa prej të cilave janë listuar më poshtë:

3. ARKITEKTURA E BASHKESISE SE INTRUKSIONEVE TE PROCESOREVE

- Madhësia e kodit ("code size"),që tregon sa byte nevojiten për programin.
- Densiteti i kodit ("code density"), që tregon sa instruksione përfshihen në KByte.
- Efikasiteti i kodit ("code efficiency"), që tregon në se ka kufizime në kapjen e operandave.
- Trafiku me kujtesën ("memory traffic"), që tregon sa herë programi i referohet kujtesës.
- Thjeshtësia për të shkruajtur kompilatorë bazuar në ISA.
- Thjeshtësia për të shkruajtur programe në asembler.

> QUIZ 3.5
>
> Bashkësia e intruksioneve që u mundëson instruksioneve kapjen e kujtesës me të gjihë mënyrat e adresimit quhet:
>
> O Bashkësi kompatibël?
> O Bashkësi e rregullt?
> O Bashkësi e kompletuar?
> O Bashkësi ortogonale?

Shembull 3.8

Supozojmë se vlerat e variablave A, B, C, D dhe E gjenden në kujtesën qëndrore të kompjuterit. Supozojmë gjithashtu se madhësia e kodit operativ të instruksionit është 8 bit, adresimi i kujtesës bëhet me 24 bit dhe adresa e regjistrave 3 bit. Kërkohet:

a. Të paraqitet ekzekutimi i shprehjes A=(B+C)*D-E në : "stack machine", "makinë me akumulator", makinë me 2 dhe 3 adresa në kujtesë, "register-memory" dhe "load/store".

b. Për secilin rast të gjenden :
1. Numri i instruksioneve të kodit.
2. Madhësia e kodit ("code size").
3. Trafiku i kujtesës për leximin e të dhënave, ose "Data Memory Access".
4. Densiteti i kodit ("code density"), të shprehur në byte/instruksion.

c. Cili është përfundimi që nxirret prej shembullit?

Zgjidhje

Zgjidhja është përmbledhur në tabelën e mëposhtëme.

Tabela 3.5

Stack	Akumulator	2-adresa	3-adresa	Reg-Memory	Load/Store
Push B	Load B	Load A,B	Add A,B,C	Load R1,B	Load R1,B
Push C	Add C	Add A,C	Mul A,A,D	Add R1,C	Load R2,C
Add	Mul D	Mul A,D	Sub A,A,E	Mul R1,D	Add R3,R1,R2
Push D	Sub E	Sub A,E		Sub R1,E	Load R1,D
Mul	Store A			Store A,R1	Mul R3,R3,R1
Push E					Load R1,E
Sub					Sub R3,R3,R1
Pop A					Store A,R3
Nr. Inst.	8	5	4	3	5	8
Code size	23	20	28	30	25	34
Data mem. Access	5	5	11	9	5	5
Code density	2.875	4	7	10	5	4.25

Disa përfundime që rrjedhin prej shembullit :

Makinat pa GPR (stack, akumulator, memory-memory); GPR=General Purpose Registers

- Makina "stack" ofron kodin më të gjatë në numër instruksionesh, por më të dendur. Komunikimi me kujtesën është i vogël, por është më komplekse në programim, pasi përdor shënim "postfix".
- Makina me 2 adresa siguron numër instruksionesh të vogël, por është më e penalizuara përsa i përket komunikimit të shpeshtë me kujtesën.

- Makina me 3 adresa siguron numrin më të vogël të instruksioneve, densitetin e kodit më të ulët dhe një numër të lartë komunikimesh me kujtesën.

Makinat me GPR (register-memory,. load/store) ofrojnë këto përparësi:
- Komunikimi me kujtesën është i vogël.
- Densitet kodi i lartë, pra instruksione të shkurtër dhe të thjeshtë.
- Manipulimi me regjistrat është shumë më i shpejtë se me kujtesën qëndrore.
- Është më e thjeshtë të shkruhen kompilatorë për makinat me GPR.

Përfundimi : Që prej vitit 1975 të gjithë ISA e reja janë të tipit makina me GPR dhe <u>**që prej vitit 1980, të gjitha ISA e reja janë të tipit load/store.**</u> **Shiko aneksin e kapitullit.**

3.5 Mënyrat e adresimit
Operandat me të cilat manipulojnë instruksionet mund të gjenden në dy lloje kujtesash brenda njësisë qëndrore të adresueshme prej tyre, që janë regjistrat e procesorit dhe kujtesa qëndrore. Hapësira e tretë e adresimit është ajo e hyrje/daljeve (ang. Input/Output).
Arsyet që adresa e operandave në instruksion shprehet jo vetëm në mënyrë të drejtpërdrejtë, por në mënyra të ndryshme, të cilat përbëjnë edhe mënyrat e adresimit, janë:
1. Shkurtimi i gjatësisë së instruksionit.
2. Sigurimi i mos-varësisë së instruksioneve nga vendndodhja e operandave në kujtesë.
3. Mbrojtja e të dhënave dhe programeve që gjenden në kujtesë.
4. Përshpejtimi i kapjes së dhënave të strukturuara në kujtesë.

3.5.1 Mënyrat bazë të adresimit
Mënyrat bazë të adresimi janë : adresim direkt, indirekt, relativ, i indeksuar, adresim regjistri dhe imediat. Ekzistojnë edhe kombinimet e adresimeve të mësipërme. Jo të gjithë adresimet e mundshme përdoren në një procesor. Konceptuesit e CPU-së zgjedhin adresimet që ata mendojnë si më të përshtatshëm për ti përfshirë në ISA. Për më shumë formacion rreth mënyrave të adresimit lexoni në [1].

Shembull 3.9
Të paraqitet ekzekutimi i instruksionit "add" në disa nga mënyrat më të përdorshme të adresimit.
Zgjidhje
Më poshtë janë përmbledhur mënyrat e kapjes së operandave prej instruksionit "add" në një ISA, që përdor regjistra të përdorimit të përgjithshëm dhe një makinë ku specifikohen dy operanda në instruksion.

Mënyra e adresimit	Instruksioni i "add"	Komente
Regjistër	add R4,R3	R4 <- R4+R3
Imediate	add R4,#5	R4 <- R4+5
Direkte (absolute)	add R4,(1000)	R4 <- R4+Mem[1000]
Indirekte – regjistër	add R4,(R3)	R4 <- R4+Mem [R3]
Indirekte – kujtesë	add R4,@(R3)	R4 <- R4+Mem[Mem [R3]]
Relative me bazë("displacement")	add R4,10 (R3)	R4 <- R4+Mem[R3+10]
Relative ndaj PC	add R4,R3,100(PC)	R4 <- R4+Mem[R3+PC+100]
Indeksuar	add R4,(R3+R1)	R4 <- R4+Mem [R3+R1]
Autoincrement	add R4,(R3)+	R4 <- R4+ Mem [R3]; R3<-R3+d
Autodecrement	add R4,-(R3)	R4 <- R4+ Mem [R3]; R3<-R3-d
Përshkallëzuar ("scaled")	add R4,100(R2)[R3]	R4 <- R4+ Mem [100+R2+R3*d]

Shembull 3.10

Supozojmë se kujtesa qëndrore dhe regjistri Rx kanë vlerat si në figurën 3.7. Supozojmë se makina është me një adresë dhe se procesori ekzekuton instruksionin : **LOAD 900**

Të gjenden vlerat që ngarkohen ne regjistrin akumulator në vartësi të mënyrës së adresimit që përdor instruksioni LOAD. Mënyrat e adresimit janë : imediate, direkte, indirekte dhe e indeksuar.

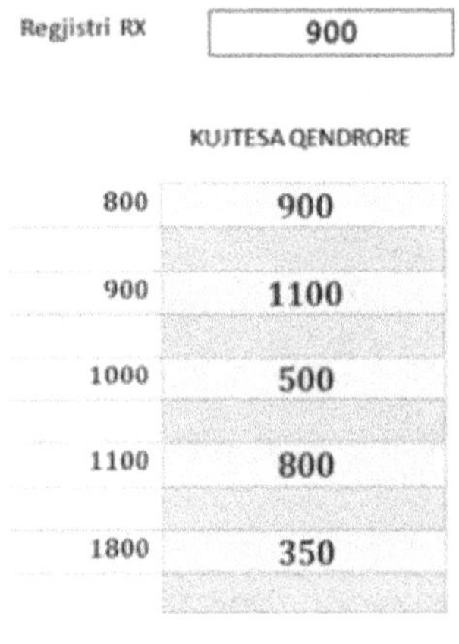

Regjistri RX [900]

KUJTESA QENDRORE

800	900
900	1100
1000	500
1100	800
1800	350

Figura 3.7

Zgjidhje :

Vlerat në akumulator janë përmbledhur në tabelë:

MENYRA E ADRESIMIT	VLERA NE AKUMULATOR
IMEDIATE	900
DIREKTE	1100
INDIREKTE	800
INDEKSUAR	350

Shembull 3.11

Në tabelën e mëposhtëme simboli "**Z**" i korrespondon vlerës që gjendet në adresën 78 të kujtesës qëndrore të një kompjuteri me procesor Intel (IA-32). Supozoni se regjistri i indeksit IX (ESXI në IA-32) përmban vlerën "-2".

Adresa	75	76	77	78	79	7A	7B
Përmbajtja	4D	7F	4F	7A	BA	D1	8F

Gjeni vlerat efektive e adresës (EA) dhe përmbajtjet respektive të regjistrit akumulator (EAX) për tre instruksionet e mëposhtëm:

a) **MOV AC, Z**

b) **MOV AC, [Z]**   ; adresim indirekt

c) **MOV AC, Z [ESI]**   ; adresim i indeksuar

Zgjidhje

  a) **MOV AC, Z**

Adresa efektive është Z=78. Pra, akumulatori do të ngarkohet me vlerën AC = 7A.

  b) **MOV EAX, [Z]   ; adresim indirekt**

Adresa efektive është EA = M[Z] = M[78] = 7A. Pra, akumulatori do të ngarkohet me vlerën AC= M[7A] =D1.

  c) **MOV EAX, Z [ESI]   ; adresim i indeksuar**

Adresa efektive është EA = Z + (ESI) = 78 – 2 = 76. Pra, akumulatori do të ngarkohet me vlerën AC= M[76] =7F.

Shembull 3.11

Le të marrim një rast konkret.

DS [2000H]

BX [100H]

SI [02H]

AX [???]

Në një procesor Intel, në përgjithësi në një arkitekturë x86, regjistrat DS, BX dhe SI dhe kujtesa qëndrore përmbajnë vlerat si në figurë. Cila do të ishte vlera e regjistrit akumulator AX, pas ekzekutimit të instruksioneve të mëposhtëm ?

MOV   AX, 3600H

MOV   AX,[1200]

MOV   AX,BX

MOV   AX,[BX]

MOV   AX,1100H[BX]

MOV   AX,[BX][SI]

KUJTESA QENDRORE

20100H	12H
	34H
	56H
	78H
	....
	....
21200H	2AH
	4CH
	8BH
	98H

Zgjidhje

Në një procesor Intel adresa fizike me të cilën adresohet kujtesa qëndrore përftohet sipas mekanizmit që skematikisht paraqitet në figurën e mëposhtëme (figura 3.7).

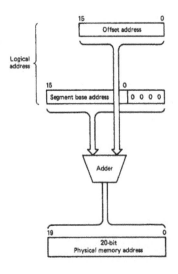

P.sh. në se DS = 2000H dhe zhvendosja është 1200H, atëherë adresa fizike do të rezultonte :

20000H + 1200H=21200H

Do të rezultonin këto vlera në hexadecimal (H) në regjistrin AX me gjatësi 16 bit:

Figura 3.8

1. MOV AX, 3600H -	Adresim imediat		AX = 3600H
2. MOV AX,[1200]	Adresim direkt		AX = 4C2AH
3. MOV AX,BX			AX = 0100H
4. MOV AX,[BX]	Adresim register indirekt		AX = 3412H

Sqarim : Adresa = [DS]+[BX] = 20000H+100H= 20100H

5. MOV AX,1100[BX]   AX = 4C2AH

Sqarim : Adresa = [DS]+[BX]+1100H = 20000H+100H+1100H= 21200H

6. MOV AX,[BX][SI]   Adresim me bazë + index   AX = 7856H

QUIZ 3.6

Një operandë Imediate është:

O Një variabël që lexohet shpejt prej regjistrave të procesorit ?

O Një konstante, pjesë e instruksionit?

O Një variabël që shërben për të kapur regjistrat e procesorit?

Shembull 3.13

Një nga mënyrat e adresimit të përdorura prej mjaft procesorëve është "adresimi me regjistër baze", ose shkurt "adresimi me bazë".

    a. Cila është arsyeja që adresimi me bazë ndikon në përmirësimin e performancave të procesorit?

    b. Të rishkruhet kodi i mëposhtëm duke përdorur adresimin me bazë, me supozimin se procesori është i tipit load/store.

```
add   r2, r3, #8    ; R2 <- R3+8
ld  r4, (r2)        ; R4 <- Mem [R2]
add   r1, r4, r8    ; R1<- R4+R8
add   r5, r3, #16     ; R5 <- R3+16
ld  r6, (r5)        ; R6 <- Mem [R5]
mul   r7, r1, r6    ; R7 <- R1 * R6
add   r9, r3, #24     ; R9<- R3+24
st  (r9), r7        ; Mem(R9) <-R7
```

Zgjidhje

    a. Përdorimi i adresimit me bazë përmirëson performancën sepse shkurton numrin e instruksioneve që nevojiten për llogaritjen e adresës. Kështu, në qoftë se një strukturë të dhënash përbëhet p.sh. nga 4 fjalë, adresimi me bazë përdoret për të kapur secilën nga këto fjalë. Në një arkitekturë që nuk ofron adresimin me bazë, do të duhej të përdorej në çdo rast një instruksion "add" për të llogaritur adresën e secilit element të strukturës. Shkurtimi i kodit në pikën b këtu më poshtë, është një ilustrim i këtij efekti.

    b. Kodi i ri, i cili përdor adresimin me bazë është listuar më poshtë. Ky adresim përdoret prej instruksioneve ld (load) dhe st (store). Instruksionet "add" për llogaritjen e adresës nuk janë më të nevojshëm.

```
ld  r4, 8 (r3)    ;R4<- Mem [R3+8]
add   r1, r4, r8    ; R1<- R4+R8
ld  r6, 16(r3)    ; R6 <- Mem [R3+16]
mul   r7, r1, r6    ; R7 <- R1 * R6
st  24 (r3), r7     ; Mem[R3+24]<-R7
```

Mënyrat e adresimit "autoincrement" dhe "autodecrement" janë mjaft të përshtatshme për manipulimin e tabelave (array) në kujtesë. Le të shikojmë një rast të tillë.

Shembull 3.14

Supozojmë se një tabelë prej katër "integer" do të vendoset në kujtesë në adresën 0x200000FF. ISA është një arkitekturë me 32 bit dhe mundëson adresim të llojit "autoincrement". Edhe gjatësia e instruksioneve është fikse dhe 32 bit. Kujtesa qëndrore adresohet me byte, ndërsa fjala në kujtesë është 32 bit.. "Integers" ndodhen në regjistrat r4, r5, r6, r7. Të shkruhet kodi që plotëson tabelën me vlerat përkatëse, duke përdorur adresimin "autoincrement".

Zgjidhje

Kujtojmë që adresimi i llojit "autoincrement"në formë të përgjithshme, paraqitet kështu :

add rx,ry+   ; rx <-rx+ Mem [Ry]; Ry<-Ry+d ' ku d=është madhësia e   të dhënës që kapet në kujtesë

Në rastin tonë, meqenëse integer janë 32 bit dhe kujtesa adresohet me byte, rezulton që d=4.

Kodi i kërkuar do të ishte:

```
luir1, 0x2000      ; lui = load upper immediate ; 16 bitët e sipërm të
r1=0x2000
orir1,r1,0x00FF    ; plotëso16 bitët e poshtëm me vlerën 0x00FF
st(r1)+, r4        ; ngarko me radhë integers,
st(r1)+, r5        ; pas çdo instruksioni r1=r1+4
st(r1)+, r6
st(r1)+, r7
```

Shënim: Meqenëse instruksionet janë 32 bit të gjatë, atëherë konstantja 0x200000FF nuk mund të ngarkohet njëherazi, por në dy hapa, ashtu si tregohet në këtë shembull. Madhësia e rezervuar për vlerat imediate në instruksion është 16 bit.

QUIZ 3.7

Duke patur parasysh rëndësinë e regjistrave, cila ka qënë ndër vite shpejtësia e rritjes së numrit të regjistrave në një procesor?:

O Shumë e madhe, aq sa thotë "ligji i Moore".

O Shumë e vogël. Numri i regjistrave rritet kryesisht kur del një ISA e re.

3.5.2 Frekuenca e përdorimit të instruksioneve dhe i mënyrave të adresimit

Natyrisht që është me shumë interes të dihet se cila është frekuenca mesatare e përdorimit të instruksioneve në një program, pasi në këtë mënyrë do të veçoheshin instruksionet "më popullorë", prej atyre më pak të përdorshëm. Kështu në tabelën e mëposhtëme janë pasqyruar këto frekuenca për procesorët e familjes MIPS, për bashkësitë e programeve të tipit "benchmarks" quajtur SPECint2000 dhe SPECfp2000.

Tabela 3.6

Instruksioni	Frek. mesatare% integer	Frek. mesatare% FP
Load	26	15
Store	10	2
Add	19	23
Sub	3	2
Mul	<1	1
Compare	5	2
Load immdiat	2	5
Conditional branch	12	4
Jump	1	
Call	1	
Shift	2	
And	4	
Or	9	

Në tabelën e mëposhtëme paraqiten "Top 10 Intel x86 integer instructions", ose renditja e shpeshtësisë mesatare së ekzekutimit të instruksioneve në një program që manipulojnë numra të plotë (integer) në një arkitekturë x86.

Tabela 3.7

Instruksioni	Frekuenca në %
Load	22
Conditional branch	20
Compare	16
Store	12
Add	8
And	6
Sub	5
Move reg-to-reg	4
Call	1
Return	1
Total	96 %

A përdoren të gjitha mënyrat e adresimit me frekuencë të njëjtë në një program?Natyrisht kjo do të varet nga vetë programi, nga kompilatorët, optimizimet e mundshme, etj. Megjithatë rezulton se në përgjithësi ekziston një mesatare e cila mund të konsiderohet si tipike. Në tabelën e mëposhtme tregohet frekuenca, në përqindje, e përdorimit të mënyrave të adresimit, për tre programe të ndryshëm të ekzekutuar në një kompjuter VAX, shumë i pasur në mënyra adresimi. Instruksionet që i kërkojnë operandat në regjistra, pra adresim regjistri, përdoren prej rreth 50 % të instruksioneve dhe nuk janë përfshirë në tabelë. Tabela, pra i referohet gjysmës tjetër të instruksioneve që i kërkojnë operandat në kujtesë.

Tabela 3.8

Mënyra e adresimit	Programi_1 gcc	Programi_2 Spice	Programi_3 TeX
Me bazë (Displacement)	42%	32%	55%
Imediate	33%	17%	43%
Indirekte (reg.)	13%	3%	24%
Scaled	7%	0%	16%
Indirekte (Mem.)	3%	1%	6%
Të tjera	2%	0%	3%

Nga tabela vihet re se pjesa dërmuese e instruksioneve përdorin katër mënyra adresimi : adresim regjistri, relative, imediate dhe indirekte me regjistër.

Nga analiza të ngjashme me sa më sipër, rezulton se p.sh. që 99% e instruksioneve përdorin zhvendosje më gjatësi deri në 16 bit. Ose, që 80 % e instruksione përdorin adresim imediat jo më të gjatë se 16 bit.

Përse janë të nevojshme këto të dhëna, qoftë për frekuencën e përdorimit të instruksioneve, apo të mënyrave të adresimit? Për të vënë në zbatim një nga rrjedhimet e ligjit të Amdahl-it, i cili thotë se: *"Përshpejtoni ndodhinë që përsëritet shpesh"* (ang. *"Make the common case fast"*).

Shembull 3.15
VAX dhe MIPS janë përfaqësues të dy kulturave të ndryshme të konceptimit të ISA, respektivisht CISC dhe RISC. Ashtu siç do të shikojmë edhe më poshtë, CISC dallohet për instruksione komplekse, të cilat shoqërohen me mënyra adresimi të shumta dhe komplekse për kapjen e operandave.

RSIC është krejt e kundërta, pra krahas instruksioneve të thjeshtë ata shoqërohen me pak mënyra adresimi të thjeshta dhe të optimizuara. Këtu më poshtë listohen mënyrat e adresimi të VAX dhe MIPS.

Procesorët me ISA VAX(CISC) përdorin këto mënyra adresimi :

3. ARKITEKTURA E BASHKESISE SE INTRUKSIONEVE TE PROCESOREVE

1. Adresim "literal" -adresim imediat ku konstantja në instruksion është 6 bit e gjatë.
2. Adresim me regjistër.
3. Adresim imediat.
4. Adresim direkt (absolute).
5. Adresimin direkt me regjistër.
6. Adresim relativ me bazë (displacement) .
7. Adresim relativ me bazë indirekt.
8. Adresimi indeksuar.
9. Autoincrement.
10. Autodecrement.
11. Autoincrement indirekt.

Procesorët me ISA MIPS (RISC) përdorin këto mënyra adresimi:
1. Adresim me regjistër.
2. Adresim imediat.
3. Adresim me regjistër baze (displacement).
4. Adresim PC-relative, ku adresa e kërcimit në një instruksion të tipit "branch" është shuma e PC ("Program Counter") me konstanten në instruksion, e cila ka madhësi 16 bit.
5. Adresim pseudo-direkt (ang. "pseudodirect addressing"), ku adresa e kërcimit në një instruksion të tipit "jump" është e barabartë me zinxhirëzimin e 26 bitëve të specifikuar në instruksion, me bitët e sipërm të regjistrit PC.

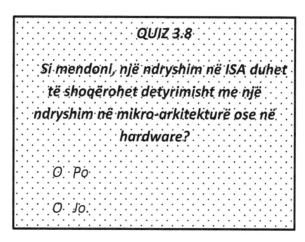

QUIZ 3.8

Si mendoni, një ndryshim në ISA duhet të shoqërohet detyrimisht me një ndryshim në mikro-arkitekturë ose në hardware?

O Po

O Jo

3.6 Kodimi i instruksioneve
Dimë tashmë që një instruksion duhet të tregojë elementët e paraqitur skematikisht në figurë

Veprimi (Op. Code)	Adresa e operandës 1	Adresa e operandës 2	...	Operanda imediate (në se ka)	Adresa e rezultatit

Kodimi i instruksioneve, i cili përcakton kuptimin, numrin dhe gjatësinë e komponentëve të në instruksioni, është një ndërmarrje e vështirë, pasi ajo duhet të balancojë kërkesa që shkojnë në kahe të kundërta, të tilla si:
- Dëshira për të pasur sa më shumë regjistra dhe mënyra adresimi.
- Nevoja e zvogëlimit të gjatësisë së instruksionit për të pasur programe të vegjël.
- Dëshira për të pasur gjatësi instruksionesh të tillë që të dekodohet dhe kontrollohet lehtë në një mikro-arkitekturë pipeline.

Ky "kompeticion" dëshirash dhe realitetesh ka sjellë që, prej mesit të viteve 80, arkitekturat ISA, të kenë këto karakteristikave themelore:
- Gjatësia e instruksioneve është shumëfish i byte.
- Instruksionet i kërkojnë operandat në regjistra në vend të kujtesës (arkitekturë load/store),
- Numri i regjistrave lëviz në diapazonet 16 (min.) , 32 (tipik), 64 (max.).
- Përdoren pak mënyra adresimi.
- Bashkësia e instruksioneve është e reduktuar dhe përbëhet prej instruksionesh të thjeshtë. Këta quhen procesorë RISC.

Ka ende vend për kompromis në lidhje me gjatësinë e të gjithë instruksioneve. Kështu, si rregull, në se kërkojmë performancë dhe thjeshtësi në implementim, atëherë gjatësia fikse e instruksioneve do të ishte zgjedhja e duhur. Në se duam të optimizojmë madhësinë e kodit, atëherë kodimi i instruksioneve me gjatësi variabël do të ishte opsioni i duhur.

Shembull 3.16

MIPS është përfaqësuesi tipik i arkitekturave me gjatësi fikse të instruksionit, ndërsa x86 i atyre me gjatësi variabël. Le të shikojmë nëpërmjet një shembulli si do të kodohej instruksioni "add" për këto dy arkitektura.

Arkitektura x86

Gjatësia e instruksioneve të kësaj arkitekture lëviz nga 1 në 17 byte.

add eax, 290(ebx)   ; eax <- eax + Mem[ebx+290]

Formati i instruksionit "add" të mësipërm është paraqitur këtu më poshtë. Zhvendosja e specifikuar ne instruksion (Disp.) është 1 ose 4 byte e gjatë. Meqenëse zhvendosja është 290, atëherë gjatësia e instruksionit "add" të mësipërm do të ishte : $1 + 1 + 4 = 6$ byte. N.q.s. Disp. ≤ 255, atëherë instruksioni do të ishte 3 byte i gjatë.

Op. code	Mod.reg.r/m	Disp. 1	Disp. 2	Disp. 3	Disp. 4
8 bit	8 bit	8 bit	8 bit	8 bit	8 bit

Arkitektura MIPS
Gjatësia e instruksioneve është fikse; ajo është pra 32 bit për çdo instruksion.

```
lw $t0,   290($s3)    ; R0 <- Mem[R3+290]
add $t2,$t1, $t0      ; R2 <- R1 + R0
```

Formati i dy instruksioneve është si më poshtë ai është fiks dhe 32 bit i gjatë.

Op.code (lw)	rs	rt	address
6 bit	5 bit	5 bit	16bit
35	19	8	290

Op.code (add)	rs	rt	rd	shift amt	function
6 bit	5 bit	5 bit	5 bit	5 bit	6 bit
0	9	8	10	0	32

Ekziston edhe një alternativë e mesme për përzgjedhjen e gjatësisë së instruksioneve që është ajo *"hibride"*. Kjo alternativë konsiston në kufizimin e ndryshueshmërisë së gjatësisë së instruksionit duke ofruar dy ose tre gjatësi instruksionesh.
Arkitektura të tilla janë p.sh. MIPS16 dhe Thumb (ARM), të cilat janë *"optional modes"* të procesorëve MIPS dhe ARM. Kështu MIPS16 dhe Thumb kanë bashkësi instruksionesh "bija" 16 bit të gjatë, në vend të 32 bit të arkitekturave "mëmë". Programuesve ju ofrohet mundësia të zgjedhin bashkësinë e instruksioneve 32 bit në se kërkojnë performancë ose 16 bit në se kufizohen prej madhësisë së kodit. Si MIPS16 ashtu edhe Thumb pretendojnë se madhësia e kodit zvogëlohet me 40% krahasuar me MIPS dhe ARM.

QUIZ 3.9
Dy procesroë kanë ISA të njëjtë, por madhësi të ndryshme të fjalës. Njëri është 32 , tjetri 64 bit. Gjatësia e instruksioneve të procesorëve do të jetë:

O E njëjtë
O E ndryshme
O Variabël

Shembull 3.17

Projektuesit e një procesori kanë vendosur që të përdorin 16 regjistra të përgjithshëm të organizuar sipas një arkitekture Load/Store. Ata kanë vendosur gjithashtu që, duke pasur parasysh nevojat e tyre për instruksione, të përdorin gjatësi kodi operativ të ndryshëm në vartësi të numrit të adresave në instruksion. Kështu atyre do tu duhet të realizojnë:

> 15 instruksione me 3 adresa (për instruksionet arithmetikë e logjikë, … etj.)
> 14 instruksione me 2 adresa (instruksione load/store ….etj.)
> 31 instruksione me 1 adresë (instruksione posh-pop, jump/branch etj.)
> 16 instruksione pa adresë (instruksione si halt, nop, wait… etj.)

a. Të përcaktohet gjatësia e domosdoshme që duhet të kenë instruksionet për të mundësuar realizimin e këtij procesori ?
b. Jepni variantin tuaj të dekodimit të këtyre instruksioneve.

Zgjidhje :

Formati i instruksioneve që do të realizohen është si në figurën 3.9.

a.

Meqenëse kompjuteri do të ketë 16 regjistra të përgjithshëm, atëherë për adresimin e tyre do të mjaftojnë 4 bit. Nga ana tjetër, meqenëse arkitektura e përzgjedhur është Load/Store, atëherë instruksionet do ti kërkojë operandat e tyre vetëm në këta regjistra. Duke u nisur nga ky fakt, le të përcaktojmë numrin e nevojshëm të kombinimeve ("bit patterns") për secilin grup instruksionesh.

15 instruksione x 2^4 x 2^4 x 2^4 = $15x2^{12}$= 61440 kombinime të mundshme

14 instruksione x 2^4x2^4 = $14*2^8$ = 3584 kombinime

31 instruksione x 2^4= 496 kombinime

16 instruksione me 0 adresë kërkojnë 16 kombinime të mundshme.

Totali i kombinimeve = 61440 +3584 + 496 + 16 = 65536
Për të realizuar këta kombinime do të duheshin n bit, që përcaktohet prej barazimit :

n= log$_2$ 65536 = 16

Pra, gjatësia e instruksioneve duhet të jetë 16 bit ose 2 byte.

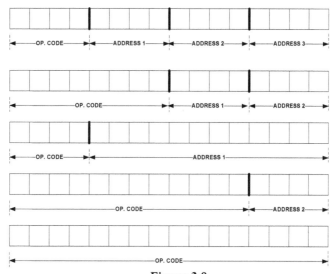

Figura 3.9

b.
Le të paraqesim kombinimet e mundshme të 16 bitëve që formojnë instruksionet.
Vihet re se kur katër bitët e parë të instruksionit janë 1111, instruksionet nuk janë më me 3 adresa por mund të jenë me 2, 1 ose me 0 adresa. Instruksionet me 2 adresa i përkasin kombinimeve 11110000 deri në 11111101. E kështu me radhë edhe për grupet e tjera të instruksioneve. Në formë të përmbledhur mund të shkruajmë këtë algoritëm :
If (4 bitët e ekstremit të majtë ≠ 1111) {
    Ekzekuto instruksione me tre adresa}
Else if (7 bitët e ekstrimit të majtë ≠ 1111 111) {
    Ekzekuto instruksione me 2 adresa}
Else if (12 bitët e ekstremit të majtë ≠ 1111 1111 1111) {
    Ekzekuto instruksione me 1 adresë }
Else { ekzekuto instruksione me 0 adresa
}
Ky algoritëm përbën në fakt edhe dekodimin e instruksioneve të kompjuterit, i cili rezulton kompleks si pasojë e përdorimi të një kodi operativ me gjatësi të ndryshueshme.

141

Kjo mënyrë e kodimit të kodin operativ njihet me emrin "*expanding opcodes*" = kode operative që zgjerohen.

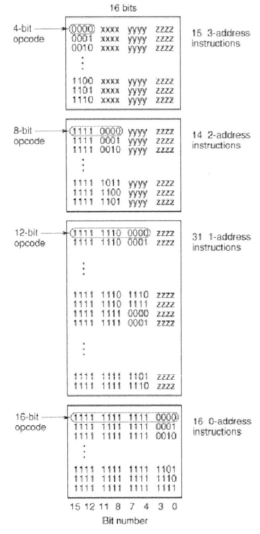

Figura 3.10

Shënim :Projektuesit kanë zgjedhur të optimizojnë gjatësinë e instruksionit në dëm të thjeshtësisë së dekodimit të kodit operativ. Një kod operativ me gjatësi fikse, do të thjeshtonte dekodimin e tij, por do të krijonte instruksione më të gjatë.

Shembull 3.18

Një procesor ka një bashkësi instruksionesh me gjatësi fikse prej 16 bitësh. Instruksionet e tij specifikojnë një ose dy adresa. Adresat logjike kanë gjatësi të barabartë prej 6 bitësh. Numri i instruksioneve me 2 adresa është $I2 = "n"$. Gjeni, sa do të ishte numri maksimal i instruksioneve me një adresë?

Zgjidhje

Numri i kombinimeve të mundshme për instruksionet me 2 adresa do të ishte :

$K2 = n*2^6*2^6 = 2n*10^{12} = 4096n$

Rrjedhimisht numri i kombinimeve që mbeten në dispozicion të instruksioneve me 1 adresë mbetet të jetë:

$K1 = 2^{16} - K2 = 2^{16} - 4096n$

Meqenëse çdo instruksion më një adresë përdor 64 kombinime (2^6), atëherë numri maksimal i instruksioneve me një adresë mund të llogaritet :

$I1max. = K1/64 = 2^{16} - 4096n/64 = 1024 - 64 n$

```
┌─────────────────────────────────────────────┐
│                 QUIZ 3.10                     │
│                                               │
│     Në një makinë me tre adresa a mund të     │
│     ekzekutohen instruksione me zero adresë?  │
│                                               │
│          O  Po                                │
│                                               │
│          O  Jo.                               │
│                                               │
└─────────────────────────────────────────────┘
```

Shembull 3.19

Kërkohet që të krijohet bashkësia e instruksioneve të një procesori të ri. Procesori përmban një"program counter" (PC) dhe katër regjistra të përgjithshëm (A,B,C dhe D). Gjatësia e instruksioneve është 8 bit. Kujtesa qëndrore ka madhësi 256 byte dhe adresohet në mënyrë indirekte nëpërmjet regjistrave. Bashkësia e instruksioneve përbëhet prej instruksioneve të mëposhtëm:

LDA C   ; ngarko konstanten C në regjistrin A ($0 < C < 127$)
MOV   Rd,Rs ; move regjistrin source (Rs) ne destination (Rd)
NOP   ; Non Operation
NOT R ; komplemento bit-për-bit regjistrin R
NEG R ; kryej komplement i 2-shit të regjistrit R
BEZ R,X   ; If R=0 then branch to PC=PC+X ($-8 < X < 7$)

Të gjenden :
   a. Si mund të kodoheshin 6 instruksionet e mësipërm?Përpiquni ta bëni këtë duke i paraqitur në formë binare secilin instruksion.
   b. Sipas kodimit që sapo i bëtë instruksioneve, cili rezulton të jetë numri maksimal i instruksioneve që kanë :
      2 operanda në regjistra
      1 operanda në regjistër
      0   operanda
   c. Cilët instruksione mendoni se do të ishin të domosdoshëm të shtoheshin në bashkësinë e mësipërme dhe pse?

Zgjidhje
   a. Kodimi i instruksioneve paraqitet në tabelën e mëposhtme. Në kolonën "kodimi i instruksionit", kodi operativ është paraqitur me "0" dhe "1".

143

Kodimi i instruksionit	Instruksioni në asembler	Komente	Nr. i instruksioneve
0ccccccc	LDA C		
10rrxxxx	BEZ R,X		
1100ddss 1101 1110	MOV Rd,Rs	dd=Rd, ss=Rs Instruksione me 2 adresa	3 instruksione me 2 adresa
111100rr 111101rr 111110	NOT R NEG R	Instruksione me 1 adresë	3 instruksione me 1 adresë
11111100 11111110 11111101 11111111	NOP	Instruksione me 0 adresë	4 instruksione me 0 adresë

b. Në kolonën e fundit të tabelës tregohet numri i instruksioneve sipas operandave. Pra, me këtë kodim, do të rezultonin 3 instruksione me 2 adresa, 3 instruksione me 1 adresë dhe 4 instruksione me 0 adresë.

c. Instruksione të domosdoshëm do të ishin : 1. Instruksione të komunikimit me kujtesën (load/store), 2. instruksione arithmetike (p.sh. "add") dhe 3. instruksione krahasimi.

3.7 RISC apo CISC ?

Për të rritur efikasitetit e zhvillimin të programeve janë krijuar vazhdimisht gjuhë programimi gjithmonë e më sofistikuara (C++, Ada, Java etj.). Natyrisht ato kanë ndikuar pozitivisht në atë drejtim, por kanë rritur edhe nivelin e abstraksionit të gjuhëve. Ky fakt, ka sjellë në mënyrë të pashmangshme, thellimin e hendeku ndërmjet gjuhëve të nivelit të lartë, dhe gjuhën makinë që procesori kupton. Kjo diferencë njihet me termin "semantic gap", ose "hendek semantik".

Nisur nga mënyra se si përpiqen të mbushin këtë hendek, arkitekturat ISA ndahen në CISC (Complex Instruction Set Computer) dhe RISC (Reduced Instruction Set Computer).

CISC reagon në drejtim të sofistikimit të ISA me qëllim që ajo të ndryshojë sa më pak që të jetë e mundur nga gjuhët e nivelit të latë. Për të përmbushur këtë mision, CISC i vjen në ndihmë mikro-programimi, i cili mundëson që pa shumë vështirësi, të realizohen dhe të ekzekutohen instruksione mjaft komplekse. Natyrisht që kjo zgjedhje ka anët e saj negative, ku më e rëndësishmja është kohëzgjatja apo performanca e ekzekutimit të instruksioneve. Imagjinoni që në një procesor Intel 486 (x86), instruksioni "FYL2XP1 XY, që kryen veprimin y*log2(x+1), ekzekutohet në 313 cikle clocku!? Pastaj shtrohet pyetja : në kushtet e një shumëllojshmërie gjuhësh të nivelit të lartë, a është kjo rruga e duhur për të mbushur këtë hendek?

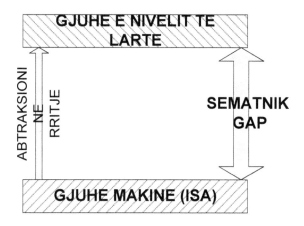

Figura 3.11

Vërtet, arkitekturat CISC, që patën shkëlqimin e tyre në vitet '60 deri në mesin e viteve'80, përpiqeshin ti përafronin instruksionet e tyre me ato të një gjuhe programimi të caktuar, kryesisht COBOL apo FORTRAN. Me përhapjen e gjuhëve të reja, të krijuara në ato vite (C, C++, Smalltalk, Ada) u vu re që për këto gjuhë, hendeku semantik mbetej po aq i thellë...

Arkitekturat e tipit RISC, për të mbushur "hendekun semantik", ndërmarrin rrugën e kundërt me CISC. Kështu, bashkësia e instruksioneve të një RISC, përbëhet nga instruksione të thjeshtë, bazike dhe në një numër relativisht të kufizuar. Rrjedhimisht, pesha për ngushtimin e hendekut, mbulohet nëpërmjet sofistikimit dhe optimizimit të kompilatorëve të gjuhëve të programimit. Cila është arsyeja themelore që ndërmerret kjo rrugë? Është për të thjeshtuar implementimin në mikro-arkitekturë të instruksioneve sipas parimit: **"Thjeshtësia favorizon rregullsinë (*"Simplicity favors regularity"*)"**.

Kjo zgjedhje do të rrisë ndjeshëm performancat e procesorëve, duke shkurtuar kohën e ekzekutimit të instruksioneve, nëpërmjet ekzekutimit në pipeline të tyre. Të gjithë arkitekturat e reja ISA, pas viteve '80 janë të tipit RISC.

Thjeshtimi dhe zvogëlimi i numrit të procesorëve nuk është i vetmi ndryshim ndërmjet RISC dhe CISC. Për më shumë lexoni në [1].

Dallimet thelbësore ndërmjet arkitekturave CISC (Complex Instruction Set Computer) dhe RISC (Reduced Instruction Set Computer) janë përmbledhur në tabelën e mëposhtëme.

Tabela 3.9

	RISC(p.sh. MIPS)	CISC(p.sh.Intel)
Numri i instruksioneve	i reduktuar	i madh
Regjistra	Shumë	Pak
Mënyrat e adresimit	Pak (R,I,J)	Shumë
Njësia e kontrollit (sekuencori)	Hardware	Mikroprogramuar
"Pipelining"	Përdoret shumë	I kufizuar
Gjatësia e instruksioneve	Fikse	E ndryshueshme
Kompleksiteti gjendet	Në komplilator	Në mikrokodin e njësisë së kontrollit
Kapja e kujtesës	Vetëm me instruksione Load/Store	Me shumë instruksione
No. i regjisitrave në instruksion	Deri në 3	Deri në 2
Kohëzgjatja e instruksionit (instruction timing)	Një cikël clocku, me përjashtim të Load/Store	Disa cikle clocku

Për të ilustruar këtë tabelë, këtu më poshtë krahasohen disa procesorë tipikë RISC/CISC.

Tabela 3.10

	Procesorë CISC		Procesorë RISC	
	IBM370/168	VAX 11/780	Motorola 88000	MIPS R4000
Viti i prodhimit	1973	1978	1988	1991
Numri i instruksioneve	208	303	51	94
Regjistra	16	16	32	32
Mënyrat e adresimit	4	22	3	1
Gjatësia e instruksioneve (byte)	2-6	2-57	4	4
Madhësia e kashé (KB)	64	64	16	128

Shembull 3.20
Të shkruhet procedura që llogarit produktin P=10 X 5 në një kompjuter me procesor CISC dhe pastaj në një RISC.
Zgjidhje
CISC
```
mov ax,10
mov bx, 5
mul bx,ax
```

RISC
```
mov ax,0
mov bx,10
mov cx,5
```

begin: add ax,bx   ; loop do të ekzekutohet 5 herë (vlera në CX=5)
loop begin

Llogaritim numrin e cikleve të clockut për dy sekuencat e mësipërme të instruksioneve:
CISC : Numri i cikleve të clockut do të jetë :
(2 inst. mov x 1cikël) + (1 inst. mul x 30 cikle) = 32 cikle clocku
RISC : Numri i cikleve të clockut do të jetë :

(3 inst. mov x 1cikël) + (5 inst. add x 1 cikël) + (5 inst. loop x 1 cikël) = 13 cikle clocku
Duke u nisur nga ekuacioni themelor i llogaritjes së performancave të një procesori :

KOHA exe =NI*CPI*Tc

Ku :
- NI : Numri i instruksioneve të programit.
- CPI : Cikle Për Instruksion dhe shpreh numrin mesatar të cikleve të clockut të nevojshëm për ekzekutimin e një instruksioni.
- Tc :   Është kohëzgjatja e një cikli clocku dhe është funksion i teknologjisë së përdorur.
mund të nxjerrim si përfundim:
Procesorët CISC :   Kërkojnë të zvogëlojnë kohën e ekzekutimit të një programi duke reduktuar numrin e instruksioneve NI.
Procesorët RISC :   Kërkojnë të zvogëlojnë kohën e ekzekutimit të një programi duke reduktuar numrin e cikleve të clockut për instruksion (CPI).
Për cikël clocku (Tc) të njëjtë, koha e ekzekutimit të produktit P=10 x 5 do të jetë me e shkurtër për procesorin RISC në krahasim me atë CISC (13/32 cikle clocku). Pra, përfundimisht, për rastin në fjalë, procesori RISC rezulton më performant se CISC.

QUIZ 3.11
Në kushtet kur kompilatorët janë primitivë, programuesit e komjuterave preferojnë të shkruajnë programet e tyre në gjuhën asembler. Cill prej këtyre modeleve të ISA do të ishte më i përshtatshëm në këtë rast:
O CISC ?

O RISC ?

 **USHTRIME**

Ushtrim 3.1

Në tabelë do të gjeni disa prej emrave më të shquar të arkitekturave edhe procesorëve që kanë bërë historinë e informatikës. Shënoni me "**X**" në kolonën përkatëse në se ato i përkasin arkitekturës (ISA) apo mikro-arkitekturës.

Ndihmë : Kërkoni në Internet (p.sh. Wikipedia.org).

	ISA	Mikro-arkitekturë
IBM System/360		
Intel Netburst		
AMD Barcelona		
ARM		
AMD-64 extension		
AMD–K6		
PDP-11		
VAX		
PowerPC		
x86		
Merced		
ARM Cortex-Ax		
Nehalem		
MIPS		
Bull DPS7		
IBM Power6		
HP PA-RISC		
Intel Sandy Bridge		
DEC Alpha		
Sun SPARC		
IA-64		
Intel Itanium		

Ushtrim 3.2

Zgjidhni alternativën e duhur në 9 pyetjet e mëposhtme.

1. Çfarë është"Backward compatibility"?

  A.   Mundësia e programeve për tu ekzekutuar në çdo lloj kompjuteri.
  B.   Mundësia e programeve për tu ekzekutuar edhe në kompjuterat më të rinj të së njëjtës familje.
  C.   Mundësia e programeve për tu ekzekutuar sipas modelit klient-server?
  D.   Mundësia e programeve për tu ekzekutuar në sisteme të ndryshëm operativë.
----

2. Cilët prej pohimeve të mëposhtme <u>nuk</u> janë të vërtetë ?

  A.   Arkitektura x86 siguron "backward compatibility" të programeve.
  B.   Arkitektura x86 përdoret vetëm prej procesorëve Intel.
  C.   Arkitektura x86 bën të mundur që teknologjitë më të reja të aplikohen në mikro-arkitekturë.
  D.   Arkitektura x86është kontribuesja kryesore në rritjen e performancave të procesorëve.
----

3. Cilët prej pohimeve të mëposhtme janë të vërtetë për ISA?

  A.   ISA është akronimi i "Instruction Set Architecture".
  B.   Është përdorur për herë të parë në IBM System/360.
  C.   Është kufiri ndërmjet hardware dhe software në një kompjuter.
  D.   Mundëson "backward compatibility" të programeve.
----

4. Në cilën prej shtresave të kompjuterit vepron "Ligji i Moore"?

  A.   Në Instruksion Set Architecture.
  B.   Në mikro-arkitekturë.
  C.   Në "hardware" (elektronikë).
  D.   Në të gjithë shtresat e mësipërme.
----

5. Në cilën kategori procesorësh bëjnë pjesë procesorët e familjes x86?

  A.   Applications Specific Integrated Circuits -ASIC.
  B.   Co-processorë.
  C.   Application Specific Processors -ASP.
  D.   General Purpose Processors.
----

6. Cilët prej pohimeve të mëposhtme janë të vërtetë ne lidhje me ISA dhe mikro-arkitekturën?

     5.

A.   Një ISA implementohet në një mikro-arkitekturë të vetme.

B.   Një ISA mund të implementohet në disa mikro-arkitektura të ndryshme.

C.   Një mikro-arkitekturë i shërben vetëm një ISA të caktuar.

D.   Një mikro-arkitekturë mund të shërbejë disa ISA të ndryshme.

----

7. Cili prej pohimeve të mëposhtme është i vërtetë ne lidhje stivën ("stack")?

     6.

A.   Stiva është një strukturë LIFO që gjendet vetëm në kujtesën lokale brenda CPU-së.

B.   Stiva është një strukturë LIFO që gjendet vetëm në kujtesën qëndrore.

C.   Stiva është një strukturë LIFO që shtrihet pjesërisht në kujtesën lokale brenda CPU-së dhe vazhdimi në kujtesën qëndrore.

D.   Stiva është një strukturë LIFO që gjendet vetëm në kujtesën kashé brenda CPU-së.

----

8. Cili prej pohimeve të mëposhtme është i vërtetë ne lidhje me x86?

     7.

A.   X86 është një arkitekturë load/store me dy operanda.

B.   X86 është një arkitekturë që identifikohet si makinë me një adresë.

C.   X86 është një arkitekturë me regjistra të përgjithshëm me dy operanda.

D.   X86 është një arkitekturë që identifikohet si makinë me dy adresa.

----

9. Cilin prej këtyre ISA do të zgjidhnit për një kompjuter të integruar (embedded)?

     8.

A.   x86

B.   MIPS

C.   Thumb

D.   PowerPC

Ushtrim 3.3

Plotësoni termat që mungojnë "ISA" ose "mikro-arkitekturë", në pohimet e mëposhtme:

3. ARKITEKTURA E BASHKESISE SE INTRUKSIONEVE TE PROCESOREVE

1. Rritja e hapësirës së adresimit është një nga ndryshimet e rëndësishme që ka ndodhur në .... të procesorëve Intel AMD, etj.
2. Rritja e madhësisë së kujtesës kashé është një ndryshim i rëndësishëm në .... të procesorëve AMD dhe Intel.
3. Rritja e madhësisë së fjalës nga 16 në 32 dhe 64 bit është një ndryshim i rëndësishëm në .... të procesorëve AMD dhe Intel.
4. Pasurimi me instruksione të rinj është një tendencë e vazhdueshme e .... të procesorëve Intel, AMD, e cila quhet ....
5. Shtimi i procesorëve ("core") brenda një "chipi", është një evolucion i rëndësishëm, vërejtur vitet e fundit, në .... e një procesori.
6. Në .... "Westmere", e cila është varianti "tik" i .... "Nehalem" të Intel, për herë të parë në vitin 2010, brenda chip-it të CPU-së u përfshi edhe një GPU (Graphical Processing Unit).

Ushtrim 3.4
Supozoni se duke shfletuar një revistë informatike në anglisht, lexoni se disa nga veçoritë e reja që ka sjellë procesori Pentium janë:
- 256 bit internal data bus
- 64 bit external data bus
- 2 levels of memory caching
- Added floating point, multimedia, virtual storage and multitasking support.

Cilat prej këtyre veçorive i përkasin ISA dhe cilat mikro-arkitekturës?

Ushtrim 3.5
Bashkësia e instruksioneve të një procesori përmban instruksionin:

jr $r0   ; kërce në adresën e specifikuar në regjistrin r0

Cila prej këtyre alternativave mendoni se është e vërtetë?

A. Procesori punon mbi një makinë me një adresë.
B. Procesori punon mbi një makinë me tre adresa.
C. Procesori punon mbi një makinë me zero adresë..
D. Nuk mund të përcaktohet tipi i makinës prej këtij instruksioni.

Ushtrim 3.6

Bashkësia e instruksioneve të një procesori përmban instruksionet:

jr $r0   ; kërce në adresën e specifikuar në regjistrin R0
add $d,$s,$t   ; Rs+Rt -> Rd, ku Rx janë përmbajtjet e regjistrave respektivë

Cila prej këtyre alternativave mendoni se është e vërtetë?

A.   Procesori punon mbi një makinë me një adresë.
B.   Procesori punon mbi një makinë me tre adresa.
C.   Procesori punon mbi një makinë me zero adresë..
D.   Nuk mund të përcaktohet tipi i makinës prej këtyre instruksioneve.

Ushtrim 3.7

Një procesor është i ndërtuar rreth një makine me një adresë dhe ka 8 regjistra të përdorimit të përgjithshëm (GPR). Të gjithë instruksionet e tij kanë gjatësi fikse prej 8 bit. Sa është numri maksimal i instruksioneve që manipulojnë me regjistrat?

A. 8
B. 16
C. 4
D. 32

Ushtrim 3.8

Një procesor MIPS ka 32 regjistra të përdorimit të përgjithshëm dhe 32 regjistra FP. Natyrisht që kjo përzgjedhje nuk është rastësore. Numri i regjistrave është rezultat i një kompromisi ndërmjet përparësive dhe të metave që sjell rritja e numrit të tyre. Duke u nisur nga ky fakt,janë formuluar dy pyetjet e mëposhtme.

1. Zgjidhni tre alternativat që konsideroni si përparësi të rritjes së numrit të regjistrave në një procesor.

A.   Kompilatorët kanë liri më të madhe në manovrimin me regjistrat.
B.   Ka më shumë hapësira ku ruhen të dhëna që i kalojnë "subrutinave".
C.   Zvogëlohet nevoja që të ruhen dhe pastaj të ringarkohen të dhënat.
D.   Mund të përdoren makina me një numër të çfarëdoshëm adresash.

----

2. Zgjidhni tre alternativat që konsideroni si të meta të rritjes së numrit të regjistrave në një procesor.

A. Kërkohen më shumë bit në instruksion për të përzgjedhur një regjistër, gjë e cila do të risë madhësinë e instruksionit ose do të zvogëlojë madhësinë e fushave të tjera brenda tij.

B. Kërkohen më shumë gjendje për të ruajtur, në rastin e një ndërprerje (ang. "interruption" ose "exception").

C. Rritet sipërfaqja në chip dhe konsumi i energjisë.

D. Mund të përdoren makina me një numër të çfarëdoshëm adresash.

Ushtrim 3.9

Supozoni se një procesor ka një bankë prej 16 regjistrash të përgjithshëm. Të gjithë instruksionet e tij kanë gjatësi fikse prej 16 bit. Formati i instruksioneve arithmetikë e logjikë është : add rx,ry.

Sa bit i gjatë është kodi operativ i instruksioneve arithmetikë e logjikë? Sa instruksione të tillë mund të ketë maksimalisht ky procesor?

Ushtrim 3.10

Ekzistojnë procesorë që mundësojnë veprimet PUSH dhe POP edhe për regjistrat. Kështu p.sh. në një procesor Intel (x86) instruksioni PUSH AX vendos në majë të stivës regjistrin AX. Kaq mjafton për të thënë se arkitektura x86 është makinë me 0 adresë? Arkitektura x86 konsiderohet si një makinë me sa adresa? Argumentoni përgjigjen tuaj.

Ushtrim 3.11

Të paraqiten në formën postfix veprimet : (a+b*c) / (a+d*c-e). Shkruani kodin në asembler që mundëson këto veprime në një "stack machine".

Ushtrim 3.12-

Me supozimin kemi të bëjmë me një "stack machine" dhe se stiva është fillimisht bosh, shkruani kodin në asembler që llogarit shprehjen 5+(3x7) - 8.

Ushtrim 3.13-

Sa është numri maksimal i vlerave që do të depozitohen në "stack" gjatë ekzekutimit të instruksioneve të mëposhtëm push dhe pop? Cila është vlera që do të mbetet në "stack" në fund të ekzekutimit të kodit?

PUSH #1
PUSH #2
PUSH #3
POP

PUSH #4
POP
POP

Ushtrim 3.14-
Cila është vlera që do të mbetet në "stack" në fund të ekzekutimit të kodit?

PUSH #8
PUSH #4
PUSH #7
PUSH #8
SUB
PUSH #10
SUB
MUL

Ushtrim 3.15
Jepet shprehja: C=A+B .
Konsideroni që A,B,C janë adresa në kujtesë ku gjenden vlerat respektive të operandave.
Shkruani kodin në asembler që llogarit vlerën e C-së për rastet kur kemi të bëjmë me:
   a. Makinë me 0 adresë (stack machine).
   b. Makinë me 1 adresë ("accumulator machine").
   c. Makinë me tre adresa e tipit Register-Memory. Për shembull : në instruksion specifikohet që njëra nga operandat gjendet në kujtesë, ndërsa operanda tjetër dhe rezultati në regjistra.
   d. Makinë me regjistra të përgjithshëm e tipit load/store, duke supozuar se në një instruksion manipulimi të dhënash specifikohen tre operanda (tre regjistra) njëherësh.

Ushtrim 3.16
Në ISA të tipit MIPS, specifikohen dy mënyra adresimi për instruksionet"branch" dhe "jump". Këto janë PC-relative dhe pseudo-direkt, respektivisht. Pasi të jeni njohur me këto mënyra adresimi, përgjigjuni pyetjeve:
   a. Cilat janë arsyet që përdoren dy mënyra të ndryshme adresimi për këta dy tip instruksionesh? A është kjo diçka e domosdoshme? A mund të përdorej vetëm një mënyrë adresimi për të dy?
   b. Cila është madhësia maksimale e kërcimit në një instruksion "branch"?Po në rastin e një instruksioni "jump"?

Ushtrim 3.17
Në arkitekturën MIPS ekziston edhe një tip instruksioni që quhet "I-type", i cili ofron kapje imediate të konstanteve dhe që ka formatin e mëposhtëm:

I-Type (adresim imediat)			
OP	rs	rt	Immediate (imm16)
6 bit [31:26]	5 bit [25:21]	5 bit [20:16]	16 bit [15:0]

Instruksione të këtij formati janë ato arithmetike dhe logjike si dhe instruksione të tipit "branch".
Ja dy shembuj të tillë:
addi $s1, $s2, 100   ; $s1=$s2 + 100
beq $s1, $s2, 5   ; if $s1==$s2 go to PC+4+(4*5)
Kërkohet :
   a. A mund të gjeni prej formatit I-type, sa është numri i regjistrave të MIPS?
   b. Në rastin e instruksionit "addi", cila është adresa që përdoret për të kapur konstanten? Po në rastin e "beq"? A keni ndonjë koment rreth pyetjes?
   c. Në rastin e instruksionit "beq", cila është arsyeja që PC shtohet me +4 dhe 4*imm?
   d. Sa është numri maksimal i instruksioneve që përdorin këtë format?
Ndihmë: Kujdes në pikën b!

Ushtrim 3.18-
Të rishkruhet kodi i mëposhtëm duke përdorur adresimin me bazë, me supozimin se procesori është i tipit load/store.

```
mul   r4,r1,r6
add   r9, r3, #24
st  (r9), r4
add   r2, r3, #8
ld  r5, (r2)
add   r1, r5, r8
add   r5, r3, #16
ld  r6, (r5)
```

Ushtrim 3.19
Të rishkruhet kodi i mëposhtëm duke përdorur adresimin me bazë, me supozimin se procesori është i tipit load/store.

```
add   r5, r3, #8
```

```
ld  r4, (r5)
add    r1, r4, r8
add    r5, r3, #16
ld  r6, (r5)
mul    r7, r1, r6
add    r5, r3, #24
st   (r5), r7
```

Ushtrim 3.20

Duke u bazuar në vlerat e tabelës 3.6 :

    a. Gjeni sa do të ishte frekuenca mesatare e përdorimit të instruksioneve të MIPS për këta tipa të instruksionesh: aritmetikë-logjikë-krahasim, të transferimit, proceduralë.

    b. Cila është arsyeja thelbësore e ekzistencës së instruksioneve të transferimit?

    c. Cilët janë disa nga përfundimet që ju nxirrni prej këtyre vlerave të frekuencës së përdorimit të tipave të instruksioneve?

Ushtrim 3.21

Instruksionet e procesorit hipotetik « Pro-32 » adresojnë kujtesën qëndrore duke përdorur edhe adresimin relativ. Për këtë, ai përdor 16 regjistra të përgjithshëm me gjatësi 32 bit, të cilët mund të trajtohen edhe si regjistra të bazës. Gjatësia e adresës logjike (AL) në instruksion është 22 bit. Zhvendosja trajtohet si aritmetike. Të gjenden :

    a. Diapazoni i adresave në kujtesë qëndrore që mund të kapen nëpërmjet zhvendosjes të specifikuar në instruksion.

    b. Madhësia maksimale në byte e kujtesës qëndrore që mund të adresohet sipas kësaj mënyre adresimi.

Ushtrim 3.22

Supozoni se kujtesa qëndrore dhe regjistri RX kanë vlerat si në figurë :

Rx	200

KUJTESA QENDRORE

100	600
...	
400	300
...	
500	400
...	.....
600	700

3. ARKITEKTURA E BASHKESISE SE INTRUKSIONEVE TE PROCESOREVE

...	
700	800
...	
1000	001

Supozoni se procesori ekzekuton instruksionin : **LOAD 500**

Kërkohet të gjeni vlerat që ngarkohen ne regjistrin akumulator në vartësi të mënyrës së adresimit që përdor instruksioni LOAD. Vendosini ato në tabelën e mëposhtëme :

MENYRA E ADRESIMIT	VLERA NE AKUMULATOR
IMEDIATE	
DIREKTE	
INDIREKTE	
INDEKSUAR	

Ushtrim 3.23

Supozoni se kujtesa qëndrore dhe regjistri RX kanë vlerat, të shprehura në hexadecimal, si në figurë :

Rx	0030H

KUJTESA QENDRORE

0100H	00H
0101H	02H
0102H	56H
0103H	78H
0104H	00
...	....
0130H	01H
0131H	11H
...	...
0200H	4CH
0201H	7AH
0202H	98H

Supozoni se procesori është një « little-endian », regjistrat e tij, përfshirë akumulatorin, janë 16 bit dhe adreson kujtesën në nivel byte ("byte addressable").

Procesori ekzekuton instruksionin **LOAD 0100H**

Kërkohet të gjeni vlerat që ngarkohen ne regjistrin akumulator në vartësi të mënyrës së adresimit që përdor instruksioni "LOAD". Vendosini ato në tabelën e mëposhtëme :

MENYRA E ADRESIMIT	VLERA NE AKUMULATOR
IMEDIATE	
DIREKTE	
INDIREKTE	
INDEKSUAR	

Ushtrim 3.24

Në tabelën e mëposhtëme simboli "**Z**" i korrespondon vlerës që gjendet në adresën 78 të kujtesës qëndrore të një kompjuteri me procesor Intel (IA-32). Supozoni se regjistri i indeksit IX (ESXI në IA-32) përmban vlerën -2.

Address	75	76	77	78	79	7A	7B
Contents	4D	7F	4F	7A	BA	D1	8F

Gjeni vlerat efektive e adresës (EA) dhe përmbajtjet respektive të regjistrave akumulator (EAX) dhe EBX për instruksionet e mëposhtëm:

  a) **LEA EBX, Z**
     MOV EAX, EBX
  b) **MOV EBX, Z**
     MOV EAX, EBX
  c) **LEA EBX, Z**
     MOV EAX, [EBX]
  d) **MOV EBX, Z**
     MOV EAX, [EBX]

Ushtrim 3.25

Një instruksion i tipit "branch", i cili përdor adresim relativ ndaj regjistrit PC (Program Counter), ndodhet në kujtesë në adresën 620 (decimal). Adresa logjike (AL) në instruksion është 10 bit e gjatë. Cila do të ishte vlera binare e AL në instruksion kur :

  a.   Programi kërcen në adresën 710 (decimal)?
  b.   Programi kërcen në adresën530 (decimal)?

Ushtrim 3.26

Instruksionet e kompjuterave IBM 360/370 nuk kanë mundësinë që të adresojnë kujtesën sipas mënyrës së adresimit indirekt. Tregoni se si këta kompjutera mund të kapin në mënyrë jo të drejtpërdrejtë operandat që gjenden në kujtesën qëndrore?

Ushtrim 3.27
Tregoni sa herë duhet që CPU ti referohet kujtesës (të kapë kujtesën) kur ai lexon (fetch) dhe ekzekuton një instruksion, i cili përdor mënyrën e adresimit indirekt, në qoftë se instruksioni në fjalë është:

     a. Instruksion arithmetik me një operandë.

     b. Instruksion i tipit "branch".

Ushtrim 3.28
Duke u mbështetur në të dhënat e shembullit 3.18, paraqisni skematikisht kombinimet e mundshme të kodit operativ të instruksioneve me 1 dhe 2 adresa në rast se numri I2 i këtyre të fundit është I2=12.

Ushtrim 3.29
Gjatë punës për realizimin e ISA në shembullin 3.17, projektuesit e tij kanë marrë në shqyrtim edhe alternativa të tjera për të krijuar 76 instruksionet e këtij procesori. Cilat mund të kenë qenë, sipas jush, këto alternativa? Jepni argumentet tuaj ne favor apo kundër alternativës të konsideruar si më optimale prej projektuesve (alternativa e shtjelluar në shembullin 3.17).

Ushtrim 3.30
Duke u mbështetur në të dhënat e shembullit 3.19, pika c., si do ti kodonit ju instruksionet e domosdoshëm?

Ushtrim 3.31
Një arkitekturë ISA, e cila ka 8 regjistra të përgjithshëm, është i organizuar sipas një arkitekture Load/Store. Bashkësia e instruksioneve të tij duhet të përmbajë :
4 instruksione me 3 adresa
255 instruksione me 1 adresë
16 instruksione me 0 adresë.
Gjeni:

     a. A mund të realizohet ky procesor me instruksione 12 bit të gjatë?

     b. Cilin ndryshim në bashkësinë e instruksioneve do të propozonit ju, për ta mundësuar këtë gjë?

Ushtrim 3.32
Gjatë konceptimit të një procesori, formati i instruksioneve është pranuar të jetë 11 bit i gjatë dhe zona e adresës të jetë 4 bit.

     a. Një grup projektuesish mendon të realizojë bashkësinë e mëposhtme të instruksioneve:

     5 instruksione me 2 adresa, 45 instruksione me 1 adresë dhe 32 instruksione me 0 adresë

A është e mundur të realizohet kjo bashkësi instruksionesh ? Argumentoni përgjigjen tuaj.

  b. Një grup tjetër projektuesish të këtij procesori ka identifikuar si të domosdoshëm 6 instruksione me dy adresa dhe 24 instruksione me zero adresë. Gjeni, sa instruksione me një adresë mund të shtohen maksimalisht në këtë bashkësi instruksionesh?

Ushtrim 3.33

Supozoni se një procesor load/store ka instruksione me gjatësi 12 bit dhe 32 regjistra të përgjithshëm. Kërkohet që bashkësia e instruksioneve të përbëhet prej :

3 instruksione me dy operanda ose adresa,

30 instruksione me një adresë,

45 instruksione me zero adresë.

A është e mundur të realizohet kjo bashkësi instruksionesh?

Ushtrim 3.34

Supozoni se një procesor load/store ka instruksione me gjatësi 12 bit dhe 32 regjistra të përgjithshëm.. Kërkohet që bashkësia e instruksioneve të përbëhet prej :

3 instruksione me dy operanda ose adresa,

31 instruksione me një adresë,

35 instruksione me zero adresë.

a. A është e mundur të realizohet kjo bashkësi instruksionesh?

b. Supozoni rastin se ky procesor ka tashmë 3 instruksione me dy adresa dhe 24 instruksione me zero adresë. Sa është numri maksimal i instruksioneve me ne një adresë që mund të kodohen në këtë bashkësi instruksionesh?

Ushtrim 3.35 – Krahasim "stack machine" me GPR -

a. Jepni dy përparësi të makinave që bazohen në stivë ("stack machine"), ndaj makinave që përdorin regjistra të përdorimi të përgjithshëm (GPR).

b. Jepni dy përparësi të arkitekturave që përdorin regjistra të përdorimi të përgjithshëm (GPR), ndaj makinave që bazohen në stivë ("stack machine").

c. Përse me kalimin e kohës, arkitekturat GPR mbizotëruan ndaj atyre me stivë ("stack machines")?

Ushtrim 3.36

Deri para fillimit të viteve '80, arkitekturat ISA ishin pothuajse të gjitha të tipit CISC. Cilat ishin arsyet që çuan në zëvendësimin e tyre prej procesorëve RISC? Përmendni të paktën tre arsye.

STUDIME

RASTESH

Rast studimi 3.1

ARM është aktualisht një nga arkitekturat RISC më të përdorura kryesisht në pajisjet PMD (Portable Mobile Devices) dhe në kompjuterat e integruar. Ajo është një ISA e konceptuar prej kompanisë ARM Holdings. Ndryshe nga prodhuesit e tjerë të procesorëve, ARM Holdings nuk i prodhon vetë procesorët. Ajo liçenson, kundrejt pagesës, prodhuesit e ndryshëm të procesorëve dhe pajisjeve informatike, të cilët krijojnë me të procesorët e tyre. Ky është pra, rasti më tipik i ndarjes së plotë të Instruction Set Architecture nga mikro-arkitektura e një mikroprocesori. Përpiloni një listë të mikro-arkitekturave të prodhuesve të ndryshëm që mbështesin ARM. Wikipedia.org do të mund t'ju ndihmonte për këtë. Do të zbuloni se disa nga kompanitë më të shquara informatike, mbështeten mbi arkitekturën ARM për produktet e tyre,që janë sot leader në tregun botëror.

Rast studimi 3.2

Dimë tashmë që procesorët përdoren për kategori të ndryshme kompjuterash që janë të tipit desktop, server, cloud (Wherehouse Scale Computer) dhe kompjutera të integruar. Secili prej tyre ka një fushë të caktuar aplikimi dhe rrjedhimisht dhe kërkesa specifike për procesorët që i pajisin. Si mendoni se do të duhet të përshtatet ISA, më qëllim që ajo të përmbushë kërkesat për secilin tip procesori?

Rast studimi 3.3

Arkitektura që ka influencuar më shumë se gjithë të tjerat në zhvillimet e ISA, është padyshim IBM System/360. Një vështrim më i detajuar rreth aspekteve të mëposhtëme do të ndihmonte në njohjen e saj dhe influencën mbi të tjerat:
-    Evolucioni i arkitekturës 360/370/390/zSeries.

- Regjistrat, lloji dhe funksioni i tyre.
- Adresim i kujtesës.
- Bashkësia e instruksioneve.
- Mënyrat e adresimit.
- Tipi dhe madhësia e të dhënave.

Rast studimi 3.4

Pyetje: Si mund të ishte një makinë ISA me katër adresa?

Përgjigje: Do të ishte ajo makinë, ku në një instruksion mund të specifikoheshin njëherazi katër adresa, si më poshtë:

-vendndodhja e operandës së parë,

-vendndodhja e operandës së dytë,

-vendndodhja e operandës së rezultatit,

-vendndodhja e instruksionit pasues.

Pyetje : Si do të ishte formati i instruksionit "add", i një makine të tillë?

Përgjigje: Mund të ishte *add rez, op1, op2, nextInst*

Pyetje : Cili është komenti juaj në lidhje me regjistrin PC (Program Counter)? A do të ishte ai i domosdoshëm?

Jepni përgjigjen tuaj:

....

Rast studimi 3.5

Pothuajse të gjitha arkitekturat ISA, kohë-pas-kohe, janë plotësuar dhe përmirësuar me të ashtuquajturit "SIMD Instruction Set Extensions". SIMD është akronimi i "Single Instruction Multiple Data". Këta janë instruksione të posaçëm për manipulimin e të dhënave që rezultojnë prej konvertimit në binar të imazheve dhe zërit. Prandaj ato quhen shkurt edhe "multimedia extensions". Sillni shembuj zgjerimesh të tilla, p.sh. të arkitekturave x86, MIPS, PowerPC (AltiVec), duke u fokusuar në instruksionet e reja që ato sjellin, tipin e të dhënave që manipulojnë dhe nevojat për hardware që ato kërkojnë për tu ekzekutuar.

 # Këndi i Historisë dhe Kurioziteteve

1. Disa shifra rreth IBM System/360.
   - U bë publik në 7 prill 1964.
   - IBM investoi 5 miliard USD.
   - Në 1964 u hodhën në treg 6 modele me performanca që ndryshonin me 50 herë.
   - Hapësira e adresimit ishte 24 bit. Modeli më i shpejtë kishte vetëm 512 KB kujtesë.
   - Për herë të parë u nda arkitektura nga implementimi.
   - U përdor për herë të parë kodi EBCDIC.
   - U përdor për herë të parë "8 bit byte"
   - U përdor adresimi me byte i kujtesës.
   - Fjala e procesorit u fiksua në 4 byte ose 32 bit.
   - Etj, etj.

2. **Frederick Philip Brooks,** shefi i projektit të IBM System/360, eksperiencën e tij në këtë projekt, e përmblodhi në një libër të famshëm, në të cilin shquhet fraza e tij po aq e famshme: **"Shtimi i numrit të programuesve në një "software project" të vonuar, e vonon edhe më shumë atë".** Cili është titulli i këtij ky libri?

3. Cilët janë disa nga kompjuterat që përdorin arkitekturë "0 operandë"?
   Në vitet '60 pak kompani, duke vlerësuar se ishte e vështirë që kompilatorët të përdornin me efikasitet regjistrat, hoqën dorë plotësisht nga përdorimi i regjistrave prej instruksioneve që manipulojnë të dhënat. U krijuan pra kompjuterat që bazohen në "stack machine", pra me zero operandë. Linden kështu kalkulatorët e parë HP shumë të famshëm në atë kohë dhe më vonë mini-

kompjuteri HP3000 (1973). Kompjuter tjetër i spikatur që ka përdorur "stack architecture" është edhe B5000 (1961) i firmës Burroughs. Co-procesorët Intel 8087-80487, co-procesor (plotësues) për veprime me presje notuese të procesorëve 8086-80486sx, funksionon si një "stack machine" me stivë të implementuar në regjistra.

Edhe Java Virtual Machine përdor stivën në mënyrë të ngjashme me "stack machine ». Në Java, operandat nuk ruhen në regjistra, por në stivë. Kështu, operandat futen (« push ») në stivë, përpunohen dhe mandej nxirren (« pop-off ») nga stiva. Përdoret kjo teknike sepse ajo gjeneron një kod objekt më të vogël, veti shumë i rëndësishme kjo për programe që shkarkohen nëpërmjet Internetit, apo që integrohen në pajisje të ndryshme (embedded applications).

4. Howard Aiken në vitin 1939 krijoi kompjuterin e quajtur "Automatic Sequence Controlled Calculator", i cili në 1939 u quajt ... Mark I. Ky kompjuter përdori për herë të parë një arkitekturë nga ku ajo mori edhe emrin. Si quhet kjo arkitekturë?

 ANEKSI I
KAPITULLIT

A.3.1 Në tabelën e mëposhtme paraqiten procesorë të ndryshëm ndër vite, numri i regjistrave dhe tipi i arkitekturës së përdorur.

Tabela 3.11

PROCESORI	NUMRI I "GENERAL PURPOSE REGISTRES"	TIPI I ARKITEKTURES	VITI

EDSAC	1	AKUMULATOR	1949
IBM701	1	AKUMULATOR	1953
CDC6600	8	LOAD/STORE	1963
IBM360	16	REGISTER-MEMORY	1964
DEC PDP-11	8	REGISTER-MEMORY	1970
Intel 8008	1	AKUMULATOR	1972
Motorola 6800	2	AKUMULATOR	1974
DEC VAX	16	REGISTER-MEMORY, MEMORY/MEMORY	1977
Intel 8086	1	EXTENDED ACUMULATOR ose SPECIAL PURPOSE REGISTER	1978
Motorola 68000	16	REGISTER-MEMORY	1980
Intel 80386	8	REGISTER-MEMORY	1985
ARM	16	LOAD/STORE	1985
MIPS	32	LOAD/STORE	1985
HP PA/RISC	32	LOAD/STORE	1986
SPARC	32	LOAD/STORE	1987
PowerPC	32	LOAD/STORE	1992
DEC/Alpha	32	LOAD/STORE	1992
HP/Intel IA-64	128	LOAD/STORE	2001
AM64(EMT64)	16	REGISTER-MEMORY	2003

A.3.2 Në tabelën e mëposhtme paraqiten disa nga ISA më të përdorura ndër vite, të shoqëruara me të dhënat më kryesore.

Tabela 3.12

ISA	Tipi	Nr. i operand ave	Nr. op. në kujte së	Data size Bit	Nr. regjistr ave	Addre ss Size - bit	Përdorimi
Alpha	Reg-Reg	3	0	64	32	64	Workstatio n
ARM	Reg-Reg	3	0	32/64	16	32/64	Mobile phones, Embedded

MIPS	Reg-Reg	3	0	32/64	32	32/64	Mobile phones, Embedded
SPARC	Reg-Reg	3	0	32/64	24-32	32/64	Workstation
TIC6000	Reg-Reg	3	0	32	32	32	Digital Signal Processing
IBM 360	Reg-Mem	2	1	32	16	24/32/64	Mainframe
X86	Reg-Mem	2	1	8/16/32/64	4/8/24	16/32/64	PC, Server
VAX	Mem-Mem	3	3	32	16	32	Minikompjuter
M6800	Akumul	1/2	1	8	0	16	Mikrokontrollor

KAPITULLI 4

PROCESORI QENDROR I KOMPJUTERIT

Për të realizuar ekzekutimin e instruksioneve është e domosdoshme që "hardware" ta mundësojë këtë. Dimë tashmë që për këtë qëllim, duhet të ekzistojnë elementë të tillë si regjistri PC (Program Counter), një bankë regjistrash të dhënash dhe adresash, njësi ALU, kujtesa instruksionesh dhe të dhënash, etj. Të gjithë këta elementë, së bashku, formojnë atë që në anglisht quhet zakonisht "datapath". Është kjo pra "rruga" ku lëvizin të dhënat gjatë përpunimi të tyre, e cila është e njëjtë pavarësisht instruksionit që ekzekutohet. Ajo konsiderohet edhe si pjesa përpunuese ("processing") e CPU-së.

Për të mundësuar ekzekutimin e instruksioneve të ndryshëm, "datapath" ndryshohet, adaptohet nga vetë instruksioni me ndërmjetësinë e asaj që ne zakonisht e quajmë njësi kontrolli ("Control Unit"). Nëpërmjet sinjaleve të kontrollit, të gjeneruar prej kësaj njësie, seleksionohen p.sh. regjistrat e duhur që manipulon instruksioni, përzgjidhet veprimi i kërkuar në ALU, përzgjidhet destinacioni i kërkuar i rezultatit të përpunimit etj. Në këtë mënyrë pra, instruksioni "modelon" datapath-in, me qëllim që ai të prodhojë rezultatin ("output") e kërkuar prej instruksionit.

Me qëllim që elementët procesorit të krijojnë në rrugë, duhet minimalisht që ata të mund të komunikojnë ndërmjet tyre. Për këtë qëllim, në kompjuterat modernë, shërbejnë buset e komunikimit.

4.1 Buset e njësisë qëndrore

Parametrat kryesore që shprehin performancat e një busi janë :

Debiti ("bandwidth"), i cili shpreh sasinë e të dhënave që mund të transferohen maksimalisht në njësinë e kohës. Njësia matëse është byte /sekondë.

Shpejtësia /vonesa e busit (ang. "Speed/Latency"), shpreh kohën minimale për të realizuar një transferim informacioni. Njësia matëse është sekonda. Shpesh, ky parametër matet me inversin e tij, që është frekuenca, pra numri i transferimeve në një sekondë, e shprehur kjo në hertz (Hz.). Në buset modernë kryhen dy ose katër transferime informacioni brenda një cikli clocku. Prandaj për ta dalluar nga frekuenca, e cila tani do të shprehë cikle clocku/sek., përdoret njësia T/s – transmetime ose transaksione/sekondë.

Gjerësia e busit (ang."bus width) : shpreh numrin e bitëve që transferohen në një cikël, ose në një transferim.

Barazimi që lidh këta tre parametra është :

$$Debiti = \frac{1}{Vonese} * Gjeresiaebusit$$

Shembull 4.1
Llogarisni prurjen ("bandwidth") e busit të nevojshme për shfaqjen e një filmi në një ekran VGA (640x480 pixel) në "true-color" me 30 pamje (frames)/sekondë. Merrni në konsideratë faktin se të dhënat duhet të kalojnë në bus dy herë : një herë prej DVD-ROM në kujtesë dhe herën e dytë prej kujtesës në GPU (Graphical Processig Unit) e mandej në ekran.
Zgjidhje
"True Color" krijon imazhin grafik nëpërmjet 3 kanaleve RGB. Për secilin "pixel" përdoret 1 byte për secilin kanal. Pra, imazhi grafik formohet nga kombinimi i 256 nuancave të të kuqes, të gjelbrës dhe ngjyrës blu.
Çdo pamje ekrani do të përmbajë atëherë : 640x480x3 = 921600 byte.
Në çdo sekondë, 30 pamje të tilla do të duhet të shfaqen në ekran. Pra, numri total i byte në sekondë do të ishte : 921600x30= 27648000.
Meqenëse ky fluks do të përshkojë busin e të dhënave dy herë, atëherë madhësia e tij do të ishte 27648000 x 2= 55296000 ose 52.7 MB/sek.

Shembull 4.2
Në një sistem qëndror, procesori 64 bit dhe kujtesa qëndrore, ndajnë një bus sinkron të përbashkët, me gjerësi 32 bit dhe frekuence 100 MHZ. Frekuenca e funksionimit të procesorit është 2.0 GHZ. Një fjalë e kujtesës me gjatësi 64 bit, lexohet në 50 ns.
Të gjenden :

a. Sa kohë nevojitet për të lexuar një fjalë nga kujtesa?

b. Sa është numri i fjalëve me adresa të rastit në kujtesë, që mund të lexohen në një sekondë?

Zgjidhje

Busi funksionon me një frekuencë 100 Mhz. Pra, kohëzgjatja e një cikli transferimi në bus është 10 ns.

a. Koha e plotë për leximin e një fjale në kujtesë do të ishte :

1. Një cikël busi nevojitet për të dërguar një adrese drejt kujtesës (**PC→ S**)
2. Kujtesa kërkon 50 ns ose 5 cikle për të lexuar 64 bit (1 fjalë kujtese). (**Mem(S) →B**)
3. Nevojiten dy cikle busi për të dërguar 64 bit nga kujtesa në CPU nëpërmjet një busi me gjerësi 32 bit (**B→AC**).

Pra, në total nevojiten 1+5+2=8 cikle ose 80 ns për të lexuar një fjalë nga kujtesa.

b. Në një sekondë do të mund të lexohen nga kujtesa :

$1 / 80 * 10^{-9} = 0,0125 * 10^{9} = 12.5 * 10^{6}$

Pra, debiti efektiv ("effective bandwidth") me të cilin shkëmbehet informacioni kujtesë–CPU, në rastin kur busi është 32 bit i gjerë, do të ishte : $12.5 * 10^{6}$ lexime/sek * 8 byte/lexim = 100 MB/s.

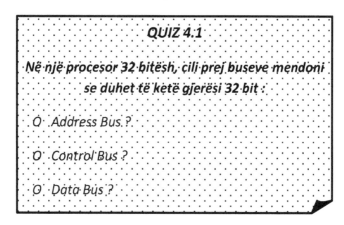

QUIZ 4.1

Në një procesor 32-bitësh, cili prej buseve mendoni se duhet të ketë gjerësi 32 bit :

O Address Bus ?

O Control Bus ?

O Data Bus ?

Shënim : Në të dhënat e ushtrimit është përfshirë edhe frekuenca e clockut të procesorit që është 2.0 GHZ,e cila nuk u përdor në llogaritjet e mësipërme. Përse nevojitej atëherë kjo e dhënë? Ajo nuk ka ndonjë vlerë në rastin konkret, pasi shpejtësia e komunikimit ndërmjet njësive do të varet vetëm nga shpejtësia e busit procesor-kujtesë. Ajo është vendosur qëllimisht, për të tërhequr vëmendjen, se ekzistojnë dy shpeshtësi të ndryshme clocku : frekuenca e clockut të procesorit, nën ritmin e së cilës kryhen veprimet brenda tij, dhe frekuenca e busit të sistemit, e cila imponon ritmin me të cilin kryhen transferimet në bus. Zakonisht frekuenca e clockut të procesorit është disa herë më e lartë (2-20 herë) nga ajo e busit të sistemit.

Kështu p.sh. procesorët Intel Core 2 Duo, me mikroarkitekturë "core" është familja e fundit e procesorëve Intel që përdorin busin FSB. Në tabelën e mëposhtme jepen të dhëna në lidhje me frekuencën e clockut të procesorit dhe të busit për disa modele të procesorit Intel Core 2 Duo.

Tabela 4.1

Proce-sori	Clock i procesorit GHZ	Clock Bus FSB MHz	Raport i Clock CPU/Bus	Transactions /sec.	Bus speed (MT/s)	Bus width (bit)	Bus Bandwidth (MB/s)
Core 2 Duo U7500	1.07	133	8	4	533	64	4264
Core 2 Duo E4300	1.8	200	9	4	800	64	6400
Core 2 Duo E6700	2.67	266	10	4	1066	64	8528
Core 2 Quad Q9550	2.83	333	8.5	4	1333	64	10664
Core 2 Extreme QX9775	3.2	400	8	4	1600	64	12800

Shembull 4.3

Supozojmë se në një sistem qendror, CPU dhe kujtesa qëndrore ndajnë një bus sinkron të përbashkët me gjerësi 32 bit dhe frekuencë 100 MHZ. Një fjalë e kujtesës me gjatësi 64 bit lexohet në 50 ns. Në këtë sistem, një lexim nga kujtesa kryhet në 8 cikle busi, ose 80 ns, duke bërë që debiti efektiv në busin procesor-kujtesë, të jetë 100 MB/s.

Të gjenden :

a. Në se kujtesa zgjerohet p.sh. në 128 bit, atëherë, a do të mund të lexohet ajo në 50 ns. Sa do të ishte debiti efektiv në këtë rast?

b. Sa është faktori i shfrytëzimit të busit (raporti i cikleve gjatë të cilave përdoret busi) për të siguruar debitin efektiv të mësipërm?

c. Në se faktori i shfrytëzimit të busit do të ishte 100 % (gjë e cila mund të arrihet duke shtuar kujtesa suplementare), atëherë, cili do të ishte debiti efektiv, që do të arrihej në ketë rast?

Zgjidhje

a. Koha e plotë për leximin nga kujtesa të një fjale me gjerësi 128 bit do të ishte :

  1. Një cikël (busi) nevojitet për të dërguar një adrese drejt kujtesës (PC–> S).

  2. Kujtesa kërkon 50 ns. ose 5 cikle për të lexuar 64 bit (1/2 fjalë kujtese). (Mem(S) –> B/2).

  3. Kujtesa kërkon 50 ns ose 5 cikle për të lexuar 64 bit suplementare (1/2 fjalë kujtese). (Mem(S) –>B/2).

  4. Do të nevojiten 4 cikle për të dërguar 128 bit nga kujtesa në CPU nëpërmjet një busi me gjerësi 32 bit (B –>AC ose drejt kujtesës kashé).

  Pra, për të lexuar një fjalë me gjerësi 128 bit nga kujtesa, nevojiten në total 15 cikle ose 150 ns.

Atëherë debiti efektiv në ketë rast do të ishte :

$1 / 150 \ 10^{-9}$ lexime/sek * 16 byte/lexim = $6.7 \ 10^{6}$ *16 = 107.2 MB/S.

b. Debiti maksimal i busit me gjerësi 32 bit që funksionon me shpejtësi 100 MHZ do të ishte :

$1 / 10 \ 10^{-9}$ lexime/sek * 4 byte/lexim = $0.1 \ 10^{9}$ * 4 byte/lexim = 400 MB/s.

Faktori i shfrytëzimit të busit do të jete : 107.2 MBS / 400 MBS = 0,268

Pra afërsisht 27 %.

c. Në ketë rast debiti efektiv do të ishte i barabartë me debitin maksimal, pra 400 MB/s.

Shembull 4.4

Një bus i tipit sinkron ka një cikël clocku 50 ns. dhe çdo transmetim në bus kryhet natyrisht brenda një cikli clocku. Në një bus tjetër të tipit asinkron, procedura "handshake" kërkon 40 ns. Një fjalë të dhënash në kujtesën qëndrore lexohet për 200 ns. Gjerësia e busit, në të dy rastet, është 32 bit.

Të gjenden:

a. Shpejtësia e transmetimit të të dhënave që lexohen në kujtesë, për rastin e busit sinkron.

b. Debiti i busit sinkron.

c. Shpejtësia e transmetimit të të dhënave që lexohen në kujtesë për rastin e busit asinkron.

Zgjidhje

a. Bus sinkron: procedura e komunikimit paraqitet në figurën e mëposhtme.

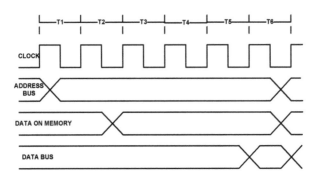

Figura 4.1

Procedura e leximit të një fjale në kujtesë do të ndjekë këto hapa:

1. Dërgohet adresa në kujtesë : 50 ns.
2. Lexohet kujtesa : 200 ns.
3. Fjala (4 byte) e lexuar vendoset në CPU : 50 ns.

Pra, në çdo 300 ns lexohen 4 byte. Rrjedhimisht, shpejtësia e transmetimit të të dhënave, për rastin e busit sinkron, do të ishte :

4 byte/300ns = 13.3 MB/s.

b. Debiti ose "bandwidth" llogaritet nga formula :

Debiti = 1/vonesë * gjerësia e bustit = $1/50*10^{-9}$ X 4= 80 MB/s.

c. Bus asinkron: komunikimi paraqitet në figurën 4.2.

1. Dërgohet adresa në kujtesë (handshake Req/Ack No.1) : 40 ns.
2. Lexohet kujtesa : 200 ns.
3. Fjala (4 byte) e lexuar vendoset në CPU (Req/Ack No.2 + Ack/Read No.3) : 40 + 40 ns.

Pra, çdo 320 ns. lexohen 4 byte. Rrjedhimisht shpejtësia e transmetimit të të dhënave për rastin e busit sinkron do të ishte :

4 byte/320ns = 12.5 MB/s.

4.2 Transferimi i të dhënave në bus në formë blloku

Në shembujt e mësipërm fjalët e të dhënave transferohen të ndara njëra nga tjetra në formën : *adresë – fjalë të dhënash--adresë--fjalë të dhënash—adresë...*, e kështu me radhë. Kemi të bëjmë me atë që quhet adresim i rastit i kujtesës. Në praktikë, përdorimi i kujtesave kashé, bën që nga kujtesa qëndrore të lexohet, ose shkruhet një linjë e tërë e kujtesës kashé. Kjo kërkon, që në vend të transferimit adresë pas adrese, të kryhet transferim me bllok, ose në bllok i të dhënave nga kujtesa qëndrore, drejt kujtesës kashé (brenda CPU-së). Në mënyrë të ngjashme, transferimi në bllok i të dhënave, është i preferuar edhe për komunikimet e CPU-së me periferinë (input/output).

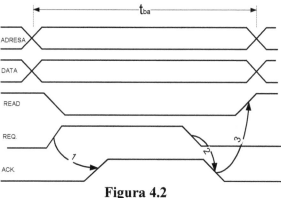

Figura 4.2

Shembull 4.5

Në një sistem qëndror, procesori 64 bit dhe kujtesa qëndrore e tipit sinkron (SDRAM=Synchronous DRAM), ndajnë një bus sinkron të përbashkët me gjerësi 64 bit dhe frekuencë 100 MHZ. Kujtesa dhe busi mund të kryejnë transferim në bllok të të dhënave me gjatësi blloku prej 4 ose 8 fjalë. Koha e aksesit në kujtesë për 4 fjalët e para është 200 ns. Çdo bllok tjetër shtesë prej 4 fjalësh lexohet në 40 ns.

Të gjenden :

a. Sa kohë do të nevojitet për të lexuar një bllok me 4 fjalë nga kujtesa?
b. Sa kohë do të nevojitet për të lexuar një bllok me 8 fjalë nga kujtesa?
c. Sa është debiti i komunikimit procesor kujtesë kur shkëmbimi bëhet me blloqe 4 fjalë?
d. Sa është debiti i komunikimit procesor kujtesë kur shkëmbimi bëhet me blloqe 8 fjalë?

Zgjidhje

a. Një transferim në bus do të kryhet për 10 ns ($1/100x10^6$). Rrjedhimisht koha e nevojshme për leximin në procesor të një blloku me 4 fjalë do të llogaritej : adresim (1 clock) + leximi i bllokut në SDRAM (20 clock) + transferimi në bus i 4 fjalëve (4 clock) = 25 cikle clocku= 250 ns.

173

b. Koha e nevojshme për leximin në procesor të një blloku me 8 fjalë do të llogaritej : adresim (1 clock) + lexumi i bllokut të parë në SDRAM (20 clock) + leximi i bllokut të dytë në SDRAM (4 clock) transferimi në bus i 8 fjalëve (8 clock) = 33 cikle clocku= 330 ns.

c. Debiti i leximit të kujtesës me blloqe 4 fjalë (32 byte) do të ishte : 32 byte/250×10^{-9} = 125MB/sek.

d. Debiti i leximit të kujtesës me blloqe 8 fjalë (64 byte) do të ishte : 64 byte / 330×10^{-9} = 193MB/sek.

Përfundime : Prej shembujve të mësipërm (4.2, 4.3 dhe 4.5) mund të nxjerrim këto përfundime:

- Debiti i komunikimit kujtesë qëndrore/procesor, do të përcaktohet kryesisht prej ngadalësisë së kujtesës dhe shpejtësisë së busit të sistemit, që bashkon këta dy komponentë. Përdorimi i kujtesave, që funksionojnë me ritmin e busit dhe që kryejnë transferime në bllok të të dhënave (SDRAM), e rrisin ndjeshëm debitin e shkëmbimeve CPU-kujtesë qëndrore.

- Falë ngadalësisë së kujtesës, shfrytëzimi i kapacitetit të busit të sistemit është relativisht i ulët (27 % në shembullin 4.3). Pjesa e pashfrytëzuar e kapacitetit, mund të përdoret prej pajisjeve të tjera të lidhura në bus. Shikoni shembullin e mëposhtëm (shembulli 4.6).

```
QUIZ 4.2

Në një bus, kontrolli i përdorimit të busit kryhet
prej :

O  Bus Master ?

O  Bus Slave ?

O  Bus Arbiter ?

O  Parallel Arbitration ?

O  Daisy Chain ?

O  Collision Detection ?
```

Shembull 4.6

Supozojmë se katër pajisje janë lidhur në një bus me debit   120 MB/s. Supozojmë gjithashtu se busi është një "shared bus" dhe mënyra e arbitrimit që ai përdor, balancon në mënyrë optimale prioritetin dhe të drejtën e përdorimit të busit. Kemi të bëjmë pra me një arbitrim "të ndershëm" të busit. Sa do të ishte debiti që do të secila pajisje do të mund të përftonte prej këtij busi?

Zgjidhje

Arbitrimi i "të ndershëm" i busit do të bëjë që një pajisjeje, së cilës i refuzohet e drejta për të përdor busin në një moment të caktuar, do ti jepet automatikisht një prioritet më i lartë për të përdorur busin, se ai i pajisjes, që po e përdorte busin në atë moment. Pra, një arbitrim i tillë konsiderohet si ofrim i shanseve të barabarta të përdorimit të busit nga pajisjet e lidhura në të. Rrjedhimisht, secila nga katër pajisjet do të mund të shfrytëzonte busin në mënyrë të barabartë me të tjerat. Ajo do mund të përdorte pra, 30 MB/s ose 1/4 e 120 MB/s, që ky "shared bus" ofron në total.

Shembull 4.7 Busi Intel QPI (QuickPath Interconnect)

Duke filluar nga viti 2008 me mikroarkitekturën "Nehalem", Intel hoqi dorë përfundimisht nga busi FSB, bus i tipit "shared", duke kaluar ne një model të ri busi, i tipit "point-to-point", që është busi QuickPath Inetrconnect, shkurt QPI. Ky bus përdoret edhe në mikroarkitekturat më të reja si Sandy Bridge dhe Ivy Bridge.

Me mikroarkitekturën "Nehalem", fillimisht, kontrollori i kujtesës qëndrore dinamike (IMC =Internal Memory Controller") zhvendoset nga "North Bridge", në brendësi të procesorit. Procesori tashmë siguron dy ose tre kanale ("channels") komunikimi direkt dhe të dedikuara me kujtesën qëndrore. Skematikisht kjo është paraqitur në figurën e mëposhtme.

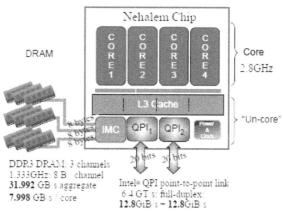

Figura 4.3

Në mikroarkitekturën "Westmere", e cila është varianti "tik" i "Nehalem", për herë të parë nga Intel, në vitin 2010, brenda chip-it të CPU-së, u përfshi edhe një GPU (Graphical Processing Unit). Në këtë mënyrë, Intel Integrated Graphics, zhvendoset prej North Bridge (PCH-Platform Controller Hub) në brendësi të "package" të procesorit. Lidhja CPU-GPU brenda chip-it, realizohet nëpërmjet busit QPI me shpejtësi 6.4 GT/s. Procesorët GPU, që përdorin këtë teknologji quhen Intel HD Graphics 2000, Intel HD Graphics 4000 etj. Ndërfaqja "Intel Flexible Display Interface" lidh procesorin GPU (iGFX në figurën 4.4) me "South Bridge", nga ku del ndërfaqja për në "display" (DisplayPort,DVI, VGA etj.). Kjo situatë është paraqitur skematikisht në figurën e mëposhtme(fig.4.4).

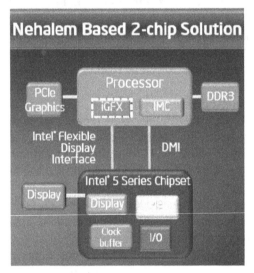

Figura 4.4

Për komunikimin me pjesën tjetër të sistemit, të përfshirë në South Bridge, procesorët e rinj të Intel përdorin ndërfaqen e quajtur DMI (Direct Media Interface). Ajo ka mjaft ngjashmëri me ndërfaqen PCI-Express. Gjerësia e saj është x2 link dhe x4 link. Versioni DMI 2.0, i përfshirë për herë të parë në procesorët e familjes Sandy Bridge ka shpejtësi transmetimi 20 Gbit/sek në 4x link.

PCI Express është ndërfaqja tjetër standard e përfshirë në procesorët modernë të Intel. Kështu në procesorët me mikroarkitekturë Sandy Bridge mundësohet komunikimi nëpërmjet PCI Express 2.0 ndërsa Ivy Bridge shkon deri në PCI Express 3.0. Këto ndërfaqe janë të përshtatshme për shtimin e pajisjeve me debit shumë të lartë si p.sh. 3D Graphic Cards, 10 Gbps Ethernet etj.

Në përfundim të kësaj paraqitje, mund të themi se CPU-të modernë të Intel, po ashtu edhe të prodhueseve të tjerë, komunikojnë me pjesën tjetër të njësisë qëndrore nëpërmjet lidhjeve të dedikuara dhe të specializuara. Në këtë mënyrë është shmangur "bottleneck" që shkaktohej prej busit klasik FSB. Skematikisht kjo situatë është paraqitur në figurën 4.5. Praktikisht "North Bridge" është përfshirë plotësisht brenda "package" të procesorit.

Le të llogarisim "bandwidth" e disa prej lidhjeve të procesorëve modernë të Intel me pjesët e tjera të kompjuterit.

Komunikimi me kujtesën qëndrore realizohet nëpërmjet "DDR3 channels". Numri i këtyre kanaleve është dy ose tre në vartësi të procesorit. Secili prej kanaleve funksionon me shpejtësi deri në 1333 GT/sek dhe ka gjerësi 8 byte. Pra, një procesor "quad core" me tre kanale DDR3, do të siguronte një "bandwidth" komunikimi me kujtesën qëndrore prej 31.992 GB/sek ose 7998 GB/sek për core.

Busi QPI përdor 2x20 linja transmetimi, të cilat janë njëdrejtimëshe dhe që funksionojnë njëkohësisht (full duplex), në transmetim dhe në marrje, siç tregohet në figurën 4.6. Nga 20 linjat, 16 përdoren për transmetimin e të dhënave dhe 4 për të gjeneruar CRC (Cyclical Redundancy Check).

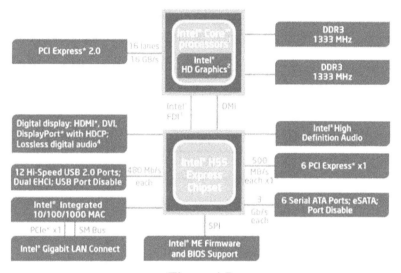

Figura 4.5

Busi QPI funksionon me disa frekuenca clocku, që janë 2.4, 2.93 dhe 3.2 Ghz. Brenda një cikli clocku kryhen 2 transmetime të dhënash ("double data rate"). Kështu "throughput" i QPI për 3.2 Ghz do të llogaritej:

3.2GHz
x2 bit/Hz (double data rate)
x20 (numri i linjave në një drejtim)
x(64/80) (raporti të dhëna efektive/numër total bitësh)
x2 (lidhje full duplex)
/8 (1 byte =8 bit)
=25.6 GB/sek.

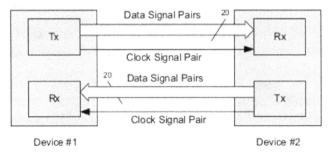

Figura 4.6

Me qëllim që të sigurohet fleksibiliteti dhe sidomos jetëgjatësia e busit QPI, Intel e ka konceptuar atë si një bus me 5 shtresa, të paraqitura skematikisht në këtë figurë. Kemi të bëjmë me atë që quhet "QPI Protocol Stack".

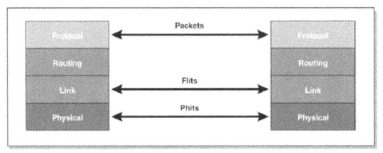

Figura 4.7

4.3 Organizimet e njësisë qëndrore

Në këtë pjesë, do të krijojmë një "datapath" të plotë, për dy tipa procesorësh të thjeshtë që funksionojnë me një dhe disa cikle clocku.

4.3.1 Rruga e lëvizjes së të dhënave – "datapath"

Dimë tashmë se funksionet themelorë të një procesori janë dy : përpunim i të dhënave dhe kontrolli i ekzekutimit të instruksioneve. Që këtej rrjedh se elementët kryesorë të një procesori janë "datapath", ose rruga që përshkruajnë të dhënat gjatë përpunimit dhe njësia e kontrollit ("control unit"), e cila mundëson këtë përpunim dhe realizimin e instruksioneve.

Skematikisht kjo situatë është paraqitur në figurën 4.8. Nëpërmjet sinjaleve të kontrollit, të gjeneruar prej njësisë së kontrollit, seleksionohen p.sh. regjistrat e duhur që manipulon instruksioni, përzgjidhet veprimi i kërkuar në ALU, përzgjidhet destinacioni i kërkuar i rezultatit të përpunimit etj. Në këtë mënyrë pra, instruksioni "modelon" datapath-in, me qëllim që ai të prodhojë rezultatin ("output") e kërkuar prej instruksionit. Ky është me pak fjalë thelbi i punës së një procesori.

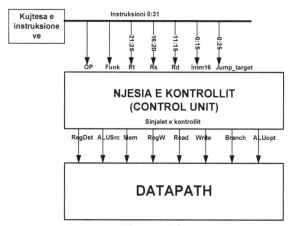

Figura 4.8

Këtu më poshtë janë paraqitur shkurtimisht hapat që zakonisht ndiqen në konceptimin e një procesori. Ato do ti përdorim edhe në analizën e mëposhtme të "datapath". Si shembull kemi marrë procesorin MIPS. Këto hapa janë:

- Analizohen instruksionet për të përcaktuar kërkesat e tyre për "datapath". Për këtë, veprimet e çdo instruksioni, përshkruhen nëpërmjet gjuhës së quajtur RTL – "Register Transfer Language" ose RTN –"Register Transfer Notation". Kjo gjuhë është përdorur në [1] në paraqitjen e organizimeve elementare të njësisë qëndrore. Nëpërmjet RTL, instruksionet detajohen në veprime elementare, që do ti quajmë mikro-operacione.
- Përzgjidhen komponentët dhe lidhjet e nevojshme të "datapath" që do të përdoren për realizimin e instruksioneve.
- Nga bashkimi i këtyre komponentëve kompozohet "datapath" i plotë.
- Identifikohen dhe përcaktohen sinjalet e kontrollit dhe pikat ku ato do të aplikohen në "datapath".
- Bazuar në sinjalet e kontrollit konceptohet sekuencori dhe njësia e kontrollit.

Shënim : Tre pikat e para të kësaj analize do të trajtohen në këtë kapitull, ndërsa dy të fundit në kapitullin në vazhdim dhe në kapitullin 4 të [1].

Shembull 4.8 Ekzekutimi i instruksioneve të tipit R në një procesor MIPS të thjeshtë.

Instruksionet e tipit R janë instruksionet e arithmetike/logjike të një procesori MIPS. Formati i tyre është si në figurë.

add rd, rs, rt					
OP	rs	rt	rd	shamt	funct
6 bit	5 bit	5 bit	5 bit	5 bit	6 bit
[31:26]	[25:21]	[20:16]	[15:11]	[10:6]	[5:0]

Figura 4.9

Nëpërmjet analizës së ekzekutimit të instruksionit të mbledhjes **add rd, rs, rt,** në këtë shembull, do të përpiqemi të krijojmë një "datapath" për instruksionet e tipit R.

Në mënyrë të thjeshtuar, ekzekutimi i këtij instruksioni, i shprehur sipas RTL, do të jetë:

Mem [PC]   -> Instruksion word   ; Fetch instruksionin e radhës
PC = PC+4   ; Inkremento PC
R[rs] + R[rt] -> R[rd]   ; Mblidh Rs + Rt,përfundimi në Rd

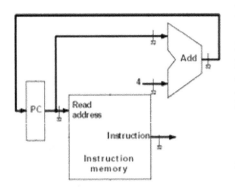

Figura 4.10

Për realizimin pra të instruksionit "add", në përgjithësi për instruksionet e tipit R, do të nevojiteshin këta komponentë, të cilët zakonisht quhen "njësi funksionale" (ang. Functional Unit):

- Një kujtesë ku të ruajmë instruksionet, "instruction memory".

- Një regjistër PC, që shërben për të adresuar kujtesën e instruksioneve. PC bëhet i domosdoshëm prej parimit të sekuencialitetit.

- Një inkrementues me +4 të PC.
- Një grup regjistrash, "register file".
- Një ALU për kryerjen e veprimit të mbledhjes, në përgjithësi të veprimeve arithmetike dhe logjike.

Skematikisht këta komponentë dhe lidhjet ndërmjet tyre janë paraqitur në figura, të grupuar sipas dy funksioneve që kryejnë: "fetch instruction" (figura 4.10) dhe "data processing"(figura 4.11).

Në figurën 4.11, paraqitet një version i thjeshtuar për qëllime didaktike i njësisë së përpunimit, pjesë e "data path", që realizon "data processing". Ajo përbëhet prej ALU-së dhe regjistrave të të dhënave, të specifikuar në instruksion. Fushat rs, rt dhe rd të instruksionit shërbejnë për të përzgjedhur regjistrat burim dhe destinacion.

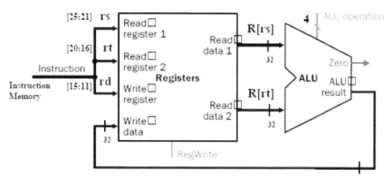

Figura 4.11

Në figurën e mëposhtme (fig. 4.12) është paraqitur versioni më i sofistikuar i njësisë së përpunimit, i ngjashëm me realitetin, të përbërë nga tre buse : busA - busi i operandës A, busB-busi i operandës B dhe busiW-busi i rezultatit.

Para se të krijojmë një "data path" të plotë dhe të thjeshtuar të një procesori MIPS, le të trajtojmë në mënyrë të ngjashme, ekzekutimin e instruksionit "load" .

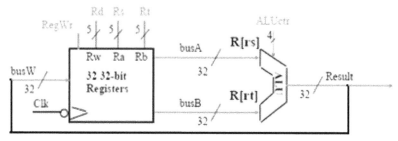

Figura 4.12

Shembull 4.9 Ekzekutimi i instruksionit lw (load word) në një procesor MIPS të thjeshtë

Formati i instruksioni lw (load word) është i paraqitur në figurën e mëposhtme, format i cili është i njëjtë me instruksionin sw (store word).

lw rt, imm16 (rs)			
OP	rs	rt	Immediate (imm16)
6 bit [31:26]	5 bit [25:21]	5 bit [20:16]	16 bit [15:0]

Figura 4.13

181

Në mënyrë të thjeshtuar, ekzekutimi i këtij instruksioni, i shprehur sipas RTL, do të jetë:

Mem [PC] -> Instruksion word   ;Fetch instruksionin e radhës
PC = PC+4   ;Inkremento PC
Mem[R[rs] + SignExt[imm16]] -> R[rt];Vlera imediate (imm16) në ;instruksion zgjerohet në 32 bit dhe mblidhet me rs për të përftuar adresën ;efektive. Përmbajtja e kujtesës me këtë adresë ngarkohet në regjistrin rt.

Për realizimin pra të instruksionit "lw", përveç njësive funksionale të nevojshme për ekzekutimin e instruksionit "add", do të nevojiteshin edhe këto njësi të tjera:
- Një kujtesë ku të ruajmë të dhënat, "data memory".
- Një "sign-extention unit", e cila siguron zgjerimin e operandës imediate nga 16 në 32 bit.

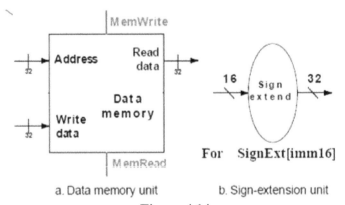

a. Data memory unit   b. Sign-extension unit
Figura 4.14

"Datapath" i procesorit tonë MIPS, në të cilin përveç instruksionit **"add"** është përfshirë edhe instruksioni **"lw"**, është paraqitur skematikisht në figurën e mëposhtme (figura 4.15).

4.3.2 Procesori me një cikël clocku
Duke vazhduar të marrim si shembull procesorin MIPS, le të përpiqemi të krijojmë tani një "datapath" të plotë. Të marrim fillimisht në konsideratë rastin më të thjeshtë të mundshëm : të gjithë instruksionet e procesorit ekzekutohen në një cikël të vetëm clocku (ang. "single cycle datapath"), Pra, të gjithë mikro-operacionet që përbëjnë një instruksion duhet të ekzekutohen brenda një cikli të vetëm clocku.

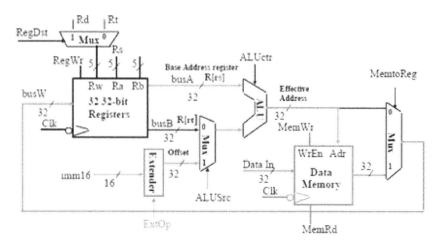

Figura 4.15

Kështu p.sh. për instruksionin "add" do të duhet që brenda një cikli clocku, të lexohet instruksioni ("fetch"), të lexohen regjistrat e përzgjedhur prej tij, të kryhet veprimi i mbledhjes prej ALU-së, dhe të përfundojë me shkrimin e shumës në regjistrin e specifikuar ne instruksion. Skematikisht kjo është paraqitur në figurën e mëposhtme.

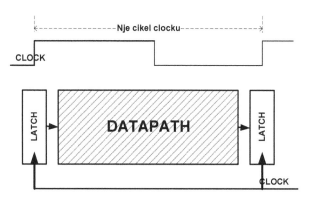

Figura 4.16

Hardware i datapath të një procesori "single cycle" krijohet i tillë që, në frontin rritës të clockut instruksioni të startojë me mikro-operacionin
PC->S (ose PC->MAR). Pastaj, i lihet kohë e mjaftueshme hardwar-it, që të kryejë mikro-operacionet e tjera që përbëjnë instruksionin. Në frontin rritës pasues të sinjalit të clockut, instruksioni përfundon me shkrimin e rezultatit, siç është p.sh. rasti i instruksionit të mbledhjes. Në figurë, simbolikisht është treguar se gjendjet në hyrje dhe në dalje të "datapath", do të ruhen në "latch", njeri në hyrje dhe tjetri në dalje.

Meqenëse të gjithë instruksionet ekzekutohen në një cikël clocku, atëherë një procesor "single cycle" ka gjithmonë CPI =1(Cycle Per Instruction).

Shembull 4.10 Struktura e "datapath" të procesorit MIPS me një cikël clocku

Struktura e datapath e procesorit MIPS të realizuar në një cikël clocku paraqitet në figurën e mëposhtme (fig. 4.17).

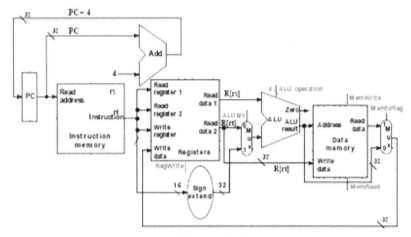

Figura 4.17

Ky "datapath" i plotë krijohet me lehtësi prej bashkimit të pjesëve të rrugës së të dhënave, që ne sapo krijuam në dy shembujt e mëparshëm (4.8 dhe 4.9). Ashtu siç pamë në këta shembuj, për ekzekutimin e instruksioneve "add" dhe "load", hardware i "datapath" duhet të kryejë një sekuencë të përcaktuar mikro-operacionesh. Këta mikro-operacione, për të gjithë tipat ose klasat e instruksioneve të procesorit MIPS, janë përmbledhur në tabelën 4.2.

Sipas parimit që instruksionet duhet të ekzekutohen në një cikël të vetëm clocku, rezulton se kohëzgjatja e ciklit të clockut, duhet të jetë jo më i vogël se kohëzgjatja e instruksionit që realizohet në numrin maksimal të mikro-operacioneve. Zakonisht ky instruksion njihet me emrin "instruksioni ose rruga kritike" (ang. "critical path"). Nga tabela e mësipërme, rezulton se ky është instruksioni "load" me një kohëzgjatje prej 8 ns. Nga ku, frekuenca e clockut të këtij procesori MIPS, duhet të jetë jo më e vogël se 1/8ns = 125 MHz.

Fakti që në një procesor me një cikël clocku, "instruksioni kritik" përcakton frekuencën e clockut të procesorit, e bën këtë mënyrë realizimi të procesorit joefikase dhe praktikisht të papërdorshme në kompjuterat modernë. Kështu, referuar tabelës së mësipërme, instruksionit "Jump" që praktikisht kërkon vetëm 5 ns kohë të ekzekutohet, do ti duhet të "presë" një cikël clocku ose 8 ns që të përfundojë. Shkurt, të gjithë instruksionet duhet të konsumojnë aq kohë sa kërkon instruksioni më i ngadaltë.

Tabela 4.2

Klasa e instruksion eve	Leximi i kujtesës së instruksion eve (fetch)	Lexim (read) regjist ri	Veprime ALU	Lexim i kujtesë s "data"	Shkri m (write) Regjis tri	Vones a e plotë = Σ e vonesa ve
	IFetch	**IDeco de**	**EXEcuti on**	**MEMo ry**	**WBac k**	
ALU	2 ns	1 ns	2 ns		1 ns	6 ns
Load	2 ns	1 ns	2 ns	2 ns	1 ns	8 ns
Store	2 ns	1 ns	2 ns	2 ns		7 ns
Branch	2 ns	1 ns	2 ns			5 ns
Jump	2 ns	1 ns	2 ns			5 ns

Historikisht, kompjuterat e hershëm me një bashkësi instruksionesh shumë të kufizuar, kanë përdorur mënyrën implementimit të procesorit me një cikël clocku. Me rritjen e komplekistetit të ISA dhe veçanërisht me shtimin e instruksioneve me presje notuese, realizimi i procesorit me një cikël clocku është braktisur në favor të procesorëve me disa cikle clocku si dhe procesorëve "pipeline" që trajtohen këtu më poshtë.

Shembull 4.11
Në një procesor MIPS, kohët e nevojshme për realizimin e mikro-operacioneve prej hardwar-it janë si më poshtë:

Lexim/shkrim në kujtesën qëndrore   : 200 ps.
Lexim/shkrim në regjistër   : 150 ps.
Veprimet në ALU   : 150 ps.
(shënim : 1ps = 10^{-12} sekonda)

RASTI I - Procesori MIPS është i realizuar sipas një "single-cycle datapath".

Të gjenden :
a. Sa është perioda minimale e clockut ?
b. Sa është vlera e CPI-së?

c. Sa do të zgjasë ekzekutimi i një instruksioni?

d. Një variant me konsum të ulët energjie i ALU-së kryen veprimet në 200 ps. Llogarisni në se kjo ALU do të ndikonte në performancat e procesorit "single-cycle".

Zgjidhje

a. Kohëzgjatja e periodës së clockut do të përcaktohej prej instruksionit që kërkon më shumë kohë për tu ekzekutuar. Ky është instruksioni lw (load a word of data).

Time(lw) = Time(IF) + Time(ID+Reg.File) + Time(ALU) + Time(MemRead) + Time(Reg.FileWrite) =200+150+150+200+150 = 850ps

Pra, cikli i clockut nuk duhet të jetë më i vogël se 850 ps=0.85 ns.

b. Secili instruksion do të kryhej brenda një cikli clocku, para CPI=1.

c. Meqenëse procesori është "singel cycle" dhe CPI =1, atëherë kohëzgjatja e ekzekutimit të të gjithë instruksioneve është e barabartë me ciklin e clockut prej 850 ps.

d. Përdorimi i ALU-së me konsum të ulët energjie do të bënte që kohëzgjatja e instruksionit "**lw**" të rritej në 900 ps. Për pasojë, perioda e clockut do të rritej me 50/850 = 5.88 %. Rrjedhimisht zvogëlimi i konsumit të energjisë do të shoqërohet me zvogëlimin e performancave të procesorit.

4.3.3 Procesori me disa cikle clocku ("multi cycle datapath")

Në procesorin me një cikël clocku, "datapath" është monolit ose një i vetëm, për të gjithë instruksionet. Kjo mënyrë realizimi e procesorit, imponon veçorinë që të gjithë instruksionet duhet të ekzekutohen në një cikël clocku, pavarësisht se disa prej tyre kërkojnë realisht më pak kohë për tu ekzekutuar.

Për tu mundësuar instruksioneve të ekzekutohen në kohëzgjatje të ndryshme, aq sa ata kanë nevojë, "datapath" monolit i procesorit "single cycle" copëtohet në disa pjesë, ashtu siç është paraqitur skematikisht në figurën 4.18.

Pra, parimi është i thjeshtë : qarku kombinator që përbën "datapath" "copëtohet" në dy ose më shumë pjesë duke i ndarë ato me anën e "latch", në përgjithësi nëpërmjet "storage element". Secila pjesë do të ekzekutohet në një cikël të vetëm clocku.

Madhësia e frekuencës së clockut do të përcaktohet prej kohëzgjatjes së ekzekutimit në pjesën më të ngadaltë. Në se të gjithë pjesët i ndajmë të tilla që të kenë kohëzgjatje të njëjtë, atëherë kemi të bëjmë me rastin optimal, ose plotësisht të balancuar. Pra, mund të shkruajmë:

$$T_{clk} = max(t_F, t_R, t_{ALU}, t_M, t_W) + t_{latch}$$

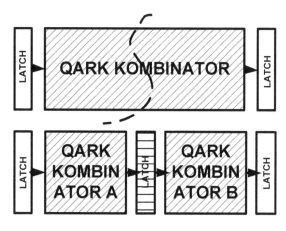

Figura 4.18

Ja disa nga përparësitë e procesorëve me "datapath" të ekzekutueshëm në disa cikle clocku:

- Perioda e clockut është mjaft më e vogël, krahasuar me rastin e procesorit "single cycle datapath".
- Instruksionet përdorin për ekzekutim aq cikle clocku sa ata kanë nevojë. Kështu p.sh. në rastin e një procesori MIPS, instruksioni "load" përdor 5 cikle clocku, "store" dhe R-type 4 cikle, ndërsa branch kërkon 3 cikle clocku.
- Krijon mundësinë që njësitë funksionale të mund të ripërdoret prej të njëjtit instruksion.

Në figurën 4.19 është treguar transformimi i "datapath" i procesorit tonë MIPS, nga "single cycle", në "multi–cycle".
Ndryshimet në rrugën e të dhënave të një procesori "multi-cycle" janë detajuar në figurën 4.20). Kështu, në dalje të njësive funksionale kryesore janë shtuar këta regjistra :

IR, **- Instruction register** – këtu vendoset instruksioni në përfundim të "fetch".
A,B, - Dy regjistra në hyrje të ALU-së, që mbajnë operandat e lexuara prej bankës së regjistrave.

R, - ose ALU-out, këtu vendoset rezultati përftuar prej ALU-së.
M - ose MDR (Memory Data Register) ku vendosen të dhënat e lexuara prej kujtesës.

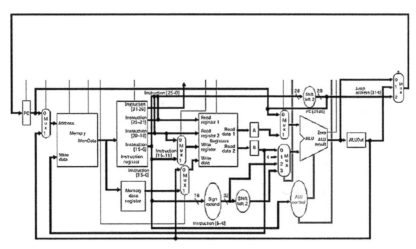

Figura 4.19

Shembull 4.12
Në procesorin MIPS të shembullit 4.11, kohët e nevojshme për realizimin e mikro-operacioneve prej hardwar-it janë si më poshtë:

Lexim/shkrim në kujtesën qëndrore : 200 ps.
Lexim/shkrim në regjistër : 150 ps.
Veprimet në ALU : 150 ps.
(shënim : 1ps = 10^{-12} sekonda)

RASTI II - Procesori MIPS është i realizuar sipas një "multi-cycle data-path".
a. Sa është perioda minimale e clockut ?
b. Me supozimin se të 5 tipat e instruksioneve të procesorit MIPS (R-type, lw, sw, branch dhe Jump) ekzekutohen me denduri të njëjtë, cila do të ishte vlera e CPI-së?
c. Sa do të zgjasë mesatarisht ekzekutimi i një instruksioni?
d. Një variant me konsum të ulët energjie i ALU-së kryen veprimet në 200 ps. Llogarisni në se kjo ALU do të ndikonte në performancat e procesorit "multi-cycle".
e. Sa më shpejt ekzekuton instruksionet procesori "multi-cycle" nga ai "single cycle"?

Zgjidhje

a. Kohëzgjatja e periodës së clockut do të përcaktohej prej kohës që kërkon njësia funksionale më e ngadaltë. Meqenëse veprimet me kujtesën kërkojnë 200 ps, atëherë kohëzgjatja e clockut nuk duhej të jetë më e vogël se 200 ps. Pra, $T_{clk} \geq 200$ ps.

b. Numri i cikleve të clockut për 5 tipat e instruksioneve të MIPS janë : 5 për lw, 4 për sw dhe R-type si dhe 3 për branch dhe jump. Meqenëse këto instruksione ndodhin me frekuencë të njëjtë, atëherë mund të llogarisim:
CPI = $\sum$fl*Ci = 5+4+4+3+3 / 5 = 3.8 cikle/instruksion

c. Mesatarisht instruksionet do të kërkonin CPI cikle clocku për t'u ekzekutuar. Rrjedhimisht koha mesatare e ekzekutimit të instruksioneve do të ishte 3.8*200 ps = 760 ps = 0.76 ns.

d. Meqenëse perioda e clockut është 200 ps., atëherë përdorimi i ALU-së me konsum të ulët energjie, nuk do të sillte reduktim të performancave të procesorit MIPS.

e. Meqenëse ISA është e njëjtë, atëherë mund të llogaritim : 850/760 = 1.118. Pra, procesori "multi-cycle" është rreth 11.8 % më i shpejtë se versioni "single-cycle" i tij.

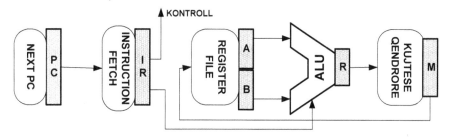

Figura 4.20

Në [1] trajtohen organizimet e njësisë qëndrore rreth një, dy dhe tre buseve. Këtu procesori është i tipit "multi-cycle datapath".Trajtimi është bërë nëpërmjet gjuhës RTL. Këtu më poshtë jepen disa shembuj të tjerë në lidhje me këtë aspekt.

Shembull 4.13

Të paraqiten në RTL mikroinstruksionet e ekzekutimit të instruksionit "**JUMP AL**" për këto raste:

    a. Makinë me 3 buse, adresim relativ i indeksuar (relativ në lidhje me regjistrin PC=Program Counter).

    b. Makinë me 2 buse, adresim indirekt.

Zgjidhje

a.

FAZA I : Leximi i instruksionit (faza fetch)

PC --> S   ; përmbajtja e regjistrit PC vendoset në regjistrin S të kujtesës

MEM(S) -- > B   ; leximi i instruksionit nga kujtesa

B --> Ri   ; instruksioni i lexuar vendoset në regjistrin Ri të CU

FAZA II : Llogaritja e adresës se kërcimit

AL + PC --> S   ; llogaritja e adresimit relativ

S + IX --> PC   ; llogaritja e adresës se index.Rezultati vendoset në PC

b.   Makinë me 2 buse, adresim indirekt

FAZA I : Leximi i instruksionit (faza fetch)

PC --> S   ; përmbajtja e regjistrit PC vendoset në regjistrin S të kujtesës

MEM(S) --> B   ; leximi i instruksionit nga kujtesa

B--> Ri   ; instruksioni i lexuar vendoset në regjistrin Ri të CU

FAZA II : Llogaritja e adresës se kërcimit

AL --> S   ; adresimi i kujtesës për leximin e adresës se kërcimit

MEM(S) --> B   ; leximi i instruksionit nga kujtesa

B --> PC   ; leximi i adresës se kërcimit. Rezultati vendoset në PC

4.4 Procesorët "pipeline"

Procesorët pipeline janë një zhvillim natyror i procesorëve me disa cikle clocku. Më poshtë do të trajtohen aspekte të veçanta të këtyre lloj procesorëve, duke u ndalur kryesisht në trajtimin e të papriturave (ang. "hazards", fr. "aléa"), që shoqërojnë avancimin e instruksioneve në një pipeline.

4.4.1 Koncepte dhe përkufizime

"Instruction Pipelining" është një teknikë, e cila shfrytëzon mundësinë e ekzekutimit në paralel të instruksioneve, që gjenden në radhë njeri pas tjetrit në sekuencë. Ndryshe nga programimi i një sistemi multiprocesor, "instruction pipeline" gëzon avantazhin që ajo është e padukshme për programuesin. Janë kompilatorët dhe hardware i procesorit, të cilët bëjnë të mundur ekzekutimin në mënyrë të mbivendosur të instruksioneve në një "datapath". Referojuni [1] për funksionimin në përgjithësi të një pipeline.

Shënim : "Pipelining" është një teknikë me përdorim të përgjithshëm, e cila konsiston në copëtimin e një "pune" në pjesë standarde, tipike, të ekzekutueshme në paralel prej njësive të posaçme funksionale. Rrjedhimisht debiti ("throughput") i sistemit do të rritet. Kështu pipeline përdoret me efektivitet në realizimin e ALU, networking, pajisjeve hyrje/dalje, "software pipes" etj. Në paragrafët e mëposhtëm do të trajtojmë vetëm "Instruksion Pipeline", e cila trajton ekzekutimin në paralel ose në mbivendosje të instruksioneve prej procesorit qëndror.

Duke vazhduar të marrim si shembull procesorin tonë MIPS, për të përftuar versionin e tij "pipeline", nisemi nga procesori me një cikël clocku. Tashmë kemi identifikuar pesë stade në të cilat kalon ekzekutimi i instruksioneve të procesorit MIPS (shikoni tabelën 4.2), që janë:
IF-Instruction Fetch; ID-Instruction Decode/Register File Read; EXE-Instruction Execution/Address Calculation; MEM- Memory Access; WB-Write Back.
Për të përftuar një procesor MIPS në version pipeline, mjafton që ndërmjet stadeve të mësipërm të futen regjistra. Kështu mundësohet, që gjithshka që një instruksion ka nevojë për ekzekutimin e tij në stadet vijuese, ruhet në këta regjistra ("buffer" ose "latch"). Informacionet i ruajtur në "buffer", e shoqërojnë ekzekutimin e instruksionit nga njeri stad në tjetrin, deri në përfundimin e tij. Ky koncept është i vlefshëm për të gjithë procesorët e tipit "pipeline". Për më shumë detaje referojuni [1].

QUIZ 4.3

Lidhjet në "Data bus" të elementëve të njësisë qëndrore janë gjithmonë "three-state logic"?

O PO

O JO

Lidhjet në "Address bus" të kujtesës qëndrore janë "three-state logic"?

O PO

O JO

Në figurën 4.21 paraqitet versioni pipeline i procesorit tonë MIPS.
"Instruction pipeline" realizon ekzekutimin në paralel të instruksioneve, por në një mënyrë specifike. Ashtu si në rastin e sistemeve me shumë-procesorë (ang. "multiprocessors"), edhe në procesorët pipeline ekzekutohen paralelisht disa instruksione, prej disa njësive funksionale. Ndryshimi qëndron në faktin që, në "multiprocessing", secili instruksion

ekzekutohet plotësisht prej një njësie funksionale. Ndërsa në procesorët pipeline, çdo instruksion copëtohet në një sekuencë copash, ku secila copë përpunohet prej një njësie funksionale të specializuar.

Teknikat e "Instruction pipelining" dhe multiprocesorët nuk përjashtojnë njëra-tjetrën. Në procesorët modernë, përdoren njëkohësisht që të dyja. Kështu, procesorët "superscalar" mundësojnë ekzekutimin në paralel të instruksioneve në disa pipeline. Në një procesor "pipeline" ka dy mundësi për të rritur performancat :

    1. Të rritet numri i stadeve të pipeline – kemi të bëjmë me "super-pipeline";

    2. Të përdoren disa pipeline në paralel – "super-scalar pipeline".

Le të shikojmë tani sa do të përmirësohet procesori ynë MIPS duke e pajisur atë me një "datapath" të tipit pipeline.

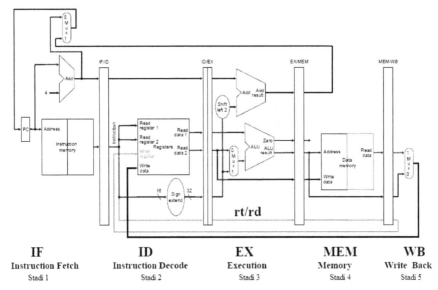

IF	ID	EX	MEM	WB
Instruction Fetch	Instruction Decode	Execution	Memory	Write Back
Stadi 1	Stadi 2	Stadi 3	Stadi 4	Stadi 5

Figura 4.21

Shembull 4.14

Në procesorin MIPS të shembujve 4.11 dhe 4.12, kohët e nevojshme për realizimin e mikro-operacioneve prej hardwar-it janë si më poshtë:

Lexim/shkrim në kujtesën qëndrore   : 200 ps.
Lexim/shkrim në regjistër   : 150 ps.
Veprimet në ALU   : 150 ps.
(shënim : 1ps = 10^{-12} sekonda)

192

RASTI III - Procesori MIPS është i realizuar sipas një "pipeline data-path".

Të gjenden :

a. Sa është perioda minimale e clockut për procesorin pipeline?

b. Me supozimin se nuk ndodhin të papritura ("hazards"), cila do të ishte vlera e përafërt e CPI-së për një sekuencë shumë të gjatë instruksionesh?

c. Një variant me konsum të ulët energjie i ALU-së kryen veprimet në 200 ps. Llogarisni në se kjo ALU do të ndikonte në performancat e procesorit "single-cycle".

d. Sa më shpejt ekzekuton instruksionet procesori "pipeline", krahasuar me "single cycle" dhe "multi-cycle"?

Zgjidhje

a. Në një procesor pipeline, kohëzgjatja e periodës së clockut do të përcaktohej prej kohës që kërkon mikro-operacioni i realizuar prej stadit më të ngadaltë. Prandaj, meqenëse veprimet me kujtesën kërkojnë 200 ps, atëherë kohëzgjatja e clockut nuk do të ishte më e vogël se 200 ps.

Për një sekuencë të gjatë instruksionesh dhe me supozimin se nuk ka ngecje të saj, do të rezultonte se në çdo cikël clocku do të ekzekutohej nga një instruksion. Pra, për një procesor pipeline ideal do të kishim CPI=1.

b. Meqenëse perioda e clockut është 200 ps, atëherë përdorimi i ALU-së me konsum të ulët energjie, nuk do të sillte reduktim të performancave të procesorit MIPS.

c. Meqenëse ISA është e njëjtë, atëherë mund të llogaritim : 850/200 = 4.25 dhe 760/200 = 3.8. Pra, procesori "pipeline" është 4.25 herë më i shpejtë se versioni "single cycle" dhe 3.8 herë më i shpejtë se versioni "multi cycle" i tij.

Disa përfundime në lidhje me procesorët me një cikël, shumë-cikle dhe "pipeline" (shembujt 4.11, 4.12, 4.14, janë përmbledhur në tabelën 4.3.

Tabela 4.3

Lloji i procesorit	Clock Cycle (CC) në ps.	CPI	Rezultati
Single cycle	850	1	CC –keq,CPI-mirë
Multi cycle	200	3.8	CC –mirë,CPI-keq
Pipeline	200	1	CC–mirë,CPI-mirë

Pra, në lidhje me performancën, procesori pipeline rezulton më optimali, pasi siguron cikël clocku dhe vlerë të CPI minimale.

Përfundimet e mësipërme janë përmbledhur grafikisht në figurën e mëposhtme (fig. 4.22).

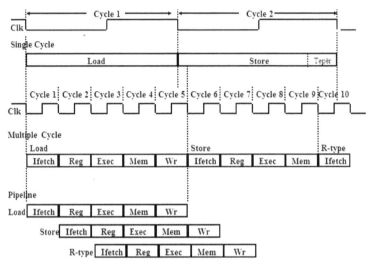

Figura 4.22

4.4.2 Terminologjia që përdoret në procesorët pipeline
Këtu më poshtë jepet kuptimi i disa termave që përdoren rëndom në trajtimin e procesorëve pipeline.

- **"Pipeline depth" – thellësi e pipeline,** është numri i stadeve që përbëjnë një pipeline.
- **"Latency" ose "Datapath Latency"– vonesë** e një pipeline, është koha e nevojshme që një instruksion të përshkojë të gjithë stadet e saj, prej fillimit në fund. Ajo është e barabartë me shumën e kohëve të secilit stad të pipelines.
- **"Throughput (bandwidth)" – debit** i një pipeline është i barabartë me ritmin që instruksionet dalin (hyjnë) prej saj. Matet me instruksione/ sekondë ose instruksione/cikël clocku.
- **"Speedup factor" ose "pipeline speedup"** – Përfitimi në performancë i një procesori pipeline krahasuar me versioni jo-pipeline të tij.

$$Pipeline\ Speedup = \frac{nk}{k + (n - 1)}$$

ku :

k - numri i stadeve të pipeline.

n – numri i instruksioneve që ekzekutohen.

- "**Pipeline efficiency**" – Efikasiteti i pipelines, tregon përfitimin në performancë për stad të procesorit pipeline, krahasuar me procesorin jo-pipeline.

$$Pipeline\ efficiency = \frac{Pipeline\ Speedup}{k} = \frac{n}{k + (n - 1)}$$

-"**Superpipeline**" - pipeline në të cilën stadet copëtohen në pjesë më të vogla. Rrjedhimisht, gjatë një periode clocku, do të ekzekutohet më shumë se një stad pipeline.

-"**Scalar pipeline**" – Pipeline skalare - Pipeline skalare përpunon një të dhënë (integers, FP, etj.) në një kohë. Vlera e CPI e një procesori pipeline skalar ideal është CPI=1. Procesorët skalarë klasifikohen si procesorë SISD (Single Instruction Single Data).

-"**Superscalar pipeline**" – Pipeline superskalare – Një pipeline është superskalare, atëherë kur ajo mund të ekzekutojë disa instruksione njëkohësisht, secili në një pipeline ose "datapath" të veçantë. Procesorët e pajisur me një pipeline superskalare, quhen procesorë superskalarë. Vlera e CPI e një procesori pipeline superskalar ideal me gjerësi N (N-way, ose N issue) është CPI = 1/N.

-"**Pipeline width**" ose "**issue width**"- Gjerësi e pipeline – Tregon numrin e instruksioneve që "fetch" njëkohësisht në pipeline. P.sh. procesori Intel Core i7 ka "issue width"= 4. Pra, ky procesor është në gjendje të lexojë katër instruksione njëherazi.

-"**In-order pipeline, shkurt IO pipeline**"- Pipeline me ekzekutim sipas radhës. - Një pipeline quhet e tillë, atëherë kur hyrja dhe ekzekutimi i instruksioneve në të, kryhet sipas radhës që instruksionet kanë në program. Në një pipeline "in-order", ngecja e një instruksioni prej "hazards", do të pengojë rrjedhjen në pipeline të instruksioneve pasues.

-"**Out-of-order pipeline, shkurt OoO pipeline**" - Pipeline me ekzekutim jashtë radhës. - Një pipeline quhet e tillë, atëherë kur ekzekutimi i instruksioneve në të nuk kryhet sipas radhës që instruksionet kanë në program. Ekzekutimi i instruksioneve në mënyrë të çrregullt në pipeline, nuk shkakton modifikimin e rezultateve të programit.

Shënim : Në aneksin e kapitullit jepen sqarime të mëtejshme rreth këtij dallimi të pipeline.

4.4.3 Performanca e procesorëve pipeline

"Instruction Pipelining" rrit performancën e procesorit nëpërmjet rritjes së debitit të ekzekutimit të instruksioneve ("instruction throughput"). Ndërkohë që kohëzgjatja e ekzekutimit prej procesorit pipeline të një instruksioni të vetëm, pra "latency", krahasuar me versionin single-cycle dhe multi-cycle të procesorit, mbetet pothuajse e njëjtë.

> **QUIZ 4.4**
>
> *N.q.s. veprimet në stadin ALU të një pipeline do të shkurtoheshin me 30 %, a do të funksinonte më shpejt kjo pipeline?*
>
> O PO
>
> O JO

Shembull 4.15
Një procesor pipeline karakterizohet nga këto dy parametra :
Kohëzgjatja e ekzekutimit të një etape T dhe numri i etapave l, e cila që quhet edhe thellësi e pipelines.
Të llogaritet debiti ose "throughput" d i kësaj pipeline, duke supozuar se ajo është ideale (nuk ka asnjë ngecje të shkaktuar nga të papriturat "hazards").
Zgjidhje :
Koha e nevojshme *"t"* për ekzekutimin e *"n"* instruksioneve do të ishte :

$$t=lT + (n-1)T = L+(n-1)T$$

ku : L = latency, shpreh kohen për ekzekutimin e secilit instruksion në veçanti, ose vonesën e pipeline-s për ekzekutimin e çdo instruksioni.
Pra, *"t"* do të jetë sa koha e nevojshme për ekzekutimin e instruksionit të parë, plus kohën për ekzekutimin e "n-1" instruksioneve pasues.
Debiti i pipelines do të ishte :

$$d(n) = \frac{n}{L + (n-1)T}$$

$$\lim d(n) = \frac{1}{T} = T^{-1} \qquad \text{është limiti kur } \textit{"n"} \text{ shkon në infinit.}$$

Debiti = 1/T instruksione/sekondë

196

Përfundimi :

Për një numër shumë të madh instruksionesh, debiti i pipelines nuk varet nga vonesa (Latency) (L) e ekzekutimit të secilit instruksion në veçanti, por nga kohëzgjatja e ekzekutimit të secilës etapë (T). Pra, debiti optimal në pipeline do të arrihej në se etapat e saj copëtohen në etapa më të vogla (nën-etapa), të cilat ekzekutohen në një kohë më të shkurtër. Kështu p.sh. procesori Pentium 4 ka 20 nivele pipeline, duke bërë që të arrihet një frekuencë clocku mbi 3 GHZ.

Koha e ciklit "T" të një procesori pipeline varet nga katër faktorë :
    1. Koha e ciklit e procesorit pa pipeline (single-cycle).
    2. Numri i stadeve të pipeline.
    3. Mënyra si eventualisht "datapath" ndahet ndërmjet stadeve.
    4. Koha e vonesës së "latch" që ndajnë stadet e pipelines.
N.q.s. stadet e pipeline ndahen në mënyrë të barabartë, atëherë perioda e clockut të procesorit pipeline ("Cycle Time") do të llogaritej prej formulës:

$$\textbf{Cycle Time pipeline} = \frac{\textbf{Cycle Time pa} - \textbf{pipeline}}{\textbf{Numri i Stadeve të pipeline}} + \textbf{Vonesa e latch të pipeline}$$

Komponenti "vonesa e latch të pipeline" në formulë, në anglisht njihet me termin *"pipeline ose latch overhead"*.

Shembull 4.16
Në figurën e mëposhtëme është dhënë një strukturë pipeline:

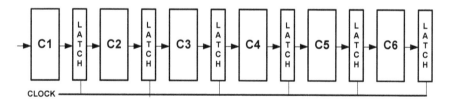

Figura 4.23

Të llogariten :
    a. Koha e nevojshme për ekzekutimin e një instruksioni.
    b. Debiti i kësaj pipeline.

Zgjidhje
Koha e nevojshme për ekzekutimin e secilit instruksion në veçanti (L=Latency) do të ishte :

L = l x (5ns +3 ns)
Ku l = numri i etapave ose thellësia e pipelines.
Atëherë :
L = 6 x 8 ns =48 ns
Debiti d do të ishte :
d=1/T = 1/8 ns = 0.125 x 10^{-9} = 125 MIPS

Shembull 4.17
Supozojmë se kemi dy procesorë të ndryshëm të organizuar sipas :
1.   "Single-cycle datapath" me cikël clocku "**T1**".
2.   Një pipeline me "***n***" stade dhe me një cikël clocku "**Tn**".
Të gjenden :

    a. *"Datapath latency"* për procesorin "single cycle".
    b. *"Datapath latency"* për procesorin pipeline.
    c. Cili prej tyre ka *"Datapath latency"* më të vogël dhe pse?
    d. Debiti (*"throughput"*) i ekzekutimit , të shprehur në MIPS, të një numri të madh instruksionesh [neglizho vonesën (latency)] për procesorin "single cycle".
    e. Debiti (*"throughput"*) i ekzekutimit , të shprehur në MIPS, të një numri të madh instruksionesh [neglizho vonesën (latency)] për procesorin pipeline.
    f. Cili prej tyre ka debit (*"throughput"*) më të madh dhe pse?

Zgjidhje
    a. *"Datapath latency"* për procesorin "single cycle" = T1.
    b. *"Datapath latency"* , duke neglizhuar vonesat prej "latch", për procesorin pipeline = n x Tn.
    c. Procesori "single cycle", ose vetëm me një stad, realizon kohë ekzekutimi të instruksionit (*"Datapath latency"*) më të vogël, sepse **T1** mund të bëhet më i vogël se sa **n x Tn.**
    d. Debiti i pipeline shpreh numrin e instruksioneve që ekzekutohen në njësinë e kohës (sekondë). Pra, për rastin e "single cycle" do të ishte 1/T1. E shprehur në MIPS do të ishte = 10^{-6}/T1 MIPS.
    e. Debiti i procesorit pipeline është = 10^{-6}/Tn MIPS.
    f. Meqenëse Tn është afërsisht 1/n x T1, atëherë procesori pipeline ka një debit më të madh se sa procesori "single cycle". Teorikisht rezulton se **speedup = n .**

```
QUIZ 4.5

Procesori pipeline rezulton të jetë më performant se
       varianti pa pipeline i tij. Cili nga faktorët e
              mëposhtëm ndikon për këtë?

O   Zvogëlimi i numrit të cikleve të clockut për
instruksion?

O  Rritja e frekuencës së clockut ?

O  Shkurtimi i programeve ?

O  Të gjithë faktorët e mësipërm?

O  Asnjë nga faktorët e mësipërm ?
```

Natyrisht që jo gjithmonë stadet e një pipeline mund të ndahen në mënyrë rigorozisht të barabartë. Këtu ndërhyjnë shumë faktorë, që e vështirësojnë këtë. Në këtë rast, frekuenca e clockut të një procesori me stade me kohëzgjatje të ndryshme, do të përcaktohet prej kohëzgjatjes së stadit më të ngadaltë, plus vonesën e shkaktuar prej "latch" të stadit të pipelines.

Shembull 4.18
Supozojmë se një procesor jo-pipeline me një cikël clocku 24 ns ndahet në 5 stade me vonesa respektivisht 5, 6, 3, 6 dhe 4 ns. Stadet kufizohen prej regjistrave me vonesë 1 ns. Sa duhet të jetë frekuenca e clockut e procesorit pipeline?
Zgjidhje
Meqenëse kohëzgjatja e stadit më të ngadaltë është 6 ns, atëherë perioda e clockut do të ishte 6+1 = 7 ns. Nga ku, frekuenca e clockut rezulton të jetë 142.8 MHz.

4.4.4 Vlerësim i performancave reale të procesorëve pipeline
Për shkak edhe të ekzistencës së "pipeline hazards", procesorët pipeline realizojnë një performancë më të ulët se ajo teorike. Kështu, në formë të përgjithshme, mund të shkruajmë:
CPI pipeline= CPI ideale + mesatarja e cikleve të clockut të "ngecjeve" (ang. "*stall*") për instruksion

Për një procesor të thjeshtë pipeline RISC (procesor skalar dhe "in-order pipeline") CPI ideale=1, prandaj barazimi i mësipërm do të marrë formën :

CPI pipeline= 1 + mesatarja e cikleve të clockut të "ngecjeve" për instruksion

Për "ngecjet"që shkaktohen prej "pipeline hazards", në mënyrë simbolike mund të shkruajmë:

CPI pipeline= 1 + cikle vonesë për instruksion nga hazards (structural + data + control)

Shënim : barazimi i mësipërm është i vërtetë, sepse në pipeline të tipit "in-order" vonesat e shkaktuara nga "hazards", në përgjithësi, nuk mbivendosen.

Më konkretisht, barazimi i mësipërm do të mund të shkruhej:
CPI pipeline= $1 + \Sigma$ (frekuenca e ngecjeve * penalizim nga ngecjet)
ose
CPI pipeline= $1 + \Sigma$ (Stall Frequency * Stall Penalty)
ku:
-      Frekuenca e ngecjeve (Stall Frequency) është frekuenca e instruksioneve që pëson ngecje ose vonesë.
-      Penalizim nga ngecjet (Stall Penalty) është numri i cikleve të clocku me të cilat ngec (vonohet) një instruksion.
Shpesh herë termi " **CPI pipeline**" quhet edhe "**CPI efektive**", prandaj do të kishim :
CPI efektive = $1 + \Sigma$ (Stall Frequency * Stall Penalty)

Shembull 4.19
Në një procesor pipeline të thjeshtë, për çdo instruksion "branch" të ekzekutuar, avancimi në pipeline vonohet (ngec) me 3 cikle clocku, ndërsa 10 % e instruksioneve "load" vonohet me 1 cikël clocku. Frekuenca në program e instruksioneve të tipit "branch" dhe "load" është respektivisht 20 % dhe 25%. Të llogaritet CPI efektive e procesorit.

Zgjidhje
CPI efektive = $1 + \Sigma$ (Stall Frequency * Stall Penalty)
CPI efektive = $1 + 0.2*3 + 0.1 * 0.25*1 = 1.625$

Shënim : pavarësisht se frekuenca e "load" është 25%, vetëm 10 % e tyre ngecin një cikël në pipeline.

Shembull 4.20

Supozojmë se në një procesor pipeline të thjeshtë, 30 % e instruksioneve janë të tipit *"load"* dhe në gjysmën e rasteve, ata pasohen nga një instruksion, ekzekutimi i të cilit varet vlera që ngarkohet në regjistër. Ky "hazard" shkakton një vonesë prej 1 cikël clocku.

Të gjejmë sa më e shpejtë është pipeline ideale nga kjo pipeline reale. Të injorohen vonesat e shkaktuara nga ngecjet e tjera.

Zgjidhje

Në rastin e mësipërm kemi të bëjmë me "data dependency" ose "data hazards" e shkaktuar prej 15 % e instruksioneve.

CPI efektive do të ishte :

CPI efektive = 1 + 0.15 *1 = 1.15

CPI ideale/CPI efektive = 1/1.15 = 0.87 ose 87 %.

Përfundimi : "Data hazards" shkaktojnë uljen me 13 % të performancave të procesorit.

QUIZ 4.6

Procesori Pa, me periodë clocku 1 ns, është i ndërtuar nga 8 stade pipeline. Ndërsa Pb ka 5 stade pipeline dhe frekencë 1GHz. Me supozimin Pa dhe Pb se kanë ISA të njëjtë dhe ekzekutojnë të njëjtin program, cili prej tyre është më performant?

O Pa më performant se Pb.

O Pb më performant se Pa.

O Pa po aq performant sa edhe Pb.

4.4.5 "Pipeline hazards" në një procesor pipeline

Në shembujt e mësipërm vihet re se procesorët pipeline kanë kufizimet e tyre. Ato shkaktohen prej "pengesave" ose të papriturave (ang. "hazards"), të cilat pengojnë fluiditetin e ekzekutimit të instruksioneve në një pipeline. Këtu më poshtë trajtohen në mënyrë relativisht të detajuar këto pengesa.

4.4.5.1 "Control hazards" (të papriturat e kontrollit)

Bazuar në parimin e sekuencialitetit, instruksionet ruhen në kujtesë dhe lexohen prej procesorit në radhë, njëri pas tjetrit. Nisur nga ky fakt, edhe hyrja tyre në pipeline do të jetë e tillë, pra sipas radhës (angl."in order"). Natyrisht që kjo radhë instruksionesh, për nevoja të ekzekutimit të programit, mund të ndërpritet nëpërmjet instruksioneve që quhen "të ndërprerjes së sekuencës", siç janë p.sh. jump, branch, loop, call/ret etj. Në kushtet kur në një pipeline, pjesë të instruksioneve ekzekutohen në paralel, ndërprerja e rrjedhës së tyre do të bëhet shkak për konflikte, që njihen me emrin të papritura të kontrollit (ang. *"control hazards"*). Kështu, meqenëse procesori pipeline lexon një rrjedhë sekuenciale instruksionesh, dhe instruksioni "branch", që sapo hyri në pipeline, nuk është dekoduar ende, atëherë në ciklin tjetër të clockut do të lexohet instruksioni i radhës (që gjendet pas "branch"). Në vartësi të plotësimit ose jo të kushtit të instruksionit "branch", ky mund të ishte instruksioni i duhur ("branch" nuk ndodh ose PC=program counter nuk ndryshon vlerë), ose instruksioni i gabuar ("branch" ose kërcimi ndodh , PC=program counter ndryshon vlerë). Shkurt mund të themi se *"lexohet (fetch) një instruksion pa ditur me saktësi në se është ai i duhuri apo jo"*. Kjo situatë është paraqitur skematikisht në figurë ku është marrë si shembull procesori ynë MIPS me pesë stade pipeline.

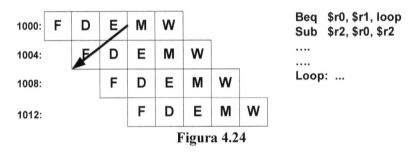

Figura 4.24

Kështu, vetëm në fund të etapës M, (ose E sipas rastit), të ekzekutimit të instruksioni "beq", do të mësohet në se do të vazhdohet me "sub" në adresën 1004 (kërcimi nuk ndodh) ose do të kërcehet në adresën 1012 (kërcimi ndodh) që i korrespondon etiketës "loop".

Për të zgjidhur këtë të papritur, me qëllim pra, që instruksionet të ekzekutohen pa gabime, në vartësi të metodës apo mënyrës të përdorur në pipeline e procesorit, reagohet si më poshtë:

Mënyra I : Avancimi në pipeline bllokohet. Skematikisht është paraqitur këtu më poshtë, figura 4.25.
Instruksioni « beq », që gjendet në adresën 1000 në kujtesën qëndrore, kuptohet se është « branch », vetëm në fund të fazës D=dekodim. Rrjedhimisht, pipeline bllokohet (« stall ») deri sa të mësohet adresa e kërcimit. Kjo ndodh zakonisht në fund të fazës M të instruksionit.

Instruksioni i lexuar tashmë ("fetch") prej 1004 do të injorohet. Sapo përcaktohet adresa e duhur, instruksioni lexohet prej kujtesës dhe hyn kështu në pipeline për ekzekutim. Pra, **për çdo instruksion branch, avancimi në pipeline bllokohet për 3 cikle clocku**. Në se përcaktimi i adresës së kërcimit bëhet në fund të stadit E=EXEkutim, atëherë vonesa për çdo instruksion të tipit "branch"do të reduktohej në 2 cikle clocku. Shikoni aneksin e kapitullit për detaje rreth dallimeve ndërmjet instruksioneve "branch" dhe "jump".

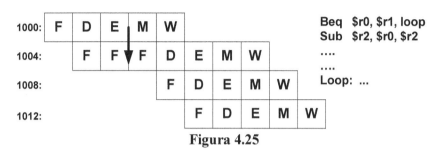

Figura 4.25

Natyrisht që penalizime të pipeline me 2 ose 3 cikle clocku për çdo instruksion branch do të përkeqësonin ndjeshëm performancat e procesorit. Për këtë arsye, metodat e mëposhtëme kanë për qëllim reduktimin e këtyre penalizimeve.

Mënyra II : Dekodim më i hershëm i instruksioneve "branch".
Sa më shpejt të mësohet adresa e kërcimit të një "branch", aq më i vogël do të rezultojë penalizimi nga "control hazards". Kështu, duke rimarrë në konsideratë pipeline e procesorit MIPS, në se kjo realizohet në stadin E=Ekzekutim, atëherë penalizimi do të ishte me 2 cikle clocku. Ndërsa në D=Dekodim penalizimi do të ishte minimal : 1 cikël clocku.
Nëpërmjet shtimit të hardware arrihet që gjatë fazës së D=Dekodim të pipeline të testohen regjistrat, të llogaritet adresa e kërcimit dhe të vendoset adresa në regjistrin PC. Kjo situatë paraqitet në figurën 4.26. Në këtë rast, **për çdo instruksion branch, avancimi në pipeline bllokohet për 1 cikël clocku**. Për më shumë rreth kësaj mundësie, dhe implikimeve që sjell ajo në hardware, shikoni në [2], 4-th edition, seksioni 4.8. Në aneksin e kapitullit janë paraqitur figurat 4.1 dhe 4.42, që sqaron më mirë këtë situatë për procesorin MIPS, të marrë si shembull.
Është e kuptueshme se, n.q.s një instruksion "branch"nuk arrihet të detektohet në stadin e dytë të pipelines, gjë që është e vërtetë në pipeline me thellësi më të madhe se pesë stade, atëherë bllokimi i pipelines në çdo instruksion branch do të sillte zvogëlim të ndjeshëm të performancës së procesorit.

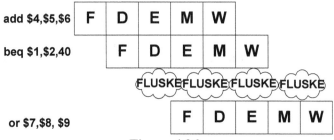

Figura 4.26

Për të zbutur këto pasoja, vjen në ndihmë "parashikimi ose presupozimi i kërcimeve" ("*branch prediction*"). Në rastin më të thjeshtë ato janë të formës statike prandaj dhe quhen "*static branch prediction*". Kështu ekzistojnë dy mundësi për parashikim të sjelljes së instruksioneve branch : kërcimi ndodh ose kërcimi nuk ndodh.

Koncepti është i thjeshtë : në vend që të bllokojmë pipeline me një cikël clocku për çdo instruksion branch, le të vazhdojmë me ekzekutimin e instruksionit të radhës (me presupozimin se kërcimi <u>nuk</u> do të ndodhë) ose të ndërpresim radhën e instruksioneve duke kërcyer tek adresa e specifikuar në branch (me presupozimin se kërcimi do të ndodhë). Sa të suksesshëm do të ishim në zgjedhjen që kemi bërë? Kjo do të varej natyrisht nga raporti i numrit të instruksioneve branch që <u>nuk</u> kërcejnë ose që kërcejnë, sipas rastit, ndaj numrit të përgjithshëm të branch të ekzekutuar. Sipas SPEC benchmarks ky raport lëviz në diapazon shumë të gjerë : nga 9 % - 59%.

Këto dy mundësi trajtohen këtu më poshtë (mënyra III dhe IV).

Mënyra III : Parashikim (presupozim) se kërcimi nuk do të ndodhë
Në se kemi fatin që kërcimi vërtet nuk ndodh, atëherë nuk do të ketë kurrfarë bllokimi të pipeline. Në të kundërt, pra kërcimi ndodh, atëherë instruksioni që sapo u lexua në kujtesë nuk është ai i duhuri. Prandaj, ai kthehet në një instruksion NOP (NoOPeration), bëhet "flush" vetëm regjistri IF/ID dhe lexohet ("fetch") instruksioni i duhur. **Vetëm në këtë rast kemi vonesë me një cikël në avancimin në pipeline**. Skematikisht kjo situatë paraqitet në figurën e mëposhtme (figura 4.27).

Mënyra IV : Parashikim se kërcimi do të ndodhë
Në këtë rast bëjmë supozimin e kundërt me atë të mëparshmin. Në disa procesorë, kjo metodë rezulton më e efektshme se mënyra III. [3]. Është interesant edhe fakti se në një "loop" instruksioni në fundit i tij është një "branch" që kërcen gjithmonë në fillim të "loop".

Kërcimi nuk ndodh	IF	ID	EX	MEM	WB				
Instruk. i+1		IF	ID	EX	MEM	WB			
i+2			IF	ID	EX	MEM	WB		
i+3				IF	ID	EX	MEM	WB	
i+4					IF	ID	EX	MEM	WB
Kërcimi ndodh	IF	ID	EX	MEM	WB				
Instruk. i+1		IF	**Idle**	**Idle**	**Idle**	**Idle**			
Add.kercimit			IF	ID	EX	MEM	WB		
Add.kercimit+1				IF	ID	EX	MEM	WB	
Add.kercimit+2					IF	ID	EX	MEM	WB

Figura 4.27

Mënyra V : "Delayed branch" ose kërcim i vonuar
Në këtë rast, parimi që përdoret është i thjeshtë : gjatë kompilimit të programit, kompilatori dhe asembleri të detektojë instruksionet "branch" dhe të vendosë në radhë pas tyre një, dy ose më shumë instruksione, që do të ekzekutoheshin në çdo rast, pavarësisht se "branch" ndodh ose jo. Në këtë mënyrë "pipelines" i sigurohet një hapësirë në kohë ("***branch delay slot***") e mjaftueshme, që ajo të ketë mundësi të dekodojë, të përcaktojë adresën e kërcimit dhe të thërrasë instruksionin e duhur në mënyrë të pagabueshme. Kjo situatë është ilustruar me shembullin e mëposhtëm.

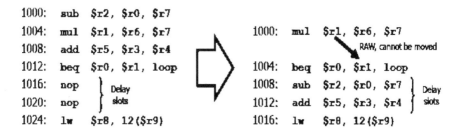

Figura 4.28

Pra, kohën e nevojshme për përcaktimin e branch prej 2 ciklesh clocku, në vend që ta sigurojë me dy NOP, e cila do të sillte shpërdorim të cikleve të procesorit, kompilatori e "mbush" me instruksione "të dobishme", që ai i "gjen" në program. Mënyra më efikase është që këto instruksione të kërkohen në radhë para instruksionit branch, por jo vetëm, dhe që nuk varen prej tij. Në procesorin me pesë stade që kemi marrë si shembull, zakonisht parashikohet vetëm një "delay branch slot". Për më shumë detaje referojuni [2].

205

Rezulton se mesatarisht kompilatori është i aftë të plotësojë "delay slot" me instruksione në 60 % të rasteve, nga të cilat vetëm 80% janë të dobishëm (*"usefull in computation"*). Pra, teknika « delayed branch » sjell mesatarisht një shkurtim me rreth 50 % të « branch penalty » (60%*80%). Kur ky "slot" nuk arrihet të mbushet me një instruksion të dobishëm, kompilatori vendos aty një NOP.

Kjo teknikë e përdorur me sukses në procesorët e parë RISC, ka humbur popullaritet me kalimin e viteve për shkak të rritjes së numrit të stadeve (procesorë super-pipeline) dhe ekzekutimit të më shumë se një instruksioni për një cikël clocku (procesorë super-scalarë). Ajo ja ka lënë vendin metodave dinamike të parashikimit, të cilat me rritjen e numrit të transistorëve në chip, rezultojnë me kosto të pranueshme.

Për të pasur saktësi më të madhe se parashikimi statik i kërcimeve, përdoren metoda dinamike të parashikimit.

Shembull 4.21

Të llogaritet CPI efektive e një pipeline skalare dhe "in-order pipeline" për katër mënyrat e ndryshme të kontrollit statik të pipelines ndaj "control hazards", duke pasur parasysh se frekuenca e instruksioneve "branch" është 20 % dhe se mesatarisht në 53 % të rasteve kërcimi ndodh. Injoroni vonesat e shkaktuara nga "hazards" e tjerë.

Zgjidhje

CPI efektive = 1 + Stall Frequency of Branch * Branch Stall Penalty

Për rastin e bllokimit të pipelines llogarisim:

CPI efektive = 1 + 0.2*3 = 1.6   ;me   supozimin   se   pipeline
                                        ;bllokohet 3 cikle clocku

Për rastin e skemës "presupozim se kërcimi ndodh", llogarisim:

CPI efektive = 1 + 0.2*(1-0.53)*1 = 1.094

Rezultatet e llogaritjeve janë përmbledhur në tabelën e mëposhtëme

Skema e kontrollit të pipeline	Branch penalty (clock cycles)	CPI efektive
Bllokim i pipelines	3	1.6
Presupozim se kërcimi ndodh	1	1.094
Presupoz. se kërcimi nuk ndodh	1	1.106
Delayed branch	0.5	1.1

Shembull 4.22
Branch Delay Slot
Konsideroni një procesor MIPS me një "branch delay slot". Supozoni se do të ekzekutohet kodi i mëposhtëm :

1. OR R3, R1, R2   ; destination register është R3
AND R4, R1, R2
2. BEZ R10 SMBL4
3. ADD R6, R14, R16
J OUT
SMBL4:
4. ADD R14, R6, R8

Ndër instruksionet e shënuar me 1, 2, 3 dhe 4, cili do të ishte më i preferuari i kompilatorit për të zënë vendin e vetëm që ekziston në "branch delay slot"? Përse?
Zgjidhje
Instruksioni i palidhur (pavarur) me të tjerët më i përshtatshëm është 1. OR R3, R1, R2. Ai do të ekzekutohet pavarësisht se kërcimi në SMBL4 do të ndodhë ose jo. Gjithashtu, instruksioni "1." nuk ka vartësi të dhënash ("data dependence") me instruksionet e tjerë të shembullit.

Mënyra VI : Parashikimi dinamik i kërcimeve   ("Dynamic prediction of branches")
Mënyrat statike të parashikimi të kërcimeve janë të përshtatshme për pipeline me thellësi të vogël, siç është p.sh. rasti i procesorëve MIPS me pipeline klasike me 5 stade. Metodat statike ofrojnë saktësi të kufizuar, e cila në procesorët me pipeline komplekse dhe me shumë stade, shkakton shpërdorim të konsiderueshëm të performancës së procesorit. Në këto raste përdoren me sukses mënyrat dinamike të parashikimit të kërcimeve.
Metodat dinamike të parashikimit, bazohen në parimin e verifikimit paraprak, në se kërcimi është kryer ose jo herën e fundit që ky instruksion "branch" është ekzekutuar. Në se kërcimi ka ndodhur, atëherë instruksioni që hyn në pipeline pas instruksionit branch, do të jetë përsëri ai i ekzekutuari herën e fundit. Pra, parimi është i thjeshtë : mjafton të ruajmë historinë e ekzekutimit ë instruksioneve "branch" të programit, pasi ajo do të na shërbejë për të parashikuar me saktësi të kënaqshme sjelljen e "branch" edhe në të ardhmen.

Shembull 4.23
Marrim në konsideratë tre mënyra parashikimi të kërcimeve : kërcimi nuk ndodh, kërcimi ndodh dhe parashikim dinamik. Supozojmë se ato

sigurojnë penalitet zero kur parashikimi është ai duhuri dhe një cikël clocku kur ai është i gabuar. Supozojmë gjithashtu se saktësia e parashikimit dinamik është 90 %. Cilat nga tre mënyrat do të ishte zgjidhja më e mirë për tre rastet e mëposhtëm?

a. Kërcimi ndodh në 7% të rasteve.
b. Kërcimi ndodh në 96% të rasteve.
c. Kërcimi ndodh në 75% të rasteve.

Zgjidhje

a. Administrimi i kërcimeve sipas mënyrës "kërcimi nuk ndodh" do të ishe zgjedhja më e mirë, pasi do të ishte i suksesshëm në 93 % të rasteve.
b. Administrimi i kërcimeve sipas mënyrës "kërcimi ndodh" do të ishe zgjedhja më e mirë, pasi do të ishte i suksesshëm në 96 % të rasteve.
c. Administrimi i kërcimeve sipas metodës dinamike do të ishe zgjedhja më e mirë pasi do të ishte i suksesshëm në 90 % të rasteve kundrejt 75 % që ofron metoda "kërcimi ndodh".

Rasti më i thjeshtë i parashikimit dinamik të kërcimeve quhet "branch prediction buffer" ose "branch history table", shkurt BHT, e cila paraqitet skematikisht në këtë figurë.

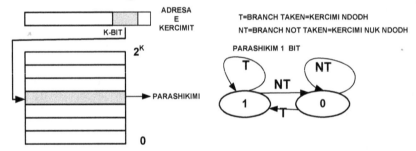

Figura 4.29

BHT është një tabelë me një numër të kufizuar elementësh me madhësi një bit të vendosur brenda procesorit. Indeksimi i tabelës bëhet nëpërmjet "k" bitëve me peshë të vogël të adresës së instruksioneve "branch" që ekzekutohen.

Mekanizmi i funksionimit të BHT është sqaruar më poshtë. Kështu, n.q.s. ekzekutimi i instruksionit "branch" me adresë x në kujtesën qëndrore rezulton pozitiv, pra kërcimi ndodh (ang. branch taken, shkurt "T") atëherë elementi korrespondues i këtij instruksioni në BHT do të marrë vlerën "1". Kur ky instruksion "branch" të riekzekutohet, BHT do ti sugjerojë pipelines të thërrasë menjëherë instruksionin ku kërcen ky branch. Në se parashikimi do të rezultonte i gabuar, pra kushtet për "branch" nuk plotësohen si në rastin e ekzekutimit të fundit, atëherë pipeline do të pësojë penalitet si rezultat i "pipeline flush". Elementi korrespondues në BHT do të kalojë në "0" për të "mbajtur mend" se, kërcimi këtë herë, nuk ndodhi.

Dekodimi i hershëm i instruksioneve "branch", shoqëruar me mekanizmin BHT, do të bëjë që "fetch" i instruksionit ku kërcehet, të kryhet menjëherë në përfundim të fazës së dekodimit të "branch".

Saktësia e parashikimit të kërcimeve i metodës BHT është relativisht e kufizuar, siç tregohet edhe në shembullin e mëposhtëm.

Shembull 4.24

Le të marrim në shqyrtim rastin e një "loop" që ekzekutohet 9 herë para se ai të përfundojë, si më poshtë:

```
for (…){
  for (i=0; i<9; i++)
    a[i] = a[i] * 2.0;
}
```

Të vlerësohet saktësia e parashikimit të kërcimit në se procesori përdor një tabelë e tipit BHT.

Zgjidhje

Gjatë ekzekutimit të "loop" do të gabohet dy herë :

Herën e parë, kur "loop" fillon, do të kemi vlerën përkatëse të BHT=0, sepse herën e fundit kur ky loop është ekzekutuar, ka qënë kur është dalë prej tij (pra, elementi përkatës në BHT nga 1 është bërë 0). Gabohet gjithashtu në përfundim të loop, kur do të kemi BHT=1, ndërkohë që loop përfundon dhe dilet prej tij.

Pra, në 10 herë të përdorimit të BHT, parashikimi është 8 herë i saktë dhe 2 herë i gabuar. Saktësia e parashikimit rezulton të jetë 80 %.

Për të rritur saktësinë e kësaj metode, elementët e tabelës BHT bëhen me dy bitë. Në këtë mënyrë i shtohet histerezi procesit të parashikimit të kërcimeve. Skematikisht automati që realizon këtë proces, paraqitet në figurën 4.30.

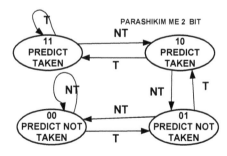

Figura 4.30

Sipas kësaj skeme, do të duhej tani të gabohej jo më një, por dy herë, para se parashikimi të ndryshojë nga "branch taken" në "branch not taken", ose anasjelltas.

Metoda e BHT tregon në se kërcimi duhet të kryhet ose jo, por në çdo rast duhet të llogaritet adresa e instruksionit ku kërcehet. Në procesorin pipeline me 5 stade, kjo llogaritje kërkon një cikël clocku, pra do të kërkojë një cikël penalitet. Për të evituar këtë, përdoret Branch Table Buffer (BTB), i cili ruan edhe adresën e kërcimit, ashtu siç tregohet në figurë.

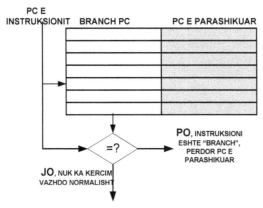

Figura 4.31

Për më shumë informacion rreth BTB referojuni [1].

Metoda më të sofistikuara të parashikimit të kërcimeve janë edhe "correlating predictors" dhe "tournament predictors", për të cilat do të gjeni informacion relativisht të detajuar tek [2] dhe [3].

Shembull 4.25

Supozojmë se moduli i një programi përbëhet prej tre instruksioneve kërcimi të kushtëzuar ("branch"), të cilët ekzekutohen mijëra herë. Këtu më poshtë jepet rezultati i ekzekutimit një herë të këtyre instruksioneve (ku T = branch taken =kërcimi kryhet, N = branch Not taken = kërcimi nuk kryhet).

Branch1 : T T T
Branch2 : N N N N
Branch3 : T N T N T N

Supozojmë se sjellja e kërcimeve mbetet e njëjtë në çdo ekzekutim të modulit. Në rastin e parashikimit dinamik, supozojmë se secili branch ka buferin e tij, që inicializohen të gjithë në të njëjtën gjendje. Gjeni saktësinë e parashikimi për secilin "branch", kur përdoren metodat e mëposhtme të parashikimit.

a. Parashikim se kërcimi do të ndodhë

b. Parashikim se kërcimi **nuk** do të ndodhë
c. BHT me 1 bit, inicializuar se kërcimi do të ndodhë
d. BHT me 2 bit, inicializuar në gjendjen se kërcimi **edhe mund** të
   ndodhë (gjendja 10).

Zgjidhje

a. Parashikim se kërcimi do të ndodhë
Branch1 : parashikimi është : T T T   – saktë =3 , gabuar : 0
Branch2 : parashikimi është : T T T T   – saktë =0 , gabuar : 4
Branch3 : parashikimi është : T T T T T T   – saktë =3 , gabuar : 3
Totali : saktë 6, gabuar 7
Saktësia e parashikimit = 6/13 x 100% = 46 %

*b. Parashikim se kërcimi **nuk** do të ndodhë*
Branch1 : parashikimi është : N N N   – saktë =0 , gabuar : 3
Branch2 : parashikimi është : N N N N   – saktë =4 , gabuar : 0
Branch3 : parashikimi është : N N N N N N   – saktë =3 , gabuar : 3
Totali : saktë 7, gabuar 6
Saktësia e parashikimit = 7/13 x 100% = 53.8 %

c. BHT me 1 bit, inicializuar se kërcimi do të ndodhë
Branch1 : parashikimi është : T T T   – saktë =3 , gabuar : 0
Branch2 : parashikimi është : T N N N   – saktë =3 , gabuar : 1
Branch3 : parashikimi është : T T N T N T   – saktë =1 , gabuar : 5
Totali : saktë 7, gabuar 6
Saktësia e parashikimit = 7/13 x 100% = 53.8 %

*d. BHT me 2 bit, inicializuar në gjendjen se kërcimi **edhe mund** të*
   ndodhë (gjendja 10)
Branch1 : parashikimi është : T T T   – saktë =3 , gabuar : 0
Branch2 : parashikimi është : T N N N   – saktë =3 , gabuar : 1
Branch3 : parashikimi është : T T T T T T   – saktë =3 , gabuar : 3
Totali : saktë 9, gabuar 4
Saktësia e parashikimit = 9/13 x 100% = 69 %

Shembull 4.26
Le të shikojmë një shembull në lidhje me performancën e "Branch Table
Buffer"-BTB. Natyrisht që BTB do të vuajë nga dy raste gabimesh:
• Parashikimi i kërcimit është i gabuar (ang. *"misprediction"*).
• Instruksioni branch nuk gjendet në BTB. Më këtë rast kemi të bëjmë
  me atë që quhet "hit rate" në BTB.
Në një procesor pipeline, mekanizmi i BTB arrin të sigurojë një saktësi të
parashikimit 90 % dhe "një hit rate" të barabartë me 85 %. Të gjendet

penaliteti që shkaktohet në pipelinë nga instruksionet e tipit "branch" në rast se ato e ngrijnë rrjedhjen e instruksioneve në pipeline për 2 cikle clocku dhe në 60 % të rasteve këto instruksione kryejnë kërcimin.

Zgjidhje

-Probabiliteti që adresa e kërcimit të gjendet në BTB, por ajo të keq-parashikohet do të ishte : 85%x10% = 0.085.

-Probabiliteti që adresa e kërcimit të MOS gjendet në BTB dhe instruksioni "branch" të kryejë kërcimin, do të ishte : 15%x60% = 0.09.

Rrjedhimisht penaliteti i shkaktuar në pipeline prej instruksioneve "branch" që keq-parashikohen, apo që nuk gjenden fare në BTB do të llogaritej :

(0.085+0.09)*2 = 0.35 cikle clocku

Shembull 4.27

Supozojmë se një procesor pipeline me 5 stade përdor ISA, klasat e instruksioneve të të cilës janë si në si në tabelën e mëposhtme.

Klasa e instruk.	Branch	ALU	JMP	LoadW	StoreW
Frekuenca	25 %	40 %	5 %	25 %	5%

Jepen këto saktësi të metodave të parashikimit të kërcimeve:

Parashikim se kërcimi do të ndodhë   = 45 %

Parashikim se kërcimi **nuk** do të ndodhë   = 55 %

BHT me 2 bit   = 85 %

Supozojmë se rezultati i branch përcaktohet në stadin EXE. Pra, një gabim në parashikimin e një branch, do të shkaktojë penalitet prej 3 ciklesh clocku.

Te gjendet vlera me të cilën rritet parametri CPI, shkaktuar prej mosparashikimit të saktë të kërcimeve të kushtëzuar për rastet kur përdoret:

a. Metoda që parashikon se kërcimi do të ndodhë.

b. Metoda që parashikon se kërcimi nuk do të ndodhë.

c. Metoda BHT me element me 2 bit.

Zgjidhje

Bazuar në formulën :

CPI pipeline= $1 + \Sigma$ (frekuenca e ngecjeve * penalizim nga ngecjet)

dhe duke pasur parasysh se kërcimet e parashikuara gabim janë (1- saktësia e parashikimit), llogarisim me lehtësi :

a. Shtesa CPI = $(1-0.45)*0.25*3 = 0.41$ cikle/instruksion

b.   Shtesa CPI = (1-0.55)*0.25*3=0.34 cikle/instruksion
c.   Shtesa CPI = (1-0.85)*0.25*3=0.11 cikle/instruksion

Shembull 4.28
Marrim në konsideratë kodin e mëposhtëm :

Loop:

LOAD R1, 0(R2)	; ngarko R1 nga adresa 0+R2
ADI R1,R1,#1	; R1=R1+1
STORE 0(R2),R1	; ruaj R1 në adresën 0+R2
ADI R2,R2,#4	;R2=R2+4
SUB R4,R3,R2	; R4=R3-R2
JNZ R4,Loop	; Jump to Loop if R4=0

Supozoni se vlera fillestare e R2 është R2+396. Supozoni gjithashtu se « structural hazards » nuk janë eliminuar, prandaj instruksionet që janë tashmë në pipeline kanë prioritet ndaj atyre që hyjnë, rrjedhimisht këta të fundit « ngecin ».

Të gjenden:
a.   Paraqisni ekzekutimin në kohë ("timing") të kësaj sekuence instruksionesh në një pipeline klasike me 5 stade (F-D-Ex-M-W), e cila nuk ka hardware për « forwarding » dhe « bypassing ». Supozoni se instruksioni « branch=JNZ » trajtohet duke bërë « flush » pipelinën.
b.   Në qoftë se të gjitha operandat që kërkohen në kujtesë gjenden në kashé dhe në mungesë të hardware për « forwarding » dhe « bypassing », sa cikle clocku do të nevojiten për të ekzekutuar këtë kod ?
c.   Paraqisni ekzekutimin në kohë (timing) të kësaj sekuence instruksionesh në një pipeline klasike me 5 stade (F-D-Ex-M-W), e cila ka tashmë hardware për « forwarding » dhe « bypassing ». Instruksionet "branch" parashikohen sipas mënyrës se kërcimi nuk do të ndodhë.
d.   Në qoftë se të gjitha operandat që kërkohen në kujtesë gjenden në kashé dhe tashmë në prezencë të hardware për « forwarding » dhe « bypassing », sa cikle clocku do të nevojiten për të ekzekutuar këtë kod ?
Zgjidhje
a.« Timing » i ekzekutimit të një sekuence të « loop " është paraqitur këtu më poshtë. Me « **S** » janë shënuar ciklet në të cilat avancimi në pipeline ngec (S=Stop=Stall), të cilat shkaktohen prej "data hazards ose data dependency". Meqenëse "structural hazards" nuk janë shmangur, atëherë "fetch" e instruksioneve nuk mund të kryhet kur përdoret kujtesa (cikli M i instruksionit). Kjo ndodh për instruksionet STORE 0(R2),R1, ADI R2,R2,#4 dhe JNZ R4,Loop. Instruksioni JNZ vonohet deri në njohjen përfundimtare të adresës së kërcimit. Cikli pasardhës i loop fillon në përfundim të ekzekutimit të instruksionin JNZ.

INSTRUKSIONET	CIKLET E CLOCKUT																	
	1	2	3	4	5	6	7	8	9	10	11	12	13	14	15	16	17	18
LOAD R1, 0(R2)	F	D	Ex	M	W													
ADI R1,R1,#1		F	D	S	S	Ex	M	W										
STORE 0(R2),R1			F	S	S	D	S	S	Ex	M	W							
ADI R2,R2,#4						F	S	S	D	Ex	M	W						
SUB R4,R3,R2								F	D	S	S	Ex	M	W				
JNZ R4,Loop										F	D	S	S	Ex	M	W		
LOAD R1, 0(R2)																	F	D

Figura 4.32

b. Vlera fillestare e R3=R2+396 dhe çdo kalim në « loop » shton +4 në R2. Prandaj, « loop» do të ekzekutohet gjithsej 396/4 = 99 herë. Nga diagrama e mësipërme e cikleve të clockut, llogaritet se një kalim në loop « konsumon » 16 cikle clocku. Kjo vlen për 98 ciklet e ekzekutimit të « loop ». Cikli i fundit, pra i 99-ti, nga po kjo diagrame vihet re se ai do të "konsumohet" plotësisht, pra do të kërkojë 18 cikle clocku. Pra, numri totali cikleve të clocku do të ishte : 98*16+18=1584.

c. « Timing » i ekzekutimit të një sekuence të « loop ", në rastin kur shtohet hardware për "data forwarding ose baypass" është paraqitur këtu më poshtë. Këtu është pasur parasysh se "struktural hazards" janë përsëri prezent.

INSTRUKSIONET	CIKLET E CLOCKUT													
	1	2	3	4	5	6	7	8	9	10	11	12	13	14
LOAD R1, 0(R2)	F	D	Ex	M	W									
ADI R1,R1,#1		F	D	S	Ex	M	W							
STORE 0(R2),R1			F	D	S	Ex	M	W						
ADI R2,R2,#4					F	D	Ex	M	W					
SUB R4,R3,R2						F	D	Ex	M	W				
JNZ R4,Loop							F	D	Ex	M	W			
LOAD R1, 0(R2)										F	D	Ex	M	W

Figura 4.33

214

d.Nga diagrama e mësipërme e cikleve të clockut, llogaritet se një kalim në loop « konsumon » 9 cikle clocku. Kjo vlen për 98 ciklet e ekzekutimit të « loop ». Cikli i fundit, pra i 99-ti, nga po kjo diagramë vihet re se ai do të "konsumohet" plotësisht, pra do të kërkojë 11 cikle clocku.

Pra, numri total i cikleve të clocku do të ishte : 98*9+11=893.

Shembull 4.29

Supozojmë se në një procesor pipeline të papriturat strukturore (*"structural hazards"*) janë evituar. Pra, faza "fetch" dhe kapja e kujtesës qëndrore (p.sh. me instruksione Load/Store) mund të kryhet në të njëjtin cikël clocku. Për një program të caktuar, kemi këto të dhëna:

- 35 % e instruksioneve janë "Load"
- 20 % e instruksioneve janë "branch"
- 60 % e instruksioneve "branch", programi kërcen instruksionin e radhës (pra, "kërcimi ndodh").
- 40 % e instruksioneve, si rezultat i të papriturave të të dhënave (*"data hazards"*), janë të varur nga paraardhësit.

Administrimi i kërcimeve kryhet sipas mënyrës dekodim i hershëm i instruksioneve "branch".

Duke supozuar se programi është mjaftueshëm i gjatë (miliona instruksione që ekzekutohen), të gjenden :

a. Cila është vlera e CPI për këtë program të ekzekutuar nga procesori?
b. Për të përmirësuar performancat e programit që ekzekutohet në këtë "in ordrer pipeline", mendohet që pipeline të modifikohet duke bërë që administrimi i kërcimeve të kryhet sipas mënyrës "kërcimi ndodh". Sa do të ishte vlera e CPI për këtë program në këtë rast?

Zgjidhje

a.

Për "ngecjet" në pipeline që shkaktohen prej "pipeline hazards", në mënyrë simbolike mund të shkruajmë:

CPI pipeline= 1 + cikle vonesë për instruksion nga hazards (structural + data + control)

Shënim : barazimi i mësipërm është i vërtetë, sepse në pipeline të tipit "in-order" vonesat e shkaktuara nga "hazards", në përgjithësi, nuk mbivendosen.

Barazimi i mësipërm do të mund të shkruhej edhe kështu:

CPI pipeline= 1 + Σ (frekuenca e ngecjeve * penalizim nga ngecjet)

Duke pasur parasysh se *"structural hazards"* janë evituar, përftojmë :

CPI pipeline= 1 + frekuenca e "control hazards" * penalizim nga "control hazards" + frekuenca e "data hazards" * penalizim nga "data hazards"

Ekzekutimi në pipeline i instruksioneve "branch" do të shkaktonte vonesë me një cikël clocku për të gjithë instruksionet e këtij tipit.
Ekzekutimi i instruksioneve *"data dependent"* që shkaktojnë *"data hazards"* është paraqitur skematikisht këtu më poshtë.

Instruksion-X	IF	D	Ex	M	Wb			
Instruksion-Y		IF	D	Nop	Nop	Ex	M	Wb

Pra, vonesa e shkaktuar do të ishte 2 cikle clocku, për 40 % e instruksioneve "load".Mund të llogaritim :

CPI = 1 + (0.2 x 1) + (0.35 x 0.4 x 2) = 1+ 0.64 = 1.48 cikle/instruksion

b. Ekzekutimi në pipeline i instruksioneve "branch" do të shkaktonte vonesë me një cikël clocku <u>vetëm për rastet kur kërcimi nuk ndodh</u>, që i korrespondon 40 % të instruksioneve "branch". Ekzekutimi i instruksioneve "data dependent" që shkaktojnë *"data hazards"* do të mbetej i pandryshuar.
Përfundimisht mund të llogaritim :
CPI = 1 + [0.2 x 0.4 x1] + (0.35 x 0.4 x 2) = 1.36 cikle/instruksion

4.4.5.2 Data hazards (të papriturat e të dhënave)
Të papriturat e të dhënave ndodhin atëherë kur instruksionet lexojnë ose shkruajnë në operanda, që përdoren prej instruksioneve të tjerë në vijim. Kemi të bëjmë me atë, që zakonisht quhet vartësi e instruksioneve prej të dhënave (ang."data dependencies").
Në përgjithësi, instruksioni A quhet i varur (ang. dependent) prej instruksionit B, atëherë kur ekzekutimi i A-së përcaktohet prej kushteve që llogariten prej B-së, ose kur A-ja përdor të dhëna, që krijohen prej B-së.
Dallojmë katër raste të "data dependency", si më poshtë.
- *RAR – Read After Read hazard*

    add r1,r2,**r3**   ; r3 + r2 -> r1
    sub r4,r5,**r3**   ; r5 – r3 -> r4

Në këtë rast, dy instruksione (add dhe sub) lexojnë të njëjtin regjistër (r3). Përderisa përmbajtja e regjistrit r3 nuk ndryshon prej instruksionit "add", natyrisht që nuk ka arsye të bllokohet avancimi i instruksionit "sub" në pipeline. Pra, RAR nuk shkakton një "data hazard".
- *RAW – Read After Write hazard*
add **r1**,r2,r3   ; r3 + r2 -> r1
sub r4,r5,**r1**   ; r5 - r1 -> r4

Kjo lloj vartësie ndërmjet të dhënave quhet edhe "flow-dependence". Në një pipeline klasike me 5 stade, regjistri r1 do të modifikohet në stadin e fundit (WB) të instruksionit add. Rrjedhimisht, instruksioni "sub", për të pasur vlerën e saktë të r1, duhet të presë dy cikle clocku, para se të vazhdojë ekzekutimin e tij. Skematikisht kjo situatë është paraqitur në figurë.

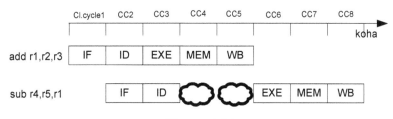

Figura 4.34

Një rast tjetër i RAW, që shpreh vartësinë nga instruksioni "load" (quhet edhe "*load use dependence*") është ilustruar në këtë shembull:

```
load r1,a       ; Mem(a) -> r1
sub r2,r1,r3    ; r1 – r3 -> r2
```

- *WAR – Write After Read hazard*

```
add r1,r2,r3    ; r3 + r2 -> r1
sub r2,r5,r1    ; r5 – r1 -> r2
```

Kjo lloj vartësie ndërmjet të dhënave quhet edhe "anti-dependence".

- *WAW – Write After Write hazard*

```
add r1,r2,r3    ; r3 + r2 -> r1
sub r1,r5,r6    ; r5 – r6 -> r1
```

Kjo lloj vartësie ndërmjet të dhënave quhet edhe "output-dependence".
Vartësitë WAR dhe WAW quhen edhe "name dependence", sepse ato ekzistojnë prej faktit se numri i regjistrave të procesorit është i kufizuar. Për të zbutur efektin e numrit të reduktuar të regjistrave, kompilatorët përdorin teknikën që njihet si "register rename".

Shembull 4.30
Në kodin e mëposhtëm, shkruar në asembler MIPS, të identifikohen "data dependencies". Të paraqitet grafikisht avancimi i instruksione në një

217

pipeline me 5 stade.

```
add    $3, $4, $2      ; R4+R2 ->R3
sub    $5, $3, $1      ; R3- R1 ->R5
lw     $6, 200($3)     ; Mem (R3+200) -> R6
add    $7, $3, $6      ; R3+R6 ->R7
```

Zgjidhje
Prej përdorimit të regjistrit $3, ekziston vartësi e të dhënave ("data dependency") e llojit RAW ndërmjet instruksionit të parë dhe të gjithë instruksioneve në vazhdim.

Regjistri $6 shkakton varësi të tipit RAW ndërmjet instruksionit lw (load word) dhe instruksioni të fundit. Grafikisht ekzekutimi i kodit në pipeline paraqitet në figurë.

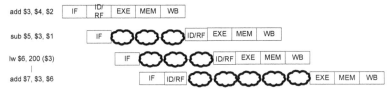

Figura 4.35

Nga shembulli i mësipërm vihet re se penaliteti i shkaktuar prej "data hazard" është i konsiderueshëm.

Për fat të mirë, përdorimi i teknikës "forwarding", që njihet edhe me emrin "bypassing", zvogëlon në një masë të konsiderueshme efektin negativ të "data hazards".

Parimi i funksionimit të "forwarding" është i thjeshtë. Duke ju referuar shembullit të mësipërm, do të vëmë re se edhe pse shuma e llogaritur prej instruksionit të parë (add $3,$4,$2), është e disponueshme në fund të stadit EXE, instruksioni pasues (sub $5, $3, $1) duhet të presë shkrimin e tij në regjistrin $3 që kryhet në stadin WB. Përse ndodh kështu? Sepse, në procesorin pipeline, nuk kemi parashikuar ende një "rrugë të shkurtër" (ang. "bypass"), e cila të aktivizohet në raste të tilla. "Forwarding" nuk është pra gjë tjetër veçse kjo "rrugë e shkurtër", ose ky anashkalim (bypass) që i bëhet grupit të regjistrave të procesorit ("register file"), e cila mundëson mos-ngecjen e pipelines në rastet e "data dependency". Skematikisht ky modifikim është paraqitur në figurën 4.36.

Në secilën hyrje të ALU-së, shtohet nga një MUltipleXer, i cili mundëson ALU-në të manipulojë të dhëna prej më shumë se një burimi. Kështu, përveç bankës së zakonshme të regjistrave, në hyrje të ALU-së, mund të aplikohen edhe përmbajtjet e "latche-ve", që gjenden në dalje të stadeve

EXE dhe MEM. Duke e plotësuar këtë skemë parimore me logjikën e detektimit të "data dependecy" dhe kontrollin e MUX, përftojmë një pipeline e pajisur me teknikën "forwarding", të treguar skematikisht në figurën 4.37 (marrë prej [2]). Më shumë informacion rreth "forwarding", mund të lexoni në [2].

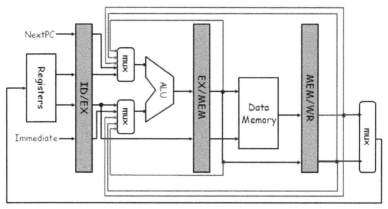

Figura 4.36

A eliminohen të gjitha rastet e "data hazards" nga përdorimi i "forwarding"? Le të shikojë shembullin e mëposhtëm.

Shembull 4.31
Rimarrim shembullin 4.30, me supozimin se tani, procesori MIPS është i pajisur me hardware që mundëson teknikën "forwarding". Të paraqitet grafikisht ekzekutimin e kodit të këtij shembulli.
Zgjidhje
Nëpërmjet "forwarding", dalja e ALU-së do të "ushqejë" me rezultatin e instruksionit të parë **add**,vazhdimin e veprimeve të instruksionet **sub** dhe **lw**. Në figurën e mëposhtme, kjo është treguar me dy shigjeta.

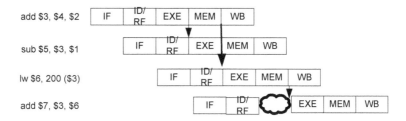

Figura 4.37

Pipeline do të rrjedhë pra pa ngecje, deri në instruksionin e fundit add. Ky instruksion, do të jetë i detyruar të presë një cikël clocku, në mënyrë që lw, në fund të fazës MEM, të ngarkojë vlerën e duhur në regjistrin $6.

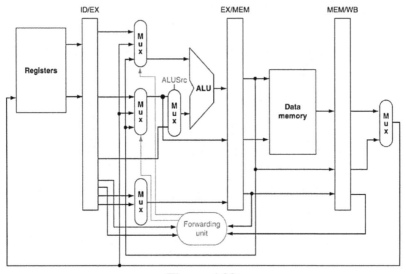

Figura 4.38

A është e mundur të evitohen ngecjet e pipeline të shkaktuara prej instruksionit load? Po, ato mund të shmangen në një masë të konsiderueshme nëpërmjet optimizimit që kompilatori i bën kodit të gjeneruar prej tij. Le të shikojë shembullin e mëposhtëm.

Shembull 4.32
Supozojmë se do të llogaritet shprehja:

a = b + c ;
d = e - f ;

Supozojmë gjithashtu se a,b,c,d janë variabla të deklaruar në kujtesën qëndrore.
Të shikojmë si kompilatori mund të optimizojë kodin që llogarit shprehjen e mësipërme.
Zgjidhje
Këtu më poshtë janë dhënë dy variantet e kodit : kodi normal, i quajtur "kod i ngadaltë" dhe ai i optimizuar prej kompilatorit, i quajtur "kod i shpejtë".

Në kodin e ngadalë dy instruksionet load, lw R2,c dhe lw R5,f, do të shkaktojnë ngecje të pipelines me të paktën një cikël clocku. Kompilatori, nëpërmjet rirenditjes së instruksioneve load, gjeneron variantin " e shpejtë" të kodit, i cili eliminon këto ngecje të pipeline.

Kod i ngadaltë		Kod i shpejtë	
lw	R1,b	lw	R1,b
lw	*R2,c*	lw	R2,c
add	R3,R1,**R2**	**lw**	**R4,e**
sw	a,R3	add	R3,R1,R2
lw	R4,e	lw	R5,f
lw	*R5,f*	**sw**	**a,R3**
sub	R6,R4,**R5**	sub	R6,R4,R5
sw	d,R6	sw	d,R6

QUIZ 4.7

A është "forwarding" një teknikë e suksesshme që kufizon varësinë ndaj të dhënave (data dependecy) ndërmjet instruksioneve?

O. PO

O. JO

USHTRIME

Ushtrim 4.1

Llogarisni prurjen (bandwidth) e busit të nevojshme për shfaqjen e një filmi në një ekran XGA (1024x768 pixel) në "high-color" me 30 pamje (frames)/sekondë. Merrni në konsideratë faktin se të dhënat duhet të kalojnë në bus dy herë : një herë prej DVD-ROM në kujtesë dhe herën e dytë prej kujtesës në GPU e mandej në ekran.

Ushtrim 4.2

Në tabelë janë paraqitur të dhënat në lidhje me busin e sistemit për gjashtë familje procesorësh të ndryshëm që përdorin busin FSB. Brenda familjes, numri i cikleve të clockut të busit lëviz në kufij minimalë/maksimalë. Llogaritni vlerat minimale dhe maksimale të shpejtësisë (T/s) dhe debitit (B/s) për secilën familje dhe vendosini ato në tabelë.

Familje procesorësh	Clock Bus Min. MHz	Clock Bus Max. MHz	Bus width (bit)	Trans-actions/ sec.	Bus speed Min. (MT/s)	Bus speed Max. (MT/s)	Bus Bandwi dth (MB/s)	Bus Bandwi dth (MB/s)
Pentium 4	100	133	64	4				
Pentium Dual-Core	133	266	64	4				
PentiumCore2E xtreme	200	400	64	4				
AMD K6-II	66	100	64	1				
AMD Athlon	100	133	64	2				
AMD Sempron	166	200	64	2				

Ushtrim 4.3

Supozoni se sipas protokollit që rregullon shkëmbimet e të dhënave në një bus, kërkohen 6 ns. për të bërë një kërkesë për përdorimin e busit dhe 26 ns. për të kryer një shkëmbim informacioni në bus. Lidhja e pajisjeve në bus bëhet sipas "daisy chain". Në se një pajisje gjendet në krye të "chain" sa do të ishte numri maksimal i shkëmbimeve që ajo mund të kryejë në sekondë?

Ushtrim 4.4

Në një sistem qëndror, procesori 64 bit dhe kujtesa qëndrore ndajnë një bus të përbashkët me gjerësi 64 bit dhe frekuencë 100 MHZ. Gjatësia e fjalës në kujtesë është 64 bit dhe ajo lexohet në 50 ns.

Te gjenden :

a. Sa kohë nevojitet për të lexuar një fjalë nga kujtesa?
b. Sa është numri i fjalëve me adresa të rastit në kujtesë që mund të lexohen në një sekondë?
c. Argumentoni ndryshimin në rezultatin e përftuar në pikën b me rezultatin e përftuar në shembullin 4.2.
d. Llogaritni debitin ("bandwidth") që siguron busi i këtij sistemi.

Ushtrim 4.5

Shikoni me vëmendje shembullin 4.5.

a. Cili është një prej përfundimeve që ju nxirrni prej rezultateve të përftuara prej tij?

b. Llogarisni faktorin e shfrytëzimi të busit për rastin d.

Ushtrim 4.6

Supozoni se një procesor 32 bit ka një frekuencë clocku 1 Ghz. Ai komunikon me pjesën tjetër të kompjuterit nëpërmjet një "CPU-Memory Bus" i tipit sinkron me gjerësi 16 bit. Kohëzgjatja e një transmetimi në bus është 5 herë më e madhe se ajo e clockut të procesorit.

a. Llogarisni prurjen ("bandwith") të këtij busi.

b. Për të rritur performancën e kompjuterit, ju do të preferonit rritjen e gjerësisë së busit nga 16 në 32 bit apo dyfishimin e frekuencës së funksionimit të busit? Argumentoni përgjigjen tuaj.

Ushtrim 4.7

Për të komunikuar me "South Bridge" procesorët Intel me mikroarkitekturë Sandy Bridge përdorin ndërfaqe DMI 2.0, e cila ka shpejtësi transmetimi 20 Gbit/sek. në 4x link. Sa është "bandwith" i kësaj ndërfaqe?

Ushtrim 4.8

Llogaritni "throughput" të busit Intel QPI për frekuencat 2.4 dhe 2.93 GHz.

Ushtrim 4.9

Busi HyperTransport është konkurrent i busit Intel QPI. Ai është një "open standard" dhe përdoret në të gjithë procesorët të prodhuar prej firmës AMD. Në versionin 3.1 të tij busi HyperTransport ka këto të dhëna :
Frekuencë maksimale 3.2 GHz, gjerësi maksimale 32 bit për link, dy "link" njëdrejtimësh (unidirectional link), dy transferime për cikël clocku (dual data rate). Llogaritni "bandwidth" të busit HyperTransport.

Ushtrim 4.10

Supozoni se procesori është një MIPS me një cikël clocku ("single cycle processor") dhe CPI=1. Kohët e përgjigjes së pjesëve të ndryshme të "datapath" janë si më poshtë:

Koha e aksesit të kujtesës qëndrore	= 200 ps.
Veprimet në ALU	= 100 ps.
Koha e aksesit të regjistrave	= 50 ps.

Përdorimi i datapath prej klasave të instruksioneve të procesorit MIPS është paraqitur në tabelë.

Klasa e instruk. të MIPS	Pjesa e "datapath" ë përdoret prej klasës së instruksioneve				
ALU	Inst. Fetch	Register	ALU	Register	
Load Word (lw)	Inst. Fetch	Register	ALU	Memory	Register
Store Word (sw)	Inst. Fetch	Register	ALU	Memory	
Branch	Inst. Fetch	Register	ALU		
Jump	Inst. Fetch				

Gjeni frekuencën e clockut të procesorit MIPS.
Ndihmë : referojuni shembullit 4.10.

Ushtrim 4.11
Në versioni "multi-cycle" të procesorit, përveç shtimit të regjistrave, bëhet edhe një ndryshim i rëndësishëm në lidhje me kujtesën qëndrore krahasuar me procesorin "single cycle". Cili është ky ndryshim dhe si e shpjegoni ju atë?
Ndihmë : referojuni figurës 4.19.

Ushtrim 4.12
Paraqisni në RTL ekzekutimin e instruksionit kërcim i pakushtëzuar (Jump) që përdor adresim relativ të indexuar, në një njësi qëndrore me tre buse dhe procesor multi-cycle. Relativiteti kryhet në lidhje me regjistrin PC (Program Counter).

Ushtrim 4.13
Një procesor, i cili ka një periodë clocku 0.5 ns, është i ndërtuar sipas një pipeline klasike me 5 stade, që janë përshkruar këtu më poshtë:
IF   : Instruction Fetch
ID   : Instruction Decode and register read
EXE : EXEcute the operation or calculate the address
MEM : Access an operand in data MEMory
WB   : Write the result Back into a register
Gjeni:

a. Sa është numri <u>maksimal</u> i instruksioneve që mund të ekzekutohen <u>njëkohësisht</u> në pipeline?
b. Sa është koha e nevojshme për ekzekutimin e një instruksioni?
c. Cili është ritmi maksimal i ekzekutimi të instruksioneve i shprehur në MIPS?
d. Sa do të ishte kohëzgjatja e ekzekutimit të 50 instruksioneve të parë?

Ushtrim 4.14
Supozoni se në një procesor jo-pipeline instruksioni "load" kërkon 5 cikle clocku që të ekzekutohet : një cikël "fetch", dekodim, lexim të operandave, ekzekutim dhe një cikël për të ruajtur rezultatet.
Në një procesor pipeline me 5 stade po ky instruksion, kërkon përsëri 5 stade që të ekzekutohet. Si shpjegohet, atëherë, që themi se një procesor pipeline përshpejton ekzekutimin e programit?

Ushtrim 4.15-
Një procesor jo-pipeline ka periodë clocku 10 ns. Sa do të ishte frekuenca e clockut e varianteve pipeline të këtij procesori në se ai do të ndahej në mënyrë të barabartë në 4 dhe 8 stade? Sa do të ishte kohëzgjatja e ekzekutimit të një instruksioni ("pipeline ose datapath latency") për dy procesorët pipeline? Supozoni se vonesa e një "latch" është 0.5 ns.

Ushtrim 4.16-
Referuar procesorit të mësipërm, sa duhet të ishte numri i stadeve të pipeline me qëllim që perioda e clockut të jetë 2ns? Po 1 ns? Llogarisni debitin e kësaj pipeline për të dy rastet.

Ushtrim 4.17-
Një procesor jo-pipeline i tipit "single cycle" ka periodë clocku 0.6 ns. Vonesa e shkaktuar prej një "latch" është 0.01 ns.
Gjeni :
a. Sa do të ishte perioda e clockut e procesorit pipeline me 5 stade pipeline të balancuara?
b. Sa është "datapath latency" e procesorit single cycle"?
c. Sa do të ishte "datapath latency" e procesorit pipeline me 5 stade?
d. Sa do të ishte perioda e clockut e këtij procesori n.q.s. numri i stadeve do të rritej në 60, ndërkohë që vonesa e "latch" mbetej e njëjtë?
e. Sa do të ishte "datapath latency" e procesorit pipeline me 60 stade?
f. Krahasoni "datapath latency" të procesorit pipeline me 60 stade me procesorin me 5 stade dhe procesorin "single cycle". Cili është përfundimi që ju nxirrni nga ky krahasim?

Ushtrim 4.18

Supozoni se "datapath" i një procesori jo-pipeline dhe me një cikël clocku 32 ns ndahet në 8 stade me vonesa respektivisht 5, 5, 3, 3, 4, 4, 4, 4 ns. Stadet kufizohen prej regjistrave me vonesë 0.5 ns. Llogaritni :
   a. Frekuencën e clockut të procesorit pipeline.
   b. "Pipeline latency" të procesorit.

Ushtrim 4.19-

Supozoni se një procesor jo-pipeline ka periodë clocku prej 25 ns dhe "datapath" i tij përbëhet nga shtatë komponentë që kanë këto kohëzgjatje të shprehura në ns : 2, 3, 4, 7, 3, 2, 4. Ndryshimi i renditjes dhe copëtimi e mëtejshëm i komponentëve nuk është i mundur. Supozoni se vonesa e "latch" është 1ns.
Kërkohet :
   a. Të krijohet procesori pipeline që siguron një "latency" minimale. Tregoni numrin e stadeve, grupimin e komponentëve dhe llogaritni "latency" e pipelines që krijuat.
   b. Në qoftë se kufizohemi në një pipeline me 2 stade, gjeni sa do të ishte perioda minimale e clockut në këtë rast?
   c. Sa është "pipeline latency" e pipeline të mësipërme me dy stade?

Ushtrim 4.20

Në fakt, një pipeline reale nuk është një ndarje perfekte në disa stade e një "datapth". Çdo stad i piplines shoqërohet nga një "latch", i cili shton një vonesë që zakonisht quhet "pipeline overhead". Mendoni se ky "overhead" do të ndikojë në "pipeline latency", në "pipeline "throughput", apo në të dy këta parametra të pipelines? Argumentoni përgjigjen tuaj.

Ushtrim 4.21

Projektuesit e një procesori pipeline, falë optimizimeve të ndryshme të ndërmarra në ALU, arritën të shkurtojnë me 20 % kohëzgjatjen e veprime arithmetike dhe logjike në krahasim me ato të stadeve të tjera të pipeline. Si mendoni :
a. A do të ndikojë ky fakt në "speedup" që siguron kjo pipeline? Në se po, sa do të jetë ky "speedup"? Në se jo, shpjegoni përse ?
b. Një grup tjetër projektuesish, për të zvogëluar energjinë e konsumuar nga ky procesor, arritën ta realizojnë këtë, por tani veprimet arithmetike dhe logjike do të kërkojnë 25 % më shumë kohë se stadet e tjera të pipelines. A do të ndikojë ky fakt në "speedup" të pipelines? Në se përgjigja është pozitive, atëherë vlerësoni sa do të ndryshojë

"speedup" në se kjo pipeline ishte plotësisht e balancuar para ndryshimit.

Ushtrim 4.22

Në një pipeline klasike me 5 stade dhe ku nuk merret parasysh efekti i të papriturave, cilët prej pesë pohimeve të mëposhtëm mendoni se janë të vërtetë? (zgjidhni dy)

1. Meqenëse instruksionet jump, branch dhe ALU kërkojë 3 dhe 4 cikle clocku për ekzekutim, në vend të 5 cikleve që kërkon instruksioni "load" (shihni Tabela 4.2), atëherë në çfarëdo situate, kjo do të shkaktojë rritjen e performancës së pipeline.

2. Nuk është e mundur që instruksionet ALU të shkurtohen në më pak cikle se 5, sepse rezultati do të regjistrohet në stadin e fundit, që është WB=Write Back. Por, për instruksionet "branch" dhe "jump" kjo është e mundur. Rrjedhimisht ky fakt duhet konsideruar si një mundësi për përmirësim të performancës të pipeline-s.

3. Të përpiqesh që disa instruksione të shkurtohen në më pak cikle clocku se 5 nuk sjell përmirësim, pasi debiti ("throughput") përcaktohet nga perioda e clockut. Numri i stadeve të pipeline ndikon vetëm në vonesën ("pipeline latency") dhe jo në debitin e saj.

4. Në vend që të përpiqemi që instruksionet të ekzekutohen në më pak cikle clocku, do të ishte më me interes që pipeline të bëhej më "e thellë", pra me periodë clocku më të shkurtër. Ky fakt do të mund të rriste performancën.

5. Pavarësisht sa është perioda e clockut, kohëzgjatja e ekzekutimit të një instruksioni në pipeline do të përcaktojë edhe performancën e pipeline, kur ajo ekzekuton pafundësisht instruksione.

Ushtrim 4.23

Një kompjuteri me procesor jo-pipeline i duhen 250 ns. për të ekzekutuar një detyrë (task) të caktuar. E njëjta detyrë kryhet edhe në një procesor pipeline me 5 stade me cikël clocku 50 ns.

Të gjendet:

a. Sa kohë do të kërkonte ekzekutimi i 200 detyrave të tilla të njëpasnjëshme në procesorin pipeline?

b. Sa më shpejt do të kryheshin këto 200 detyra në procesorin pipeline, në krahasim me atë jo-pipeline?

c. Sa do të ishte përfitimi maksimal në shpejtësi ("speedup") që mund të arrijë një procesor pipeline në raport me atë jo-pipeline?

Ushtrim 4.24

Një kompjuteri me procesor jo-pipeline i duhen 120 ns. për të ekzekutuar një detyrë (task) të caktuar. E njëjta detyrë kryhet edhe nga një procesor

pipeline me 8 stade me cikël clocku 15 ns.
Të gjendet:

a. Sa kohë do të kërkonte ekzekutimi i 100 detyrave të tilla të njëpasnjëshme në procesorin pipeline?
b. Sa më shpejt do të kryheshin këto 100 detyra në procesorin pipeline, në krahasim me atë jo-pipeline?
c. Sa do të ishte përfitimi teorik në shpejtësi ("speedup") që mund të arrijë një procesor pipeline në raport me atë jo-pipeline?

Ushtrim 4.25

a. Sa më i shpejtë është një procesor i ndërtuar me pipeline me 5 stade dhe një cikël clocku 2 ns, në krahasim me një procesor tjetër që ekzekuton instruksionet brenda një cikli clocku me periodë 8 ns? Supozoni se të dy procesorët ekzekutojnë 1000 instruksione.
b. Në se procesori ka një pipeline me 8 stade dhe të njëjtin cikël clocku, cili do të ishte rezultati?
c. Jepni shpjegimin tuaj duke pasur parasysh dy llogaritjet e mësipërme.

Ushtrim 4.26

Një firmë e vogël prodhimi mikroprocesorësh të specializuar kërkon, që të përmirësojë procesorin e saj aktual, i cili është një procesor klasik sekuencial (jo-pipeline) me periodë clocku 10 ns. Kohëzgjatja e një instruksioni rezulton të jetë mesatarisht 50 ns. Disa nga kushtet e paravendosura për projektimin të mikroprocesorit të ri janë: performancë 100 MIPS, përdorim i teknologjisë aktuale të gjysmë-përçuesve, përdorim i një kujtese unike instruksione/të dhëna (Arkitekturë Princeton), mos-ndryshim i ISA dhe kompilatorit aktual (për të ruajtur kompatibilitetin me programet ekzistuese), buxhet i kufizuar.
Për procesorin e ri, ekipi i inxhinierëve ka zgjedhur të përdorë një arkitekturë pipeline. Përpiquni të llogarisni paraprakisht numrin e stadeve dhe frekuencën e clockut të këtij procesori.

Ushtrim 4.27

Dy grafikët e mëposhtëm janë shkëputur nga një studim i kryer rreth vartësisë së performancës së procesorit Intel Pentium 4, ndaj thellësisë së pipelines. Grafiku i parë shpreh vartësinë nga thellësia e pipelines të tre parametrave : frekuencë, performancë dhe IPC (1/CPI). Grafiku i dytë shpreh në mënyrë më të detajuar vartësinë vetëm të performancës nga thellësia e pipelines.
Kërkohet :

a. Interpretimi juaj i këtyre rezultateve.

b. Si shpjegohet që edhe pse vlera e IPC zvogëlohet gradualisht, performanca e procesorit rritet?

c. Pasi arrin një maksimum, performanca zvogëlohet me shpejtësi. Si e shpjegoni ju këtë fakt?

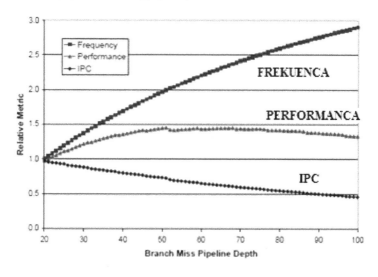

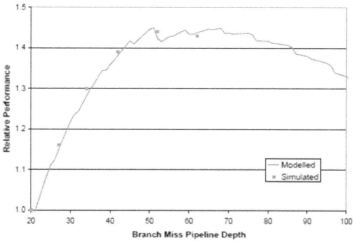

Ushtrim 4.28

Supozoni se një procesor pipeline është në gjendje të ekzekutojë 3.8 instruksione në një cikël clocku.

a. A është e mundur të arrihet kjo performancë me një pipeline të zakonshme me 5 stade apo edhe më shumë, si ajo që kemi parë deri tani? Argumentoni përgjigjen tuaj.

b. Megjithatë ju vendosni të testoni performancën e këtij procesori. Nga matjet rezulton se vërtet ai mund të ekzekutojë deri në 3.8 instruksione në sekondë. Si është e mundur kjo gjë? Çfarë lloj procesori është ky? Bazuar ne vlerën 3.8 cpi, a mund të bëni një vlerësim sasior të një parametri tjetër të këtij procesori?

Ndihmë: Referojuni paragrafit 4.4.2

Ushtrim 4.29

Një procesor pipeline ka një "speedup" 6.16, funksionon me frekuencë clocku 100 Mhz dhe ka "pipeline efficiency" 88 %.

Të gjenden:

a. Sa stade ka pipeline e këtij procesori?
b. Sa është vlera e CPI-së dhe e MIPS e procesorit?

Ndihmë : MIPS (Milion Instrucsions Per Second) llogaritet prej formulës (MIPS = F / CPI , ku F është frekuenca e clockut të procesorit e shprehur në Megaherz. (shikoni kapitulli 5):

Ushtrim 4.30
Të papriturat strukturore ("Structural hazards").

1. Përse shkaktohen të papriturat strukturore? Përpiquni të jepni një përcaktim sa më të përgjithshëm në lidhje me shkakun e ekzistencës së tyre.
2. Në një pipeline klasike me 5 stade të një procesori MIPS, cilat lloje instruksionesh përdorin stadin e katërt (MEM=Memory Access for Data)?
3. Në një pipeline klasike me 5 stade të një procesori MIPS 40% e instruksioneve janë load/store. Llogarisni efektin e "struktural hazards" të shkaktuar prej kujtesës qëndrore.

Ndihmë : të llogaritet CPI efektive.

4. Cila do të ishte njëra nga mënyrat për shmangien e "structural hazards"?

Ushtrim 4.31

Në një kompjuter procesori është i ndërtuar sipas një pipeline me 5 stade. Kërcimet e kushtëzuara shkaktojnë ngecje të pipeline me 3 cikle clocku. Sa do të zvogëlohet performanca e procesorit në se 20% e instruksioneve janë kërcime të kushtëzuara? Injoroni të gjithë burimet e tjera të "hazards" me përjashtim të "control hazards".

Ushtrim 4.32

"Instruction pipeline" ka avantazh sepse ajo rrit debitin ("throughput") e ekzekutimit të instruksioneve. Rritja e thellësisë së pipelines zvogëlon sasinë e "punës" të kryer në secilin stad të pipelines, rrjedhimisht do të rrisë ciklin e clockut me të cilin funksionon kjo pipeline. Kështu më shumë instruksione në ekzekutim do të ekzistojnë në procesor, pra më shumë instruksione do të ekzekutohen në njësinë e kohës. Natyrisht që thellësia, pra numri i stadeve të pipelines, nuk mund të rritet pafundësisht. Argumentoni dy arsye që shkaktojnë kufizimin e numrit të stadeve.

Ushtrim 4.33
Referuar shembullit 4.24, gjeni sa do të ishte saktësia e parashikimit të kërcimeve n.q.s. elementët e tabelës BHT bëhen dy bit. Argumentoni përgjigjen tuaj.

Ushtrim 4.34
Supozojmë se moduli i një programi përbëhet prej pesë instruksioneve kërcimi të kushtëzuar ("branch"), të cilët ekzekutohen mijëra herë. Këtu më poshtë jepet rezultati i ekzekutimit një herë të këtyre instruksioneve (ku T = branch taken =kërcimi kryhet, N = branch Not taken = kërcimi nuk kryhet).
Branch1 : T T T N T
Branch2 : T T N T N T T N T

Supozojmë se sjellja e kërcimeve mbetet e njëjtë në çdo ekzekutim të modulit. Në rastin e parashikimit dinamik, supozojmë se secili branch ka buferin e tij, që inicializohen të gjithë në të njëjtën gjendje. Gjeni saktësinë e parashikimi për secilin "branch", kur përdoren metodat e mëposhtme të parashikimit.
a. Parashikim se kërcimi do të ndodhë
b. Parashikim se kërcimi **nuk** do të ndodhë
c. BHT me 1 bit, inicializuar se kërcimi do të ndodhë
d. BHT me 2 bit, inicializuar në gjendjen se kërcimi **edhe mund** të ndodhë (gjendja 10).

Ushtrim 4.35
Ekzekutimi i instruksionit "branch" të një programi ndodh sipas sekuencës të mëposhtme (T = branch taken =kërcimi kryhet, N = branch Not taken = kërcimi nuk kryhet).
Branch : T T N N

Gjeni saktësinë e parashikimit të "branch", kur përdoren metodat e mëposhtme të parashikimit.
a. Parashikim se kërcimi do të ndodhë
b. Parashikim se kërcimi **nuk** do të ndodhë

c. BHT me 2 bit, inicializuar në gjendjen që kërcimi nuk ndodh (gjendja 00).

Ushtrim 4.36

Ekzekutimi i një instruksioni "branch" në një program të caktuar, ndodh sipas sekuencës të mëposhtme:

T T T N T

Supozojmë se instruksioni ekzekutohet shumë herë me po të njëjtën sjellje (TTTNT). Gjendja fillestare skemës së parashikimit dinamik nuk ka rëndësi (pasi ky "branch" do të ekzekutohet shumë herë).
Gjeni:
a. Saktësinë e parashikimit që siguron metoda BHT me një bit.
b. Saktësinë e parashikimit që siguron metoda BHT me dy bit.

Ushtrim 4.37

Supozoni se rezultatet e ekzekutimit të një instruksioni branch janë si më poshtë (T = branch taken =kërcimi kryhet, N = branch Not taken = kërcimi nuk kryhet).

T T T N T N T T T N T N T T T N T N

Supozoni gjithashtu se ky është kërcimi i vetëm në program dhe se për parashikimin e kërcimeve përdoret metoda BHT me një bit. Elementët e tabelës BHT inicializohen në gjendjen N (kërcimi nuk do të ndodhë). Gjeni se cilët kërcime do të parashikohen saktë dhe cilët në mënyrë të gabuar. Llogaritni saktësinë e parashikimit të BHT për këtë sekuencë. Rezultatet vendosini në tabelën e mëposhtme.

Parashikimi i BHT	Rezultati i kërcimit	Saktë ? (Po/Jo)
N	T	Jo
T	T	Po
T	T	Po
...	N	...
	T	
	N	
	T	
	T	
	T	
	N	
	T	
	N	

	T	
	T	
	T	
	N	
	T	
	N	
	Saktësia= saktë/total	= /18 =

Ushtrim 4.38

Supozojmë se një procesor pipeline me 5 stade përdor ISA, klasat e instruksioneve të të cilës janë si në si në tabelën e mëposhtme.

Klasa e instr.	Branch	ALU	JMP	LoadW	StoreW
Frekuenca	15 %	50 %	5 %	20 %	10%

Jepen këto saktësi të metodave të parashikimit të kërcimeve:
Parashikim se kërcimi do të ndodhë = 65 %
Parashikim se kërcimi **nuk** do të ndodhë = 35 %
BHT me 2 bit = 95 %
Supozojmë se rezultati i branch përcaktohet në stadin EXE. Pra, një gabim në parashikimin e një branch, do të shkaktojë penalitet prej 3 ciklesh clocku.
Te gjendet vlera me të cilën rritet parametri CPI, shkaktuar prej mosparashikimit të saktë të kërcimeve të kushtëzuar, për rastet kur përdoret:
2. Metoda që parashikon se kërcimi do të ndodhë.
3. Metoda që parashikon se kërcimi nuk do të ndodhë.
4. Metoda BHT me element me 2 bit.

Ushtrim 4.39

Në shembujt dhe ushtrimet që kemi parë deri tani, jemi referuar procesorit tipik me 5 stade. Në këtë procesor, "data hazards" ndodhin si pasojë e vartësisë së të dhënave që gjenden në regjistra. N.q.s. të dhënat do të gjendeshin pjesërisht në kujtesën qëndrore, a do të ekzistonin vallë "data hazards"? Më poshtë jepen tre përgjigje. Cila prej tyre mendoni se është e saktë?

1. Meqenëse kujtesa qëndrore kapet prej instruksioneve vetëm gjatë stadit MEM të pipelines, atëherë të gjithë veprimet me kujtesën do të ndiqnin të njëjtën renditje ashtu si edhe ekzekutimi i instruksioneve. Rrjedhimisht, "data hazards" nuk do të ndodhnin kurrë në pipeline.

2. "Data hazards" prej të dhënave që gjenden në kujtesë qëndrore, do të ndodhnin njësoj si në rastin kur të dhënat janë në regjistra.
3. Jo, nuk mund të ndodhin "data hazards" prej vartësisë së të dhënave në kujtesën qëndrore, sepse është detyrë e programuesit të vendosë rregull në kapjen e të dhënave ne kujtesë.

Ushtrim 4.40
Cili është ndryshimi midis vartësisë ndërmjet instruksioneve ("dependence") dhe "pipeline hazards" në një procesor pipeline?

Ushtrim 4.41
Jepet kodi i mëposhtëm për një procesori RISC. Kërkohet :
    a. Të identifikohen "data dependencies"
    b. Të paraqitet grafikisht avancimi i instruksioneve në një pipeline me 5 stade në rastin kur mungon "forwarding".
    c. Supozoni se në pipeline shtohet teknika "forwarding". Tregoni si do të ekzekutohet tani ky kod.

```
add   r1, r2, r3      ; R3+R2 ->R1
sub   r4, r1, r3      ; R1- R3 ->R4
and   r6, r1, r7      ; R7 and R1 -> R6
or r8, r1, r9         ; R1 or R9 ->R8
xor   r10,r1,r11      ; R 1 xor R11 -> R10
```

Ushtrim 4.42
Jepet kodi i mëposhtëm për një procesori RISC. Kërkohet :
    a. Të identifikohen "data dependencies"
    b. Të paraqitet grafikisht avancimi i instruksioneve në një pipeline me 5 stade në rastin kur mungon "forwarding".
    c. Supozoni se në pipeline shtohet teknika "forwarding". Tregoni si do të ekzekutohet tani ky kod.

```
lw r1, 0 (r2)        ; Mem (R2+0) -> R1
sub   r4, r1, r6     ; R1- R6 ->R4
and   r6, r1, r7     ; R7 and R1 -> R6
or r8, r1, r9        ; R1 or R9 ->R8
```

Ushtrim 4.43
Supozoni se në një program të caktuar, klasat e instruksioneve dhe frekuencat e ndodhjes së tyre janë si në tabelën e mëposhtme. Supozoni gjithashtu se programi ekzekutohet në një procesor pipeline me 5 stade.

Klasa e instruksioneve	Frekenca (%)
Arithemtikë dhe logjikë	30
Load	30
Store	15
Kërcime të kushtëzuar (branch)	15
Jump	10

N.q.s. kjo pipeline do të ishte ideale, atëherë CPI=1. Natyrisht që për shkak të "hazards", kjo vlerë e CPI-së nuk mund të arrihet. Kështu, një "jump" shkakton gjithmonë ngecje me një cikël clocku. Në rastin e një branch, kur kërcimi kryhet, ngecja e pipelines është 1 cikël clocku; në rast të kundërt nuk ndodh ngecje. Për këtë program, kërcimet kryhen në 60 % të rasteve të instruksioneve "branch". Veç kësaj, 10 % e instruksioneve "load", si pasojë e "data dependency" shkaktojnë një cikël clocku penalitet.

Të gjenden:
a. Sa është vlera e plotë e CPI-së të këtij programi që ekzekutohet në këtë pipeline?
b. Cila metodë e parashikimit statik të kërcimeve mendoni se do të ishte më përshtatshme për këtë program? Argumentoni përgjigjen tuaj.
c. Supozoni se skema e parashikimit të kërcimeve në pipeline përmirësohet duke shtuar një parashikues dinamik të kërcimeve (p.sh. BHT ose BTB). Si pasojë e këtij përmirësimi, saktësia e parashikimit të kërcimeve, si për instruksionet "branch" ashtu edhe "jump, bëhet 90%,". N.q.s parashikimi është i saktë, atëherë avancimi në pipeline nuk ngec; në të kundërt ai penalizohet me një cikël clokcu. Sa do të ishte tani vlera e re e CPI-së?
d. Në rastin c, sa afër (ose sa larg) ideales është tani kjo pipeline?

 **STUDIME**

RASTESH

Rast studimi 4.1
Firma e kompjuterave "ARC sha" është duke vlerësuar rrugët e mundshme për të ndërtuar një kompjuter me performanca të larta. Ajo zotëron teknologjinë e prodhimit të procesorëve me një cikël të vetëm clocku. Një

procesor i tillë siguron një CPI = 1, por perioda e tij e clockut është afërsisht 5 herë me e madhe se e një procesori pipeline me 5 stade, i cili gjithashtu siguron një CPI=1 (duke supozuar se të papriturat "pipeline hazards" janë anashkaluar).

Ekipi i inxhinierëve të ARC sha, për të rritur performancat e procesorit më një cikël, mendon të përdorë 5 procesorë identikë në paralel, të cilët ndajnë kujtesa instruksionesh dhe të dhënash të përbashkëta. Pra, 5 instruksione do të "fetch" njëkohësisht (me supozimin se buferi i kujtesës e lejon këtë gjë) dhe do të ekzekutohen njëkohësisht në 5 procesorët me një cikël (me supozimin se nuk do të kemi "*data inconsistency*"). Në këtë mënyrë grupi i inxhinierëve vlerëson se sistemi i tyre me 5 procesorë në paralel do të këtë performanca të përafërt me një procesor pipeline me 5 stade.

Cila prej këtyre dy zgjidhjeve (5 procesorë single cycle në paralel dhe një procesor pipeline me thellësi 5 stade) do të ishte më e mirë dhe përse?

Rast studimi 4.2

Në dy figurat e mëposhtëme, fig.4.39 dhe 4.40, jepet skematikisht një pipeline me "q" stade dhe efekti i "pipeline overhead" në performancën e kësaj pipeline. Interpretoni grafikun.

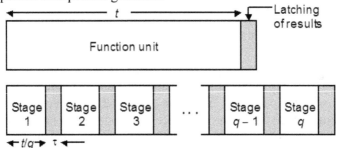

Figura 4.39

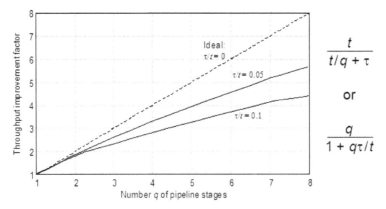

Figura 4.40

Këndi i Historisë dhe Kurioziteteve

1. Procesori Intel Pentium është procesori i Intel Corporation që vjen në radhë pas procesorëve 80286, 80386 dhe 80486. Cila ishte arsyeja që ky procesor nuk u quajt 80586, por Pentium?

2. Gjatë Luftës së Dytë Botërore, Qeveria e SHBA-ve, u pajis me makina llogaritëse IBM. Për të kryer veprime komplekse, algoritmi i bë i tillë, që "output" i një makine "të ushqente" një makinë tjetër, e kështu me radhë. Richard Feynman rekomandoi të përdoreshin karta të perforuara me ngjyra të ndryshme. Duke i përdorur ato jashtë radhe, do të rritej "throughput" i llogaritjeve. Si quhet ndryshe teknika e përdorur?

3. Në shekujt XVII dhe XVIII, fshatarët francezë, për ti shpëtuar persekutimit, firmosnin peticionet drejtuar Mbretit, në një "ruban rond" (shirit në formë rrethi). Në këtë mënyrë askush nuk do të rezultonte të ishte në "krye të listës". Kjo mënyrë u përdor më pas edhe në peticionet e firmosur prej oficerëve të Marinës Mbretërore Britanike. Termi u huazua prej Informatikës për të treguar një shpërndarje uniforme të ngarkesës dhe prioriteteve në sistemet informatikë. Cili është ky term?

ANEKSI I KAPITULLIT

A.4.1. Dekodim i hershëm i instruksioneve "branch".

Në figurën e mëposhtëme është paraqitur një pipeline e zakonshme pa optimizimin e detektimit në stadin ID të branch. Instruksioni kuptohet se është një "branch" në fazën e dekodimit, por adresa se cili instruksion do të ekzekutohet më tej, do të varet prej plotësimit të kushtit. Kjo gjë mundësohet në fund të fazës E=ekzekutim ose M=Memory. Penalizimi është 2 ose 3 cikle clocku për çdo instruksion "branch".

Branch Hazards

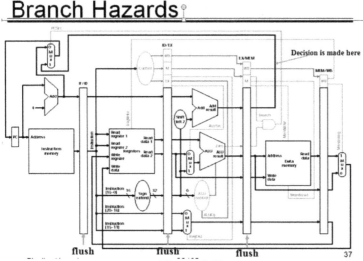

Figura 4.41

Në figurën e mëposhtëme tregohet një pipeline ku bëhet një llogaritje e hershme e adresës së kërcimit. Për këtë, në stadin D=Decode, shtohet një krahasues në dalje të "register file" që shërben për përcaktimin e kushtit, si dhe një shumator për llogaritjen e adresës së kërcimit.

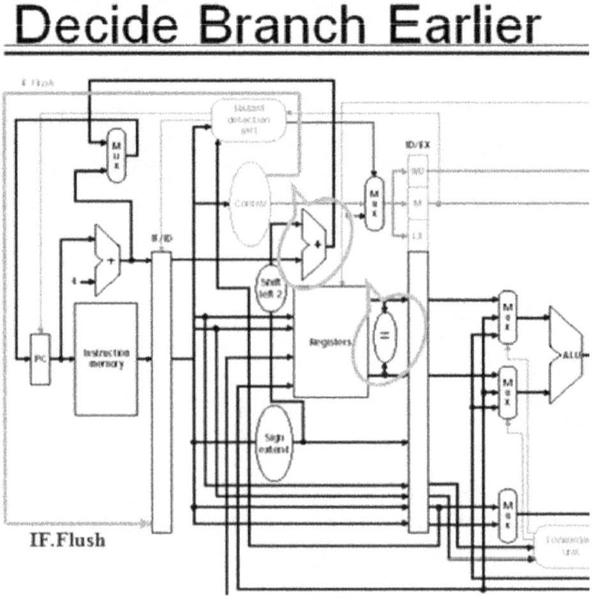

Decide Branch Earlier

Figura 4.42

A.4.2 Dallimi i ekzekutimit në pipeline të instruksioneve "JUMP" , ose "branch" i pakushtëzuar dhe "branch" i kushtëzuar.

Këtu më poshtë është paraqitur ky dallim për një pipeline me gjashtë stade, si më poshtë:
F=Fetch, D=Decode, CO=Calculate Operand Address, FO=Fetch Operand, E=Execute, WR = Write Result.

Rast i kërcimit të pakushtëzuar

        JUMP   TARGET   ; jump i pakushtëzuar në TARGET
        ....
        ....
TARGET   ....

Adresa TARGET do të niset në fund të stadit FO=Fetch Operand. Pra, ekzekutimi i instruksionit Jump do të penalizohet sistematikisht me 3 cikle clocku. Skematikisht është paraqitur këtu më poshtë.

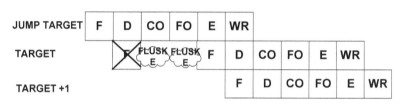

Rast i kërcimit të kushtëzuar

        ADD   R1,R2
        BEZ   TARGET   ; branch if zero
        Instruction i+1
        ....
        ....
TARGET   ....

Ekzistojnë dy mundësi: kërcimi ndodh, ose kërcimi nuk ndodh.
Kur kërcimi ndodh, atëherë, adresa TARGET do të njihet në fund të stadit FO=Fetch Operand. Pra, ekzekutimi i instruksionit BEZ do të penalizohet me 3 cikle clocku. Skematikisht është paraqitur këtu më poshtë.

ADD R1, R2	F	D	CO	FO	E	WR					
BEZ TARGET		F	D	CO	FO	E	WR				
TARGET			FLUSKE	FLUSKE	F	D	CO	FO	E	WR	

Kur kërcimi nuk ndodh, atëherë, adresa TARGET do të njihet në fund të stadit FO=Fetch Operand. Por, instruksioni i+1 është "fetch" tashmë dhe do të vazhdojë me stadet D, CO, etj. Pra, ekzekutimi i instruksionit BEZ do të penalizohet me 2 cikle clocku. Skematikisht është paraqitur këtu më poshtë.

ADD R1, R2	F	D	CO	FO	E	WR					
BEZ TARGET		F	D	CO	FO	E	WR				
Instruction i+1			F	FLUSKE	FLUSKE	D	CO	FO	E	WR	

A.4.3 Të dhëna rreth procesorëve Intel që prej 1989-2011

Mikroprocesori	Viti	Clock (MHz)	Mikro-arkitektura	No. stadeve pipeline	Issue width	OoO speculation	Cores	Fuqia (W)
i486	1989	25		5	1	Jo	1	5
Pentium	1993	66	P5	5	2	Jo	1	10
Pentium Pro	1997	200	P6	10	3	Po	1	29
P4 Willamette	2001	2000	NetBurst	20	3	Po	1	75
P4 Prescott	2004	3600	NetBurst	31	3	Po	1	103
Core	2006	2930	Core	14	4	Po	2	75
Core2 Yorkfield	2008	2930	Core	16	4	Po	4	95
Core i7	201	346	Nehalem	16	4	Po	6	130

Gulftown	0	0	(Westme re)					
Core i7 Sandy Bridge	201 1	330 0	Sandy Bridge	16?	4?	Po	2-8	130

A.4.4 In-Order dhe Out-of-Order Processors

Shembull i ekzekutimit të kodit të mëposhtëm në një "In-order processor":
lw **$3**, 100 ($4)   ; në këtë rast të data dependency ose cache miss
add $2, **$3**, $4   ; pipeline do të bllokohet në këtë instrksion
sub $5, $6, $7   ; ky instruksion do të presë deri sa të perfundojë "add"

Vëmë re se në një "in-order pipeline" kur rezulton një ngecje si pasojë e "hazards", të gjithë instruksionet pasues gjithashtu do të bllokohe.
Dhe në një dhe "Out-of-Order processor":

lw **$3**, 100 ($4)   ; në këtë rast të "data dependency" ose "cache miss"
sub $5, $6, $7   ; ky instruksion që nuk varet prej të tjerëve
                         ;ekzekutohet në pipeline duke anashkaluar instr.
                         ;add
add $2, **$3**, $4   ; instruksioni ekzekutohet kur të dhënat të jenë
                         ;disponibël
Në një pipeline Out-of-Order, instruksionet lexohen (fetch), dekodohen dhe vendosen në bufera të quajtur "instruksion Windows". Ata presin këtu dhe në momentin që një instruksion ka operandat disponibël, ai ekzekutohet duke injoruar radhën (Out-of-Order).

A.4.5 Paraqitje grafike e dallimeve ndërmjet një pipeline klasike me 5 stade, superpipeline dhe superscalar.

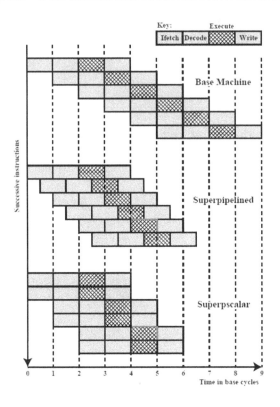

KAPITULLI 5

VLERESIM I PERFORMANCES SE KOMPJUTERAVE

5.1 Performanca e procesorëve

Le të përpiqemi të llogaritim performancën e një procesori duke u bazuar në një parametër universal që është koha e ekzekutimit të një pune (ang. "task", fr. "tache"), ose të një programi.

Për këtë do të na shërbejnë këto tre madhësi:

- I - numri total i instruksioneve që përbëjnë këtë punë, ose program. Matet me *instruksione/program*.
- CPI - numri mesatar i cikleve të clockut të nevojshëm për ekzekutimin e një instruksioni. Matet me *cikle clocku/instruksion*.
- T - kohëzgjatja e një cikli clocku. Matet me *sekonda/cikle clocku*.

Kohëzgjatje e ekzekutimit prej një procesori të caktuar (CPUa) të një pune, ose programi të caktuar (Pa), do të llogaritej sipas barazimit të mëposhtëm :

Koha ekzekutimit Pa =I*CPI*T   (1)

Ky barazim zakonisht njihet me emrin "Ekuacioni i performancës së CPU-së" ("*CPU performance equation*"). Në literaturë në gjuhën angleze, ai njihet edhe me emrin "*Iron law of Processor Performance*".

Pra, performanca e procesorit CPUa, që ekzekuton punën, ose programin Pa do të ishte :

$$\text{Performance}_{CPUa} = 1 / \textbf{Koha e ekzekutimit } P_a$$

ku :

Koha e ekzekutimit P_a - koha e ekzekutimit të punës ose programit "Pa"
prej procesorit CPUa.

Disa vërejtje në lidhje me Ekuacionin e Performancës

1. Performanca e një procesori është e lidhur gjithmonë me një punë ose detyrë të caktuar.
2. Koha e ekzekutimit është madhësia më universale për matjen e performancës së procesorit.
3. Kohëzgjatja e periodës së clockut do të varet prej mënyrës si është konceptuar dhe ndërtuar procesori, si dhe prej teknologjisë (VLSI) së përdorur në të.
4. Siç kemi parë edhe në kapitujt e tjerë, një instruksion makinë (ISA) realizohet në një numër të caktuar mikro-operacionesh elementare (kujtoni p.sh. PC->S, Mem(S)-> B, etj.), ku secili prej tyre zakonisht zgjat një cikël clocku (ose shumëfish i tij). Parametri CPI, shpreh numrin e cikleve të clockut që mesatarisht nevojiten për të ekzekutuar një instruksion. Përdorimi i pipeline bën që, si rrjedhojë e rritjes së "throughput", vlera e CPI të jetë më e vogël se shuma e cikleve të clockut të mikro-operacioneve që formojnë instruksionin.

Shembull 5.1

Programi "alpha1.0" ekzekutohet në procesorin "beta", sipas këtyre parametrave :

- Numri i plotë i instruksioneve të ekzekutuar   : 10.000.000
- Vlera mesatare e CPI për programin "alpha1.0"   : 2.5 cikle/instruksion
- Frekuenca e clockut (F.clock)   : 200 MHz

Të gjendet : Sa kohë do të zgjasë ekzekutimi i programit?

Zgjidhje:

Koha e exe. Prog.alpha=$I*CPI*T$ = 10.000.000 * 2.5 * 1/F.clock = 10.000.000 * 2.5 * $5*10^{-9}$

Koha e exe. Prog.alpha =0.125 sekonda

5.2 Krahasimi i performancave të procesorëve

Nisur nga fakti se koha e ekzekutimit të një pune, ose programi është parametri më objektiv dhe universal për matjen e performancës së një procesori, atëherë është logjike që edhe krahasimi i performancave të tyre duhet bërë mbi këtë bazë. Kështu, për dy procesorë CPUa dhe CPUb dhe për një program të caktuar, mund të shkruajmë :

5. VLERESIMI I PERFORMANCES SE KOMPJUTERAVE

$$Speedup = Permirsim = \frac{Performance\ CPUa}{PerformanceCPUb} = \frac{Koha\ ekecutimitb}{Koha\ ekzekutimita}$$

Pra, procesori CPUa është "n" herë më i shpejtë, ose më performant se CPUb, atëherë kur koha e ekzekutimit të programit në CPUa, është "n" herë më e vogël, krahasuar me CPUb.

Shembull 5.2

Supozojmë se programi "integra" ekzekutohet prej procesorit A dhe rezultojnë këto të dhëna:

- Numri total i instruksioneve të ekzekutuar : Ia = 10.000.000 instruksione
- Vlera mesatare e CPI-së për këtë program : CPIa=2.5 cikle/ instruksion
- Frekuenca e clockut e procesorit A : Fa=200 Mhz

Programin "integra", pasi e rikompilojmë me një kompilator të ri, e ekzekutojmë në një procesor tjetër (procesori B). Përftojmë këto rezultate:
- Numri total i instruksioneve të ekzekutuar :Ib=9.500.000 instruksione
- Vlera mesatare e CPI-së për këtë program :CPIb=3.0cikle/ instruksion
- Frekuenca e clockut e procesorit B : Fb=300 Mhz

Llogaritni përfitimin në shpejtësi ("speedup"), që sjellin këto ndryshime.
Zgjidhje

$$Speedup = Permirsim = \frac{Koha\ ekzekutimit\ para\ ndryshimeve}{Koha\ ekzekutimit\ pas\ ndryshimeve} =$$
$$= \frac{Ia * CPIa * Ta}{Ib * CPIb * Tb}$$

$Ta=1/Fa = 5x510^{-9}$ sek.
$Tb=1/Fb = 3.33*10^{-9}$ sek.

$Speedup=10*10^6*2.5*510^{-9}\ /\ 9.5*10^6*3*3.3310^{-9}= 125/95=1.32$

Përfundimi : Ndryshimet e kryera në ekzekutimin e programit "integra", sjellin një zvogëlim prej 1.32 herë në kohëzgjatjen e ekzekutimit të tij.

5.3 Efekti i komponentëve përbërës të një kompjuteri në performancën e tij

Ekuacioni i performancës së CPU-së, përveç llogaritjes së performancës së një procesori, ofron mundësinë për të gjykuar edhe rreth ndikimit të komponentëve përbërës të një kompjuteri, në performancën e ekzekutimit të programeve prej tij. Kështu, mund të gjykojmë se në cilin aspekt të ekuacionit të performancës ndikojnë :

1. Komponenti software (gjuha e programimit, kompilatori, algoritmi).
2. Arkitektura e procesorit, kryesisht ISA (Instruction Set Architecture).
3. Organizimi i procesorit, ose mikro-arkitektura, ku përfshihen aspekte të tilla si pipeline, hierarkia e kujtesës, procesorët paralelë dhe superscalarë etj.
4. Teknologjia e përdorur.

Në dy tabelat e mëposhtme janë përmbledhur efektet e këtyre komponentëve në ekuacionin e performancës, si dhe janë shpjeguar mënyrat si influencojnë këta komponentë.

Tabela 5.1

Komponentët	I-Numri i Instruksioneve	CPI–Cikle për instruks.	T- Clock rate
Programi	X		
Kompilatori	X	X	
ISA	X	X	
Organizimi (mikroarkitektura)		X	X
Teknologjia			X

Tabela 5.2

Komponentët	Ndikon në...	Në ç'mënyrë ?
Algoritmi	Numrin e instruksioneve I, ndoshta edhe në CPI	Algoritmi i përdorur përcakton numrin e instruksioneve të programit burim, rrjedhimisht edhe numrin e instruksioneve që procesori do të ekzekutojë. Ai mund të ndikojë edhe në vlerën e CPI, duke favorizuar instruksione të shpejtë ose të ngadaltë. Kështu p.sh. n.q.s. algoritmi përdor mjaft instruksione "floating-point", ky fakt do të ndikojë ne rritjen e CPI-së.
Gjuha e përdorur e	Numrin e instruksioneve	Efekti i gjuhës së programimit në vlerën e I-së është evident, pasi

programimit	I, CPI	*instruksionet ("statements") në gjuhë të zhvilluar, do të kthehen në instruksione të procesorit, i cili përcakton vlerën e I-së. Gjuha mund të ndikojë edhe në vlerën e CPI-së. Kështu, psh Java, një gjuhë që mbështetet shumë "data abstaction" do të përdorë "indirect calls", të cilat përdorin instruksione me CPI të lartë.*
Kompilatori i përdorur	Numrin e instruksioneve I, CPI	*Përderisa kompilatori kryen përkthimin e instruksioneve nga gjuha burim në instruksione të ekzekutueshme nga procesori, atëherë ai do të influencojë drejtpërdrejt si numrin e instruksione I, ashtu edhe në vlerën mesatare të CPI-së.*
ISA	Numrin e instruksioneve I, CPI	*Bashkësia e instruksioneve të një procesori (ISA) do të influencojë në numrin I të instruksioneve, sepse ajo përcakton instruksionet e nevojshëm për të realizuar një funksion të caktuar. Po ashtu ISA ndikon edhe në numrin i cikleve për instruksion, CPI.*
Organizimi	CPI, clock rate	*Mënyra si është organizuar një kompjuter, do të ndikojë drejtpërdrejt në vlerën e CPI dhe kohëzgjatjen e ciklit të clockut. Kështu p.sh. përdorimi i pipeline, kujtesës kashé, shmangia e "pipeline hazards" etj. kanë efekt të drejtpërdrejtë në zvogëlimin e CPI-së. Gjithashtu p.sh. përdorimi i një pipeline më të thellë ndikon drejtpërdrejt në zvogëlimin e clockut.*
Teknologjia	Clock rate	*Teknologjia nga ana e saj, ka si qëllime themelorë të integrojë sa më shumë transistorë në njësinë e sipërfaqes (kujtoni ligjin e Moore), zvogëlojë sasinë e nxehtësisë së krijuar, të zvogëlojë elementët parazitarë etj., të cilat ndikojnë drejtpërdrejt në rritjen e frekuencës së clockut të procesorit.*

Shembull 5.3

Nisur nga ekuacioni themelor i performancës (Koha = I*CPI*Tclock), le të vlerësojmë ndikimin në tre komponentët e tij prej ndryshimeve të mundshme që kryehen në një procesor. Ndikimi do të shprehet duke shënuar "RRIT", "ZVOGELON" ose "NUK NDIKON" në kuadratin përkatës. Përgjigja të argumentohet.

Tabela 5.3

NDRYSHIMI QE KRYHET	INSTRUKSIONE /PROGRAM	CIKLE/INSTRUKSION (CPI)	SEKONDA/CIKLE
Zvogëlimi i numrit të regjistrave në ISA	**Rrit :** zvogëlimi i numrit të regjistrave do të shpeshtojë vendosjen e variablave në stivë, gjë që do të risë numrin e Load/Store.	**Rrit :** si pasojë e më shumë "load" nga kujtesa, do të ndodhin më shumë ngecje në pipeline. Sidoqoftë, efekti i tyre do të jetë i kufizuar në ndryshimin e CPI-së.	**Zvogëlon:** më pak regjistra do të thotë se ata mund të adresohen më shpejt. Rrjeshimisht cikli i clockut mund të zvogëlohet.
Shtimi i një "branch delay slot"	**Rrit :** duhet të shtohen NOP, në rastet kur "branch delay slot" nuk mund të mbushet me isntruksione të vlefshëm.	**Zvogëlon:** disa "control hazards" do të eleminohen. Gjithashtu NOP ekzekutohen shpejt, pasi nuk do të shoqërohen me "data hazards".	**Nuk ndikon :** nuk ndikon në pipeline.
Në një pipeline me 5 stade, bashkojmë në një, stadet "Execute" dhe "Memory"	**Nuk ndikon :** ky ndryshim ka të bëjë vetëm me organizimin e procesorit, në të cilin ISA nuk është e përfshirë.	**Zvogëlon:** ngecjet në pipeline ("pipeline stalls") si pasojë e "load hazards" do të eleminohen. Pra, CPI do të rezultojë më e vogël.	**Rrit :** Bashkimi i dy stadeve do të kërkojë më shumë kohë të realizohet. Rrjedhimisht perioda e clockut duhet të rritet.
Kalojmë nga një CISC i mikroprogramuar në një RISC me pipeline	**Rrit :** do të nevojiten më shumë instruksione RISC për të koduar të njetin program.	**Zvogëlon:** Makinat CISC të mikroprogramuar a do të kërkojnë disa cikle clocku të ekzekutojnë një instruksion, ndërsa një RISC do të ketë CPI afërsisht 1.	**Nuk ndikon :** brenda një cikli clocku kryhet e njëjta punë si në një makinë CISC ashtu edhe në një RISC.

248

5.4 - Klasat e instruksioneve dhe CPI

Vlerësimet e mësipërme të parametrit CPI dhe të kohës së ekzekutimit të një programi, janë bazuar mbi një vlerësim mesatar të CPI-së. Në fakt, në bashkësinë e instruksioneve të një procesori, grupe të caktuar instruksionesh kanë vlera CPI të njëjta brenda grupit, por të ndryshme nga njeri grup në tjetrin. Këta grupe shpesh quhen **« klasa instruksionesh »**. Me poshtë, jepet një vlerësim sasior i këtij fakti, konkluzioni i të cilit është se parametri CPI i një procesori, pra i një ISA të caktuar, llogaritet si mesatarja arithmetike e CPI-ve të klasave të instruksioneve.

Le të kemi një program të caktuar që përmban **"n"** klasa instruksionesh, që ekzekutohet në një CPU të caktuar, me këto karakteristika :

Ci   - është numri i instruksioneve të klasës "i" që ekzekutohen
CPIi - është vlera e   "cikle për instruksion" për klasën "i" të instruksioneve që ekzekutohen

atëherë vlera mesatare ose efektive e CPI do të ishte:

$$CPI = \frac{CPU\ clock\ cycles}{I} = \frac{\sum_{i=1}^{n} CPIi * Ci}{\sum_{i=1}^{n} Ci}$$

Ku i = 1,2,...n

Shembull 5.4

Bashkësia e instruksioneve të një procesori përbëhet nga 3 klasa, klasa A, B dhe C, të cilat mund të ekzekutohen respektivisht ne 1, 2 dhe 3 cikle clocku. Një programues duhet të zgjedhë ndërmjet 2 sekuencave të instruksioneve që janë si më poshtë :
Sekuenca e pare ka 5 instruksione : 2 nga klasa A, 1 nga B-ja dhe 2 nga C-ja.
Sekuenca e dyte ka 6 instruksione : 4 nga klasa A, 1 nga B-ja dhe 1 nga C-ja.
Të gjenden : Cila sekuencë është më e shpejtë dhe sa ? Sa është CPI për secilën sekuence?

Zgjidhje :

No. i cikleve të clockut të sekuencës 1 = 2x1 + 1x2 +2x3 =10 cikle clocku
No. i cikleve të clockut të sekuencës 2 = 4x1 + 1x2 +1x3 = 9 cikle clocku

Pra, edhe pse ka me shume instruksione, sekuenca 2, është 1.1 here me e shpejte se sekuenca 1.

CPI 1 = 10/5 = 2
CPI 2 = 9/6 = 1.5

QUIZ 5.1

Procesori CPU-A ka frekuencë clocku 1.1 Ghz dhe për programin "alfa" rezulton që vlera e CPI-së të jetë CPI=1.375. Procesori CPU-B ka frekencë 2.8 Ghz dhe CPI=3.5 për të njejtin program. Si rezultojnë të jenë performanca Pa dhe Pb e këtyre proceserëve:

O   Pa > Pb ?
O   Pb > Pa ?
O   Pa = Pb ?

Shembull 5.5
Supozojmë se kemi të njëjtën bashkësi instruksionesh të implementuar në dy procesorë të ndryshëm :
Procesori A ka cikël clocku 10 ns dhe një CPI=2.0
Procesori B ka cikël clocku 20 ns dhe një CPI=1.2
Të gjendet :
   a. Cili prej këtyre procesorëve është më performant dhe sa më i shpejtë se tjetri?
   b. Cili nga parametrat (clock rate, CPI, koha e ekzekutimit, numri i instruksioneve) është i njëjte për këta dy procesorë?
Zgjidhje :
   a.
CPU time A = I * CPI * cycle timeA = I * 2.0 * 10 ns = 20 * I ns.
CPU time B = I * CPI * cycle timeB = I * 1.2 * 20 ns = 24 * I ns.

Procesori A është 1.2 herë (24/20) më i shpejtë se procesori B.

   b. Vetëm numri i instruksioneve është identik, pasi kane bashkësi instruksionesh (ISA) të njëjtë.

Përfundim : Dyfishimi i frekuencës se clockut të një procesori nuk sjell domosdoshmërish dyfishimin e performancave të tij.

5.4.1 Frekuenca e klasave të instruksioneve të një programi dhe CPI

Supozojmë se një program, i cili përmban **"*n*"** klasa instruksionesh, ekzekutohet në një CPU të caktuar, me këto karakteristika :

Ci   - është numri i instruksioneve të klasës "i" që ekzekutohen.

CPIi - është vlera e "cikle për instruksion" për klasën "i" të instruksioneve që ekzekutohen.

Fi   - Frekuenca, ose përqindja e instruksioneve të klasës "i" që ekzekutohen.

Atëherë vlera mesatare, ose efektive e CPI do të llogaritej:

$$CPI = \sum_{i=1}^{n} CPIi * Fi$$

Ku:

 i = 1,2,...n

dhe Fi= Numri i instruksioneve të klasës "i" / Numri total i instruksioneve që ekzekutohen = Ci/I.

Për një program të caktuar, kontributi në kohëzgjatjen e ekzekutimit të programit të instruksioneve të klasës "i", do të llogaritej :

CPU Exe Time i = CPIi*Fi / CPI

Shembull 5.6

Në një procesor RISC, nga monitorimi i ekzekutimit të programeve është vënë re se frekuenca mesatare e ekzekutimit të instruksioneve është si në tabelën e mëposhtme. Në tabelë janë shënuar edhe kohëzgjatjet në cikle clocku të ekzekutimit për secilën familje instruksionesh.

Instruksioni	Frekuenca e ekzekutimit	Kohëzgjatja në cikle clocku
ALU	50%	1
Load	20%	5
Store	10%	3
Branch	20%	2

Të gjenden :
a. Sa është CPI mesatare ose efektive e këtij procesori ?
b. Sa përqind të kohës shpenzon procesori për ekzekutimin e instruksioneve të secilës familje?

251

Zgjidhje

a.

$$CPI = \sum_{i=1}^{n} CPIi * Fi$$

CPI = 0.5x1 + 0.2*5 + 0.1*3 + 0.2 *2 = 2.2 cikle /instruksion

b.

CPU Exe Time i = CPIi*Fi / CPI

CPU exe për ALU = 0.5*1/2.2 = 23 %

Në tabelën e mëposhtëme janë përmbledhur vlerat e të gjithë parametrave.

Instruksioni	Frekuenca e ekzekutimit	Kohëzgjatja në cikle clocku	Përqindja e kohës së ekzekutimit për klasë instruksionesh
ALU	50%	1	23 %
Load	20%	5	45%
Store	10%	3	14%
Branch	20%	2	18%

Shembull 5.7

Një ISA është implementuar në dy procesorë të ndryshëm : procesorin "alfa1" dhe në procesorin "beta1". Bashkësia e instruksioneve përbëhet nga 5 klasa instruksionesh si në tabelë.

Procesori "alfa1" ka një frekuencë clocku 4 Ghz, ndërsa "beta1" ka një frekuencë clocku 6 Ghz.

Për një program të caktuar, p.sh. programin "flight-simul", frekuenca e ekzekutimit të klasave të instruksioneve është e njejtë, me përjashtim të klasës A, frekuenca e të cilave është sa dyfishi i të tjerave.

Të gjendet : Cili prej procesorëve ekzekuton më shpejt programin "flight-simul"?

Klasat e instruksioneve	CPI proc. alfa1	CPI proc. beta1
Klasa A	1	2
Klasa B	2	2
Klasa C	3	2
Klasa D	4	4
Klasa E	3	4

Shënim : rast i ngjashëm me shembullin është p.sh. bashkësia e instruksioneve x86, të cilën prodhuesit Intel dhe AMD e kanë implementuar në procesorët e tyre.

Zgjidhje

Nisemi nga barazimi :

$$Speedup = \frac{Koha\ e\ ekzekutimi\ te\ \text{flight-simul}\ ne\ proc\ beta1}{Koha\ e\ ekzekutimi\ te\ \text{flight-simul}\ ne\ proc\ alfa1}$$

$$= \frac{I * CPIbeta1 * Tclockbeta1}{I * CPIalfa1 * Tclockalfa1}$$

$$= \frac{CPIbeta1 * Tclockbeta1}{CPIalfa1 * Tclockalfa1} = \frac{CPIbeta1 * Fclockalfa1}{CPIalfa1 * Fclockbeta1}$$

Llogaritim CPI mesatare për procesorët alfa1 dhe beta1. Shënojmë me "X" frekuencën e ekzekutimit të klasave të instruksioneve dhe do të përftojmë:

CPI alfa1= 2X+2X+3X+4X+3X = 14X

CPI beta1= 4X+2X+2X+4X+4X = 16X

$$Speedup = \frac{16X * 4 * 109}{14X * 6 * 109} = 0.762$$

Pra, koha e ekzekutimit të programit "flight-simul" në procesorin "beta1" është 0.762 më e vogël se në "alfa1". Përfundimisht "beta1" është 1.312 herë më i shpejtë se procesori "alfa1".

5.5 CPI/IPC, MIPS

Le ta rimarrim ekuacionin e performancave të procesorit :

CPU exe Time=I*CPI*T

Shpesh përdoret edhe një madhësi tjetër, që quhet **IPC** (**I**nstruksione **P**ër **C**ikël), e cila lidhet me CPI nëpërmjet shprehjes :

$$IPC = \frac{1}{CPI}$$

IPC tregon pra numrin e instruksioneve ,që procesori ekzekuton mesatarisht për çdo cikël clocku.

Për një program të caktuar, që ekzekutohet në një CPU të caktuar, madhësia **MIPS** (**M**ilion **I**nstructions **P**er **S**econd) tregon sa instruksione të programit në fjalë ekzekutohen në një sekondë. Nisur nga ekuacioni i performancës së CPU do të kemi:

$$MIPS = \frac{I*10^{-6}}{CPUexeTime} = \frac{I*10^{-6}}{I*CPI*T} = F*IPC$$

Ku "**F**" është frekuenca e clockut të procesorit e shprehur në Megaherz.

Shembull 5.8
Në tabelën e mëposhtëme jepet frekuenca e clockut për tre procesorë që kanë të njëjtën ISA. Programi "beta1.0", që ka $52*10^9$ instruksione ekzekutohet në secilin procesor. Kohëzgjatja e ekzekutimit të tij është shënuar në tabelë gjithashtu.

Procesori	Frek. e clockut (Ghz)	Numri i instruksioneve	Koha e ekzekutimit
ProcA	2.0	$52*10^9$	52 sek.
ProcB	1.7	$52*10^9$	45.88 sek.
ProcC	3.0	$52*10^9$	60.67 sek.

Llogarisni :
   a. Vlerën e IPC për secilin procesor.
   b. Numrin e cikleve të clockut që zgjat ekzekutimi i programit për secilin procesor.
   c. Vlerën e MIPS për secilin procesor për këtë program.
Zgjidhje
   a. IPC = I / CPU exe Time*F

IPCa = 52 / 52*2 = 0.5 instruksione/cikël
IPCb = 52 / 45.88 *1.7 = 0.667 instruksione/cikël
IPCc = 52 / 60.67 *3.0 = 0.287 instruksione/cikël

   b. Numri total i cikleve të clockut do të llogaritej nga produkti i numrit të instruksioneve të programit "beta1.0" me numrin mesatar të cikleve të clockut që çdo instruksion kërkon për ekzekutim. Pra, clock-cycles (CC) = I*CPI = CPU exeTime/T = CPU exeTime * Fclock
CCa = 52 * 2 *10^9 = 104 *10^9 cikle clocku
CCb = 45.88 * 1.7 *10^9 = 78 *10^9 cikle clocku
CCc = 60.67 * 3.0 *10^9 = 182 *10^9 cikle clocku

   c. MIPS = IPC*F

MIPSa = 0.5*2000 = 1000 MIPS

MIPSb = 0.667*1700 = 1133.9 MIPS
MIPSc = 0.287*3000 = 861 MIPS

5.5.1 A mund të shërbejë MIPS si matës i performancës?

A mund të shërbejë parametri MIPS për të vlerësuar performancën e një procesori?

Për t'ju përgjigjur kësaj pyetje, le ti referohemi formulës : MIPS = F*IPC.

Në këtë barazim, komponenti software, i cili ndikon drejtpërdrejt në numrin e instruksioneve "I", këtu mungon plotësisht. Pra, dy procesorë të ndryshëm, edhe pse mund të kenë vlerë të njëjtë MIPS, ata mund të ekzekutojnë instruksione, pra të kryejnë "punë", që nuk janë të njëjta. Në këto kushte, MIPS nuk mund të shërbejë si matës i performancës së një procesori. Që ky parametër, të mund të kryejë këtë funksion, duhet të plotësohen njëkohësisht këto tre kushte:

   a.   Të përdoret i njëjti program (kjo vlen për të gjithë parametrat dhe metodat e matjes së performancës).
   b.   Të përdoret e njëjta bashkësi instruksionesh, ISA.
   c.   Të përdoret i njëjti kompilator.

Për këto arsye, MIPS nuk konsiderohet më si një matës i besueshëm i performancës së procesorit. Është kjo arsyeja që MIPS ndonjëherë konsiderohet me humor edhe si "*Meaningless Indicator of Processor Speed*".

Le të shikojmë disa shembuj që trajtojë këtë aspekt.

Shembull 5.9

Në një kompjuter me frekuencë clocku 100 Mhz, instruksionet e tij i përkasin tre klasave si më poshtë:

Klasa A, 1 cikël clocku - Klasa B, 2 cikle clocku - Klasa C, 3 cikle clocku.

Në këtë kompjuter po testohen dy kompilatorë "compA" dhe "compB". Për këtë, përdoret programi "progX" që përbëhet nga miliona instruksione. Kështu kompilatori "compA" e përkthen programin "progX" në : 5 milion instruksione të klasës A, 1 milion instruksione të klasës B, 1 milion instruksione të klasës C.

Kompilatori "compB" e përkthen "progX" në: 10 milion instruksione të klasës A, 1 milion instruksione të klasës B, 1 milion instruksione të klasës C.

   a.   Të llogaritet cili prej kompilatorëve prodhon një kod më të shpejtë.
   b.   Të llogaritet vlera e MIPS (Milion Instruksione Për Sekondë) për secilin prej kompilatorëve.

Zgjidhje

a.

Koha e ekzekutimit sipas compA : NumCycles / ClockRate = $(5*1 + 1*2 + 1*3) * 10^6 / 100 * 10^6 = 10 / 100 = 0.1$ s

Koha e ekzekutimit sipas compB: NumCycles / ClockRate = $(10*1 + 1*2 + 1*3) * 10^6 / 100 * 10^6 = 15 / 100 = 0.15$ s

b.

MIPS = Numri i instruksioneve / (koha e ekzekutimit * 10^6)

MIPS, compA: $(5 + 1 + 1) * 10^6 / 0.1$s $* 10^6 = 7 / 0.1 = 70$ MIPS

MIPS, compB: $(10 + 1 + 1) * 10^6 / 0.15$s $* 10^6 = 12 / 0.15 = 80$ MIPS

Përfundimi :

Kompilatori compA, edhe pse rezulton me një MIPS më të vogël, krijon një kod më performant se compB, kjo pasi koha e ekzekutimit të tij është më e shkurtër. MIPS jo gjithmonë është shprehës i performancës. Matësi universal që shpreh performancën e një procesori është koha e ekzekutimit të kodit të programit.

Shembull 5.10

Nga matjet që janë kryer për një program të caktuar, p.sh. programi " spektër" në dy kompjutera të ndryshëm kompjuteri " ABC" dhe kompjuteri "EFG" kanë rezultuar këto të dhëna :

Matjet	Kompjuteri ABC	Kompjuteri EFG
Numri i instruksioneve	5 milion	4 milion
Frekuenca e clockut	2.4 GHZ	2.4 GHZ
CPI	1.2	1.4

Të llogaritet:

a. Cili prej kompjuterave ka një vlerë më të lartë të MIPS (Milion Instructions për Sekondë)?

b. Cili prej kompjuterave është më i shpejtë?

Zgjidhje:

a. MIPS = NI/Kohaexe = NI/NI*CPI*clock = IPC*F = F/CPI

Ku "F" është frekuenca clockut në Mghz.

Kompjuteri ABC = $2.4 \cdot 10^3 / 1.2 = 2000$ MIPS

Kompjuteri EFG $= 2.4 \cdot 10^3 / 1.4 = 1714$ MIPS

b. Koha e ekzekutimit të programit në dy kompjuterat do të ishte :

ABC : Koha e ekzekutimit të programit $= 5*10^6 * 1.2 / 2.4*10^9 = 2.5 * 10^{-3}$ s. = 2.5 ms.

EFG : Koha e ekzekutimit të programit = $4*10^6* 1.4 /2.4*10^9 = 2.5 * 10^{-3}$ s. = 2.33 ms.

Përfundimi : Kompjuteri EFG, edhe pse ekzekuton më pak instruksione për sekondë (MIPS më i vogël), është më i shpejtë se kompjuteri ABC.

Shembull 5.11
Një program i shkruar ne gjuhen Java kërkon 20 sekonda të ekzekutohet. Një version i ri i interpretuesit Java arrin të zvogëlojë numrin e instruksioneve të këtij programi me 40 %. Por, nga ana tjetër, ai e rrit CPI me 1.1 në krahasim me versionin e vjetër. Sa kohë do të kërkojë të ekzekutohet tani ky program ? Kompjuteri ku ekzekutohet programi është i njëjtë për të dy rastet.
Zgjidhje
Koha e ekzekutimit të një programi është : t=I*CPI*T
Duke zëvendësuar në formulë për rastin e parë kemi : 20 sek. = X*CPI*T
Për rastin e versionit të ri të Java-s dhe meqenëse përdorim të njëjtin hardware (kompjuter) mund të llogarisim : 0.6X*1.1CPI*T=Y .

Duke zëvendësuar X do të përftojmë :

Y=0.6*20/CPI*T *1.1CPI*T=0.6*20*1.1=13.2 sekonda.

Shembull 5.12
a. Procesori A ka një frekuencë clocku dhe vlerë të MIPS më të mëdha se procesori B.
Të gjendet : në cilat kushte procesori A do të jetë <u>gjithmonë</u> më i shpejtë se procesori B ?
b. Supozoni se kompjuteri A dhe komjuteri B kanë procesorë me të njëtën bashkësi instruksionsh (ISA). Kompjuteri A ka cikël clocku prej 20 ns. dhe për programin "video" ai ka një CPI efektive = 1.5. Kompjuteri B, ka një cikël clocku 15 ns. dhe CPI efektive 1.0 po për programin "video".
Cili prej kompjuterave ekzekuton më shpejt programin « video » dhe sa?
Zgjidhje
a. Barazimet e kohës së ekzekutimit dhe MIPS janë si më poshtë :
(CPU exe Time)a = Ia* CPIa *Ta
MIPSa = IPSa*Fa = Fa/CPIa   ku frekuenca shprehet ne MGhz.
(CPU exe Time)b = Ib* CPIb *Tb
MIPSb = IPSb*Fb = Fb/CPIb   ku frekuenca shprehet ne MGhz.
Në qofë se Fa>Fb dhe MIPSa > MIPSb
atëherë në çdo rast do të kemi që :

Fa/Fb > CPIa / CPIb dhe Tb/Ta > CPIa/CPIb

Prej këtej rrjedh se në qoftë se numri i instruksioneve është i njëjtë, atëherë procesori A <u>gjithmonë</u> do të jetë më i shpejtë se procesori B.

    b. Sipas kushteve të ushtrimit që procesorët kanë të njëtën bashkësi instruksionesh dhe ekzekutojnë të njetin program, atëherë edhe numri i instruksioneve që ata do të ekzekutojnë do të jetë i njejtë.

(CPU exe Time)a = I*1.5*20ns = I*30 ns.

(CPU exe Time)b = I*1.0*15ns = I*15ns.

Pra, procesori A do të jetë dy herë më i shpejtë se procesori B.

5.6 Ligji i Amdahl-it (Gene Amdahl, 1922 -)

Sa do të ishte përfitimi maksimal në performancën e përgjithshme të një kompjuteri në se e përmirësojmë atë pjesërisht duke optimizuar vetëm një prej pjesëve përbërëse të tij? Për të llogaritur këtë, na vjen në ndihmë *ligji i Amdah-lit* (quhet edhe *argumenti i Amdah-lit*), i formuluar për herë të parë prej Gene Amdahl në vitin 1967. Ky ligj është veçanërisht i vlefshëm për të krahasuar ndërmjet dy alternativave performancat e një sistemi, siç do të tregohet në shembujt e mëposhtëm.

Ligji i Amdahl-it thotë se përfitimi në performancë, që sjell përmirësimi i një pjese të kompjuterit, kufizohet prej madhësisë së kohës që kjo pjesë përdoret. Kështu, në origjinë të këtij ligji, Amdahl në [13], thotë se "përshpejtimi i një programi nëpërmjet përdorimit të disa procesorëve në paralel, nuk mund të jetë më i madh se koha që do të nevojitet për ekzekutimin e pjesës sekuenciale (pra që nuk mund të paralelizohet) të programit". Skematikisht dhe matematikisht kjo është paraqitur këtu më poshtë.

$$Speedup = \frac{Performanca\ \textbf{pas}\ permirsimit}{Performanca\ \textbf{para}\ permirsimit}$$
$$= \frac{Koha\ e\ ekzekutimit\ \textbf{para}\ permirsimit}{Koha\ e\ ekzekutimit\ \textbf{pas}\ permirsimit}$$

Supozojmë se përmirësimi "E" e përshpejton pjesën "F" <u>të kohës së ekzekutimit</u> të një "task", ose programi me madhësinë, ose faktorin "S", ndërsa pjesa tjetër e kohës së ekzekutimit që mbetet [(koha exe (1– F)] nuk ndryshon.

Pra, Koha exe. pas përmirësimit « E » = Koha exe. që nuk ndryshon + F/S

Pra, mund të shkruajmë : Koha exe. pas përmirësimit « E » = Koha exe para përmirs. *[(1-F+(F/S)]

Rrjedhimisht mund të llogarisim :

5. VLERESIMI I PERFORMANCES SE KOMPJUTERAVE

$$Speedup(E) = \frac{Koha\ e\ ekzekutimit\ \textbf{para}\ permirsimit}{Koha\ e\ ekzekutimit\ \textbf{para}\ permirsimit * \left[(1-F) + \frac{F}{S}\right]} =$$

$$= \frac{1}{1 - F + F/S}$$

Barazimi i mësipërm përbën edhe formën matematikore të ligjit të Amdahl-it.

Skematikisht kjo paraqitet në figurën e mëposhtme (fig. 5.1).

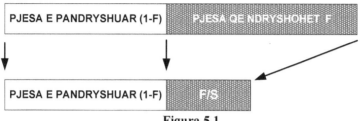

Figura 5.1

Ligji i Amdah-it ilustrohet në figurën 5.2, ku shprehet vartësia e rritjes së performancës se një procesori prej numrit të procesorëve, për programe që kanë pjesë të paralelizueshme prej 50-95%.

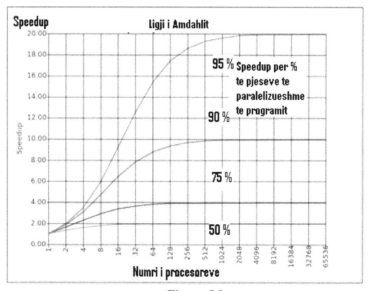

Figura 5.2

Shembull 5.13

Le të rimarrim në shembullin 5.6, me të dhëna si në tabelën e mëposhtme. Supozojmë se si pasojë e përmirësimeve të CPU-së, instruksionet "Load" tani nuk kërkojnë më 5 cikle clocku, por 2 cikle clocku për t'u ekzekutuar.

Instruksioni	Frekuenca e ekzekutimit	Kohëzgjatja në cikle clocku	CPIi*Fi	Përqindja e kohës së ekzekutimit për klasë instruksionesh
ALU	50%	1	0.5	23 %
Load	20%	5	1.0	45%
Store	10%	3	0.3	14%
Branch	20%	2	0.4	18%

    a. Të gjendet : sa më shpejt do të ekzekutohet tani ky program pas përmirësimeve të kryera?

    b. Llogarisni vlerën e CPI mesatare pas përmirësimit dhe përqindjen e kohës së ekzekutimit për çdo klasë instruksionesh.

Zgjidhje 1

a.

Pjesa F e përmirësuar është   : F=45 % = 0.45
Pjesa e mbetur pa përmirësuar është   : 1-F = 0.55
Faktori S i përmirësimit është   : S = 5/2 = 2.5
Duke përdorur ligjin e Amdah-lit mund të llogarisim:

Speedup = $1/[(1-F) + F/S] = 1/(0.55 + 0.45/2.5) = 1.37$ ose 37%

Pra, përfundimisht, pavarësisht se instruksioni Load shkurtohet me 2.5 herë (faktori S), përfitimi në kohën e ekzekutimit të programit është vetëm 37%. Kjo, pasi pjesa e mbetur e kohës prej 55 % nuk përshpejtohet.

b.

CPIe-re = $0.5 \times 1 + 0.2*2 + 0.1*3 + 0.2 *2 = 1.6$ cikle/instruksion

CPU exe për ALU = $0.5*1/1.6 = 31.2 \%$

Në tabelën e mëposhtëme janë përmbledhur vlerat e parametrave të kërkuar

Instruksioni	Frekuenca e ekzekutimit	Kohëzgjatja në cikle clocku	CPIi*Fi	Përqindja e kohës së ekzekutimit për klasë instruksionesh
ALU	50%	1	0.5	31.2 %
Load	20%	2	0.4	25%
Store	10%	3	0.3	18.8%
Branch	20%	2	0.4	25%

Zgjidhje 2
Ushtrimi mund të zgjidhet edhe duke përdorur formulën bazë të "speedup":

$$Speedup = Permirsim = \frac{Performance\ CPUa}{PerformanceCPUb} = \frac{Koha\ ekecutimitb}{Koha\ ekzekutimita}$$

CPI para përmirësimit = 2.2 cikle /instruksion (**shih shembullin 5.6**)
CPI pas përmirësimit = 0.5*1 + 0.2*2 + 0.1*3 + 0.2*2 = 1.6

Speedup = I*CPIpara*Tclock / ICPIpas*Tclock = CPI para / CPI pas = 2.2/1.6 = 1.37

Shembull 5.14
Le të rimarrim shembullin 5.13, si më poshtë:

Instruksioni	Frekuenca e ekzekutimit	Kohëzgjatja në cikle clocku	CPIi*Fi	Përqindja e kohës së ekzekutimit për klasë instruksionesh
ALU	50%	1	0.5	23 %
Load	20%	5	1.0	45%
Store	10%	3	0.3	14%
Branch	20%	2	0.4	18%

Supozojmë se si pasojë e përmirësimeve të CPU-së, instruksionet "Store" tani nuk kërkojnë më 3 cikle clocku, por 1 cikël clocku për t'u ekzekutuar.
   a. Të gjendet : sa më shpejt do të ekzekutohet tani ky program pas përmirësimeve të kryera?
Zgjidhje
Pjesa F e përmirësuar është   : F=14 % = 0.14
Pjesa e mbetur pa përmirësuar është   : 1-F = 0.86
Faktori S i përmirësimit është   : S = 3/1 = 3

Duke përdorur ligjin e Amdah-lit mund të llogarisim:

Speedup = 1/[(1-F) +F/S] = 1/(0.86 + 0.14/3) = 1.103 ose 10.3 %

Pavarësisht pra, se instruksioni Store shkurtohet me 3 herë, përfitimi në kohën e ekzekutimit të programit është vetëm 10.3 %. Shumë më i vogël pra (3.6 herë), se në rastin e instruksionit Load në shembullin 5.13. Kjo, pasi kontributi i instruksioneve Store në kohën e ekzekutimit të programit është vetëm 14 % ose 3.2 herë më i vogël se i instruksioneve Load.

Përfundimi : Përshpejtoni ndodhinë që përsëritet më shpesh (*"Make the common case fast"*)!

Shembull 5.15
Një program kërkon 100 sekonda të ekzekutohet në një kompjuter, nga të cilat 80 sekonda i kërkojnë instruksionet e shumëzimit. Sa duhet të përmirësohet shpejtësia e ekzekutimit të instruksioneve të shumëzimit me qëllim që programi të ekzekutohet 4 herë më shpejt?

Zgjidhje
Ligji i Amdah-lit:

$$Speedup = \frac{Koha\ e\ ekzekutimit\ \textbf{para}\ permirsimit}{Koha\ e\ ekzekutimit\ \textbf{para}\ permirsimit\ [(1-F) + \frac{F}{S}]}$$

$$= \frac{1}{1 - F + F/S}$$

Ku "S" është përmirësimi që kërkohet për instruksionet e shumëzimit.
Nga ku :

$$S = \frac{Speedup * F}{1 - Speedup(1-F)} = \frac{4*0.8}{1-(4-0.8)} = 16$$

Shembull 5.16
Supozoni se serveri Web që ju keni në përdorim ka filluar të mos e përballojë plotësisht ngarkesën e një aplikimi web që funksionon mbi të. Kohët e përgjigjes së tij kanë filluar tër rriten ndjeshëm. Nga monitorimi që ju i keni bërë punës së serverit aktual, rezultoi se procesoi është i ngarkuar në 60 % të kohës dhe pret për input/output 40 % të kohës. Për këtë, ju kontaktuat me një firmë të specializuar. Ajo ju ofroi një "processor upgrade" që është 2 herë më i shpejtë se procesori aktual me një çmim 100.000 lekë ose një "hard drive upgrade" që është një grup disqesh të rinj me debit ("throughput") 2.5 herë më të madh se ata aktualë. Kjo zgjidhje kushton 60.000 lekë.

Llogarisni se cila "upgrade" do të sillte rritjen më të ndjeshme të performancave të serverit Web, me shpenzime minimale?

Zgjidhje
Ligji i Amdah-lit:

5. VLERESIMI I PERFORMANCES SE KOMPJUTERAVE

$$Speedup = \frac{1}{1 - F + F/S}$$

Për rastin e "procesor upgrade" llogarisim :
F =60%=0.6, S=2   Speedup = 1 / [(1-0.6) + 0.6/2] = 1.43

Për rastin e "hard drive upgrade" llogarisim :
F =40%, S=2.5   Speedup = 1 / [(1-0.4) + 0.4/2.5] = 1.32

Në se të dy opsionet do të kushtonin njësoj, atëherë zgjidhja "procesor upgrade" do të ishte më optimale, pasi ajo sjell një përfitim me 43 % në performancën e serverit.

Nga llogaritjet rezulton se rritja me 1 % e performancës së serveri do të kushtojë 2325.58 lekë, po qe se zgjedhim opsionin "procesor upgrade", ose 1875 lekë në se shkojmë për "hard drive upgrade".

E thënë ndryshe 100 lekë investim në CPU e rrit performancën e serverit me 4.3 %, ndërsa 100 lekë investim në "hard drive" do të sillte një përmirësim me 5.3 %. Kjo e bën zgjidhjen "hard drive upgrade" më interesante për sa i përket raportit kosto/performancë.

Raporti kosto/performancë është një kriter i rëndësishëm që duhet marrë në konsideratë, por ai nuk është i vetmi. Kështu, duke pasur parasysh shpërndarjen e ngarkesës në server ndërmjet CPU dhe input/output, vihet re se ajo nuk është e balancuar në dëm të CPU-së. Prandaj, investimi në zgjidhjen "procesor upgrade" mund të ishte më interesant pavarësisht se kosto/performancë nuk është në favor të saj.

Në një rast tjetër, mundet që hapësira në disqet e serverit Web të jetë zvogëluar në nivele kritike. Në këtë rast, zgjidhja "hard drive upgrade" bëhet e domosdoshme.

5.6.1 Disa përfundime që rrjedhin prej ligjit të Amdah-lit
Ligji i Amdah-lit është një shprehje e ligjit të Ekonomiksit që njihet me emrin "Ligji i të ardhurave margjinale zbritëse" (ang. *"Law of diminishing returns", "Loi des rendements décroissants"* fr.).
Një rrjedhim i rëndësishëm i ligjit të Amdahl-it është se, n.q.s. përmirësimi prek vetëm një pjesë të një pune (« task »), atëherë nuk do të mund ta përshpejtojmë këtë punë më shumë se :

$$\lim_{s \to \infty} \frac{1}{1 - F + F/S} = \frac{1}{1 - F}$$

Ky fakt e bën evident pohimin e përsëritur : **"Përshpejtoni ndodhinë që përsëritet shpesh" ("Make the common case fast")!** Grafikisht kjo është paraqitur në figurën 5.3.

Ky ligj shërben si udhërrëfyes për të përllogaritur se sa një përmirësim i caktuar do të influencojë në performancën e një procesori/kompjuteri dhe si të shpërndajmë burimet që kemi në dispozicion me qëllim që të përfitojmë maksimalisht prej tyre. Kështu ligji i Amdah-lit na tregon që këto burime duhen shpenzuar në mënyrë proporcionale me kohën që shpenzohet. Ai përdoret gjerësisht edhe për të krahasuar dy alternativa të ndryshme që ndeshen gjatë konceptimit të një procesori/kompjuteri, siç tregohet në paragrafin « Raste studimi » në fund të këtij kapitulli.

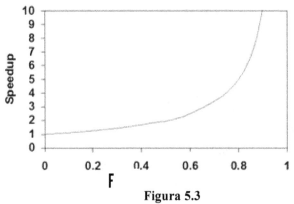

Figura 5.3

Shembull 5.17
Supozojmë se në procesorin "alfaII" me frekuencë 300 MHz ekzekutojmë programin "flight-simul", i cili rezulton të ketë këto klasa instruksionesh:

Klasat e Instruksioneve	Frekuenca në %	No. i cikleve clock-CPI
ALU Integer	40	1
Load	20	1
Store	10	2
Branch	20	3
ALU FP	10	5

    a. Të gjenden: CPI dhe MIPS të procesorit "alfaII" për programin "flight-simul".

Zgjidhje-a
CPI1= 0.4*1 + 0.2*1+0.1*2 + 0.2*3 + 0.1*5 = 1.9 cikle/instruksion
MIPS1 = IPC*F = F/CPI = 300/1.9 = 157.9 MIPS

    b. Pas optimizimit të kodit të programit "flight-simul", arritëm të eliminojmë 30% të instruksioneve ALU Integer (pra -12% të numrit total të instruksioneve), 30% të "Load" dhe 20 % të instruksioneve ALU FP. Numri i instruksioneve të tjerë mbeti i pandryshuar. Llogarisni CPI dhe MIPS të versionit të optimizuar të "flight-simul".

Zgjidhje-b

Optimizimi reduktoi me : $0.4*0.3 + 0.2*0.3 + 0.1*0.2 = 0.2$ ose 20 % numrin total të instruksioneve të programit "flight-simul". Rrjedhimisht edhe frekuencat e klasave të instruksioneve duhet të rillogariten si më poshtë:

Klasat e instruksioneve	Frekuenca në % PARA optimizimit	Frekuenca në % PAS optimizimit	No. i cikleve clock- CPI
ALU Integer	40	40(1- 0.3)/0.8=35	1
Load	20	20(1- 0.3)/0.8=17.5	1
Store	10	10/0.8=12.5	2
Branch	20	20/0.8=25	3
ALU FP	10	10(1- 0.2)/0.8=10	5

CPI2 = $0.35*1+0.175*1+0.125*2+0.25*3+0.1*5= 2.025$ cikle/instruksion
MIPS2 = $300/2.025 = 148.1$ MIPS

    c.   Sa më i shpejtë është tani programi "flight-simul" i optimizuar ?

Zgjidhje-c

Speedup = Koha-exe-PARA-optimizimit/Koha-exe-PAS-optimizimit = I*CPI1*Tclock / I*0.8*CPI2*Tclock = CPI1/0.8*CPI2 = 1.9/1.62 = 1.17
Pra, pas optimizimit programi do të jetë 17 % më i shpejtë.

Vini re : Edhe pse CPI2>CPI1 dhe MIPS2<MIPS1 programi ynë rezulton i optimizuar vetëm prej zvogëlimit me 20% të numrit të instruksioneve.

    d.   Firma Alfa ka prodhuar versionin e ri të procesorit , "alfaIII", i cili ka frekuencë clocku 450 Mhz. Për të arritur këtë frekuencë, projektuesit e "alfaIII" janë detyruar të rrisin vlerën e CPI në 2 cikle clocku për instruksionet ALU dhe Load dhe në 6 cikle për ALU FP.

Sa më shpejt do të funksionojë tani në "alfaIII" versioni i pa-optimizuar i programit "flight-simul"?

Zgjidhje-d

CPI3= $0.4*2 + 0.2*2+0.1*2 + 0.2*3 + 0.1*6 = 2.6$ cikle/instruksion
Speedup = Koha-exe-alfaII/Koha-exe-alfaIII = I*CPI1*TclockII / I*CPI3*TclockIII = 1.9*450/2.6*300 = 1.096
Pra, procesori "alfaIII" do të bëjë që "flight-simul" të funksionojë rreth 10 % më shpejt.

e. Projektuesit e firmës Alfa po punojë në projektit e procesorit të ri "alfaIV". Ata, mendojnë që të mos e rrisin frekuencën e clockut, por të zvogëlojnë kohën e ekzekutimit të instruksioneve ALU Floating Point. Cili do të ishte përfitimi maksimal në performancë në krahasim me procesorin "alfaIII" për versionin e pa-optimizuar të programit "flight-simul"?

Zgjidhje-e

Për këtë na vjen në ndihmë ligji i Amdah-lit , si më poshtë:

$$Speedup = \frac{1}{1 - F + \frac{F}{S}}$$

Në rastin në fjalë, "F" do të ishte kontributi i instruksioneve ALU FP në <u>kohën e ekzekutimit</u> të programit "flight-simul", ndërsa "S" faktori i optimizimit të këtyre instruksioneve. Për një optimizim maksimal (n-> infinit) do të përftonim:

$$Speedup = \frac{1}{1 - F}$$

Meqenëse "alfaIII" dhe "alfaIV" kanë të njëjtën frekuencë clocku, atëherë duke u nisur nga përfundimi i pikës "d" të ushtrimit mund të llogarisim : p = CPIi/CPI3 = 0.6/2.6 = 0.231

Speedup = 1/1-0.231 = 1.3

Pra, optimizimi i instruksioneve ALU FP në procesorin "alfaIV", teorikisht do të mund të përshpejtojë ekzekutimin e programit "flight-simul" jo më shumë se 30 %.

5.7 Përmbledhje në lidhje me performancën e një procesori (kompjuteri)

- <u>Kriteri absolut dhe universal për të vlerësuar performancën e një kompjuteri është koha e ekzekutimit të një detyre, ose programi, e llogaritur kjo sipas barazimit (1).</u>
- <u>Performanca e një procesori/kompjuteri është një madhësi specifike që lidhet me një program të caktuar.</u> Ajo duhet matur me anën e aplikimeve realë, me qëllim që të ata të reflektojnë punën e zakonshme me të cilën përballet kompjuteri ("workload"). Përdorim të gjerë për këtë qëllim kanë gjetur të ashtuquajturit "computer performance benchmarks", të cilët janë programe që kryejnë një grup saktësisht të përcaktuar operacionesh, dhe që shërbejnë për të vlerësuar performancat e kompjuterave.

- Për një arkitekturë ISA të caktuar, rritja e performancave mund të arrihet prej :
  - o Rritjes së frekuencës së clockut (pa ndikuar në vlerën e CPI-së).
  - o Përmirësimin e organizimit ose strukturës së procesorit, që sjell zvogëlimin e CPI-së.
  - o Përmirësimeve në kompilator që sjell zvogëlimin e vlerës së CPI-së dhe/ose të numrit të instruksioneve të një pune /programi të caktuar.

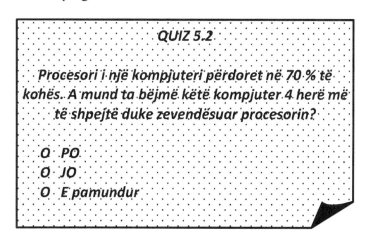

QUIZ 5.2

Procesori i një kompjuteri përdoret në 70 % të kohës. A mund ta bëjmë këtë kompjuter 4 herë më të shpejtë duke zevendësuar procesorin?

O PO
O JO
O E pamundur

5.8 Matja e performancës së kompjuterave. "Computer Benchmarks"
Pasi kemi llogaritur performancën e një procesori, analizuar komponentët që bëjnë pjesë në të, dhe vlerësuar nga ana sasiore efektin e ndryshimeve në performancë, le të përpiqemi ti përgjigjemi një pyetjeje të thjeshtë, gati banale : Çfarë kuptimi ka shprehja "kompjuteri ABC është më i shpejtë se kompjuteri DEF" ?
Shumë e thjeshtë do të thotë dikush: kompjuteri ABC ekzekuton një program të caktuar, p.sh. programin XYZ, në kohë më të shkurtër se kompjuteri DEF. Përgjigje e saktë! Dikush tjetër mund të thotë : kompjuteri ABC kryen më shumë transaksione në orë se kompjuteri DEF. Edhe kjo është përgjigje e saktë! Cila është e vërteta atëherë?
Kjo do të varet nga qëllimi për të cilin përdoren kompjuterat. Kështu, për përdoruesin i parë, kompjuterat ABC dhe DEF janë kompjutera desktop. Për të është e rëndësishme që një program të mund të ekzekutohet sa më shpejt që të jetë e mundur. Pra, ai vëren se ABC, ofron një kohë përgjigje ("response time"), ose kohë ekzekutimi ("execution time") të programeve më të vogël se DEF. Rezultati është që ABC ekzekuton më shpejt se DEF.

Për përdoruesin e dytë, këta kompjutera u shërbejnë disa përdoruesve njëkohësisht, në rolin e një serveri. Për të, është i rëndësishëm fakti, që përdoruesit të shërbehen <u>njëkohësisht</u> dhe shpejt. Prandaj, ai është i interesuar jo vetëm për shpejtësinë me të cilën ekzekutohet një program i caktuar, por kryesisht për faktin se sa "punë" është i aftë të kryejë ky kompjuter brenda një intervali kohe të dhënë. Ai pra është i interesuar për atë që ne e quajmë "throughput" të kompjuterit (serverit). Kur ky përdorues vëren se kompjuteri ABC ofron një "throughput" më të lartë se DEF, atëherë për të ABC është më i "shpejtë" se DEF.

Nga sa më sipër, kur të themi se "Kompjuteri ABC është *"n"* herë më i shpejtë se EDF kur ata ekzekutojnë programin XYZ", kjo do të thotë se :

$$n = \frac{Koha\ ekzekutimit EDF}{Koha\ ekzekutimit ABC} = \frac{Performance\ ABC}{Performance\ EDF}$$

Ose që "Serveri ABC është *"n"* herë më performant se serveri EDF", kjo do të thotë se :

$$n = \frac{Performance\ ABC}{Performance\ EDF} = \frac{Throughput ABC}{Throughput EDF}$$

Pra, që numri i detyrave ("tasks") që kryhen në serverin ABC në njësinë e kohës, është *n* herë më i madh se ai që kryhet në serverin EDF.

Le të detajojmë tani një element tjetër të rëndësishëm, që ka të bëjë me kohën e ekzekutimit të një programi, ose detyre (task). Dallojmë dy përcaktime:

- Koha e plotë e ekzekutimit të një detyre ose programi, që në anglisht njihet me termat *"wall-clock time"*, *"response time"* ose *"elapsed time"*. Kjo është kohëzgjatja e plotë e nevojshme, që të kompletohet një detyrë ose program, që përfshin kohën e shpenzuar nga CPU , kohën për kapjen e diskut (në përgjithësi Input/Output), kohën për aksesin e kujtesës, kohën e shpenzuar nga sistemi operativ (OS overhead). Pra, përfshihen të gjithë kontribuesit e mundshëm në vonesat për realizimin e një programi ose detyre të caktuar.
- *"CPU execution time"*, shkurt *"CPU time"*, është koha që procesori shpenzon për realizimin e këtij programi ose detyre, duke lënë jashtë të gjithë kohët e tjera të konsumuara (disk access, input/output etj.). Kjo kohë ndahet zakonisht nga dy komponentë:
  - *"User CPU Time"*, që është koha që procesori shpenzon në ekzekutimin e programit në fjalë.

o *"System CPU Time"*, që është <u>koha që procesori shpenzon në ekzekutimin e instruksioneve të sistemit operativ (OS), për llogari të programit në fjalë</u>.

Për të qenë koherentë me komponentët e mësipërm të kohëve të ekzekutimit të një programi dhe performancës, dallojmë:

- Performanca e sistemit ("system performance"), e cila i referohet <u>kohës së plotë të ekzekutimit</u> të një detyre/programi ("elapsed time"). Kjo performancë përfshin performancën e të gjithë faktorëve të një kompjuteri ose sistemi (CPU, kujtesë, I/O, sistem operativ, etj) që marrin pjesë në ekzekutimin e programit.
- Performanca e CPU-së ("CPU performance"), e cila i referohet vetëm komponentit "user CPU time".

Tabela 5.4

Koha (time)			Performanca	
Elapsed time (response time, wall-clock time)	CPU execution time	User CPU time	CPU Performance	System Performance
		System CPU time		
	I/O , OS etj. time component			

Tashmë është e qartë për ne, se ekuacioni themelor i performancës së CPU-së, koha ekzekutimit Pa =I*CPI*T, i trajtuar në fillim të kapitullit, identifikohet me" CPU performance", dhe koha e ekzekutimit Pa është "User CPU time".

Shembull 5.18

Busi PCI (Peripherial Component Interconnect) ekziston në versione me gjerësi dhe shpejtësi të ndryshme. Disa prej tyre janë përmbledhur në tabelën 5.5.
Debiti (bandwidth) i busit do të llogaritet prej formulës:

Debit = shpejtësi * gjerësi

Kështu versioni 64 bit, edhe pse ka shpejtësi të njëjtë (33.3 MHz), siguron një "bandwidth" dy herë më të madh se versioni 32 bit. Pra, ai mund të shkëmbejë dy herë më shumë të dhëna ndërmjet komponentëve të lidhur në busin PCI 64 bit.

Tabela 5.5

PCI specification	Gjerësia e busit (bit)	Frekuenca e busit (MHz)	Bandwidth (MB/s)
PCI 2.3	32	33.3	133
PCI 2.3	64	33.3	266
PCI 2.3	64	66.6	533

Shembull 5.19

Komanda "time" në linux jep informacion në lidhje me ekzekutimin e programit të specifikuar në komandë. Më poshtë jepet një shembull i ekzekutimit të programit "yum" (opsioni "update"), i cili realizon një "update" të sistemit linux. Rezultojnë këto të dhëna :

Elapsed (wall clock) time   : 4:12.18 = 252.18 s.
User time   : 96.79 s.
System time   : 18.06 s.
Percent of CPU this job got : 45%

Pra, CPU angazhohet në ekzekutimin e komandës "yum update" 96.79 + 18.06 = 114.85 sekonda, ose 45.54 % të kohëzgjatjes së ekzekutimit të programit. Pjesa tjetër e kohës, shpenzohet për hyrje/dalje (trafik ethernet, akses file system etj.). Ekzekutimi i kësaj komande tregohet këtu më poshtë.

```
/usr/bin/time -pv yum update
Loaded plugins: fastestmirror
Loading mirror speeds from cached hostfile

**** ekzekutimi i komades yum update***************

Complete!
        Command being timed: "yum update"
        User time (seconds): 96.79
        System time (seconds): 18.06
        Percent of CPU this job got: 45%
        Elapsed (wall clock) time (h:mm:ss or m:ss):
4:12.18
        Average shared text size (kbytes): 0
        Average unshared data size (kbytes): 0
        Average stack size (kbytes): 0
        Average total size (kbytes): 0
        Maximum resident set size (kbytes): 752752
```

```
Average resident set size (kbytes): 0
Major (requiring I/O) page faults: 116
Minor (reclaiming a frame) page faults: 644452
Voluntary context switches: 26030
Involuntary context switches: 18383
Swaps: 0
File system inputs: 0
File system outputs: 0
Socket messages sent: 0
Socket messages received: 0
Signals delivered: 0
Page size (bytes): 4096
Exit status: 0
```

> **QUIZ 5.3**
>
> A mund të përdoret frekuenca e clockut të procesorit si vlerësues i performancës së tij?
>
> O PO
> O JO
> O Është e mundur në kushte të caktuara.

5.8.1 Njësitë matëse të performancës së një kompjuteri

Pas analizës së mësipërme në lidhje me performancën e një kompjuteri e kemi të lehtë të përcaktojmë njësitë matëse me të cilat mund të matet ajo. Kështu dallojmë këto njësi matëse:

a. Koha e shprehur në sekonda me të cilën kompjuteri ekzekuton një program ose detyrë (task) të caktuar është njësia themelore matëse e performancës. Tashmë këtë aspekt e kemi trajtuar me të gjithë komponentët e saj në paragrafin e mëparshëm. Vlen të theksohet se koha në formën e parametrit "response time," elapsed time" etj. është njësi matëse që i referohet një pune ose një detyre të caktuar (ang. single job metric).

b. "Throughput", e shprehur në numër operacionesh të kryer në një sekondë. Vlen të theksohet se ndryshe nga "response time", throughput është një vlerësues sasior i kapacitetit të sistemit kompjuterik në tërësi (ang. system metric).

c. MIPS – Millions of Instructions Per Second. MIPS ka natyrisht kufizimet e tij në matjet e performancës të trajtuara ne pikën 5.5.1.

MIPS mbetet me interes për tu përdorur kur bëhet fjalë për performancën e procesorëve që kanë të njëjtën ISA.

d. MFLOPS– Millions of Floating Operations Per Second. MFLOPS për një program të caktuar që ekzekutohet nga një procesor i caktuar, shpreh vlerën në milion veprime me presje notuese për sekondë sipas barazimit : MFLOPS = Numri i veprimeve me presje notuese / Koha e ekzekutimit $* 10^6$. MFLOPS është një matës më i mirë i performancës në krahasim MIPS, pasi ai nuk influencohet prej ISA.

Shembull 5.20

Supozojmë se duhet të kryhet veprimi A := B + C, ku A, B dhe C janë operanda "integer" në kujtesën qëndrore. Të tregohet ekzekutimi i këtij veprimi në tre tipa procesorësh : mainframe CISC, mikroprocesor Motorola MC68000 dhe RISC. Supozoni se në të tre rastet kohëzgjatja e ekzekutimit të mbledhjes është e njëjtë dhe shpejtësia e procesorit CISC është 1 MIPS. Cili prej këtyre procesorëve është më i shpejtë?

Zgjidhje

Pyetja se cili prej këtyre procesorëve është më i shpejtë nuk ka kuptim, përderisa të tre e kryejnë shumën A := B + C në kohëzgjatje të njëjtë. Pra, në këtë kuptim, përgjigja do të ishte se të tre procesorët janë njësoj të shpejtë në ekzekutimin e veprimit të mësipërm. Por, le të shikojmë se si qëndron puna me MIPS, si një "matës" i performancës së procesorëve.

Në rastin e një mainframe CISC, që tipikisht është një procesor me tre operanda dhe me arkitekturë memory-memory, veprimi i mbledhjes A := B + C do të kryhej në një instruksion të vetëm :

```
ADD B,C,A        ;B+C->A(all memory operands)
```

Në mikroprocesorët si Motorola MC68000 (ose Intel 8086), që operojnë me dy operanda, ku njëra duhet të jetë në regjistër, do të rezultonte:

```
MOVE B,D0        ;load memory operand B ne regjistrin D0
ADD C,D0         ;add memory operand C me regjistrin D0
MOVE D0,A        ;vendos rezultatin ne A ne kujtese
```

Në rastin e procesorit RISC që ka arkitekturë load/store, do të kishim këtë ekzekutim:

```
LOAD B,reg1      ;load memory operand B ne regjistrin 1
LOAD C,reg2      ;load memory operand C ne regjistrin 2
ADD reg1,reg2,reg3 ;add B dhe C përfundimi ne reg. 3
```

```
STORE reg3,A          ;return result to memory operand A
```

Meqenëse veprimi A := B + C kryhet në kohëzgjatje të njëjtë dhe CISC ka performancë 1 MIPS, atëherë do të rezultonte se Motorola MC68000 = 3 MIPS dhe RISC = 4 MIPS. Kjo provon edhe një herë se nofka *"Meaningless Indicator of Processor Speed"* për MIPS, është plotësisht e justifikuar.

Shembull 5.21
Programet "alfa2.0" dhe "beta1.0" ekzekutohen në dy procesorë të ndryshëm P-A dhe P-B , të cilët kanë të dhëna si në tabelat e mëposhtëme.

Programi "alfa2.0"

Procesori	Frekuenca e clockut	No. i instruksioneve të programit alfa2.0	CPI mesatare e "alpha2.0"
P-A	4 GHz	$5*10^6$	0.9
P-B	3 GHz	$1*10^6$	0.75

Programi "beta1.0"

Proces.	Frekuenca e clockut	No.instruksioneve beta1.0	Klasat e instruksioneve			CPI		
			Load/store %	FP %	Branch%	Load/store	FP	Branch
P-A	4 GHz	$1*10^6$	50	40	10	0.75	1.0	1.5
P-B	3 GHz	$5*10^6$	40	40	20	1.25	0.8	1.25

   a. Frekuenca e clockut të procesorit, ndryshe nga opinioni i gabuar që qarkullon, nuk mund të shërbejë si matës i performancës. Provoni se kjo është e vërtetë duke e ilustruar me rastin e këtyre dy procesorëve.
   b. Ekziston përshtypja e gabuar se sa më i lartë MIPS i një procesori, aq më performant është ai. Provoni se kjo nuk është e vërtetë për procesorët P-A dhe P-B.
   c. Gjeni vlerën e MFLOPS dhe MIPS për programin "beta1.0".
   d. Llogarisni performancën e procesorëve P-A dhe P-B për programin "beta1.0" dhe krahasojini atë me vlerat e llogaritura të MFLOPS dhe MIPS.

Zgjidhje
   a. P-A : Koha ekzekutimit alfa =I*CPI*T = I*CPI/Fclock = $5*10^6*0.9/4*10^9$ = 1.125 ms.

P-B : Koha ekzekutimit alfa $=I*CPI*T = I*CPI/Fclock = 1*10^6*0.75/3*10^9$
$= 0.25$ ms.

Konkluzioni : P-B ekzekuton programin "alfa2.0" më shpejt se P-A edhe pse ka frekuencë clocku më të ulët.

    b. P-A : MIPS $= F*IPC= F/CPI = 4*10^3/0.9 = 4.44 *10^3$
P-B : MIPS $= F*IPC= F/CPI = 3*10^3/0.75 = 4.00 *10^3$

Konkluzioni : P-B edhe pse rezulton të ketë vlerë të MIPS më të ulët se P-A, ekzekuton programin "alfa2.0" më shpejt se P-A.

    c. P-A : MIPS $= F*IPC= F/CPI = 4*10^3/0.925 = 4.32 *10^3$
Ku : CPI $= 0.5*0.75+0.4*1 +0.1*1.5 = 0.925$
P-B : MIPS $= F*IPC= F/CPI = 3*10^3/1.07 = 2.80 *10^3$
Ku : CPI $= 0.4*1.25+0.4*0.8 +0.2*1.25 = 1.07$

P-A : Koha ekzekutimit beta $=I*CPI*T = I*CPI/Fclock =$
$1*10^6*0.925/4*10^9 = 0.23$ ms

P-A : MFLOPS = Numri i veprimeve me presje notuese / Koha e ekzekutimit $* 10^6 =0.4*10^6/0.23*10^{-3} * 10^6 = 1.74*10^3$

P-B : Koha ekzekutimit beta $=I*CPI*T = I*CPI/Fclock =$
$5*10^6*1.07/3*10^9 = 1.78$ ms

P-B : MFLOPS = Numri i veprimeve me presje notuese / Koha e ekzekutimit $* 10^6 =0.4*5*10^6/1.78*10^{-3} * 10^6 = 1.12*10^3$

    d. Llogaritjet për programin "beta 1.0" janë vendosur në tabelë. Procesori P-A, për këtë program, rezulton më i shpejtë se P-B në të gjitha njësitë matëse të performancës.

Proces ori	Frekue nca e clockut	No.instru ks. prog. beta1.0	Koha ekzekuti mi beta	MIP S	MFLO PS	CPI mesat are
P-A	4 GHz	$1*10^6$	0.23 ms	4320	1740	0.925
P-B	3 GHz	$5*10^6$	1.78 ms	2800	1120	1.07

5.8.2 "Benchmarks", ose si të vlerësojmë performancën e një kompjuteri

Supozojmë se ju mendoni të zëvendësoni kompjuterin tuaj personal me një të tjetër më të ri. Pasi keni identifikuar disa modele kompjuterash brenda buxhetit tuaj, natyrisht pyetja e parë që ju vjen ndërmend është : sa më të mirë, ose performantë janë kandidatët i rinj me kompjuterin aktual dhe vetë ata ndërmjet tyre ? Ju keni mësuar tashmë se performanca e një kompjuteri merr kuptim, kur ajo vlerësohet për një, ose disa programe konkretë. Gjithashtu, ju vlerësoni se koha e ekzekutimit të këtyre programeve do të shërbejë si njësi matëse e performancës. Natyrisht ka vend për pyetjen: Cilët programe duhet të përdorni për të vlerësuar kohën e ekzekutimit të tyre në këta kompjutera? Përgjigja e saktë do të ishte: Kush më mirë se programet që ju përdorni në pjesën më të madhe të kohës mund ta kryente këtë rol!? Ky grup programesh njihen në anglisht me emrin"*workload*".

"Workload" është pra një grup programesh që përdoruesi përdor aktualisht, ose që krijohet nga kombinimi i programeve realë, që përafrohen me grupin e programeve që shfrytëzon ky përdorues. Zakonisht një "workload" përcakton programet që përbëjnë atë, si dhe frekuencën e përdorimit të tyre.

Ju mund të arrini të krijoni një "workload", por shpejt do të gjendeshit në pamundësi për ta aplikuar atë, pasi ju duhet ti disrponi kompjuterat, para se ata ti nënshtrohen këtij verifikimi. Situata bëhet edhe më komplekse për faktin se me të drejtë do të shtrohej pyetja : si dhe sa do të ndryshojë ky "workload" me kalimin e kohës? Në kushte të ngjashme me ju ndodhen shumica dërmuese e përdoruesve të kompjuterave. Cila është alternativa? Alternativa quhet "*benchmark*", që është një program i krijuar posaçërisht për të krahasuar performancat ndërmjet kompjuterave.

Duke bashkuar disa "benchmark", organizma të specializuar në matjen e performancave kanë krijuar "*sets of benchmarks*", të cilët në ngjashmëri me "workload", prodhuesit e kompjuterave i përdorin për të vlerësuar performancën e procesorëve apo kompjuterave të tyre. Pra, juve nuk ju mbetet gjë tjetër veçse të kërkoni për rezultatet e "benchmarks" të kompjuterave kandidatë dhe ti krahasoni ato. Natyrisht duhet të shpresoni se "benchmarks" do të përafrohet mjaftueshëm me "workload" tuaj, me qëllim që ai të mund të parashikojë saktësisht performancën që ju do të arrini me kompjuterin tuaj të ri.

Përkufizim : "*Computer Benchmarks"janë programe të posaçëm ose një bashkësi programesh, të cilët duke u ekzekutuar në një kompjuter, shërbejnë për të matur performancën e plotë të sistemit ose një aspekt specifik të performancës.* Aspekte të tilla specifike të performancës janë p.sh. CPU performance, Graphical performance, I/O processing performance, HTTP (web) servers performance, JVM (java Virtual Machine) performance, etj. Në përgjithësi çdo aspekt i performancës që ka rëndësi për përdoruesin mund të përfshihet në një benchmark.

Një përcaktim tjetër i "Computer Benchmark" është edhe ky: "*Computer Benchmarks është një metodë që shërben për krahasimin e performancës të kompjuterave të ndryshëm".*

Shembull 5.22

Jemi duke krahasuar dy kompjutera , kompjuterin ARC2 dhe kompjuterin BIT3. Pasi zgjedhim një "benchmark suite" e ekzekutojmë atë në secilin kompjuter dhe përftojmë rezultatin 45 për ARC2 dhe 32 për BIT3. Këto rezultate tregojnë se ARC2 duhet të jetë më i shpejtë se BIT3. Por, kur ekzekutojmë programin tonë ("workload") në secilin kompjuter, vëmë re se kohëzgjatja e ekzekutimit të tij në ARC2 është 30 % më e madhe se në BIT3. Si ka mundësi të ndodhë diçka e tillë?

Zgjidhje

Shpjegimi më i mundshëm ka të bëjë me faktin se programi ynë përdor të paktën një aspekt të kompjuterave ARC2 dhe BIT3, i cili nuk përfshihet në "benchmark suite" të përzgjedhur. Kështu për shembull, ka mundësi që programi ynë ekzekuton një numër të madh instruksionesh që manipulojnë të dhëna me presje notuese, ndërkohë që "benchmark" i zgjedhur fokusohet kryesisht në vlerësimin e performancës së veprimeve me presje fikse. Natyrisht është i vlefshëm edhe rasti i kundërt. Shkurt kemi përzgjedhur "benchmark-un" e gabuar, i cili nuk është përfaqësues i programit ("workload") tonë.

Në tabelën e mëposhtëme (tabela 5.6) janë përmbledhur kategoritë e ndryshme të "benchmarks" duke evidentuar përparësitë apo të metat e secilës prej tyre.

Praktika ka treguar se "benchmark", duke qenë argumente të fortë për të stimuluar shitjen e një procesori ose kompjuteri, janë keqpërdorur herë pas here prej prodhuesve (shiko "Benchmark Story" në raste studimi në fund të këtij kapitulli). Një rast i tillë është p.sh. kur prodhuesi i një procesori apo karte grafike , optimizon kompilatorët dhe mikroarkitekturën e produktit për një benchmark të caktuar. Rrjedhimisht ky produkt do të sigurojë një "benchmark score" më të lartë se konkurrentët. Natyrisht që i provuar me programe realë, do të zbuloheshin shpejt dobësitë e tij. Kemi të bëjmë, në këtë rast, me atë që quhet "BenchMarketing".

Si mund të evitohen të tilla praktika? Zakonisht përdoren dy rrugë: "benchmarks" përditësohen rregullisht në një interval kohor disa vjeçar, ose përdoren *benchmark suites*. "Benchmark suite" është një bashkim i disa aplikimeve benchmarks që shërbejnë për matjen e performancës së një procesori ose kompjuteri. Në këtë mënyrë "dobësitë" në performancë të një procesori nuk do të mund të mbuloheshin, pasi ato do të detektoheshin nga të paktën një aplikim tjetër i suitës. Zakonisht "suita" përbëhet nga benchmarks të tipit kernel si dhe aplikime realë.

Tabela 5.6

Kategoritë e "benchmark"	Detaje	Përparësitë	Të metat	Shembuj benchmarks
Programe reale – Workload		Përfaqësojnë realisht natyrën e punës që bëni në kompjuter.	-Janë mjaft specifike. -Janë jo-portative. -Janë komplekse, kanë vështirësi në ekzekutim dhe matje.	Kompilatorë, programe "word-processing", përpunim grafik etj.
Benchmarks të plotë	Benchmarks të plotë bazuar në programe realë (kompilatorë, wordprocessing, graphics, finance, game etj)	-Janë portative. -Përdoren gjerësisht -Rezultatet e tyre reflektojnë përdorimin real të kompjuterit	Përfaqësojnë më pak se "workload" natyrën e punës që bëni në kompjuter.	SPEC-CPU.. SYSmark (BAPCO)
Kernel Benchmarks	Janë copa kodi të shkëputura nga programe realë. Shpesh janë "compute-intensive" si psh shumëzime matricash, Fast Furrier Transform, renditje etj.	Lehtësisht të përdorshme që në fazat e para të projektimit.	Lehtësisht të manipulueshme , me qëllim që të japin rezultate në favor të një hardwari të caktuar.	Linpack, Livermore loops
Mikrobenchmarks ose Synthetic benchmarks	Vlerësojnë një aspekt të caktuar të performancës (psh grafik, CPU etj.)	Identifikojnë performancën pik (maksimale) dhe "bootlenecks" të mundshëm.	Performanca pik, mund të jetë shumë larg asaj reale.	Dhrystone, Whetstone
Toy Programs	Zakonisht janë kode të shkurtër 10-100 linja	Janë të vegjël dhe portativë		Towers of Hanoi, Puzzle, Quicksort

Një prej organizmave më të suksesshëm dhe të mirënjohur ndërkombëtarisht në krijimin e "benchmark suites" është SPEC (Standard Performance Evaluation Corporation). I krijuar në vitin 1988 fillimisht për të vlerësuar performancat e procesorëve (SPECmarks1989) ai mbulon sot një gamë mjaft të gjerë kategorish të "workload" ose klasa aplikimesh, të përmbledhura në tabelën 5.11, në aneksin e kapitullit.

Organizma të tjerë të rëndësishëm, që merren me standardizimin e "benchmarks" janë edhe BAPCo (Business Applications Performance Corporation, TPC (Transaction Processing Performance Council), EEMBC (Embedded Miroprocessor Benchmark Consorcium), etj.

5.8.3 Cila mesatare të përdoret për llogaritjen e performancës?

Para se të vazhdojmë më tej me "benchmarks", le të trajtojmë paraprakisht një aspekt të rëndësishëm , që ka të bëjë me përmbledhjen e rezultateve të testeve të performancës.

Në shembujt që kemi trajtuar deri tani, për krahasimin e performancave ndërmjet dy ose më shumë procesorëve, kemi marrë si shembull një program të vetëm. Në paragrafet e mësipërm folëm për "workload" dhe "benchmarks suites", të formuara nga disa programe testi ("benchmark"). Si duhet të llogaritet raporti i perfomancave, ose cili kompjuter është më i shpejtë, në këtë rast? Natyrisht që është e preferueshme, që rezultatet e përftuara për sejcilëen benchmark, të përmlidhen në një vlerë të vetme, shprehëse e performacës së procsorit ose kompjuterit. Si duhet pra të llogaritet kjo vlerë? Për këtë, le të shikojmë disa shembuj.

Shembull 5.23

Jemi duke vlerësuar perfomancën e tre kompjuterave A, B dhe C. Për këtë, perdorim një "workload" të përbërë nga dy programe : ProgP1 dhe ProgP2. Kohët e ekzekutimit të tyre janë përmbledhur në tabelë.

	Kompjuteri A	Kompjuteri B	Kompjuteri C
ProgP1-koha exe (s)	1	10	20
ProgP2-koha exe (s)	1000	100	20
Shuma	1001	110	40
Mesatarja arithmetike (sek.)	500.5	55	20

Të gjendet se si renditen këta kompjutera, përsa i perket performancës për ekzekutimin e këtij "workload"?

Zgjidhje

Përgjigja është e thjeshtë : meqenëse koha e ekzekutimit është kriteri universal për vlerësimin e performancës rezulton se kompjuteri C është 1001/40 = 25.03 herë më i shpejtë se kompjuteri A dhe 110/40 = 2.75 herë se B-ja.

Le të provojmë të krahasojmë procesorët duke përdorur mesataren arithmetike të kohëzgjatjes së ekzekutimit të Prog1 dhe Prog2.

Kështu kompjuteri C është 500.5/20 = 25.03 herë më performant se C dhe 55/20 = 2.75 herë se B-ja.

Rezultatet janë të njëjta në të dy rastet. Pra, mesatarja arithemetike e kohëzgjatjes së sejcilit program është një mënyrë e saktë llogaritje. Kjo në rastin kur Prog1 dhe Prog2 kanë "peshë" të njëjtë (50% sejcili) në këtë "workload".

Shembull 5.24

Në shembullin e mësipërm, të krahasohen performancat për tre "workload" ku Prog1 dhe Prog2 kanë peshë të ndryshme, si më poshtë:

W1 : P1=50%, P2=50%

W2 : P1=90.9%, P2=9.1%

W3 : P1=99.9%, P2=0.1%

Cili prej këtyre tre kompjuterave është më i shpejtë tani?

Zgjidhje

Përdorim llogaritjen e mesatares sipas formulës së mesatares së ponderuar:

Mesatarja arithmetike e ponderuar = $\sum_{i=1}^{n}(pesha)i * (koha\ exe)i$

me kushtin që : $\sum_{i=1}^{n}(pesha)i = 1$

Rezultatet janë përfshirë në tabelën e mëposhtëme.

Tabela 5.7

	Kompjuteri A	Kompjuteri B	Kompjuteri C	Krahasimi i performacës
ProgP1-koha exe (s)	1	10	20	
ProgP2-koha exe (s)	1000	100	20	
Mesatarja për W1 (50/50)	500.5 sek.	55 sek.	20 sek.	Kompjuteri C më i shpejti
Mesatarja për W2 (90.9/9.1)	91.91 sek.	18.19 sek.	20 sek.	Kompjuteri B më i shpejti
Mesatarja për W3 (99.9/0.1)	2 sek.	10.09 sek.	20 sek.	Kompjuteri A më i shpejti

Morëm pra një rezultat të pritshëm : në vartësi të peshës së programit në "workload" do të ndryshojë edhe renditja e kompjuterave sipas performancës së tyre. Ku qëndron problemi?

Vini re përmbajtjen e SPEC CPU2006 benchmark suite, tabela 5.14 në aneksin e kapitullit. Ajo përbëhet nga një listë e gjatë programesh "benchmark", kohëzgjatja dhe frekuenca e të cilave lëviz në një diapazon mjaft të gjerë, deri në katër herë. Në këtë rast mund të përdorej me sukses llogaritja e performancës sipas mesatares arithmetike të ponderuar. Pikërisht këtu qëndron edhe problemi. Organizma të tilla si SPEC apo BAPCo, të krijuara si bashkim vullnetar prodhuesish, do ta kishin të pamundur të arrinin në një konsensus për përcaktimin e "peshave të benchmarks". Kjo, pasi secila kompani konkurrente do të kishte "peshat" e saj të preferuara, që do të mund ta nxirrte procesorin apo kompjuterin e saj fitues ndaj konkurrenteve. Cila është zgjidhja në këtë rast?

Zgjidhja quhet "NORMALIZIM"! Normalizimi i kohës së ekzekutimit, ndaj një kompjuteri i konsideruar si referencë, konsiston në pjesëtimin e vlerës së kohës së ekzekutimit të benchmark suite në kompjuterin referencë, ndaj kohës së ekzekutimit në kompjuterin që po vlerësohet. Ky raport (ang. ratio) llogaritet për kohët e ekzekutimit të secilës "benchmark" të suitës. Në përfundim, për të përftuar një numër përmbledhës, i cili shpreh performancën e procesorit/kompjuterit që po vlerësohet, ndaj atij të marrë si referencë, bëhet <u>mesatarja gjeometrike</u> e rezultateve të secilit benchmark në veçanti, sipas formës:

$$Mesatarja\ Gjeometrike = \sqrt[n]{\prod_{i=1}^{n}(Relative\ execution\ time)i}$$

Përdoret pra mesatarja gjeometrike dhe jo ajo arithmeike, pasi kemi të bëjmë me një raport ("ratio") dhe jo vlerë absolute të kohës së ekzekutimit.

Shembull 5.25

Duke rimarrë shembullin e mësipërm të llogariten mesataret arithmetike dhe gjeometrike të shumës së kohëve të ekzkekutimit të programeve ProgP1 dhe ProgP2, duke marrë si referencë kompjuterat A,B,C.

Në të gjitha rastet, bazuar në mesataren gjeometrike, kompjuteri më i shpejtë është C-ja, pavarësisht se cili prej kompjuterave merret si referencë. Kjo falë vetisë së mesatares gjeometrike :

$$\frac{Mesatarja\ gjeometrike\ Xi}{Mesatarja\ gjeometrike\ Yi} = Mesatarja\ gjeometrike\ \frac{Xi}{Yi}$$

5. VLERESIMI I PERFORMANCES SE KOMPJUTERAVE

Kjo veti bën që zgjedhja e kompjuterit, që merret si referencë, të jetë e parëndësishme.

Tabela 5.8

Normalizim		Kompjuteri A	Kompjuteri B	Kompjuteri C	Krahasimi i performacës
Normalizim siapas A	ProgP1-koha exe (s)	1	10	20	
	ProgP2-koha exe (s)	1	0.1	0.02	
	Mesatarja arithmetike	1	5.05	10.01	
	Mesatarja gjeometrike	1	1	**0.63**	Kompjuteri C më i shpejti
Normalizim siapas B	ProgP1-koha exe (s)	0.1	1	2	
	ProgP2-koha exe (s)	10	1	0.2	
	Mesatarja arithmetike	5.05	1	1.1	
	Mesatarja gjeometrike	1	1	**0.63**	Kompjuteri C më i shpejti
Normalizim siapas C	ProgP1-koha exe (s)	0.05	0.5	1	
	ProgP2-koha exe (s)	50	5	1	
	Mesatarja arithmetike	25.03	2.75	1	
	Mesatarja gjeometrike	1.58	1.58	1	Kompjuteri C më i shpejti

SPEC përdor praktikën e normalizimit të kohëve të ekzekutimit të benchmarks, duke vlerësuar performancën e një procesori me një numër të vetëm të normalizuar të quajtur SPECRatio. Si kompjuter referencë për SPEC CPU2006 është përdorur Sun Ultra Enterprise 2 Workstation me procesor 296-MHz UltraSPARC II. Natyrisht që për kompjuterin e referencës rezulton që SPECint2006 = SPECfp2006 = 1.
Në tabelën e mëposhtëme jepen rezultatet e vlerësimit të performancës së procesorëve AMD Opteron dhe Intel Itanium të përftuara nga testimet me SPECfp2000, që është paraardhesi i suitës SPEC CPU2006. Në këtë suitë,

281

si kompjuter referencë, shërben SUN Ultra 5 me procesor Ultrasparc III, 300 Mhz.

Tabela 5.9

	SUN Ultra 5	AMD Opteron		Itaniu m2		Opteron /litaniu m	Itanium/ Opteron
Bench - marks	Koha-exe (sec)	Koha-exe (sec)	SPE CRati o	Koha-exe (sec)	SPE CRati o	Koha-exe (sec)	SPECR atios
Wupwi se	1600	51.5	31.06	56.1	28.53	0.92	0.92
Swim	3100	125.0	24.73	70.7	43.85	1.77	1.77
Mgrid	1800	98.0	18.37	65.8	27.36	1.49	1.49
Applu	2100	94.0	22.34	50.9	41.25	1.85	1.85
Mesa	1400	64.6	21.69	108.0	12.99	0.60	0.60
Galgel	2900	86.4	33.57	40.0	72.47	2.16	2.16
Art	2600	92.4	28.13	21.0	123.67	4.40	4.40
Equak e	1300	72.6	17.92	36.30	35.78	2.00	2.00
Facer ec	1900	73.6	25.80	86.9	21.86	0.85	0.85
Ammp	2200	136.0	16.14	132.0	16.63	1.03	1.03
Lucas	2000	88.8	22.52	107.0	18.76	0.83	0.83
fma3d	2100	120.0	17.48	131.0	16.09	0.92	0.92
Sixtra ck	1100	123.0	8.95	68.8	15.99	1.79	1.79
Apsi	2600	150.0	17.36	231.0	11.27	0.65	0.65
Mesatarja Gjeometrike			**20.86**		**27.12**	**1.30**	**1.30**

Nga tabela rezulton se Itanium , referuar SPECfp2000 është 30 % më i shpejtë se AMD Opteron. Ky përfundim është i njëjtë kur marrim si refernecë cilindo kompjuter : AMD Opteron, Itanium, apo SUN Ulta 5 (27.12/20.86 = 1.3). Natyrisht ky fak i dedikohet veçorisë se mesatares gjeometrike.

Shembull 5.26
Le të rimarrim shëmbullin me tre kompjutera A, B dhe C me të dhëna si në tabelë.

5. VLERESIMI I PERFORMANCES SE KOMPJUTERAVE

Benchmark	$Ix10^6$	Kompjuteri A	Kompjuteri B	Kompjuteri C
ProgP1-koha exe(s)	100	1	10	20
ProgP2-koha exe(s)	200	1000	100	20

Programi ProgP1, për të tre kompjuterat, përbëhet nga $100x10^6$ instruksione, ndërsa ProgP2 nga $200 x10^6$ instruksione.

    a. Të llogaritet vlera e MIPS për sejcilin program
    b. Të renditen kompjuerat sipas vlerës së tyre të MIPS me supozimin se të dy programet kanë të njetën peshë.

Zgjidhje
    a. Vlera e MIPS llogaritet prej formulës :

$$MIPS = \frac{I*10^{-6}}{CPUexeTime}$$

Benchmark	Kompjuteri A	Kompjuteri B	Kompjuteri C
ProgP1 –MIPS	100	10	5
ProgP2 –MIPS	0.5	2	10

    b. Si të llogaritim tani se cili kompjuter është më performant? Duke përdorur mesataret arithmetike të vlerave të MIPS do të rezultonte si në tabelë.

Benchmark	Kompjuteri A	Kompjuteri B	Kompjuteri C
ProgP1 –MIPS	100	10	5
ProgP2 –MIPS	0.5	2	10
Mesatarja Arithemike (MA)-MIPS	50.25	6	7.5
Renditja sipas MA	I	III	II
Mesatarja Harmonike (MH)-MIPS	0.995	3.333	6.666
Renditja sipas MH	III	II	I

Përfundimi nuk është i saktë, pasi kompjuteri A nuk është më i shpejtë se C-ja. Ku qëndron problemi?
Gabimi qëndron tek fakti se MIPS shpreh një frekuencë (ang. "rate"), një shpeshtësi ekzekutimi instruksionesh. Prandaj, në këtë rast duhet të përdoret mesatarja harmonike sipas barazimit të mëposhtëm:

$$Mesatrja\ Harmonike = \frac{n}{\sum_{i=1}^{n} 1/Ri}$$

283

Vlerat e llogaritura të MIPS për të tre kompjuterat sipas mesatares harmonike janë përmbeldhur në tabelën e mësipërme. Renditja kompjuterave sips perfomancës të shprehur në MIPS rezulton tani e saktë.

Përfundimisht përdorimin e mesatareve në llogaritjen e performancës së kompjuterave mund ta përmbledhim si më poshtë:

a. Në rastet kur koha e ekzekutimit të benchmarks përdoret si kriter i përcaktimit të performancës, atëherë për llogaritjen e saj, të përdoret mesatarja arithmetike sipas barazimit të mëposhtëm:

$$MA = \frac{1}{n}\sum_{i=1}^{n}(Koha\ e\ ekzekutimit\ t\ddot{e}\ benchmark)i$$

b. Në rastet kur për llogaritjen e performancës jemi të detyruar të përdormin frekuenca ose shpeshtësi ndodhje (ang. "rate"), siç është rasti i MIPS, MFLOPS, në përgjithësi "throughput", të përdoret mesatarja harmonike sipas barazimit të mëposhtëm:

$$MH = \frac{n}{\sum_{i=1}^{n} 1/Rate\ i}$$

c. Në rastet kur për llogaritjen e performancës jemi të detyruar të përdormin raporte (ang." ratios") siç është p.sh. rasti i kohëve të normalizuara të ekzekutimit të benchmarks, të përdoret mesatarja gjeometrike sipas barazimit të mëposhtëm:

$$MG = \sqrt[n]{\prod_{i=1}^{n}(Relative\ execution\ time)i}$$

d. Për çdo bashkësi numrash pozitivë, është gjithmonë i vlefshëm mosbarazimi :

$$\mathbf{MA \geq MG \geq MH}$$

Shembull 5.27
Supozojmë se duhet të zgjedhim ndërmjet procesorëve Itanium dhe AMD Opteron. Pasi kemi analizuar me kujdes aplikimet që përdorim, kemi dalë në përfundimin se 50% të kohës përdorim programe të ngjashme me "wupwise", 25 % të kohës programe të ngjashme me "ammp", ndërsa pjesën e mbetur të kohës, programe që ngjasojnë me "apsi".

a. Në se do të zgjidhnim në bazë të vlerave të SPEC, tabela 5.9, cilin procesor do të zgjidhnim, bazuar në performancën e tij?
b. Sa është mesatarja e ponderuar e raporteve të kohëve të ekzekutimit të këtyre procesorëve për këto tre benchmarks?
c. Sa rezulton të jetë tani "speedup" AMD Opteron/Itanium?
d. Cilin procesor ju do të zgjidhnit përfundimisht bazuar në performancën e llogaritur?

Zgjidhje
a. Bazuar në të dhënat e tabelës 5.9, rezulton se raporti i përgjithshëm i performancave ndërmjet këtyre dy procesorëve është 1.3 në favor të Itanium. Natyrisht që zgjedhja jonë do të shkonte për procesorin Intel Itanium.
b. Referuar tabelës, rezulton se raporti i kohës së ekzekutimit Opteron/Itanium për benchmarks "wupwise", "ammp" dhe "apsi" janë 0.92, 1.03 dhe 0.65 respektivisht. Kështu mund të llogaritim:

Opteron/Itanium = 0.5*0.92 + 0.25*1.03 + 0.25*0.65 = 0.88

c. Nga rezultati i mësipërm rezulton se AMD Opteron është 1/0.88 = 1.14 herë më i shpejtë se Itanium.
d. Pavarësisht se procesori Itanium në përgjithësi është 1.3 herë më performant se Opteron, për "workload" tonë, të përbërë nga programe të ngjashme me "wupwise", "ammp" dhe "apsi" rezulton e kundërta : Opteron është më i shpejtë se Itanium. Rrjedhimisht zgjedhja jonë shkon për Opteron. Natyrisht me shpresën se këto tre benchmark do të ngjasojnë mjaftueshëm me aplikimet tona ("workload").

5.8.4 Disa kategorizime të "benchmark"

Për ta bërë më konkrete analizën e mëtejshme rreth "benchmarks", le ti trajtojmë më poshtë ato sipas pajisjes ku aplikohen : desktop benchmarks dhe server benchmarks.

Desktop dhe Mobile benchmarks

Në rastin e një kompjuteri personal, përdoruesi i tij është i interesuar, para së gjithash, prej "response time" të aplikimeve që ai përdor. Prandaj, edhe benchmark suites që përdoren në këtë rast, trajtojnë këtë aspekt. Ato ndahen në dy grupe të mëdhenj : "procesor-intensive benchmarks" dhe "graphics-intensive benchmarks". Kështu ekzistojnë SPEC CPU2006 për krahasimin e performancës së CPU-së dhe SPECviewperf11 performancën grafike të një "workstation". SPEC CPU2006 përbëhet nga dy grupe benchmarks që janë CINT2006 (që përfshin 12 "integer benchmarks") dhe CFP2006 me 17 floating point benchmarks. Këto suita janë treguar në dy tabela në aneksin e kapitullit.

SPEC CPU2006 është një "CPU-intensive benchmark suite", e cila vlerëson performancën e procesorit, sistemit të kujtesës dhe kompilatorit. Ajo është bërë e tillë që të jetë portabël (të instalohet lehtësisht në sisteme të ndryshëm) dhe të minimizojë në maksimum ndikimin e performancës së Input/Output në vlerësimin që jep ky "benchmark suite".
Dy "benchmark suites"të tjera, mjaft të përdorura, janë edhe SYSmark2012 (për workstations) dhe MobileMark 2012 (për laptopë) të BAPCo.

Server "benchmarks"
Meqenëse serverat shërbejnë për qëllime të ndryshme, edhe "benchmarks" për ta, janë të llojeve të ndryshme. Kështu dallojmë :

a. *"Processor throughput"*. "Benchmarks" më të zakonshëm janë ata që vlerësojnë procesorët e serverave në aspektin e "throughput". Kështu SPEC CPU2000 ofron një vlerësim që quhet "SPECrate", i cili shpreh sa "jobs" të një lloji të caktuar, është i aftë të ekzekutojë procesori, në njësinë e kohës.

b. *NFS –"Network File System"* benchmarks. Kështu SPEC SFS është një "benchmark suite" që vlerëson NFS, duke matur performancën e sistemit Input/Output (disk dhe network) dhe të procesorit.

c. *Web Server benchmark.* SPECWeb vlerëson performancën e një serveri, lidhur me aplikacione të ndryshme web.

d. *Transaction-Processing (TP)* benchmarks. Vlerësojnë aftësinë e një sistemi për të përpunuar transaksione, të cilat janë kryesisht lexime dhe shkrime në një databazë. Sistemet e rezervimit të biletave dhe sistemet ATM të bankave janë aplikacione tipike të TP. Organizmi i specializuar në krijimin dhe përditësimin e benchmarks për TP, është TPC - Transaction Processing Council (www.tpc.org).

5.8.5 Disa përfundime në lidhje me "benchmarks"

1. "Benchmarks" idealë janë programet që ju përdorni rregullisht, ose e thënë ndryshe, "workload" juaj.
2. "Benchmarks", në vartësi të nivelit të performancave që ato vlerësojmë, ndahen në dy lloje, si më poshtë. Zgjidhni tipin e benchmark në vartësi të asaj ç'ka ju kërkoni të vlerësoni.
    a. *Benchmark në nivel komponenti* ose shërbimi të kompjuterit, si p.sh. CPU, Integer/FP, GPU, kujtesë, hard drive, file system, e-mail ose sql server, etj.

b. *Benchmark në nivel sistemi*, të cilët vlerësojnë performancat e një kompjuteri në formë globale si psh. BAPCo SYSmark etj.

3. "Benchmarks" e përgjithshëm, të cilët bëjnë një vlerësim të përgjithshëm të performancave, nuk mund t'ju tregojnë detaje për një aplikacion të caktuar.

4. Bëni kujdes të përdorni mesataren e duhur, kur llogarisni performancën globale prej rezultateve të disa benchmarks.

5. Mos i besoni gjithçkaje që prodhuesit ju ofrojnë si rezultate të "benchmarks" për produktin e tyre. Gjendet gjithmonë një "benchmark" që e nxjerr një produkt më mirë në krahasim me të tjerët ...

 **USHTRIME**

Ushtrimi 5.1

Procesorët ProcA dhe ProcB janë dy variante CPU, që ndryshojnë ndërmjet tyre vetëm nga karakteristika e specifikuar në pyetjet e mëposhtëme. Karakteristikat e tjera janë identike. A do të influencojnë ndryshimet e mëposhtme të ProcA dhe ProcB në "Instruction Set Architecture" (ISA)? Përgjigjuni me "Po/Jo" dhe jepni argumentet tuaja.

a. Procesori ProcA ka më shumë stade pipeline se ProcB? Po / Jo.

b. Procesori ProcA përdor sekuencor të mikroprogramuar, ndërsa ProcB përdor sekuencor hardware? Po / Jo.

c. Procesori ProcA është një procesor CISC, ndërsa ProcB është RISC? Po / Jo.

d. Procesori ProcA përdor mikrokodim vertikal të mikroinstruksioneve, ndërsa ProcB mikrokodim horizontal? Po / Jo.

e. Procesori ProcA, realizuar si një "stack machine", ka më shumë regjistra në dispozicion se ProcB, edhe ky një "stack machine"? Po / Jo.

f. Procesori ProcA përdor busin Intel QPI, ndërsa procesori ProcB busin HyperTransport? Po/Jo.

Ushtrim 5.2

Programi "Alpha" kërkon 10 sekonda kohë të ekzekutohet në një kompjuter me frekuencë clocku 100 Mhz. Në sa cikle clocku ekzekutohet ky program?

Ushtrim 5.3

a. Në cilat kushte frekuenca e clockut të CPU-së mund të shërbejë si kriter vlerësues i performancës kur krahasojmë procesorët?

b. A mund të themi se "sigurisht që procesori Pentium 4 –"Prescot" me 31 stade pipeline dhe frekuencë clocku 3.2 GHz. është më i shpejtë se Pentium 4 –"Northwood" me 20 stade pipeline dhe frekuencë clocku 2.4 GHz"? Argumentoni përgjigjen tuaj.

Ushtrim 5.4

Supozoni se jeni duke vlerësuar një procesor, që funksionon me 500 Mhz. Për këtë, ju ekzekutuat një "benchmark", nga ku morët rezultatet e tabelës.

Tipi i instruksionit	Frekuenca Fi (%)	No. i cikleve
Artithmetik dhe logjik	40	1
Load dhe store	30	2
Branch	20	1
Floating Point	10	12

Gjeni : Sa është vlera e CPI-së dhe MIPS që realizon ky procesor për këtë "benchmark"?

Ushtrim 5.5

Procesori Intel Itanium (ISA IA-64) arrin një CPI mesatare prej 0.3 (ekzekuton 3 instruksione në një cikël clocku). Procesori Intel Pentium 4 (ISA x86) arrin një CPI mesatare me vlerën 1. Zgjidhni përgjigjen e duhur dhe argumentoni atë.

1- Itanium është 3 herë më i shpejtë.
2- Itanium është 33.33 % më i shpejtë.
3- Nuk mund të gjykohet, pasi të dhënat nuk janë të plota.

Ushtrim 5.6

Krahasoni performancën e dy procesorëve x86 që ekzekutojnë një program komprimimi të MP3:
- AMD Druon me frekuencë 800 MHz. dhe CPI mesatare 1.2.
- Intel Pentium III, 1 Ghz. dhe CPI mesatare 1.5.
a. Cili prej këtyre procesorëve është më i shpejtë?

b. Krahasoni secilin prej këtyre procesorëve, për të njëjtin program, me procesorin SUN UltraSPARC me frekuencë 1.2 Ghz. dhe CPI mesatare 1.3. Argumentoni përgjigjen tuaj.

Ushtrim 5.7
Supozoni se procesori A ekzekuton programin "erp-pro" me një CPI mesatare 1.9. Procesori B, i cili ka të njëjtin ISA me procesorin A dhe përdorin të njëjtin kompilator, ekzekuton programin "erp-pro" me CPI=1.1 dhe frekuencë 800 MHZ.
    a. Me qëllim që të dy procesorët të kenë të njëjtën performancë, sa duhet të jetë frekuenca e clockut të procesorit A?
    b. Në realitet, frekuenca e clockut të procesorit A, është 2.4 GHZ. Sa më shpejt do të ekzekutojë tani programin "erp-pro" procesori A në krahasim me B?
    c. Cilat mendoni se duhet të jenë ndryshimet thelbësore në mikroarkitekturën e këtyre dy procesorëve që përdorin të njëjtën ISA?

Ushtrim 5.8
Në tabelën e mëposhtëme jepen frekuenca e clockut dhe CPI për tre procesorë të ndryshëm, të cilët ekzekutojnë të njëjtën bashkësi instruksionesh (kanë të njëjtën ISA).

Procesori	Frekuenca e clockut (Ghz)	Vlera e CPI
Proc1	2.1	1.5
Proc2	1.6	1.0
Proc3	3.2	2.5

Gjeni :
    a. Cili prej procesorëve ka performancë më të lartë?
    b. Në secilin procesor ekzekutojmë nga një program, i cili zgjat 15 sekonda. Gjeni, për secilin procesor, numrin e cikleve të clockut dhe numrin e instruksioneve të programeve.
    c. Në procesorin "Proc1" po përpiqemi të zvogëlojmë kohën e ekzekutimit të programi të mësipërm me 25 %. Por, kjo shkakton rritjen me 20 % të vlerës së CPI-së. Gjeni sa duhet të rritet frekuenca e clockut, për të përftuar zvogëlimin e kërkuar të kohës së ekzekutimit të programit?

Ushtrim 5.9
Në tabelën e mëposhtëme jepet frekuenca e clockut për tre procesorë që kanë të njëjtën ISA. Programi "beta2.2", që ka $30*10^9$ instruksione

ekzekutohet në secilin prej këtyre procesorëve. Kohëzgjatja e ekzekutimit të tij është shënuar në tabelë gjithashtu.

Procesori	Frek. e clockut (Ghz)	Numri i instruksioneve	Koha e ekzekutimit
Proc1	2.1	$30*10^9$	21.429 sek.
Proc2	1.6	$30*10^9$	18.75 sek.
Proc3	3.2	$30*10^9$	23.438 sek.

Llogarisni :
- d. Vlerën e IPC për secilin procesor.
- e. Numrin e cikleve të clockut që zgjat ekzekutimi i programit për secilin procesor.
- f. Vlerën e MIPS për secilin procesor për këtë program.

Ushtrim 5.10
Gjatë ekzekutimit të një programi të caktuar, kompjuteri KA arrin të ekzekutojë 100 MIPS ndërsa kompjuteri KB vetëm 65 MIPS. Por, nga matja e kohës së ekzekutimit, rezulton se KA e ekzekuton programin në 68 sekonda, ndërsa në KB kërkon 42 sekonda kohë. Si e shpjegoni ju këtë fakt? Gjeni frekuencën e clockut të KA dhe KB duke i konsideruar ata si procesorë pipeline idealë.

Ushtrim 5.11
Nga monitorimi i ekzekutimit të programeve në procesorin RISC2 është vënë re se frekuenca e ekzekutimit të instruksioneve është si në tabelën e mëposhtëme. Në tabelë janë shënuar edhe kohëzgjatjet në cikle clocku të ekzekutimit për secilën familje instruksionesh.

Instruksioni	Frekuenca e ekzekutimit	Kohëzgjatja në cikle clocku
ALU	50%	1
Load	25%	3
Store	25%	4
Branch	20%	2

Të gjenden :
- c. Sa është CPI mesatare ose efektive e këtij procesori ?
- d. Sa përqind të kohës procesori shpenzon për ekzekutimin e instruksioneve të secilës familje?

5. VLERESIMI I PERFORMANCES SE KOMPJUTERAVE

Ushtrim 5.12
Supozoni se ju kanë dhënë tabelën e mëposhtëme për të llogaritur vlerën e CPI –së efektive për një program të caktuar.

Klasa e instruksioneve	Frekuenca e ekzekutimit	Kohëzgjatja në cikle clocku
ALU integer	35%	1
Load	20%	3
Store	15%	3
Branch	20%	2
ALU Floating Point	10 %	10

Si do ta ribënit ju këtë tabelë për të qenë në koherencë me konceptin "klasë instruksionesh"?

Ushtrim 5.13
Programi "Snipp" në një procesor me frekuencë 500 Mhz, kërkon 0.34 sekonda të ekzekutohet. Programi përbëhet nga 100 milion instruksione, si më poshtë:
-10 % janë instruksione "floating point", që kërkjnë një numër të panjohur ciklesh clocku.
-60 % instruksione arithmetike, që kërkojnë 1 cikël cloku.
-30 % instruksione aksesi në kujtesë, që kërkojnë 2 cikle cloku.
Të gjendet : Sa cikle clocku zgjat ekzekutimi i një instruksioni "floating point"?

Ushtrim 5.14
Programi "zeta" kërkon 2 sekonda që të ekzekutohet në një kompjuter. Programi përbëhet nga 500 milion instruksione, si më poshtë:
-30 % janë instruksione shumëzimi, që kërkjnë 10 cikle clocku.
-40 % instruksione të tjerë arithmetike, që kërkojnë 1 cikël cloku.
-30 % instruksione aksesi në kujtesë, që kërkojnë 2 cikle cloku.
Supozoni se procesori është përmirësuar duke bërë që shumëzimi zgjat vetëm 1 cikël clocku.
Sa më i shpejtë është procesori i përmirësuar nga ai i mëparshmi?

Ushtrim 5.15
Në kompjuterin me procesor "AX-1" me frekuencë 400 MHz, një program i caktuar kërkon 10 sekonda të ekzekutohet. Jemi të interesuar që ky program të mund të ekzekutohet në 6 sekonda. Për këtë, ju drejtuam një specialisti, i cili na tha se kjo mund të realizohej duke rritur frekuencën e

clockut të procesorit të ri, AX-2, por që do të shoqërohet me rritjen me 1.2 herë të numrit të cikleve të clockut për çdo instruksion.

a. Llogarisni sa do duhet të ishte frekuenca e clockut e procesorit të ri AX-2, me qëllim që të arrihej objektivi ynë prej 6 sekondash?

b. Si e shpjegoni faktin, që rritja e frekuencës së clockut në procesorin e ri, do të shkaktonte edhe rritjen me 20 % të numrit të cikleve të clockut, që do të duhej mesatarisht për të ekzekutuar çdo instruksion?

Ushtrim 5.16

Ekzekutimi i një "benchmark" të caktuar në procesorin "AX-2" kërkon 10 sekonda të ekzekutohet. Gjysmën e kohës procesori e shpenzon për ekzekutimin e instruksioneve "floating point".

Supozoni se keni punuar për përmirësimin procesorit AX-2, duke krijuar procesorin AX-3, në të cilin instruksionet "floating-point" të jenë 5 herë më të shpejtë.

Llogarisni:

a. Sa kohë do të zgjaste ekzekutimi i "benchmark" në procesorin e ri AX-3?

b. Sa me i shpejtë do të ishte ("speedup") AX-3 në krahasim me procesorin AX-2?

Ushtrim 5.17

Nga "benchamrk" që përdorët në ushtrimin e mësipërm ju rezultoi se procesori AX-3 ishte 1.666 herë më i shpejtë se AX-2. Për të impresionuar klientët tuaj, të interesuar për AX-3, ju po kërkoni një "benchmark" tjetër që të tregojë një përmirësim (speedup) 3 herë më të madh se AX-2. Këtë "benchamrk" të ri do ta ekzekutoni për 100 sekonda në AX-2 dhe pastaj në AX-3.

Llogarisni:

a. Sa duhet të jetë koha që zgjat ekzekutimi i instruksioneve FP në këtë "benchmark" të ri, me qëllim që të siguronit një speedup =3?

b. Sa kohë do të kërkojë ekzekutimi i "benchmark-ut" të ri në procesorin AX-3?

Ushtrim 5.18

Nisur nga ekuacioni themelor i performancës së një procesori (**Koha = I*CPI*Tclock**), jepni vlerësimin tuaj të ndikimit të dryshimeve të mundshme në tre komponentët e tij. Bëjeni këtë duke shënuar "RRIT", "ZVOGELON" ose "NUK NDIKON" në kuadratin përkatës. Argumentoni përgjigjen tuaj.

5. VLERESIMI I PERFORMANCES SE KOMPJUTERAVE

NDRYSHIMI I MUNDSHEM	INSTRUKSIONE/PROGRAM	CIKLE/INSTRUKSION (CPI)	SEKONDA/CIKLE
BASHKOJME DY STADE PIPELINE			
ELEMINOJME NJE INSTRUKSION KOMPLEKS			
BEJME QE PROCESORI TE FUNKSIONOJE ME FREKUENCE ME TE LARTE			
PERDORIM NJE KOMPILATOR ME TE MIRE			

Ushtrim 5.19

Nisur nga ekuacioni themelor i performancës së një procesori (**Koha = I*CPI*Tclock**), jepni vlerësimin tuaj të ndikimit të dryshimeve të mundshme në tre komponentët e tij. Bëjeni këtë duke shënuar "RRIT", "ZVOGELON" ose "NUK NDIKON" në kuadratin përkatës. Argumentoni përgjigjen tuaj.

NDRYSHIMI I MUNDSHEM	INSTRUKSIONE/PROGRAM	CIKLE/INSTRUKSION (CPI)	SEKONDA/CIKLE
NDAJME NJE STAD PIPELINE NE DY PJESE			
SHTOJME NJE INSTRUKSION KOMPLEKS			
REDUKTOJME NUMRIN E "BYPASS PATHS"			
RRISM SHPEJTESINE ME TE CILEN KAPET KUJTESA			

Ushtrim 5.20
Supozoni se jeni duke punuar me një procesor jo pipeline. Pas disa matjeve që kryet per programin "abc2.0", ju konstatuat se 10 % e numrit total të instruksioneve janë instruksione pjestimi, të cilat kërkojnë 50 cikle clocku për tu ekzekutuar. Instruksionet e tjerë kërkojnë vetëm 1 cikël clocku.
Të gjenden:
a. Sa ëshë vlera e CPI për programin abc2.0 në këtë procesor?
b. Sa përqind të kohës shpenzon procesori për të kryer pjestimet?
c. Sa më shpejt do të ekzekutohej ky program n.q.s e zvogëlojmë numrin e cikleve të clockut nga 50 në 25 cikle?
d. Sa përqind të kohës shpenzon tani procesori për të kryer pjestimet?

Ushtrim 5.21
Një program kërkon 100 sekonda të ekzekutohet në një kompjuter, nga të cilat 80 sekonda i kërkojnë instruksionet e pjesëtimit.
a. Sa duhet të përmirësohet shpejtësia e ekzekutimit të instruksioneve të pjesëtimit, me qëllim që programi të ekzekutohet 4.2 herë më shpejt?
b. Sa duhet të përmirësohet shpejtësia e ekzekutimit të instruksioneve të pjesëtimit, me qëllim që programi të ekzekutohet 5.2 herë më shpejt?

Ushtrim 5.22
Supozoni se jeni duke zevendësuar procesorin e një serveri Web që ju keni në përdorim. Procesori i ri që keni porositur, për aplikacione web, është 10 herë më i shpejtë se ai që gjendet tashmë në serverin tuaj. Nga monitorimi që ju i keni bërë punës së serverit aktual, rezultoi se procesoi është i ngarkuar në 40 % të kohës dhe pret për input/output 60 % të kohës.
Llogarisni përfitimin në shpejtësi për aplikacionet web që do t'ju sjellë procesori i ri.

Ushtrim 5.23
Nga vëzhgimi që i është bërë programit Spice 1.0, i cili simulon qarqet e ndryshne elektronike, është vënë re se 70 % e numrit total të instruksioneve janë instruksione "floating point"(FP). N.q.s. shtoni një cooprocesor, i cili përshpejton instruksionet FP, sa do të ishte kufiri maksimal, që do të mund të përshpejtohej programi Spice 1.0?

Ushtrim 5.24
Supozoni se pas optimizimeve që i keni bërë programit Spice, versioni 2.0 i tij rezulton të ketë këtë ngarkesë në kohë të instruksioneve:

Klasa e instruksioneve	Detaje	Kohë e shpenzuar ne program
ALU FP		40 %
ALU Integer	Rrënjë katrore	1 %
	ALU Integer të tjera	9%
Të tjera		50%

Të gjenden:
a. Sa do të ishte përfitimi maksimal në shpejtësi, n.q.s. do të optimizonim instruksionet që llogarisin rrënjën katrore?
b. Sa do të ishte përfitimi në shpejtësi në se do të përshpejtonim 20 herë instruksionet ALU Integer ?
c. Sa do të ishte përfitimi në shpejtësi në se do të përshpejtonim 2 herë instruksionet ALU FP?
d. Cili është përfundimi që ju nxirrni nga këto lloagritje?

Ushtrim 5.25
Programet "alfa2.5" dhe "beta1.9" ekzekutohen në dy procesorë të ndryshëm P-C dhe P-D , të cilët kanë të dhëna si në tabelat e mëposhtëme.

Procesori	Frekuenca e clockut	No. i instruksioneve të programit alfa2.0	CPI mesatare e "alpha2.5"
P-C	3 GHz	$3*10^6$	1.1
P-D	2.5 GHz	$0.5*10^6$	1.0

Proce sori	Frekue nca e clocku t	No.instruksi oneve të prog.beta1.9	Klasat e instruksioneve			CPI		
			Load/s tore	FP	Bran ch	Load/s tore	F P	Bran ch
P-C	3 GHz	$5*10^6$	30%	30 %	40%	1.5	1. 0	2.0
P-D	2.5 GHz	$2*10^6$	40%	30 %	30%	1.25	1. 0	2.5

a. Frekuenca e clockut të procesorit, ndryshe nga opinioni i gabuar që qarkullon, nuk mund të shërbejë si matës i performancës. Provoni se kjo është e vërtetë duke e ilustruar me rastin e këtyre dy procesorëve.
b. Ekziston përshtypja e gabuar se, sa më i lartë MIPS i një procesori, aq më performant është ai. Provoni se kjo nuk është e vërtetë për procesorët P-A dhe P-B.

c. Gjeni vlerën e MFLOPS dhe MIPS për programin "beta1.0".
d. Llogarisni performancën e procesorëve P-A dhe P-B për programin "beta1.0" dhe krahasojini atë me vlerat e llogaritura të MFLOPS dhe MIPS.

Ushtrim 5.26
Plotësoni me shprehjen e duhur :

a. _____përdoret për të llogaritur mesataren e një bashkësie vlerash të normalizuara të performancës.

b. _____përdoret për të llogaritur mesataren e një bashkësie vlerash të "throughput".

c. _____përdoret për të llogaritur mesataren e një bashkësie vlerash të kohës së ekzekutimit të programeve.

d. _____është një benchmark i tipit "synthetic benchmark".

e. _____janë "benchmark suites" që përdorin programe realë.

f. _____janë "benchmark suites" që përdoren për vlerësimin e kompjuterave desktop.

g. _____janë "benchmark suites" që përdoren për vlerësimin e serverave.

Ushtrim 5.27
Në kompjuterin A ekzekutojmë dy benchmarks Test 1 dhe Test 2. Kohëzgjatjet e ekzekutimit të tyre në kompjuterin A, si dhe mesataret e kohëzgjatjeve të ekzekutimit në kompjutera të tjerë, janë treguar në tabelë.

Benchmark	Kompjuteri A	Mesatarisht në kompjutera të tjerë
Test1 (koha e ekzekutimit, sek.)	3	12
Test2 (koha e ekzekutimit, sek.)	300	600

Llogaritni:

a. Sa më i shpejtë është kompjuteri A kur Test1 dhe Test2 kanë të njëjtën frekuencë ekzekutimi?
b. Frekuencat e ekzekutimit janë Test1 =25 %, Test2=75%. Sa më i shpejtë është tani kompjuteri A?

Ushtrim 5.28
Referuar SPECfp2000, procesori Intel Itanium është përgjithësisht 30% më i shpejtë se AMD Opteron. Megjithatë për benchmark të caktuar, referuar tabelës 5.9, ndodh e kundërta. Tregoni se cilët janë këta benchmarks.

Ushtrimi 5.29
Në tre kompjutera A,B,C ekzekutohen tre benchmarks. Kohët e ekzekutimit të programeve në sekonda janë përmbledhur në tabelë.

	Kompjuteri A	Kompjuteri B	Kompjuteri C
Programi 1	1	10	100
Programi 2	500	100	20
Programi 3	500	1000	50
Programi 4	100	800	50

Të katër programet kanë numër të njëjtë instruksionesh, që është $100*10^6$. Llogaritni:
a. Vlerën në MIPS për sejcilin progam.
b. Duke supozuar se pesha e sjecilit program në benchmark është e njëjtë, llogarisni mesataret harmonike dhe arithmetike të vlerave të MIPS. Renditini kompjuterat në bazë të vlerave të llogaritura.
c. Cila prej mestareve jep përfundim të saktë? Si mund ta provoni ju këtë? Argumentoni përgjigjen tuaj.

Ushtrimi 5.30
Supozoni se duhet të zgjidhni ndërmjet procesorëve Itanium dhe AMD Opteron. Pasi keni analizuar me kujdes aplikimet që përdorim, dolët në përfundimin se 30% të kohës ju përdorni programe të ngjashme me "wupwise", 25 % të kohës programe të ngjashme me "mesa", 25 % programe si "fma3d", ndërsa pjesën e mbetur të kohës, programe që ngjasojnë me "lucas".
a. Në se do të zgjidhnit në bazë të vlerave të SPECfp2000, cilin procesor do të preferonit, bazuar në performancën e përgjithshme të tij?
b. Sa është mesatarja e ponderuar e raporteve të kohëve të ekzekutimit të këtyre procesorëve për këto katër benchmarks?
c. Sa rezulton të jetë tani "speedup" AMD Opteron/Itanium?

    d. Cilin procesor ju do të zgjidhnit përfundimisht bazuar në performancën e llogaritur?

Ushtrim 5.31

Në tabelën e mëposhtëme janë shënuar kohët e ekzekutimit, në katër procesorë të ndryshëm, të disa nga "benchmarks", që bëjnë pjesë në suitën SPEC CINT2006.

CPU	Cores	Perl	Bzip2	Gcc
Intel Pentium 4 670	1	700	1062	863
AMD Opteron 4122	4	730	845	606
Intel Xeon E5540	8	455	581	389
Intel Core i5-650	2	425	586	452

Të llogariten:
    a. Parformanca e normalizuar ndaj Pentium 4.
    b. Mesatarja arithmetike e rezultateve të normalizuar të benchmarks për çdo procesor.
    c. Mesatarja gjeometike e rezultateve të normalizuar të benchmarks për çdo procesor.

 **STUDIME**

RASTESH

Rast studimi 5.1

Supozoni se nga vëzhgimi që ju i keni bërë punës së kompjuterit tuaj personal, keni vënë re se mesatarisht CPU e tij është i ngarkuar në 50 % të kohës. Pjesën tjetër, pra 50 % të kohës, procesori pret që operacionet I/O të përfundojnë.

Ju po mendoni që të kryeni një "upgrade" procesorit tuaj, duke e zevendësuar ekzistuesin me një tjetër, që është 2 herë më i shpejtë. (p.sh. Intel Pentium 4/3.46 GHz. me një Pentium Dual Core T4200 2Ghz). Çmimi i procesorit të ri është 3.5 herë më i lartë se ai ekzistuesi dhe përbën

20 % të vlerës së kompjuterit kur ju e keni blerë atë. A mund të vlerësoni raportin kosto/përfitim të kësaj "upgrade" ?

Zhvillim
Bazuar në ligjin e Amdah-lit do të kemi:

$$Speedup = \frac{1}{1 - F + \frac{F}{S}}$$

F = 50 %=0.5
S= 2
Duke zevendësuar në barazimin e mësipërm gjejmë:

Speedup : 1/(1-0.5 + 0.5/2) = 1.33

Pra, perfomancat globale të kompjuterit, pas zevëndësimit të procesorit, do të rriteshim me 33 % krahasuar me kompjuterin ekzistues.
Sa do të na kushtonte kjo "upgrade"? Për këtë llogaritim :

Çmimi i ri = (1-0.2)* çmimi i blerjes + 0.2*3.5*çmimi i blerjes = 1.5*çmimi i blerjes.

Pra, çmimi do të rritej me 50 % , ndërkohë që performanca e kompjuterit tonë rritet vetëm me 33 %.
Përfundimi : shpenzimi nuk e justifikon përfitimin.
Përcaktoni barazimin që shpreh raportin optimal kosto/përfitim për këtë rast!

Rast studimi 5.2
Supozojmë se kërkojmë të krijojmë një procedurë tonën për testimi e kompjuterave personalë. Për këtë, bazuar në përdorimin e përditshëm të kompjuterave ("workload"), përzgjedhim aplikacionet më të përdorshëm, duke i shoqëruar ata me një numër të plotë që shpreh frekuencën ose "peshën" e përdormit të tyre. Ne krijuam kështu një "benchmark suite". Përzgjedhja që kemi bërë është përmbledhur në tabelën e mëposhtëme.

Tabela 5.10

Programi i përfshirë në benchmark	Arsyeja përse ëshë zgjedhur ky benchmark	Kohëzgajtja e ekzekutimit të programit (sekonda)	Pesha
Web browser me "multimedia plug-in"	Hapja e disa përmbajtjeve multimediale në	300	5

	shumë "tabs" shërben për të testuar performancën e kujtesës dhe mundësitë e paralelizmit		
Aplikacion Financiar kompleks	Përdoret për të testuar performncën e veprimeve mbi numra me presje notuese dhe instruksionet vektorialë	200	4
Lojra të ndryshme	Përdoret për të testuar performancën e "branch prediction", performancën grafike	100	3
Aplikacion "word processing (psh MS-word)	Eshte aplikimi që përdoret më shumë. Përdoret për të testuar performncën e veprimeve mbi numra të plotë dhe "rendering"	200	5
Aplikacion File search	Përdoret për të testuar performncën e I/O dhe të file system	300	3

Me këtë "benchmark suite" të krijuar, vlerësojmë një kompjuter, duke matur kohëzgjatjen e ekzekutimit të secilit benchmark. Vlerat e matura të kohës i kemi vendosur në tabelë. Me të dhënat e tabelës llogaritim kohëzgjatjen e ponderuar të kësaj "benchmark suite" në këtë kompjuter:

Kohëzgjatja = (300*5 + 200*4 + 100*3 + 200*5 + 300*3)/20 = 225

Rast studimi 5.3

Dallimi ndërmjet një "benchmark" të përgjithshëm dhe standard, një "benchmark" specifik dhe matjeve reale të perfomancës të një sistemi kompjuterik, demostrohet në këtë rast studimi.

Supozoni se ju, në rolin e administratorit të sistemeve të një institucioni/kompanie, ju kërkohet të përzgjidhni një server të ri e-mail. Bazuar në buxhetin e përcaktuar, ju arrini të identifikoni Serverin A dhe Serverin B, të cilët kanë çmime të përafërt. Cili prej tyre do të ishte i përshtatshëm për aplikimin tuaj, pra e-mail server?

Për këtë, ju vendosni ti referoheni rezultateve që këta dy servera kanë ndaj "benchmarks".

Fillimisht ,gjeni nga dokumentacioni i prodhuesve të serverave, rezultatet e matjeve të perfomancës me "benchmark suite" SPEC CPU65, si në tabelën e mëposhtme. Ju vini re se serverat kanë peformancë pothuajse identike.

Por, ju nuk ngeleni me kaq. Duke ditur se SPEC CPU95 vlerëson vetëm performancën e procesorit (CPU), ju mendoni se ky "benchmark" nuk vlerëson realisht serverat në kushtet e aplikimit e-mail. Ju mendoni se aplikimi e-mail, përveç kohë CPU, do të kërkojë edhe akses intensiv në "file system". Prandaj ju i referoheni një benchmarku tjetër, "Postmark", i cili vlerëson këtë aspekt të kompjuterave, që është performanca e file system. Duke kërkuar, ju gjeni vlerësimet Postmark për të dy serverat, siç është paraqitur në tabelën e mëposhtme.

Sistemi/Fituesi	SPEC CPU95	PostMark (transactions/sec)	Rezulatatet e matura (e-mail/sec)
ServerA	6.22	16	2.2
ServerB	6.23	6	4.6
Fituesi	Barazim	ServerA	ServerB

Fillimisht ju thërisni EUREKA ! ServeriA është ai që bën për mua! Por, pastaj ju kujtoheni se në shkollë keni mësuar që « benchmark » më i mirë është vetë aplikimi ose « workload » që do të përdoret në server.

Atëherë, megjithëse procedura e deritanishme për vlerësimin e serverave ka qenë e drejtë, ju këmbëngulni dhe krijoni një ambient software/hardware të posaçëm për vlerësimin e performancës të serverave në një aplikim e-mail.

Për këtë, duke përdorur një « ethernet switch » të dedikuar ju vendosni në komunikim TCP/IP serverin nën test dhe një PC. Instaloni një klient e-mail në PC, i cli është i aftë të dërgojë mesazhe e-mail në mënyrë të pandërprerë me shpeshtësi aq sa serveri është i aftë të përpunojë. Të vendosur në kushte të njejta ServerA arrin të procesojë 2.2 mesazhe e-mail në sekondë, ndërsa ServeriB ka performancë gati dy herë më të lartë, pasi ai arrin të manipulojë 4.6 e-mail/sec.

Natyrisht që ju, të bindur plotësisht tashmë, përzgjidhni ServerB si më performantin për aplikimin tuaj e-mail!

Rast studimi 5.4

Kjo është një "histori" e trilluar, por që ngjason mjaft me fatin e disa "benchmarks" ...

"Benchmark story" ose "benchmarketing"

1. *Ju krijoni një benchmarksuite të quajtur "alb-mark-1.0".*
2. *Nëpërmjet saj, ju filloni të testoni performancën në shumë kompjutera.*
3. *Ju publikoni rezultatet e testeve në web-site www.alb-mark.org*
4. *Ju pasuroni vazhdimisht këtë web-site me rezultatet e testeve.*
5. *Alb-mark dhe www.alb-mark.org bëhen mjaft popullore dhe rrjedhimisht përdoruesit fillojnë të blejnë kompjuterat bazuar në rezultatet krahasuese të "alb-mark-1.0". Njëkohësisht prodhuesit e kompjuterave "trokasin vazhdimisht në derën tuaj". Ata kërkojnë që ju të publikoni rezultatet e testeve të kompjuterave dhe procesorëve të tyre të rinj.*
6. *Prodhuesit e procesorëve dhe kompjuterave analizojnë kodin burim të "alb-mark-1.0". Ata modifikojnë kompilatorët dhe arkitekturat e procesorëve dhe kompjuterave të tyre, me qëllim që, ato të japin rezultate të larta ndaj testimeve me "alb-mark-1.0".*
7. *Benchmarku juaj "alb-mark-1.0" nuk pasqyron më performancën reale të procesorëve dhe kompjuterave të "trukuar". "alb-mark-1.0" konsiderohet i "manipuluar" (ang. "broken") tashmë.*
8. *Nuk ju mbetet gjë tjetër veçse të krijoni versionin e ri "alb-mark-2.0".*

Rast studimi 5.5

Në figurën e mëposhtme paraqiten disa grafikë, që tregojnë përmirësimin ndër vite të dy parametrave shprehës të performancës : "response time" dhe "throughput". Prej grafikëve, vihet re një fenomen i përbashkët për të

gjithë tipat e komponentëve informatikë (CPU, kujtesë, disk, network), që është : ndër vite, shpejtësia e rritjes së "throughput" ka qenë dhe vazhdon të jetë mjaft më e madhe sa ajo e "response time".
Ka disa faktorë që kanë ndijuar në këtë tendencë. Përpiquni të zbuloni disa prej tyre.

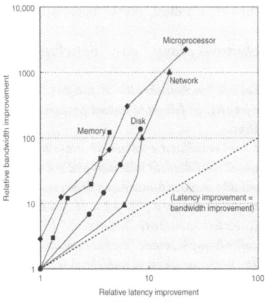

Figura 5.4

Rast studimi 5.6
Në vitin 1988 John Gustafson, do të rishikonte ligjin e Amdahl-it, duke konkluduar se :

$$S = N+s'*(N-1)$$

ku:
"S" është "speedup",
"N" është numri i procesorëve ,
dhe **"s'** është komponenti kohë që nuk mund të paralalizohet .

Ky relacion njihet me emrin *"Gustafson-Barsis' law"*.
Ndryshe nga Amdhal-i, që e konsideron madhësinë e problemit dhe të dhënave si fikse, Gustafson e konsideron "run time" si madhësi konstante. Sipas tij, vlera e "speedup" është funksion i sasisë së të dhënave.
Për më shumë detaje, referojuni [14], ose http:// www.johngustafson.net/.

304

 Këndi i
Historisë dhe
Kurioziteteve

1. Një nga njësitë e matjes së shpejtësisë
së procesorëve e ka origjinën prej
shpejtësisë së VAX 11/780. Ishte ky
kompjuteri që e kaloi këtë prag për herë të
parë. Cila është kjo njësi?
2. Në vitin 1984 Rehinhold Weicker,
shruajti një grup programesh, që sot
përdoren për krahasimin e performancave të
procesorëve. Si quhen këta programe?
3. Në vitin 1979 Jack Dongarra, etj.
përgatitën programe benchmark të shkruajtur
në FORTRAN për matjen e performancave të
procesorëve ne lidhje me ekzekutimin e
instruksioneve ''Floating Point''. Sot këta
benchmark përdoren prej ''Top500''. Si quhen
këta benchmark?
4. ''Parimi i Paretos'' e ka marrë emrin
prej ekonomistit italian Vilfredo Pareto, i
cili në fund të shekullit XIX analizoi të
dhënat fiskale të disa vendeve të mëdha
evropiane. Ai vuri re se shpërndarja
statistikore e pasurisë bëhet sipas të
njëjtit kriter: përqindja e popullsisë,
pasuria e së cilës është më e madhe se një
vlerë X, është gjithmonë proporcionale me
$1/x^E$. Koeficienti E lëviz në vlerat 2-3 në
vartësi të vendit. Në vitin 1954, Joseph
Juran, për herë të parë, e quajti këtë
vartësi me emrin ''parimi i Paretos'', i
cili zakonisht njihet si parimi 80/20 : 20
% e popullsisë së një vendi, zotëron 80
përqind të pasurisë. Ky parim është i
vlefshëm edhe në informatikë. Si formulohet
ai në këtë rast?
5. Aktualisht kompjuteri më i shpejtë në botë,
i cilësuar si i tillë, më 14 qershor 2012 prej
Top500 (www.top500.org,) është IBM BlueGene/Q.

Sistemi me kompjutera të tillë, instaluar në "Department of Energy's Lawrence Livermore National Laboratory"-USA, i quajtur "Sequoia", arrin performancën 16.32 petaflops (PFLOPS) = 16.32 x10^9 MFLOPS. IBM BlueGene/Q përdor procesorin IBM PowerPC A2, i cili është një procesor 64 bit me 16 core. Sequoia, në momentin e testimit, përbëhej nga 98304 nyje llogaritëse (procesorë), ose 1.572.864 core. Madhësia e tij është 280 m^2 dhe konsumon 7.9 megawatt, duke e renditur gjithashtu atë në kompjuterin më ekonomik aktual (2GFLOPS/Watt). Matja e performancës realizohet me Linpack benchmark.

 **ANEKSI I KAPITULLIT**

Tabela 5.11 Përmbledhje e SPEC Benchmarks suites

Kategoria e "workload" ose aplikimit	"benchmark suite" aktual	Përshkrim i shkurtër	Detaje
CPU-	SPEC CPU2006 Versioni i fundit është 1.2 , dt. 9 korrik 2011	CPU-intensive benchmark suite, stressing a system's processor, memory subsystem and compiler	Përbëhet nga dy suita : **CINT2006** per integer performance dhe **CFP2006** për FP performance. Versioni i fundit ë
Graphics dhe workstation	SPECviewperf11	Is a synthetic benchmark designed to be a predictor of application performance and a measure of graphics subsystem performance	It is a measure of graphics subsystem performance (primarily graphics bus, drive and graphics hardware)

	SPECapc for 3ds Max2011	Is performance evaluation software for systems running Autodesk 3ds Max 2011	Contains 58 tests for comprehensive measurement of modeling, interactive graphics, CPU and GPU performance
	SPECapc for Lightwave 3D 9.6, SPECapc for Maya 2009 SPECapc for PTC Creo 2.0, SPECapc for Siemens NX 6 SPECapc for SolidWorks 2007, SPECapc for UGS NX 6 Janë "benchamark suites" për vlerësimin e performancave për worksations dhe për aplikimet respektive. Përdoret si referencë (për normalizim) një workstation Dell Precision Workstation 690.		
HPC-High Performance Computing	SPEC MPI2007	Is a benchmark suite for evaluating MPI-parallel, floating point, compute intensive performance across a wide range of cluster and SMP hardware	These benchmarks emphasize the performance of: the type of computer processor (CPU), the number of computer processors, the MPI Library, the communication interconnect, the memory architecture, the compilers, and the shared file system
	SPEC OMP2001	Is a benchmark suite that measures performance using applications based on the OpenMP standard for shared-memory parallel processing.	The focus is to deliver systems performance to real scientific and engineering applications
Java Client/Server	SPECjbb2005	Evaluates the performance of	Testohet performanca e

		server side Java by emulating a three-tier client/server system	serverit
	SPECjEnterprise2010	Is a full system benchmark which allows performance measurement and characterization of Java EE 5.0 servers and supporting infrastructure such as JVM, Database, CPU, disk and servers.	Testohet performanca e serverit
	SPECjms2007	Industry-standard benchmark for evaluating the performance of enterprise message-oriented middleware servers based on JMS (Java Message Service)	
	SPECjvm2008	is a benchmark suite for measuring the performance of a Java Runtime Environment (JRE), containing several real life applications and benchmarks focusing on core java functionality.	Testohet performanca e klientit
Mail Servers	Nuk ka një benchmark të përditsuar. I fundit është SPECmail2009 – nuk është më i vlefshëm		
NFS-Network File System	SPECsfs2008	benchmark designed to	SPECsfs2008 results

		evaluate the speed and request-handling capabilities of file servers utilizing the NFSv3 and CIFS protocols	summarize the server's capabilities with respect to the number of operations that can be handled per second (throughput), as well as the overall latency of the operations
Power	SPECpower_ssj2008	benchmark evaluates the power and performance characteristics of volume server class and multi-node class computers.	
SIP	SPECsip_infrastructure2011	evaluate a system's ability to act as a SIP server supporting a particular SIP application	
Virtualization	SPECvirt_sc2010	measures the end-to-end performance of all system components including the hardware, virtualization platform, and the virtualized guest operating system and application software	
Web Servers	Nuk ka një benchmark të përditsuar. I fundit është SPECweb2009 – nuk është më i vlefshëm		

Në tabelën e mëposhtëme tregohen në mënyrë të detajuar rezultatet e benchmarrk CINT 2006 (Integer Component of SPEC CPU2006) për procesorin AMD Opteron X4, 2.5 GHZ model 2356 (kodi i procesorit "*Barcelona*").

Tabela 5.12

FORMULA KohaEXE= ICT	=	I	C	T		Koha exe në UltraSa prc II	
Emri i benchmark	Përshkrimi i benchmark	Instruction Count x 10^9	CPI	Clock cycle time (sekx 10^{-9})	Exec u-tion Time (sek.)	Referenc e Time (seconds)	SPECra tio
perl	Interpreted string processing	2,118	0.75	0.4	637	9,770	15.3
bzip2	Block-sorting compression	2,389	0.85	0.4	817	9,650	11.8
gcc	GNU C compiler	1,050	1.72	0.4	724	8,050	11.1
mcf	Combinatorial optimization	336	10.00	0.4	1,345	9,120	6.8
go	Go game (AI)	1,658	1.09	0.4	721	10,490	14.6
hmmer	Search gene sequence	2,783	0.80	0.4	890	9,330	10.5
sjeng	Chess game (AI)	2,176	0.96	0.4	837	12,100	14.5
libquantum	Quantum computer simulation	1,623	1.61	0.4	1,047	20,720	19.8
h264a vc	Video compression	3,102	0.80	0.4	993	22,130	22.3
omnetpp	Discrete event simulation library	587	2.94	0.4	690	6,250	9.1
astar	Games/path finding	1,082	1.79	0.4	773	7,020	9.1
xalancbmk	XML parsing	1,058	2.70	0.4	1,143	6,900	6.0
Mesatarja Gjeometrike							11.7

Tabela 5.13 – Disa vlera të SPEC2006 për procesorë të ndryshëm

Procesori	SPECint2006	SPECfp2006	SPECint_rate2006	SPECfp_rate2006
AMD Opteron	13.2	16.2	45.6	41.3

2356, Barcelona 2.3 Ghz				
Intel Core 2 Quad Q6800	20.2	18.3	56.2	39.2
Intel Core i7-975	31.6	32.9	121	85.2
IBM Power780 Power7 CPU	29.3	44.5	1300	531

Tabela 5.14 - CINT 2006 (Integer Component of SPEC CPU2006)

Benchmark	Language	Application Area	Brief Description
400.perlbench	C	Programming Language	Derived from Perl V5.8.7. The workload includes SpamAssassin, MHonArc (an email indexer), and specdiff (SPEC's tool that checks benchmark outputs).
401.bzip2	C	Compression	Julian Seward's bzip2 version 1.0.3, modified to do most work in memory, rather than doing I/O.
403.gcc	C	C Compiler	Based on gcc Version 3.2, generates code for Opteron.
429.mcf	C	Combinatorial Optimization	Vehicle scheduling. Uses a network simplex algorithm (which is also used in commercial products) to schedule public transport.
445.gobmk	C	Artificial Intelligence: Go	Plays the game of Go, a simply described but deeply complex game.
456.hmmer	C	Search Gene Sequence	Protein sequence analysis using profile hidden Markov models (profile HMMs)

458.sjeng	C	Artificial Intelligence: chess	A highly-ranked chess program that also plays several chess variants.
462.libquantum	C	Physics / Quantum Computing	Simulates a quantum computer, running Shor's polynomial-time factorization algorithm.
464.h264ref	C	Video Compression	A reference implementation of H.264/AVC, encodes a videostream using 2 parameter sets. The H.264/AVC standard is expected to replace MPEG2
471.omnetpp	C++	Discrete Event Simulation	Uses the OMNet++ discrete event simulator to model a large Ethernet campus network.
473.astar	C++	Path-finding Algorithms	Pathfinding library for 2D maps, including the well known A* algorithm.
483.xalancbmk	C++	XML Processing	A modified version of Xalan-C++, which transforms XML documents to other document types.

Tabela 5.15 - CFP 2006 (Floating Point Component of SPEC CPU2006)

Benchmark	Language	Application Area	Brief Description
410.bwaves	Fortran	Fluid Dynamics	Computes 3D transonic transient laminar viscous flow.
416.gamess	Fortran	Quantum Chemistry.	Gamess implements a wide range of quantum chemical computations. For the SPEC workload, self-consistent field calculations are performed using the Restricted Hartree

312

			Fock method, Restricted open-shell Hartree-Fock, and Multi-Configuration Self-Consistent Field
433.milc	C	Physics / Quantum Chromodynamics	A gauge field generating program for lattice gauge theory programs with dynamical quarks.
434.zeusmp	Fortran	Physics / CFD	ZEUS-MP is a computational fluid dynamics code developed at the Laboratory for Computational Astrophysics (NCSA, University of Illinois at Urbana-Champaign) for the simulation of astrophysical phenomena.
435.gromacs	C, Fortran	Biochemistry / Molecular Dynamics	Molecular dynamics, i.e. simulate Newtonian equations of motion for hundreds to millions of particles. The test case simulates protein Lysozyme in a solution.
436.cactusADM	C, Fortran	Physics / General Relativity	Solves the Einstein evolution equations using a staggered-leapfrog numerical method
437.leslie3d	Fortran	Fluid Dynamics	Computational Fluid Dynamics (CFD) using Large-Eddy Simulations with Linear-Eddy Model in 3D. Uses the MacCormack Predictor-Corrector time integration scheme.
444.namd	C++	Biology / Molecular Dynamics	Simulates large biomolecular systems. The test case has 92,224 atoms of apolipoprotein

			A-I.
447.dealII	C++	Finite Element Analysis	deal.II is a C++ program library targeted at adaptive finite elements and error estimation. The testcase solves a Helmholtz-type equation with non-constant coefficients.
450.soplex	C++	Linear Programming, Optimization	Solves a linear program using a simplex algorithm and sparse linear algebra. Test cases include railroad planning and military airlift models.
453.povray	C++	Image Ray-tracing	Image rendering. The testcase is a 1280x1024 anti-aliased image of a landscape with some abstract objects with textures using a Perlin noise function.
454.calculix	C, Fortran	Structural Mechanics	Finite element code for linear and nonlinear 3D structural applications. Uses the SPOOLES solver library.
459.GemsFDTD	Fortran	Computational Electromagnetics	Solves the Maxwell equations in 3D using the finite-difference time-domain (FDTD) method.
465.tonto	Fortran	Quantum Chemistry	An open source quantum chemistry package, using an object-oriented design in Fortran 95. The test case places a constraint on a molecular Hartree-Fock wavefunction calculation to better match experimental X-ray diffraction data.
470.lbm	C	Fluid Dynamics	Implements the "Lattice-

			Boltzmann Method" to simulate incompressible fluids in 3D
481.wrf	C, Fortran	Weather	Weather modeling from scales of meters to thousands of kilometers. The test case is from a 30km area over 2 days.
482.sphinx3	C	Speech recognition	A widely-known speech recognition system from Carnegie Mellon University

KAPITULLI 6

NEN-SISTEMI I KUJTESES NE
NJE KOMPJUTER

6.1 Efekti i kujtesës qëndrore në performancën e procesorit.
Gjatë trajtimit të ekzekutimit të instruksioneve në një pipeline dhe
llogaritjeve përkatëse, kemi presupozuar se kujtesa qëndrore është ideale.
Pra, ajo funksionon po aq shpejt sa edhe procesori. Në këtë rast, koha e
aksesit të kësaj kujtese për të instruksionet dhe të dhënat është të paktën e
barabartë, me ciklin e clockut të procesorit:

$$\text{Ideal memory access time} <= 1 \text{ CPU clock cycle}$$

Në realitet kujtesa qëndrore, e krijuar prej kujtesave DRAM, ka një kohë
aksesi të rendit disa dhjetëra nanosekonda, ose shumë herë më të madhe se
cikli i clockut të procesorit.
Le të llogarisim, në shembullin e mëposhtëm, cili është efekti i një kujtese
reale në performancën e ekzekutimit të instruksioneve prej CPU-së.

Shembull 6.1
Supozojmë se një procesor me frekuencë clocku 500 Mhz, i cili ka një CPI
ideale 1.1, komunikon me një kujtesë qëndrore me kohë kapje ("access
time") prej 100 ns. Frekuenca mesatare e ekzekutimit të instruksioneve të
një programi prove, është si më poshtë:

50% e instruksioneve janë arithmetik/logjik

30 % e instruksione janë të tipit load/store

20% e instruksioneve janë të kontrollit (jmp, branch etj.)

Të gjendet : sa do të jetë CPI e procesorit që komunikon me një kujtesë reale?

Zgjidhje

Cikli i clockut të procesorit do të ishte : clock cycle = $1/500 \times 10^6 = 2 \times 10^{-9}$ = 2 ns.

Pra, për çdo akses në kujtesë, procesori do të presë kujtesën me 100/2 = 50 cikle clocku.

CPI efektive = CPI ideale + vonesat e shkaktuara nga kujtesa për çdo instruksion.

CPI efektive = CPI ideale + vonesat për "fetch" të instruks.+ vonesat e instruks. që akses në kujtesë.

CPI efektive = CPI ideale + 100 %*50 + 30% * 50 = 1.1 + 50 + 15 = 66.1

Pra, procesori në një kontekst "real të kujtesës", do të jetë 60 herë më i ngadaltë, krahasuar me idealin.

Rezultati i shembullit të mësipërm, tregon se kujtesa qëndrore shkakton një vonesë të konsiderueshme, që zvogëlon ndjeshëm performancën e CPU-së, e cila nuk mund të neglizhohet. Për të përmirësuar këtë situatë, përdoren teknologji dhe organizime të nën-sistemit të kujtesës, të cilat trajtohen këtu më poshtë.

Dimë tashmë, që kujtesat me kapacitet të madh, në përgjithësi, janë të ngadalta, ndërsa kujtesat e shpejta janë të shtrenjta. Prandaj, nën-sistemi i kujtesës, i përbërë nga disa kujtesa me teknologji të ndryshme, ndërtohet i tillë, që ai të funksionojë me shpejtësinë e teknologjisë më të shpejtë dhe të ketë kapacitetin e kujtesës me kosto më të ulët. Për të mundësuar këtë sfidë, përdoren këto rrugë:

1. Rritja e performancës se kujtesës qëndrore nëpërmjet zvogëlimit të kohës së aksesit (kapjes). Kjo ka lidhje me zvogëlimin e "latency" të kujtesës, e cila realizohet kryesisht nëpërmjet përmirësimeve teknologjike. Rritja e shpejtësisë së kujtesës në këtë drejtim ka qenë shumë e ulët në krahasim me procesorin. Mesatarisht ajo ka rezultuar të jetë vetëm 7-12 % në vit, duke krijuar të ashtuquajturin "hendek të performancave CPU-kujtesë" ("*CPU-Memory Gap*"). Kjo situatë është rezultat i faktit që për kujtesën qëndrore, në kompromisin ndërmjet rritjes së kapacitetit të kujtesës dhe rritjes së shpejtësisë, është favorizuar rritja e kapacitetit, në dëm të shpejtësisë.

2. Përdorimi i paralelizmit në kapjen e kujtesës. Kjo bën të mundur që, pa rritur kohën e aksesit, të rritet "bandwith" i kujtesës qëndrore. Realizohet nëpërmjet zgjerimit të busit të të dhënave dhe "memory interliving".

3. Krijimi dhe organizimi i sistemit të kujtesës në formë hierarkie, veçanërisht përdorimi i kujtesës kashé.

Këtu më poshtë do të analizojmë veçmas secilën prej këtyre rrugëve.

6.2 Rritja e shpejtësisë së kujtesës qëndrore

Pavarësisht përmirësimeve teknologjike të RAM, *"CPU-DRAM performance gap"* është rritur me kalimin e viteve. Zvogëlimi i "access time" të kujtesave DRAM, teknologji e cila është në bazë të kujtesës qëndrore, ka qenë shumë më i ngadaltë, krahasuar me rritjen e frekuencës së procesorëve. Ky fakt tregohet qartë në tabelën e mëposhtëme. Për më shumë rreth kësaj çështje referojuni [1].

Tabela 6.1

Viti	Frek.clock CPU(MHz)	Perioda e clock CPU (ns)	Memory access (ns.)	Nr. i cikleve clock qe kujtesa vonon CPU-ne
1986	8	125	190	190/125 - 1= 0.5
1989	33	30	165	165/30 - 1= 4.5
1992	60	16.6	120	120/16.6 -1= 6.2
1996	200	5	110	110/5 -1= 21
1998	300	3.33	100	100/5 -1 = 29
2000	1000	1	90	90/1 -1=89
2002	2000	0.5	80	80/0.5 -1 =159
2004	3000	0.333	60	60/0.333 -1 = 179
2010	3600	0.277	30	30/0.277-1= 107

Shënim : për llogaritjet në tabelë supozohet se CPI=1.

6.3Rritja e "bandwidth" të kujtesës qëndrore

Procesori apo edhe njësitë e tjera që komunikojë me kujtesën qëndrore, kërkojnë në mënyrë të vazhdueshme prej saj, që ajo të plotësojë kërkesat e tyre për instruksione dhe të dhëna. Kjo do të thotë, që kujtesa qëndrore duhet të sigurojë një prurje ("bandwidth") të dhënash dhe instruksionesh, që kënaq ritmin e procesorit. Meqenëse rritja e shpejtësisë së kujtesës, kontribuon pak në rritjen e bandwidth të saj (tabela 6.1), atëherë janë përdorur mënyra të tjera, që kanë të bëjnë me paralelizmin e kapjes së kujtesës qëndrore. Ky fakt është paraqitur në figurën 6.1.

Zgjerimi i kujtesës mbi madhësinë e fjalës (varianti 2. në figurë), nuk përdoret shpesh, pasi sjell komplikime dhe vonesë në kapjen e kujtesës, të shkaktuara prej shtimit të mulipleksorit. Ndarja e kujtesës në banka dhe kapja e tyre në mënyrë të pavarur dhe në paralel, është organizimi tipik i kujtesës që përdoret rëndom për të rritur 'bandwidth' e kapjes së kujtesës qëndrore. Këto janë kujtesat 'interleaving" (versioni 3. në figurën 6.1). Për më shumë rreth këtyre kujtesave lexoni në [1]. Këtu më poshtë jepen dy shembuj (6.2 dhe 6.3) ku vlerësohet efekti i kujtesave "interleaving" në debitin e kujtesës qëndrore.

Kujtesat e tipit DDRx SDRAM (Double Data Rate Synchronous Dynamic RAM), janë kujtesa të organizuar në mënyrë të tillë që, duke përdorur celula kujtese me "access time" normale, realizojnë rritjen me disa herë të "bandwidth". Për më shumë detaje rreth këtyre kujtesave, referojuni "Studime Rastesh" në fund të kapitullit dhe në [1].

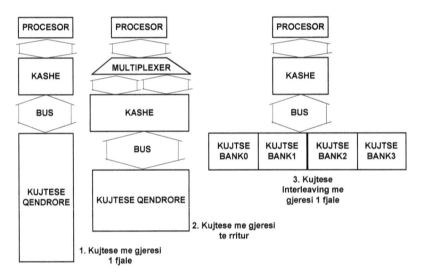

Figura 6.1

Shembull 6.2

Supozojmë se procesori komunikon me kujtesën qëndrore nëpërmjet një busi "CPU-Memory". Në të gjitha rastet frekuenca e busit është 100 MHz. Për leximin/shkrimin e një fjale (32 bit) në kujtesën qëndrore nevojiten :

     - 1 cikël busi për dërgimin e adresës

     - 6 cikle busi për të lexuar kujtesën qëndrore (koha e aksesit = 60 ns = 6 cikle transmetimi në bus.)

     - 1 cikël për të dërguar 1 falë të dhënash nëpërmjet busit nga kujtesa në CPU.

Shkëmbimi CPU kujtesë kryhet me blloqe prej 4 fjalësh, aq sa është edhe madhësia e bllokut të kujtesës kashé.

320

Të gjendet :

Sa cikle clocku do të nevojiteshim për të lexuar një bllok në kashé dhe sa do të ishte debiti i leximit të kujtesës kur:

    a. Busi "CPU-Memory" është 1 fjalë (32bit) i gjerë?
    b. Busi "CPU-Memory" është 64 bit i gjerë?
    c. Busi "CPU-Memory" është 4 fjalë ose 128 bit i gjerë?
    d. Kujtesa është e tipit interleaving me katër banka dhe busi "CPU-Memory" është 1 fjalë (32bit) i gjerë?

Zgjidhje

    a. Për secilën fjalë të bllokut do të nevojiteshin $1 + 6 + 1 = 8$ cikle clocku. Pra, në total për një bllok prej 4 fjalësh do të nevojiteshin $8 \times 4 = 32$ cikle clocku. Debiti i leximit të kujtesës do të llogaritej : 4×4 byte$/32 \times 10^{-8} = 0.5 \times 10^8$ B/sek. $= 50$ MB/s.

    b. Në rastin e një busi 64 bit të gjerë, blloku prej 4 falësh do të lexohej në dy kohë me nga 2 fjale ose 64 bit secila. Pra në total do të nevojiteshin $1+6+1+1+6+1=16$ cikle clocku. Debiti i leximit të kujtesës do të llogaritej : 4×4 byte$/16 \times 10^{-8} = 1 \times 10^8$ B/sek. $= 100$ MB/s

    c. Meqenëse busi është 128 bit i gjerë, atëherë vetëm në një komunikim në bus do të lexohej i gjithë blloku. Pra, do të nevojiteshin $1 + 6 + 1 = 8$ cikle clocku në total. . Debiti i leximit të kujtesës do të llogaritej : 4×4 byte$/8 \times 10^{-8} = 2 \times 10^8$ B/sek. $= 200$ MB/s

    d. Në rastin e kujtesës interleaving, e cila shoqërohet me një bus të gjerë prej një fjale (32 bit), leximi i 4 fjalë-ve do të kërkonte : 1 cikël për të adresuar bankat në paralel + 6 cikle për leximin e 4 fjalë (1 fjalë/bankë) në paralel + 4×1 cikle për transferimet në bus $= 11$ cikle clocku. Debiti i leximit të kujtesës do të llogaritej : 4×4 byte$/11 \times 10^{-8} = 1.45 \times 10^8$ B/sek. $= 145$ MB/s.

Shënim : në të gjitha rastet e mësipërme "cikël i clockut" konsiderohet cikli i clockut të transferimeve në busin "CPU-Memory", kohëzgjatja e të cilit është 10 ns.

Shembull 6.3

Supozojmë se procesori, i cili ka një frekuencë clocku prej 1 GHz, komunikon me kujtesën qëndrore nëpërmjet një busi "CPU-Memory" me frekuencë 250 Mhz. Për leximin/shkrimin e një fjale (32 bit) në kujtesën qëndrore nevojiten :

        -1 cikël busi për dërgimin e adresës
        -6 cikle busi për të lexuar/shkruar kujtesën qëndrore.

-1 cikël për të dërguar 1 falë të dhënash ndërmjet kujtesës dhe CPU-së.

Shkëmbimi CPU kujtesë kryhet me blloqe prej 2 fjalësh aq sa është edhe madhësia e bllokut të kujtesës kashé.

Të llogariten numri i cikleve të clockut, që procesori pret për kujtesën për këto raste :

a. Busi "CPU-Memory" është 32 bit i gjerë dhe kujtesa nuk është interleaving.

b. Busi "CPU-Memory" është 32 bit i gjerë dhe kujtesa është interleaving.

c. Busi "CPU-Memory" është 64 bit i gjerë dhe kujtesa nuk është interleaving.

d. Busi "CPU-Memory" është 64 bit i gjerë dhe kujtesa është interleaving.

Zgjidhje

a. Nga të dhënat, rezulton se frekuenca e clockut të procesorit është 4 herë më e madhe se ajo e busit. Rrjedhimisht, leximi i një fjale në kujtesën qëndrore nëpërmjet një busi me gjerësi një fjalë, do ti kushtonte procesorit:

-4 cikle clocku për dërgimin e adresës.

-24 cikle busi për të lexuar/shkruar kujtesën qëndrore.

-4 cikël për të dërguar 1 falë të dhënash.

Pra, në total 2*32 = 64 cikle clocku CPU do të duheshin për leximin e 2 fjalëve nga kujtesa qëndrore, e cila nuk është interleaving.

b. Në rastin e kujtesës interleaving CPU do të vonohej : 4 + 24 +4+4 = 36 cikle clocku.

c. Në rastin e një busi 64 bit, CPU do të mund të lexonte njëherazi dy fjalë, pra ai do të vonohej : 4+24+4 = 32 cikle clocku CPU.

d. Edhe në këtë rast CPU do të vonohej : 4+24+4 = 32 cikle clocku. Organizimi interleaving i kujtesës do të kishte efekt në zvogëlimin e vonesës së procesorit në rastin kur madhësia e bllokut do të ishte më e madhe se gjerësia e busit; të ishte p.sh. 4 fjalë ose 8 fjalë.

6.4 Hierarkia e kujtesave

Shembujt e mësipërm tregojnë se përdorimi i teknikës "interleaving", apo zgjerimi i buseve nuk është i mjaftueshëm për të zvogëluar në mënyrë të ndjeshme handikapin e shkaktuar nga ngadalësia e kujtesës qëndrore. Rrjedhimisht, hierarkia e kujtesave dhe veçanërisht përdorimi i kujtesës kashé, bëhen të domosdoshëm.

Hierarkia konsiston në faktin, që nën-sistemi i kujtesës ndahet në disa nivele, të tillë që kujtesa më e shpejtë vendoset pranë CPU-së, ndërsa më e ngadalta dhe më madhja sa më larg. Gjithashtu, informacionet në kujtesat më të shpejta, gjenden edhe në kujtesat më të ngadalta. Skematikisht kjo është paraqitur në figurën 6.2. Për më shumë detaje rreth hierarkisë së kujtesave,referojuni [1] dhe [2].

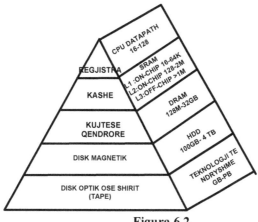

Figura 6.2

Ja një rast i hierarkisë në një procesor relativisht të vjetër, Pentium 4, 2 GHz, paraqitur në tabelën 6.2.

Tabela 6.2

Komponenti n/sistem kujtese	Koha e aksesit (1cc=0,5ns)	Kapaciteti (madhesia)
Regjistra	1 clock cycles=0.5 ns	32 regjistra
L1 kashé	3 clock cycles=1.5 ns	Data cache=Inst. Cache=8KB
L2 kashé	20 clock cycles=10 ns	256 KB, 8-way set associative
L3 kashé	30 clock cycles=15 ns	512 KB, 8-way set associative
Kujtesë qendrore	400 clock cy=200 ns	16 GB

Le të shikojmë se cili do të ishte efekti i përdorimit të një kujtese kashé në performancën e një procesori.

Shembull 6.4 - Influenca e kujtesës cache në CPI
Le të rimarrim procesorin e shembullit 6.1, i cili ka këto karakteristika:
Frekuencë e clockut =500 MHZ (kohëzgjatja e ciklit të clockut = 2 ns.)
    CPI =1.1 (CPI = Cikle Për Instruksion)
Procesori komunikon me një kujtesë qëndrore, e cila ka kohë aksesi prej 100 ns. Bashkësia e instruksioneve ka këto frekuenca të ekzekutimit :
    • 50 % instruksione arithmetike e logjike

- 30 % instruksione LOAD/STORE
- 20 % instruksione të kontrollit (CMP, JUMP etj.)

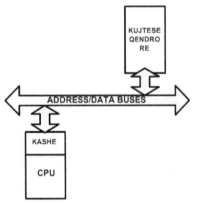

Ndryshe nga shembulli 6.1, për të zbutur efektin e degradimit të performancave të procesorit si pasojë e ngadalësisë së kujtesës, shtohet një kujtesë kashé, e cila bën që :

- Vetëm 2% e të gjithë instruksioneve pësojnë "cache miss".

- 10 % e veprimeve me kujtesën (instruksione load/store) rezultojnë si "cache miss".

Figura 6.3

Skematikisht kjo është paraqitur në figurën 6.3. Për të thjeshtuar llogaritjet, supozojmë gjithashtu se në rastin e një "cache hit" vonesa e procesorit është 0 (hit time = 1cikël clocku të procesorit = 2ns.) dhe se "write policy" e kujtesës procesori nuk merret në konsideratë.

Të llogaritet CPI efektive e procesorit kur ai ekzekuton një program të përbërë nga instruksione që kanë frekuencën e mësipërme të ekzekutimit.

Zgjidhje

CPI efektive e kësaj njësie qëndrore (CPU+MMU) do të mund të llogaritej nga formula:

CPI = CPI Ideale + vonesat mesatare për instruksion = CPI ideale + vonesat për "fetch" të instruksioneve + vonesat e instruksioneve që lexojnë të dhëna në kujtesë

Duke llogaritur sipas kësaj formule, por tani duke marrë në konsideratë efektin e kujtesës kashé, do të marrim:

CPI= 1.1(cycles/ins) + [1 (InstMop/ins) x 0.02 (miss/InstMop) x 50 (cycle/miss)] + [0.30 (DataMops/ins) x 0.10 (miss/DataMop) x 50 (cycle/miss)] = (1.1 + 1.0 + 1.5) cycle/ins = 3.6

Pra, procesori i vendosur në një kontekst real shoqëruar kjo me një kujtesë kashé të efektshme do të jetë vetëm 3.27 herë më i ngadaltë se ideali, ose 18.3 herë më i shpejtë se në rastin kur kujtesa kashé mungon (shembulli 6.1).

Shënim : Si mund ta bëjmë që të funksionojë akoma më të shpejtë këtë procesor ? Një nga mënyrat do të ishte p.sh. përdorimi i disa niveleve të kujtesës kashé në formën L1, L2, L3. Kështu, në shembullin 6.26, do ta rimarrim këtë ushtrim duke shtuar një kashé L2. Formulat e përdorura në këtë shembull do të analizohen me detaje në paragrafët në vijim.

6.5 Kujtesa kashé – si qëndron ajo në raport me kujtesën qëndrore

Në figurën 6.4 tregohen elementët kryesorë përbërës të kujtesës kashé dhe pozicioni që zë ajo në raport me procesorin dhe kujtesën qëndrore.

Në thelb kashé përbehet nga tre elementë kryesorë që janë : "**data cache**"- këtu ruhen të dhënat, "**address directory**"- këtu ruhen adresat korrespondeuse të të dhënave dhe "**cache controller**"- kontrollon funksionimin e kashesë dhe komunikimin e saj me pjesët e tjera të kompjuterit.

NDERTIMI I KUJTESES KASHE

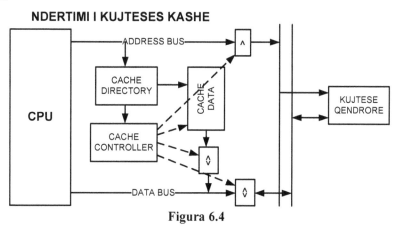

Figura 6.4

Në qoftë se adresa, që procesori dërgon drejt kujtesës gjendet në "address directory" të kujtesës kashé, atëherë kemi të bëjmë me një "hit". Në këtë rast, siç tregohet në figurën e mëposhtme (fig.6.5), e dhëna i serviret procesorit prej "data cache", ndërsa "cache controller" bllokon komunikimin e procesorit me kujtesën qëndrore.

Në të kundërt, pra, kur e dhëna nuk gjendet në kashé, atëherë kemi të bëjmë me një "cache missing", shkurt 'miss". Në këtë rast, e dhëna do të kërkohet në kujtesën qëndrore. Njëkohësisht ajo ruhet edhe në kashé. Skematikisht ky proces tregohet në figurën fig. 6.6.

6.6 Llogaritja e performancave të kujtesës kashé. Formulat përkatëse

Më poshtë do të trajtomë me detaje parametrat dhe barazimet që shprehin dhe llogarisin performancën e procesorëve të pajisur me kujtesa kashé.

Këta janë disa nga parametrat kryesorë të kujtesës kashé, që do ti përdorim më poshtë:

Hit time - është koha që procesori shpenzon për të kapur kujtesën në rastin e një "cache hit". Matet me sekonda, ose cikle clocku procesori.

Hit rate – është raporti numrit të "cache hit", ndaj numrit total të aksesit në kujtesë.

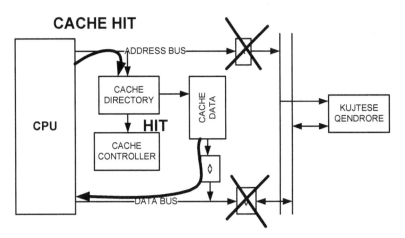

Figura 6.5

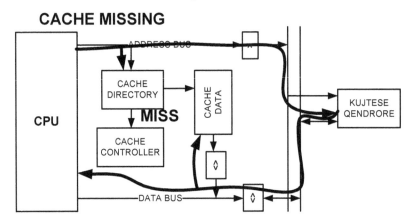

Figura 6.6

Miss Time ose miss penalty - është koha që procesori shpenzon për të kapur kujtesën në rastin e një "cache miss". Matet me sekonda, ose cikle clocku procesori.

Miss rate – është raporti numrit të "cache miss", ndaj numrit total të aksesit në kujtesë. Natyrisht që Miss rate = 1 – hit rate.

Le të rimarrim ekuacionin themelor të llogaritjes së kohës së ekzekutimit të një detyre (task) ose programi:

CPU exe time = CPU clock cycles * Clock cycle time
Ku :
CPU exe time - kohëzgjatja e ekzekutimit të një detyre ose programi
CPU clock cycles - numri total i cikleve të clockut që procesori
shpenzon për detyrën
Clock cycle time - kohëzgjatja e një cikli të clockut

Duke detajuar "CPU clock cycles" mund të shkruajmë:

**CPU clock cycles = CPU exe clock cycles + clock cycles prej vonesave
të kujtesës**
Ku :
CPU exe clock cycles - numri total i cikleve të clockut, që procesori
angazhohet për kryerjen e detyrës.
Clock cycles prej vonesave të kujtesës - numri total i cikleve të clockut, që
procesori pret për kujtesën gjatë kryerjes së detyrës. Në anglisht njihet me
termin –"Memory stall".
Shënim:
Formula e mësipërme bën që natyrisht të shtrohet pyetja: Ciklet e clockut
të shpenzuara prej CPU-së në rastin e një "cache hit", duhet të përfshihen
në vlerën e *"CPU exe clock cycles"* apo të *"clock cycles prej vonesave të
kujtesës"* ? Natyrisht që të dy rastet janë të mundshme dhe korrekte.
Sidoqoftë, konsiderohet gjerësisht si e pranuar, që ajo të përfshihet në
vlerën e *"CPU exe clock cycles"*. Pra, komponentja *"clock cycles prej
vonesave të kujtesës"* do të përmbajë vetëm vonesat e shkaktuara nga "miss
penalty". Në rastin e një kujtese kashé ideale , kur Miss rate =0, do të
rezultonte që : **CPU clock cycles = CPU exe clock cycles**. Nisur nga ky
fakt, *"CPU exe clock cycles"*, njihet edhe si komponentja "ideale" në
barazimin e performancës së kujtesës kashé.
Duke pasur parasysh këtë fakt mund të llogaritim:

clock cycles prej vonesave të kujtesës = Numri i "cache miss""Miss
penalty" = I*(Cache-miss/Instruksion)*Miss penalty = I*Memory
accesses/Instruksion*Miss rate*Miss penalty*

Llogaritjet e mësipërme janë të përafërta, pasi në realitet shpesh "miss rate"
dhe "miss penalty" gjatë një leximi nuk kanë vlera të njëjta me shkrimin në
kujtesë. Në se këtë diferencë do ta merrnim në konsideratë, atëherë do të
mund të llogaritnim:

clock cycles prej vonesave të kujtesës = I*Lexime kujtese/Instruksion*Read Miss rate*Read Miss penalty + I*Shkrime kujtese/Instruksion*Write Miss rate*Write Miss penalty

Për më shumë detaje rreth këtij argumenti mund të lexoni në [2] dhe në [3]. Me supozimin se leximi dhe shkrimi në kujtesë ofrojnë të njëjtat parametra, atëherë përfundimisht mund të llogaritim :

CPU clock cycles = CPU exe clock cycles + I*Memory accesses/Instruksion*Miss rate*Miss penalty

Duke pasur parasysh sa më sipër, ekuacioni bazë i performancës ("iron law") : CPU exe time = I*CPI*T, do të merrte këtë formë:

CPU exe time = I *(CPI exe + clock cycles prej vonesave të kujtesës / Instruksion)* Clock cycle time   (1)

Ku :

I - është numri i instruksioneve që përbën detyrën ("task").

CPI exe - numri mesatar i cikleve të clockut për instruksion, që procesori angazhohet për kryerjen e detyrës.

Clock cycles prej vonesave të kujtesës / Instruksion - numri mesatar i cikleve të clockut për instruksion, që <u>procesori pret për kujtesën</u> gjatë kryerjes së detyrës.

Clock cycle time - kohëzgjatja e një cikli clocku.

N.q.s. në komponentin CPI exe, do të përfshijmë vonesat eventuale të shkaktuara prej "cache hit", atëherë mund të llogaritim:

Clock cycles prej vonesave të kujtesës / Instruksion = Miss rate * Memory-accesses/Instruksion*Miss penalty

Ku:

Memory accesses/Instruksion – tregon se sa herë një instruksion i referohet kujtesës (i drejtohet kujtesës) mesatarisht.

Duke i përfshirë të gjithë këta elementë, mund të shkruajmë:

CPU exe time = I *(CPI exe + Miss rate*(Memory accesses / Instruksion)*Miss penalty)* Clock cycle time   (2)

Shembull 6.6

Supozojmë se njësia qëndrore e një kompjuteri ka këto të dhëna:

-   CPI exe = 1.0 (pra, duke injoruar vonesat e shaktuara nga kujtesa), të gjithë instruksionet ekzekutohen brenda një cikli clocku.

- Mesatarisht instruksionet i drejtohen kujtesës 1.5 herë gjatë ekzekutimit të një instruksioni.
- Miss rate = 2%.
- Numri mesatar i "cache miss", për 1000 instruksione të ekzekutuara, është 30.
- Miss penalty është 200 cikle clocku.

Të llogaritet, sa është efekti i kujtesës kashé në perfomancën e njësisë qëndrore?

Zgjidhje

Në se kujtesa do të ishte ideale, pra nuk do të shkaktonte vonesa në ekzekutimin e instruksioneve, atëherë kohëzgjatja e ekzekutimit të detyrës A do të llogaritej:

CPU exe time$_A$ = I$_A$ *CPI exe* Clock cycle time = I$_A$*1* Clock cycle time

Kjo vlerë do ti korrespondonte edhe rastit kur Miss rate = 0, ose Hit rate =1.

Le të llogarisim tani efektin e një kujtese reale në performancën e njësisë qëndrore duke përdorur barazimin (1) :

CPU exe time = I *(CPI exe + clock cycles prej vonesave të kujtesës / Instruksion)* Clock cycle time

CPU exe time$_A$ = I$_A$ *(1.0 + (30/1000*200))* Clock cycle time =I$_A$*7.0*Clock cycle time

Le të llogarisim efektin e kujtesës kashé sipas barazimit (2) :

CPU exe time = I *(CPI exe + Miss rate*(Memory accesses / Instruksion)*Miss penalty)* Clock cycle time

CPU exe timeA = IA *(1.0 + 2%*1.5*200)* Clock cycle time = I$_A$*7.0*Clock cycle time

Këto rezultatet tregojnë se njësia qëndrore reale do të jetë 7 herë më pak performante se idealja.

Këto rezultate nuk janë aspak të këqija, po të kihet parasysh fakti se, n.q.s. kujtesa kashé do të mungonte, atëherë koha e ekzekutimit të detyres A do të ishte :

CPU exe time$_A$ = I$_A$ *(1.0 + (1.5*200))* Clock cycle time =I$_A$*301*Clock cycle time

ose 43 herë më i ngadaltë se njësia qëndrore me kujtesë kashé.

QUIZ 6.1

Cilët prej këtyre pohimeve janë të vërtetë për hierarkinë e kujtesave?

O Kujtesa kashé shfrytëzon vetitë e afërsisë kohore dhe hapsinore të programeve dhe të dhënave.

O Pranë procesorit gjendet kujtesa që ka kosto për bit më të lartë.

O Procesori mund të zgjedhë të lexojë informacionin nga kujtesa kashé ose ajo qëndrore.

O Kujtesa me kapacitet më të madh gjendet larg procesorit.

Shembull 6.7

Supozojmë se, në një procesor, n.q.s. të gjitha kërkesat e tij drej kujtesës, rrezultojnë në "cache hit", atëherë do të kemi CPI=1.0. Frekuenca e clockut e procesorit është 200 Mhz. Kujtesa kapet vetëm me instruksione load/store, të cilat përbëjnë 50 % të numrit total të instruksioneve që ekzekutohen. "Miss penalty" është 25 cikle clocku dhe "miss rate" = 2%.

Të llogaritet :

a. Sa më i ngadaltë do të jetë ky procesor i shoqëruar nga një kashé reale me parametra si më sipër, në krahasim me rastin kur të gjitha kërkesat e instruksioneve për kujtesë rezultonin në "cache hit"?

b. Supozojmë se dyfishojmë frekuencën e clockut të procesorit në 400 Mhz. Duke ruajtur të njëtët parametra të kujtesës dhe frekencës së instruksioneve, sa më shpejt do të funksiononte tani kjo njësi qëndrore krahasuar me rastin a.?

Zgjidhje

a. Në rastin e një kujtese ideale, pra Hit rate=1, do të rezultonte:

CPU exe time = I *(CPI exe + clock cycles prej vonesave të kujtesës / Instruksion)* Clock cycle time= I*(CPI exe +0)* Clock cycle time = I*1.0* Clock cycle time

Për rastin e një kashé reale, do të përftonim:

CPU exe time = I *(CPI exe + Miss rate*(Memory accesses / Instruksion)*Miss penalty)* Clock cycle time

Meqenëse procesori do ti drejtohej kujtesës <u>për leximin e çdo instruksioni</u> dhe vetëm me instruksione load/store për leximin e të dhënave, atëherë do të rezultonte se Memory accesses / Instruksion = 1 + 0.5=1.5. Duke zëvendësuar në formulë do të përftonim:

CPU exe time = I *(1.0 + 0.02*1.5*25)* Clock cycle time = 1.75*I*Clock cycle time

Rezultati tregon se procesori i shoqëruar nga një kashé reale do të jetë 1.75 herë më i ngadaltë se ai me kashé ideale.

> b. Meqenëse kujtesa qëndrore nuk ka ndryshuar, atëherë "Miss penalty" do të jetë dy herë më e madhe se në rastin a. Pra,
> Miss penalty = 25 x 2 = 50 cikle clocku

CPI efektive = 1.0 + 0.02*1.5*50= 2.5 cikle/instruksion

Speedup= CPU exe time a/CPU exe time b = 1.75*I*5ns / 2.5*I*2.5ns = 8.75 / 6.25 = 1.4

Pra, njësia qëndrore me procesor 400 MHz. rezulton të jetë 1.4 herë më e shpejtë se me procesor 200 Mhz.

Llogaritjet e mësipërme janë të bazuara në supozimin se kujtesa kashé është e vetme dhe e njëjtë, si për instruksionet, ashtu edhe të dhënat ("Princeton Memory Architecture"). Në procesorët modernë kujtesa kashé L1 është pothuajse gjithmonë e ndarë në "Instruksion Cache" dhe "Data Cache"("Harvard Memory Architecture"). Kemi mësuar tashmë se një organizim i tillë, përdoret në një procesor pipeline, për të eleminuar të papriturat strukturore ("structural hazards").

Në figurën e mëposhtëme paraqiten skematikisht këto dy arkitektura.

Si do të ishin barazimet që shprehin perfomancën e kujtesës kashé në rastin e "Harvard Memory Architecture"? Për këtë le ti referohemi përsëri barazimit (2):

CPU exe time = I *(CPI exe + Miss rate*(Memory accesses / Instruksion)*Miss penalty)* Clock cycle time

Në rastin e një kujtese kashé të ndarë në kashé për instruksione dhe kashé për të dhëna, parametrat Miss rate, Memory accesses / Instruksion, Miss penalty do të ishin të dalluar për sejcilën nga kashetë. Kështu, do të mund të llogaritnim:

clock cycles prej vonesave të kujtesës =
I*Memoryaccesses/Instruksion*Miss rate*Miss penalty =
I*[(Instructionfetch/Instruksion*MissRate$_{inst}$*MissPenalty$_{inst}$) + (Data memory accesses/Instruksion *MissRate$_{data}$*MissPenalty$_{data}$)

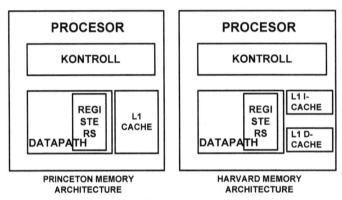

Figura 6.7

Duke patur parasysh faktin se <u>të gjithë instruksionet</u> do të lexohen në kujtesë, atëherë do të rezultonte se Instructionfetch/Instruksion = 1. Gjithashtu, meqenëse kujtesa qëndrore është e njëjtë, si për instruksionet, ashtu edhe për të dhënat, atëherë MissPenalty$_{inst}$ = MissPenalty$_{data}$ = MissPenalty.

Pas këtyre ndryshimeve, barazimi (2) do të merrte formën:

CPU exe time = I *[CPI exe + (MissRate$_{inst}$*MissPenalty) + (Data memory accesses/Instruksion *MissRate$_{data}$*MissPenalty)] * Clock cycle time (3)

Shembull 6.8
Supozojmë se një CPU, që disponon një kujtesë kashé të ndarë ndërmjet instruksioneve dhe të dhënave, ka këto parametra :
- CPI exe = 1.1
- Instruction mix : 50 % ALU, 30 % load/store, 20 % instruksione kontrolli.
- Instruction miss rate = 0.5% , data miss rate =6%.
- Miss penalty është 200 cikle clocku, e njëjtë si për leximin, ashtu edhe për shkrimin në kujtesë.

Të gjenden :

a. Sa do të ishte numri i cikleve për instruksion (CPI), që do të mund të ekzekutonte ky procesor, i cili shoqërohet nga kujtesa kashé e mësipërme?

b. Në qoftë se kujtesa kashé do të ishte e vetme (për instruksionet dhe të dhënat), sa duhet të ishte "miss rate", me qëllim që të arrihej e njëjta performancë?

c. Sa do të ishte vlera e CPI-së të procesorit, në mungesë të kujtesës kashé?

Zgjidhje

a. CPI = CPI exe + (MissRate$_{inst}$*MissPenalty) + (Data memory accesses/Instruksion *MissRate$_{data}$*MissPenalty)

Duke zevendësuar në këtë barazim, përftojmë:

CPI = 1.1 + 0.5/100*200 + 0.3*6/100*200=1.1+4.6 = 5.7 cikle/instruksion

Pra, procesori do të ekzekutojë këtë "instruction mix" : 5.7/1.1 = 5.18 herë më ngadalë.

b. Në rastin e kujtesës kashé të vetme, barazimi i mësipërm do të merrte trajtën:

CPI = CPI exe + Miss rate*(Memory accesses / Instruksion)*Miss penalty

Për rastin që po llogaritim, mund të shkruajmë:
Miss rate*(Memory accesses / Instruksion)*Miss penalty = 4.6

Ose: Miss rate*(1 + 0.3)*200 = 4.6 nga ku Miss rate = 1.8 %.

c. Në mungesë të kujtesës kashé, pra kur miss rate = 100 % do të rezultonte:

CPI = CPI exe + Miss rate*(Memory accesses / Instruksion)*Miss penalty = 1.1 +1*1.3*200=261.1 cikle për instruksion.

Shembull 6.9

Një procesor me arkitekturë Load/Store dhe me një pipeline të thjeshtë ka një CPI ideale =1. Frekuenca e tij e clockut është 1 Ghz. Frekuenca e ekzekutimit të instruksioneve Load/Store është 25%. Procesori komunikon me një kujtesë kashé të ndarë në "I-Cache" = Instruksion kashé dhe "D-Cache"= Data kashé, me këto parametra:

I-Cache : Miss rate = 2% dhe Miss Penalty =10 ns.
D-Cache : Miss rate =10% dhe Miss Penalty =10 ns.

Sa do të ishte vlera e re e CPI-së, e cila merr parasysh ekzistencën e kujtesës kashé me parametrat e mësipërm?

Zgjidhje

Perioda e clockut të procesorit është 1 ns (1/109).

CPI = CPI ideale + vonesat për çdo instruksion të shkaktuara nga kujtesa

Pra : CPI = 1 + CPI I + CPI D

Kujtesës I-Cache i referohen (e aksesojnë) të gjithë instruksionet pa përjashtim (kujtoni fazën "fetch"), prandaj mund të llogaritim :

CPI I = Miss rate X Miss Penalty = 0.02 X 10 cikle clocku = 0.2

Kujtesës D-Cache i referohen (e aksesojnë) vetëm instruksionet që shkëmbejnë TE DHENA me kujtesën. Këta janë instruksionet Load/Store. Prandaj, mund të llogaritim :

CPI D = Frekuenca e Load/Store X Miss Rate X Miss Penalty = 0.25 X 0.1 X 10 cikle = 0.25

Përfundimisht mund të llogaritim :

CPI = 1 +CPI I + CPI D = 1+0.2+0.25 = 1.45

Llogaritjet e mësipërme bazohen në parametrin "miss rate", pasi ai është i pavarur nga shpejtësia e hardwarit. Për një vlerësim më të mirë të performancës së hierarkisë së kujtesës, përdoret edhe AMAT – Average Memory Access Time – Koha Mesatare e Kapjes së Kujtesës, e cila shprehet prej barazimit:

$$AMAT = Hit\ time + Miss\ Rate*Miss\ penalty$$

Pra, AMAT përveç kostos së "miss rate" në performancë e kujtesës dhe kompjuterit, vlerëson edhe koston e një "hit", e cila është e barabartë me "hit time".

"Miss Penalty" është koha e nevojshme që një bllok informacioni të afrohet një nivel kujtese më pranë procesorit, plus kohën e duhur që ky bllok ti përcillet atij (procesorit). Pra, mund të llogaritim: Miss Penalty = Hit time + koha e nevojshme për kapjen e kujtesës qëndrore.

 Vlera e AMAT, ashtu si edhe komponentët përbërës të saj ("hit time" dhe "miss penalty") shprehet në vlerë absolute në sekonda (p.sh. AMAT=1.5 ns.) , ose në numër ciklesh clocku, që procesori pret për kujtesën (p.sh. AMAT=150 cikle clocku).

Meqenëse : Miss rate + Hit rate=1 , atëherë do të përftojmë:

$$AMAT = Hit\ time + (1\text{-}Hit\ rate)*Miss\ penalty$$

Shënim 1: Pavarsisht se AMAT është një vlerësim i saktë i perfomancës së nën-sistemit të kujtesës, ai nuk mund të zevendësojë kohëzgjatjen e ekzekutimit të një programi. Në analizë të fundit, koha e ekzekutimit të një datyre apo programi (CPU exe time) , është parametri universal i përcaktimit të performancës.

Shënim 2 : Në formulën e AMAT, vlera e "hit time" nuk shumëzohet me "hit rate". Kjo sepse, koha "hit time" do të konsumohet në çdo kapje të kujtesës kashé, "hit" ose "miss" qoftë ai.

Shembull 6.10

Nën-sistemi i kujtesës të një kompjuteri është i përbërë nga dy nivele : kujtesë kashé dhe kujtesë qëndrore. Koha e kapjes (Access Time) e kujtesave është respektivisht 10 ns dhe 100 ns dhe "cache hit rate" është 90 %. Madhësia e bllokut të kujtesës kashé është një fjalë.

Të llogaritet koha mesatare e kapjes (Average Memory Access Time) të kësaj kujtese.

Zgjidhje

Average Access time = Hit Time + (Miss Rate * Miss Penalty)= Hit Time + (1-HitRate)* Miss Penalty

Miss Penalty = Central Memory access time + Hit time = 100 + 10 = 110 ns.

Duke zëvendësuar në formulë, përftojmë :

Average Access time = 10 + (1-0.9) * 110=10 + 11 = 21 ns.

Pra, AMAT = 21 ns.

Shembull 6.11

Një procesor, që ka një cikël clocku prej 2 ns, komunikon me një kashé dhe kujtesë qëndrore që sigurojnë këto parametra : miss rate = 15%, hit time = 1 cikël clocku, kujtesa qëndrore lexohet ne 35 cikle clocku.

Të llogariten :

a. Koha mesatare e kapjes së kujtesës (Average Memory Access Time).

b. Në këtë sistem, duke dyfishuar madhësinë e kujtesës kashé, arrihet që miss rate të bëhet = 0.07. Por, ky ndryshim, sjell domosdoshmërish rritjen e kohës "hit time". Të llogaritet vlera maksimale e "hit time", me qëllim që performanca e sistemit, të mos jetë më e ulët se në rastin a.

Zgjidhje

a. Miss penalty = Main memory access time + Hit time = 35 + 1 = 36 cikle clocku

AMAT = Hit Time + (Miss Rate * Miss Penalty) = 1 + 0.15 x 36 = 6.4 cikle clocku ose 12.8 ns

b. Në këtë rast do të duhet që AMAT të jete <= 12.8 ns.

Hit time = AMAT – (Miss Rate * Miss Penalty) = 12.8 ns - 0.07 x 72 ns = 7.76 ns

Pra, që sistem të jetë po aq performant sa ai i mëparshmi, do të duhet që "hit time" < 7.76 ns.

Shembull 6.12

Le të llogarisim se si ndikojnë në pefomancat e një procesori dy organizime të ndryshme të kujtesës kashé.

Supozojmë se procesorin CPU-One ka këtë të dhëna :

CPI ideale=1.6

Perioda e clockut = 0.35 ns.

Memory accesses / Instruksion = 1.4; (1 per instruksionet + 0.4 data)

Procesorin CPU-One e vëmë të komunkojë me dy kujtesa të ndryshme kashé, kaché "cache-dm" dhe "cache-2w", të cilat kanë këto karaklteristika:

Cache-dm : tipi : Direct Mapped Cache , madhësia = 128 KB, madhësia e bllokut = 64 Byte, miss rate = 2.1%, hit time = 1 cikël clocku.

Cache-2w: tipi : 2-way-set-associative, madhësia = 128 KB, madhësia e bllokut = 64 Byte, miss rate = 1.9%, hit time = 1 cikël clocku.

Kujtesa qëndrore krijon një "miss penalty" = 65 ns.

Të llogaritet sa është performanca e procesorit për sejcilin rast.

Zgjidhje

Dimë tashmë, se një matës i mirë i performacës së kujtesës, është AMAT.

$$AMAT = Hit\ time + Miss\ rate*Miss\ penalty$$

Për kujtesën kashé "cache-dm", llogaritim:

$$AMAT = 0.35 + 0.021*65=1.715\ ns.$$

Për kujtesën "cache-2w" situata paraqitet paksa më komplekse. Shikojmë me vërejtje skemën e kujtesës "2-way-set-associative", të paraqitur në shembullin 6.15, figura 6.14. Një kujtesë e tillë ka një paisje multiplexuese më shumë se kujtesa e tipit direct-mapped, e cila natyrisht krijon një vonesë suplementare krahasuar me kujtesën "cache-dm". Supozojmë se kjo vonesë, nga matjet e kryera, rezulton të jetë 0.122 ns. Pra, "hit time" e kujtesës kashé "cache-2w" do të ishte : 0.35 + 0.122 = 0.4725 ns. Kohezgjatja e ciklit të clockut të procesorit, për arsye perfomance, duhet të barazohet me "hit time" të kashesë. Kështu AMAT do të ishte:

$$AMAT = 0.4725 + 0.019*65 = 1.707\ ns.$$

Pra, nga krahasimi i këtyre dy kujtesave, të veçuara nga pjesa tjetër e kompjuterit, rezulton që kujtesa 2-way set associative të jetë më performante se direct-maped cache.

Le ti bashkojmë këto kujtesa me procesorin dhe të llogaritim performancën e vërtetë të nënsistemit qëndror.

Për këtë na vjen në ndihmë barazimi universial i performacave : Koha ekzekutimit task = ICT. Ky ekuacion, për një kujtesë kashé të vetme ka formën sipas (2) :

CPU exe time = I *(CPI exe + Miss rate*(Memory accesses / Instruksion)*Miss penalty)* Clock cycle time

Duke zevëndësuar vlerat përkatëse do të perftonim:
CPU exe time (cache-dm) = I(1.6 + 0.021*1.4*65) *0.35 = 1.23 *I

CPU exe time (cache-2w) = I(1.6 + 0.019*1.4*65) *0.47 = 1.56*I

Konstatimi: Pavarësisht se kujtesa kashé 2-way set associative në vetvete është më performante se ajo "direct mapped", njësia qëndrore e krijuar prej saj dhe procesorit CPU-One është 1.56/1.23 = 1.27 (ose 27 %) më e ngadaltë se në rastin e "direct mapped cache". Në analizë të fundit, koha e ekzekutimit të një detyre apo programi (CPU exe time) , është parametri universal i përcaktimit të performancës.

Shkaku : Për të funksionuar në koherencë ne kujtesën 2-way set associative, procsori CPU-One është i detyruar të risë frekuencën e tij të clockut.

Zgjidhja : Përdorim kujtesën "direct-mapped" si më performante, ose kombinim të dy kujtesave. Kombinimi optimal do të ishte: kujtesa "cache-dm" pranë procesorit pasi është më e shpejtë, dhe pas saj, një kashé të tipit n-way-set associative, pasi siguron një "miss rate " më të vogël. Krijojmë kështu një kujtesë kashe me disa nivele, sipas parimeve të hierarkisë së kujtesës.

6.7 Organizimi dhe funksionimi i kujtesës kashé

Pasi arritëm të vlerësojmë në mënyrë sasiore efektin e kujtesës kashé në performancën e njësisë qëndrore, le të trajtojmë tani se si është e organizuar dhe funksionon kujtesa kashé. Për të sqaruar këtë, mjafton ti përgjigjemi katër pyetjeve thelbësore të mëposhtme:

Pyetje 1: **Në rastin kur një bllok që zhvendoset prej kujtesës qëndrore, në cilin pozicion të kashesë do të vendoset ai**? Kjo ka të bëjë me faktin se një bllok të dhënash, ose instruksionesh, që afrohet në kashé, sipas mënyrës së organizimit të kashesë ("block placement"), mund të vendoset në cilindo pozicion të kashesë (kashé e tipit "fully associative") një pozicion të paracaktuar ("direct-mapped" kashé), apo në një grup ("set") pozicionesh të caktuara ("n-way-set associative" kashé).

Pyetje 2: **Si përcaktohet në se blloku i kërkuar, gjendet në kujtesën kashé?** Kjo ka të bëjmë me mekanizmin e identifikimit të bllokut në kashé ("block identification").

Pyetje 3: **Në rastin e një "cache missing", cili bllok në kujtesën kashé duhet të largohet?** Natyrisht që kjo pyetje, nuk qëndron për rastin e kujtesave "direct-mapped", por vetëm për ato të organizuara sipas mënyrës "fully associative" dhe "n-way-set associative". Kemi të bëjmë në këtë rast me politika të zëvendësimit të bllokut ("block replacment") të quajtura "Random", FIFO, LRU, Pseudo LRU etj.

Pyetje 4: **Në rastin e një shkrimi në kashé, si duhet të reagojë kujtesa kashé?** Në këtë rast, kemi të bëjmë me të ashtuquajturat strategji të shkrimit në kashé ("write strategy"). Atojanë dy lloje :" write back" dhe "write through".

Këtu më poshtë, kryesisht nëpërmjet shembujve, do të përpiqemi ti japim përgjigje këtyre katër pyetjeve.

Pyetje 1: **Në rastin kur një bllok, që zhvendoset prej kujtesës qëndrore, në cilin pozicion të kashesë do të vendoset ai?**
Përgjigje 1:
-   Blloku që zhvendoset prej kujtesës qëndrore në kashé, mund të vendoset në cilindo bllok të kujtesës kashé. Në këtë rast kemi të bëjmë me kujtesa kashé të tipit "fully associative". Për të mundësuar këtë, secili bllok në kashé duhet të shoqërohet me një krahasues hardware. Natyrisht meqenëse madhësia e kujtesave kashé është e madhe, rrjedhimisht edhe numri i blloqeve, do të rezultojë i madh (disa mijëra), atëherë një realizim i tillë i kashesë do të rezultojë mjaft i kushtueshëm. Për më shumë referojuni [1].
-   Blloku që zhvendoset prej kujtesës qëndrore në kashé, mund të vendoset vetëm në një bllok të caktuar të kujtesës kashé. Në këtë rast kemi të bëjmë me kujtesa kashé të tipit "direct mapped". Adresa e bllokut në kashé llogaritet prej barazimit :

Indeksi në kashé = (Adresa e bllokut) **MOD** (Numri i blloqeve në kashé)

Kujtesa të tilla kashé do të "vuajnë" prej të ashtuquajturve "conflict misses", të cilat shkaktohen prej faktit se bllloqe të ndryshëm në kujtesën qëndrore janë në konkurrencë për të njëjtin bllok në kashé. Për më shumë referojuni [1].
-   Për të zbutur efektin negativ të "conflict misses", blloku që zhvendoset prej kujtesës qëndrore në kashé, mund të vendoset

vetëm në një grup të caktuar blloqesh të kujtesës kashé. Ky "grup i caktuar blloqesh", në anglisht, quhet "set". Në këtë rast kemi të bëjmë me kujtesa kashé të tipit "set-associative". Adresa e bllokut në kashé llogaritet prej barazimit :

Indexi në kashé = (Adresa e bllokut) **MOD** (Numri i "set" në kashé)

Pra, tashmë blloku që zhvendoset në kashé, pasi i caktohet grupi i blloqeve ("set") ku do të vendoset, ka lirshmërinë të vendoset në njërin prej 2 blloqeve (kemi të bëjmë me kujtesë kashé të llojit "2-way-set-associative"), 4 blloqeve që përbëjnë grupin ("4-way-set-associative"), ose 8 blloqeve ("8-way-set-associative"). Në përgjithësi një grup ("set") i përbërë prej "n" blloqe do të quhet "n-way-set-associative cache".

Aktualisht pjesa dërmuese e kujtesave kashé janë të tipit direct mapped, 2-way-set-associative, 4-way-set-associative, ose 8-way-set-associative [2].

Shembull 6.13 (adaptuar prej [2])

Supozojmë se kujtesa qëndrore e një kompjuteri përbëhet prej 128 byte. Ajo është e adresueshme në nivel fjale me madhësi 4 byte. Kujtesa kashé ka madhësi 8 blloqe (1 bllok = 1 fjalë=4byte) dhe është e organizuar sipas mënyrës:

    a. Fully associative.
    b. Direct mapped.
    c. 2-way-set associative.

Të gjendet se në cilin bllok në kashé do të vendoset fjala me adresë 12, për tre rastet e mësipërme të organizimit të kashesë.

Zgjidhje

Skematikisht zgjidhja është ilustruar në figurën e mëposhtme (fig.6.8). Meqenëse një bllok është e barabartë me një fjalë, atëherë mund të themi se kujtesa jonë qëndrore përbëhet prej 32 blloqesh.

    a. Në rastin e kujtesës "fully associative", fjala me adresë 12 do të vendoset në cilindo nga blloqet e lirë të kashesë.

    b. Në rastin e kujtesës "direct mapped" llogarisim : 12 MOD 8 = 4. Pra, kjo fjalë do të vendoset në bllokun 4.

    c. Në rastin e kujtesës "2-way-set-associative", meqenëse kujtesa kashé përbëhet nga 4 grupe ("set") me nga 2 blloqe secili, llogarisim : 12 MOD 4 = 0.

Pra, fjala ose blloku me adresë 12 do të vendoset në grupin ose "set" 0.

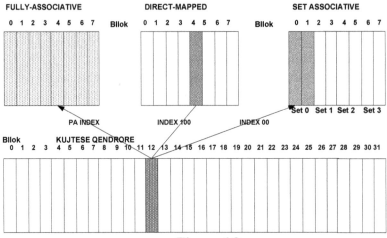

Figura 6.8

Vërejtje :
Në të gjithë barazimet e mësipërm i jemi referuar adresës së bllokut, p.sh. (Adresa e bllokut) MOD (Numri i blloqeve në kashé). Në realitet, procesori adreson kujtesën duke u bazuar në fjalë (ose byte). Pra, është e domosdoshme që duke u nisur prej fjalës të adresuar të përcaktojmë bllokun përkatës. Paraqiten dy raste:

Madhësia e bllokut në kashe është 1 fjalë (1 byte). Në këtë rast (Adresa e bllokut) = (Adresën e fjalës). Ky është rasti p.sh. i shembullit që trajtuam (shembulli 6.13).
 Madhësia e bllokut në kashe është m fjalë (m byte). Në këtë rast (Adresa e bllokut) = Integer (Adresën e fjalës/m). Për këtë shikoni shembullin e mëposhtëm.

Shembull 6.14
Supozojmë se kujtesa qëndrore e një kompjuteri përbëhet prej 128 byte. Ajo është e adresueshme në nivel fjale me madhësi 4 byte. Kujtesa kashé ka madhësi 8 blloqe (1 bllok = 2 fjalë=8byte) dhe është e organizuar sipas mënyrës:
    a. Fully associative
    b. Direct mapped
    c. 2-way-set associative.
Të gjendet se në cilin bllok në kashé do të vendoset fjala me adresë 12 për tre rastet e mësipërme të organizimit të kashesë?
Zgjidhje
Skematikisht zgjidhja është ilustruar në figurën e mëposhtëme (fig. 6.9).

340

Meqenëse një bllok është e barabartë me dy fjalë, atëherë mund të themi se kujtesa jonë qëndrore përbëhet prej 16 blloqesh.

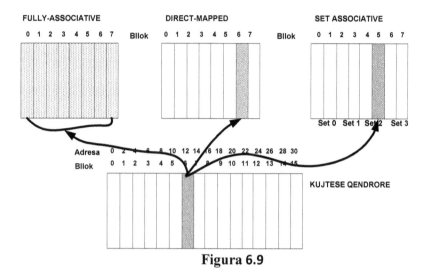

Figura 6.9

a. Në rastin e kujtesës "fully associative", fjala me adresë 12 do të vendoset në cilindo nga blloqet e lirë të kashesë. Në këtë rast, ajo do të jetë në përbërje të bllokut 6 (adresat 12 dhe 13), që do të transferohen në kashé.

b. Në rastin e kujtesës "direct mapped", llogarisim : Adresa e bllokut = Integer (Adresa fjalës) / 2)= 12/2=6. Cache index = 6 MOD 8 = 6. Pra, kjo fjalë do të vendoset në bllokun 6 së bashku me përmbajtjen e adresës 13. Ky rezultat është i pritshëm po të kemi parasysh se biti me peshë më të vogël do të përdoret për të seleksionuar fjalën brenda bllokut, ndërsa tre bitët e tjerë (110 =6) përcaktojnë bllokun në kashé.

c. Në rastin e kujtesës "2-way-set-associative", meqenëse kujtesa kashé përbëhet nga 4 grupe ("set") me nga 2 blloqe secili, llogarisim : Cache index = 6 MOD 4= 2. Pra, fjala ose me adresë 12 do të vendoset në grupin, ose "set" 2 së bashku me përmbajtjen e adresës 13. Ky rezultat është i pritshëm po të kemi parasysh se biti me peshë më të vogël do të përdoret për të seleksionuar fjalën brenda bllokut, ndërsa dy bitët e tjerë (10 =2) përcaktojnë grupin ose "set-in" në kashé.

Pyetje 2: **Si përcaktohet në se blloku i kërkuar gjendet në kujtesën kashé?**

Përgjigje 2: Nëpërmjet krahasimit të adresës me të cilën procesori kërkon të kapë kujtesën, dhe asaj që shoqëron blloqet e të dhënave në kashé ("address tag"). Kështu, bashkë me bllokun e të dhënave, në kashé, vendoset edhe adresa e kujtesës qëndrore, të cilës i korrespondon ky bllok, që quhet "address tag". Kjo buron natyrisht prej faktit se kashé nuk është një kujtesë e adresueshme në kuptimin e vërtetë të fjalës, por shërben për të zbutur efektin e ngadalësisë së kujtesës qëndrore ("CPU-Performance Gap"). Të dhënat në kashé, nuk janë gjë tjetër veçse kopje të atyre që gjenden në kujtesë qëndrore (me përjashtim të rasteve kur kemi një shkrim në kashé). Ky aspekt i kujtesës kashé trajtohet në mënyrë më të detajuar këtu më poshtë.

Formati i një blloku në kashé është paraqitur në figurën e mëposhtëme.

Figura 6.10

Cilido bllok në kashé përbëhet nga :

Zona "data".Është hapësira e kujtesës ku ruhen të dhënat dhe/ose instruksionet;

Zona "cache tag". Këtu vendoset vlera e adresës në kujtesën qëndrore ku gjendej blloku i të dhënave;

Biti **V=valid bit**. Në se Vbit =1, atëherë të dhënat në bllok janë të vlefshme.

"Status/access bits". Shprehin gjendje të posaçme të bllokut, si p.sh. të dhënat në bllok janë modifikuar, etj. Përdoret prej politikave të zëvendësimit të bllokut, etj.

Në figurën e mëposhtëme është detajuar përbërja e adresës që CPU dërgon drejt kujtesës dhe si interpretohet ajo prej kujtesës kashé, për të seleksionuar bllokun e duhur.

Block Address		Block Offset ose
Address Tag	Cache Index	Byte Select

Figura 6.11

Adresa që procesori dërgon drejt kujtesës, përdoret prej kujtesës kashé për të përcaktuar në se e informacioni i kërkuar gjendet ("hit"), ose nuk gjendet ("miss") në kashé. Kështu :

Block Address : shërben për të identifikuar bllokun në kashé. Ajo ndahet në :

- **Address tag** : Blloku i zhvendosur në kashé prej kujtesës qëndrore, gjendej në adresën e specifikuar në zonën "cache tag" të kashesë. Në se "address tag" = "cache tag" (shko figurën e mësipërme), atëherë informacion i kërkuar gjendet në këtë bllok në kashé. Kemi pra një "hit".

- **Cashe index** : Përdoret vetëm kur kashé është e tipit "direct mapped", ose "set associative". Nuk përdoret në kujtesat "fully associative". Shërben për të identifikuar bllokun, ose grupin ("set") e duhur në kashé, respektivisht sipas barazimeve:

Cache index = (Adresa e bllokut) **MOD** (Numri i blloqeve në kashé)

Cache index = (Adresa e bllokut) **MOD** (Numri i "set" në kashé)

- **Block Offset ose Byte Select :** Në rastin e një "hit", shërben për të identifikuar fjalën ose byte e duhur brenda bllokut.

Le të shikojmë si llogariten madhësitë ("size") e këtyre zonave të adresimit.

Block Address + Block Offset = Address Size =Adresa fizike që CPU adreson kujtesën= Numri i bitëve që përdor CPU për adresimin e kujtesës

Block offset size = $\log_2$ (block size)

Cache index size = $\log_2$(total number of blocks in cashe) – Vlen për kujtesat "direct mapped"

Cache index size = $\log_2$(total number of blocks in cashe/associativity) – Vlen për kujtesat "set associative". "Associativity" = numri i grupeve ("sets") që realizohet kujtesa "set associative".

Address tag size = (Address Size) – (Cache index size) – (Block offset size)

Shënim : "Associativity" njihet si "faktori i shoqërimit".

Shembull 6.15

Supozojmë se në një kompjuter për të adresuar kujtesën qëndrore përdoren 40 bit. Kujtesa është e adresueshme në nivel byte. Kujtesa kashé e kompjuterit ka madhësi prej 512 fjalësh të organizuar në linja, ose bllok me madhësi 4 fjalë secila. Madhësia e fjalës është 4 byte (32 bit).

a. Të paraqitet skematikisht, si do të ishte ndërtuar kjo kujtesë në formën "fully-associative". Të tregohet si do të organizoheshin bitët e adresës.
b. Të paraqitet skematikisht, si do të ishte ndërtuar kjo kujtesë në formën "direct-mapped". Të tregohet si do të organizoheshin bitët e adresës.
c. Të paraqitet skematikisht, si do të ishte ndërtuar kjo kujtesë në formën "2 way set-associative". Të tregohet si do të organizoheshin bitët e adresës.
d. Të tregohet sa krahasues hardware do të nevojiteshin për secilin rast.
e. Të gjendet se është numri total i bitëve që përmban kujtesa kashé, për të tre rastet e mësipërme, duke llogaritur këtu bitët për Data , address tag si dhe 1 "valid-bit " për çdo linjë.

Zgjidhje

a. Numri i rreshtave të kujtesës do të ishte 512 /4 = 128 rreshta. 4 bit do të nevojiteshin për të seleksionuar 1 në 16 byte (4 fjalë *4 byte/fjalë) që përmban çdo rresht. Ky përbën atë që quhet "block offset" ose "byte select". Rrjedhimisht, 36 bitët e tjerë që mbeten nga adresa do të shërbejnë si "address tag". Skematikisht është paraqitur në fig. 6.12.

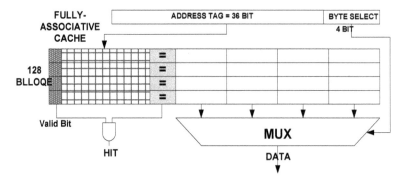

Figura 6.12

b. Numri i rreshtave të kujtesës do të ishte 512 /4 = 128 rreshta. 4 bit do të nevojiteshin për të seleksionuar 1 në 16 byte që përmban çdo rresht. 7 bit do të shërbenin për të seleksionuar 1 në 128 rreshta. Ky përbën atë që quhet "cache index". Rrjedhimisht 40-7-4= 29 bitët e tjerë që mbeten nga adresa do të shërbejnë si "address tag". Shihni fig. 6.13.

c. Në këtë rast kujtesa kashé do të ndahej në "slots" ose "sets", secili "slot" do të kishte 2 rreshta (2 way set). Pra, numri i seteve do të ishte 512/2 = 256. Për rrjedhojë numri i rreshtave do të ishte 512/2/4 = 64 rreshta, siç paraqitet edhe në figurën 6.14. Katër bit do të nevojiteshin për të seleksionuar 1 në 16 byte që përmban çdo rresht. 6 bit do të shërbenin për të seleksionuar 1 në 64 rreshta. Rrjedhimisht 40-6-4= 30 bitët e tjerë që mbeten nga adresa do të shërbejnë si "address tag".

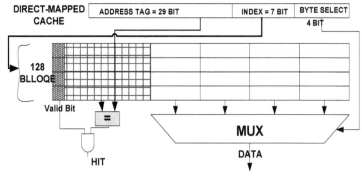

Figura 6.13

d. Kujtesa "fully-associative" ka krahasues hardware aa sa është numri i rreshtave; pra 128 krahasues. Kujtesa kashé e organizuar sipas formës "direct-mapped", ka gjithmonë një krahasues të vetëm. Ndërsa kujtesa kashé e tipit " n way set associative", ka 'n' krahasues. Në rastin tonë n=2.

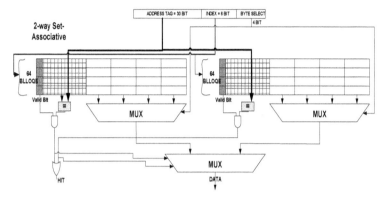

Figura 6.14

e. Numri total i bitëve, që gjenden në kujtesën kashé, do të llogaritej sipas formulës :

Numri total i bitëve në kashé = valid bit + address tag + (4x32 – data bits)*rreshta

Fully-associative   : 1+36+(4*32))x128 =21.120 bit
Direct-mapped   : 1+29+(4*32))x128 =20.224 bit
2 way set-associative   : 1+30+(4*32))x64*2 =20.352 bit

Pyetje 3: **Në rastin e një "cache missing", cili bllok në kujtesën kashé duhet të largohet?**

Përgjigje 3: Kjo do të varet prej politikës së zëvendësimit të bllokut të implementuar në kashé. Natyrisht këto politika janë të aplikueshme vetëm për kujtesat e tipit associative (fully dhe set). Ato mund të jenë:

• Të rastit ("random") – blloku që do të zëvendësohet zgjidhet në mënyrë të rastit. Është mënyra më e thjeshtë për tu realizuar në hardware.

• FIFO (First In –First Out) – blloku më i vjetër në kashé është ai që ka radhën të largohet.

• LRU (Last Recently Used) – Sipas politikës LRU, bazuar kjo në parimin e afërsisë kohore, blloku që zëvendësohet është ai që nuk përdoret prej më shumë kohe. Kjo politikë është komplekse dhe e shtrenjtë për tu realizuar, sidomos kur numri i blloqeve është i madh. Akseset në blloqet e kujtesës kashé regjistrohen. Për këtë përdoren bit suplementarë që shoqërojnë secilin bllok në kashé (shikoni bitët "status/access bits" në figurën 6.10). Një nga metodat më të zakonshme është që këta bit zerohen në intervale kohe të caktuar. Bërja e tyre "1", tregon se blloku është prekur pas këtij momenti.

• Pseudo LRU – Blloku i përdorur së fundmi mbahet në kashé. Blloku për tu zëvendësuar, zgjidhet rastësisht ndër kandidatët e tjerë potencialë.

Shembull 6.16

Kujtesa e një kompjuteri përbëhet nga kujtesa qëndrore e shoqëruar nga një kujtesë kashé, e tipit « 2-Way Set Associative » me madhësi 16 fjalë të organizuar në 16 linja (blloqe). Pra, madhësia e bllokut në kashé është një fjalë. Politika e zëvendësimit të bllokut është LRU.

Supozojmë se procesori adreson kujtesën, sipas sekuencës së mëposhtme të adresave, të shprehura në decimal.

1, 4, 8, 5 20, 17, 19, 56 ,9, 11, 4, 43, 5, 6, 9, 17.

a. Tregoni se cilat prej këtyre kapjeve të kujtesës do të rezultojnë në "hit" ose në "miss" duke supozuar se kujtesa kashé është fillimisht bosh.
b. Cila do të ishte përmbajtja e kujtesës kashé në fund të sekuencës?
c. Llogarisni "hit rate" të kësaj sekuence.

Zgjidhje

Zgjidhja është përmbledhur në tabelën 6.3. Rreshtat përfaqësojnë 8 grupet ("set") të kujtesës kashé me nga 2 blloqe secili. Në kolona janë vendosur adresat e kujtesës.

Pozicionet që do të zënë blloqet në kashé, e cila është fillimisht bosh, do të llogariten nga formula :

Cache index = (Adresa e bllokut) **MOD** (Numri i "set" në kashé)

Meqenëse numri i grupeve që përbehet kashé, në rastin tonë është 8, atëherë do të kishim:

Cache index = (Adresa e bllokut) **MOD** 8.

Kështu, fjala me adresë 1 do të vendoset në grupin (set) 1 MOD 8 =1. Meqenëse "set" kanë nga 2 blloqe secili, përmbajtja e bllokut vendoset në bllokun 0. Pas kësaj, procesori dërgon adresën 4, e cila vendoset në grupin: 4 MOD 8 =4. E kështu me radhë.

Vini re me kujdes sekuencën e adresave 1.....17.....9. Të tria këto adresa, duhet të vendosen në të njëjtin grup, që është grupi 1. Adresa 1 u vendos në bllokun 0. Mandej, adresa 17 vendoset në bllokun e lirë të grupit 1, që është blloku 1. Vjen radha tani e adresës 9. Të dy blloget e grupit 1, rezultojnë të zënë. Bazuar në algoritmin LRU, është blloku 0, që i korrespondon adresës 1, i cili duhet të lirojë vendin, pasi ai është përdorur më herët se blloku 1 (adresa 17).

E njëjta situatë ndodh edhe me sekuencën 19......11.......43.

Kolona e fundit, i cila i korrespondon adresës 17, tregon edhe popullimin e grupeve dhe bllogeve të kujtesës kashé.

Hit rate = 3/16 =18.75 %.

Ky ishte një shembull i zbatimit të politikës LRU të zëvendësimit të bllogeve.

Pyetje 4: Në rastin e një shkrimi në kashé, si duhet të reagojë kujtesa kashé?

Përgjigje 4 : shkrimi në kashé ngjason me leximin e saj, por në disa aspekte ai dallon qartazi. Kështu një "write miss", do të ndodhë kur informacioni që kërkohet të shkruhet në kujtesë, (p.sh. nëpërmjet një instruksioni "store") nuk gjendet në kashé. Në këtë rast, blloku përkatës do të lexohet prej kujtesës qëndrore dhe do të vendoset në kashé. Tani informacioni mund të shkruhet aty. Deri këtu parimi i funksionimit është i njëjtë me leximin e kashesë. Sapo informacioni shkruhet në kashé, kemi të bëjmë me atë që quhet "data incosistency" : të dhënat në kashé, ndryshojnë nga ato në kujtesë qëndrore. Për të realizuar sinkronizimin e të dhënave në dy kujtesat, përdoret njëra prej politikave të mëposhtme (figura 6.15):

 "Write through" – Informacioni shkruhet njëherazi në bllokun në kashé dhe në bllokun e kujtesën në një nivel sipër saj.

"Write back' – Informacioni shkruhet vetëm në bllokun në kashé. Në momentin kur blloku duhet të largohet nga kashé, testohet 'clean bit' që shoqëron çdo bllok , për të parë në se informacion aty është modifikuar. N.q.s. blloku përmban informacion të modifikuar, atëherë blloku korrespondues në kujtesën qëndrore, bëhet 'update' me informacion e ri. Në të kundërt , "block update' është i panevojshëm.

Për më shumë detaje rreth politikave të mësipërme, referojuni [1] dhe [2].

Secila nga dy politikat e shkrimit në kashé kanë përparësi dhe të meta. Kështu, kashetë "write-throught", nuk kanë nevojë për "clean bit". Gjithashtu, largimi i një blloku të modifikuar nga kashé, bëhet shpejt duke vendosur aty bllokun e ri.

Kujtesat kashé të tipit "write-back" janë të favorizuara në rastet kur i njëjti bllok modifikohet disa herë radhazi. Kjo politikë kërkon më shumë hardware për tu implementuar krahasuar me "write-throught".

Në përgjithësi, "write-back" ofron performanca më të larta se "write-throught", prandaj ajo përdoret gjerësisht në procesorët modernë.

Tabela 6.3

	1	4	8	5	20	17	19	56	9	11	4	43	5	6	9	17
Hit/ Miss	Miss	Miss	Miss	Miss	Miss	Miss	Miss	Miss	Miss	Miss	Hit	Miss	Hit	Miss	Hit	Hit
Set No.																
0			8	8	8	8	8	8	8	8	8	8	8	8	8	8
							56	56	56	56	56	56	56	56	56	56
1	1	1	1	1	1	1	1	1	9	9	9	9	9	9	9	9
						17	17	17	17	17	17	17	17	17	17	17
2																
3							19	19	19	19	19	43	43	43	43	43
										11	11	11	11	11	11	11
4		4	4	4	4	4	4	4	4	4	4	4	4	4	4	4
					20	20	20	20	20	20	20	20	20	20	20	20
5				5	5	5	5	5	5	5	5	5	5	5	5	5
6														6	6	6
7																

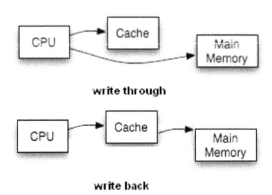

write through

write back

Figura 6.15

Shembull 6.17

Kujtesa e një kompjuteri përbëhet prej kujtesës kashé me madhësi blloku prej 8 fjalësh, dhe kujtesës qëndrore DRAM. Kujtesa DRAM ka një kohë aksesi 60 ns për fjalën e parë, dhe mandej 10 ns për të fjalët në vazhdim. Të llogaritet sa herë duhet të modifikohet ose shkruhet në një bllok me qëllim që politika "write back" të jetë më efikase se ajo " write through"?

Zgjidhje
Në një kashé "write back", secila linjë ose bllok i modifikuar shkruhet vetëm një herë në kujtesën qëndrore DRAM, në momentin që ai duhet të largohet prej kashesë. Pra, blloku i modifikuar prej 8 fjalësh do të kërkonte: 60 ns + (7x10 ns) =130 ns për tu "update" në DRAM.
Në një kashé "write through", modifikimi i çdo fjale në kashé, duhet të shoqërohet me "update" përkatëse në DRAM. Ky operacion do të kërkojë 60 ns.
Nga një krahasim i thjeshtë i këtyre kohëve, vihet re se politika "write through" është më performante nga ajo "write back". Por, mjafton që një bllok të shkruhej më shumë se 130/60 = 2.17 herë, para se ai të largohej, për të përmbysur këtë rezultat. Pra, që "write back" të rezultonte më performante se "write through", duhet që blloku në kashé të shkruhej ≥ 2.17 herë.

Shembull 6.18
Në kompjuterin e mësipërm, supozojmë se 40 % e blloqeve që largohen prej kujtesës kashé, janë modifikuar (shkruar) të paktën një herë. Të llogaritet :
  a. Sa është koha mesatare e futjes së një blloku në kashé, në se ajo përdor politikën write-through?
  b. Sa është koha mesatare e futjes së një blloku në kashé, në se ajo përdor politikën write-back?

Zgjidhje
  a. Në rastin e kashesë "write-through", përmbajtjet e kujtesës qëndrore dhe asaj kashé janë të sinkronizuara në çdo moment. Prandaj, leximi i një blloku prej 8 fjalësh në kashé do të kërkonte vetëm : Miss penalty =60 ns + (7x10 ns) =130 ns.
  b. Në rastin e kashesë "write-back", përmbajtjet e kujtesës qëndrore dhe asaj kashé nuk janë të sinkronizuara. Prandaj, në 40 % të rasteve të ardhjes së një blloqeve të rinj në kashé, do të duhet që blloqet të bëhen "update", pra të shkruhen në DRAM. Mund të llogaritim:
      Miss penalty = Koha e leximit të 1 blloku + Koha e "update" të blloqeve të modifikuar = 60 ns + (7x10 ns) + 0.4*130 =130 + 52= 182 ns.
Shënim : Ky shembull tregon arsyen përse shumica e kujtesave kashé pajisen me një "write buffer", i cili ndihmon në leximin e një blloku të ri prej kujtesës qëndrore, pa pritur që "update" të ndodhë në DRAM. Lexoni në [1].

> ## QUIZ 6.2
>
> *Cila prej mënyrave të shkrimit në kashé mendoni se krijon më shumë trafik në "system bus":*
>
> O *Write through ?*
>
> O *Write back ?*

Këtu më poshtë jepen disa shembuj që ilustrojnë dhe detajojnë koncepte të trajtuara deri tani.

Shembull 6.19 "Tag Overhead"

Pavarësisht nga mënyra si organizohet një kujtesë kashé (direct mapped, associative), është e domosdoshme që, krahas të dhënave, në kashé të ruhen edhe adresat që këto të dhëna kanë në kujtesën qëndrore. Këto adresa i kemi quajtur "address tag" ose "cache tag" dhe natyrisht që ato zënë hapësirë kujtese shumë të vlefshme në kashé. Pavarësisht nga kjo, *"kapaciteti"* i një kujtese kashé, i referohet <u>vetëm të dhënave</u> që mund të ruhen aty. Shpesh herë ky quhet edhe *"kapaciteti nominal"* i kashesë ("Nominal cache capacity"). Kështu, një kashé me madhësi 512 KB, mund të ruajë deri një 512 KB *të dhëna*. Në këtë rast themi sa ajo ka një kapacitet prej 512 Kbyte. Për këtë arsye, hapësira që zënë "cache tags" në kashé quhet *"tag overhead"*.

Kështu në shembullin 6.21 këtu më poshtë, madhësia e "tag overhead" do të ishte :

Tag overhead = cache tag * no. i rreshtave = 17 bit * 2048=4.25 KB

E shprehur në përqindje : Tag overhead = 4.25 KB/64 K = 6.6 %

Pra, "tag overhead" është relativisht e neglizhueshme.

Shembull 6.20 Kujtesë kashé "direct mapped"

Supozojmë se një kompjuter disponon një kujtesë qëndrore prej 1024 K fjalësh dhe një kujtesë kashé me madhësi 32 K fjalë. Kujtesa kashé është e tipit *"direct mapped cache* » me madhësi blloku prej 16 fjalësh. Adresimi i kujtesës bëhet me bazë fjalën. Të gjendet sa bit do të ishte madhësia e zonës "cache tag" dhe « cache index » të adresës ?

Zgjidhje

Meqenëse kujtesa qëndrore është 1024 K fjalë dhe adresimi bëhet mbi bazën e fjalës, atëherë për të adresuar këtë kujtesë do të nevojiteshin $\log_2 1*10^6 = 20$ bit. Kujtesa kashé është 32K fjalë dhe meqenëse në një bllok, ose rresht ka 16 fjalë, atëherë kujtesa kashé do të kishte (32 *

1024)/16=2048 rreshta. Për të adresuar këta rreshta do të nevojiten 11 bit . Pra, "cache index" është 11 bit.

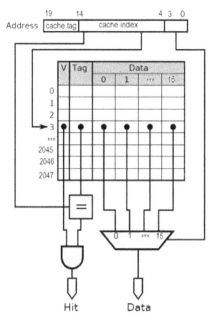

Figura 6.16

Për të përcaktuar në mënyrë të vetme secilën fjalë brenda rreshtit, do të duhen 16 vlera të ndryshme që mund të përcaktohen me 4 bit. Pra "byte select" është 4 bit.

Përfundimisht madhësia e zonës së adresës së quajtur « cache tag » do të ishte :

20 bit – (11+4) bit = 5 bit

Skematikisht kujtesa kashé është paraqitur në figurën 6.16.

Shembull 6.21- Kujtesë kashé "fully associative"

Një kompjuter disponon një kujtese qendrore prej 4096 K fjalësh dhe një kujtese kashé me madhësi 64 K fjale. Kujtesa kashé është e tipit "fully associative cache" me madhësi blloku prej 32 fjalësh. Adresimi i kujtesës behet me bazë fjalën.Të gjendet:

a. Sa është numri i krahasuesve hardware të nevojshëm ?

b. Sa bit do të ishte madhësia e zonës "cache tag" të adresës

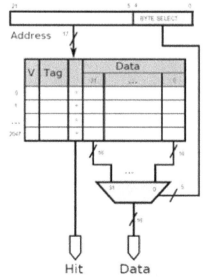

Figura 6.17

Zgjidhje

Duke qenë se kujtesa qendrore është 4024 K fjale , dhe meqenëse adresimi bëhet mbi bazën fjalën, atëherë për të adresuar ketë kujtese do të duhen 22 bit. Kashé është 64 K fjalë dhe meqenëse në një bllok, ose rresht ka 32 fjalë, atëherë kujtesa kashé do të këtë (64 * 1024)/32= 2048 rreshta.

Meqenëse në një kujtesë kashé të tipit "fully associative", çdo bllok ose rresht disponon një krahasues të veçantë, atëherë numri i krahasuesve do të ishte i

351

barabarte me numrin e rreshtave, pra 2048 krahasues.

Për të përcaktuar në mënyrë të vetme secilën fjale brenda rreshtit do të duhen 32 vlera (rreshta) të ndryshëm, që mund të shprehen me 5 bit. Pra "byte select" është 5 bit.

Përfundimisht madhësia e zonës se adresës se quajtur « cache tag » do të ishte :

22 bit – 5 bit = 17 bit

Skematikisht kujtesa kashé "fully associative" me gjatësi fjale=16 bit është paraqitur në figurën 6.17.

Shembull 6.22

Supozojmë se në një kompjuter kujtesa kashé është e tipit "2 way set-asociative" me madhësi 16 KB dhe madhësi linje prej 4 byte. Për adresimin e kujtesës procesorit përdor adresë 32 bit të gjatë.

Të gjendet :

a. Sa bit përdoren për "address tag", "index" dhe "byte offset" ("block offset") respektivisht?

b. Sa byte përdoren në total për të ruajtur « address tag » në këtë kashé?

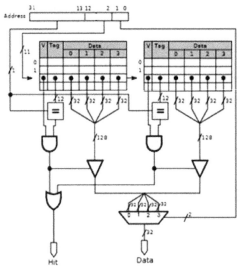

c. Cila do të ishte përgjigja juaj për pikën b. në se kujtesa do të ishte "fully-associative"?

d. Po në rastin e një kujtese "Direct-mapped"?

e. Të paraqitet skematikisht kujtesa "2 way set associative".

Figura 6.18

Zgjidhje

a. Duke u bazuar në formulat e mëposhtëme, llogaritim vlerat e parametrave të kërkuar dhe rezultatet vendosen në tabelë.

Block offset size = $\log_2$ (block size) = $\log_2 4$ =2

Cache index size = $\log_2$(total number of blocks in cashe/associativity)= $\log_2$(4096 blloqe/2)= 11

Address tag size = (Address Size) – (Cache index size) – (Block offset size) = 32 -11 -2 =19

Block address = 30		Block offset = 2
Address tag = 19	Index = 11	

b. Tag overhead = (address tag size) *(Nr.i blloqeve/set)*(Nr.i "sets") = 19*2048*2= 77824 bit = 9728 byte.
c. Në se kjo kujtesë do të ishte e organizuar në formën "fully associative" do të kishim këtë situatë:

Block address = 30	Block offset = 2
Address tag = 30	

Tag overhead = (address tag size) *(Nr.i blloqeve) =30*4096= 122880 bit = 15360 byte.
d. Në se kujtesa do të ishte e organizuar në formën "direct mapped" do të kishim këtë pamje:

Block address = 30		Block offset = 2
Address tag = 18	Index = 12	

Tag overhead = (address tag size) *(Nr.i blloqeve) = 18*4096= 73728 bit = 9216 byte.
e. Skematikisht kujtesa 2-way set associative, që sapo shqyrtuam do të ishte si në figurën 6.18.

QUIZ 6.3

"Miss Penalty" është kohëzgjatja e transferimit nga kujtesa qëndrore në kashé e:
O Një Byte?
O Një fjale?
O Nuk ka rëndësi ...
O Një blloku në kashé?
O Një numër bytësh të rastësishëm?
O Një numër fjalësh të rastësishme?

Për ta përfunduar këtë paragraf në lidhje me organizimin e kujtesave kashé, në tabelën e mëposhtme tregohet ndikimi i organizimit të kujtesave kashé në vlerën "miss rate".

Tabela 6.4

	Direct Mapped	N-Way Set Associative	Fully Associative
Madhësia e kashé	E madhe	Mesatare	E vogël
Compulsory Miss	Njëlloj	Njëlloj	Njëlloj
Conflict Miss	I lartë	Mesatar	Zero
Capacity Miss	I ulët	Mesatar	I lartë
Coherence Miss	Njëlloj	Njëlloj	Njëlloj

Shpjegimi i vlerave në tabelë trajtohet më poshtë, në formën e pyetje-përgjigjeve.

Pyetje : Cila formë organizimi i kujtesës kashé është më e përshtatshme për të krijuar një kashé sa më të madhe?

Përgjigje: Kujtesa "direct mapped" është më e thjeshta për tu realizuar, prandaj ajo do të mund të ishte më e madhja në kapacitet. "Fully associative" është më kompleksja, prandaj ajo do të rezultonte më e vogla.

Pyetje : Si qëndron puna me " compulsory miss"? Cila prej kujtesave kashé mendoni se ka vlerën më të madhe të "compulsory miss rate"?

Përgjigje: Një kujtesë "direct mapped" duke qenë potencialisht më e madhe se të tjerat, do të kërkojë më shumë kohë "ngrohet", në kuptimin e ngarkimit të blloqeve me instruksione dhe të dhëna fillestare. Ajo pra do të ketë një " compulsory miss rate" më të lartë. Sidoqoftë bazuar në një analizë më realiste, do të arrinim në përfundimin se përderisa procesori ekzekuton miliarda instruksione edhe manipulon po aq të dhëna, "compulsory miss" mund ti konsiderojmë si të papërfillshme.

Pyetje: Cila prej kujtesave kashé siguron një "conflict miss rate" më të ulët?

Përgjigje : Është e thjeshtë ! Kujtesa kashé "fully associative" që në koncept siguron një "conflict miss" = 0. Kujtesat "direct mapped" janë më të ekspozuarat ndaj këtyre lloj "miss", pasi një bllok i kujtesës qëndrore mund të vendoset vetëm në NJE bllok të caktuar në kashé. Kujtesat "set associative" gjenden në mes të këtyre dy ekstremeve.

Pyetje : Capacity Misses ? Cila prej kujtesave kashé ka "capacity miss rate" më të lartë?

Përgjigje: Përgjigja lidhet natyrisht me madhësinë e kashesë. Kështu, meqenëse "direct mapped cache" sigurojnë kapacitet nominal më të lartë, ato do të kenë edhe " capacity miss rate" më të ulët. "Fully assocaitive" do të kenë vlerën më të lartë të këtij parametri.

Pyetje : Çfarë janë "coherence miss" dhe si ndikohen ato prej organizimit të kashesë?

Përgjigje : Një "coherence miss" ndodh kur, në një sistem me shumë-procesorë, blloku i të dhënave në kashé bëhet i pavlefshëm ("invalidate") prej shkrimit në të nga një procesor, ose "thread" tjetër. Këto "miss" quhen edhe "invalidation misses". Organizimi i kujtesës kashé nuk ndikon në numrin e tyre.

6.8 Funksionimi i kujtesës kashé
Le të shikojmë tani nëpërmjet disa shembujve si funksionon kujtesa kashé.
Shembull 6.23

Kujtesa e një kompjuteri përbëhet nga kujtesa qëndrore e shoqëruar nga një kujtesë kashé, e tipit « direct-mapped » me madhësi 8 byte të organizuar në 8 linja (blloqe).

Supozojmë se procesori adreson kujtesën sipas dy sekuencave të mëposhtëme të adresave (a dhe b) të shprehura në decimal.

Tregoni se cilat prej këtyre kapjeve të kujtesës do të rezultojnë në "hit" ose në "miss" duke supozuar se kujtesa kashé është fillimisht bosh. Cila do të ishte përmbajtja e kujtesës kashé në fund të secilës sekuencë?

    a. 0x22, 0x24, 0x22, 0x24, 0x5, 0x18, 0x5, 0x17, 0x18, 0x20

    b. 0x22, 0x24, 0x22, 0x24, 0x5, 0x16, 0x5, 0x24, 0x16, 0x22

Shënim : "x" në këtë rast, tregon vlerë të çfarëdoshme të bitëve.

Zgjidhje

a.   Vlera "cache index" llogaritet nga barazimi : Cache index = (Adresa e bllokut) **MOD** 8.

Megjithatë, për të sqaruar si funksionon realisht mekanizmi i seleksionimit të bllokut në një kashé "direct mapped", ky proces është paraqitur në mënyrë të detajuar këtu më poshtë.

Meqenëse kujtesa kashé është e organizuar me 8 rreshta me 1 byte secili , atëherë 3 bitët LSB të adresës do të shërbejnë si "cache index". Në tabelën e mëposhtëme paraqitet në mënyrë të përmbledhur sekuenca e adresave.

Adresat decimale	Adresat në binar	Vlera e "cache index"
0x22	0x10110	110
0x24	0x11000	000
0x22	0x10110	110
0x24	0x11000	000
0x5	0x00101	101
0x18	0x10010	010
0x5	0x00101	101

0x17	0x10001	001
0x18	0x10010	010
0x20	0x10100	100

Duke përdorur tabelën dhe faktin se kashé është fillimisht bosh, rezultati Hit/Miss dhe gjendja e kujtesës kashé do të jenë si më poshtë :

Adresa	0x2 2	0x2 4	0x2 2	0x2 4	0x 5	0x1 8	0x 5	0x1 7	0x1 8	0x2 0
Hit/Miss(H /M)	M	M	H	H	M	M	H	M	H	M

Cache index	V=Valid bit	Address Tag	DATA
000	1	0x11	M[0x24]
001	1	0x10	M[0x17]
010	1	0x10	M[0x18]
011	0	Nuk ka	Bosh
100	1	0x10	M[0x20]
101	1	0x00	M[0x05]
110	1	0x10	M[0x22]
111	0	Nuk ka	Bosh

b.Në tabelën e mëposhtëme paraqitet në mënyrë të përmbledhur sekuenca e adresave.

Adresat decimale	Adresat në binar	Vlera e "cache index"
0x22	0x10110	110
0x24	0x11000	000
0x22	0x10110	110
0x24	0x11000	000
0x5	0x00101	101
0x16	0x10000	**000**
0x5	0x00101	101
0x24	0x11000	**000**
0x16	0x10000	**000**
0x22	0x01101	110

Duke përdorur tabelën dhe faktin se kashé është fillimisht bosh, rezultati Hit/Miss dhe gjendja e kujtesës kashé do të jenë si më poshtë :

Adresa	0x2 2	0x2 4	0x2 2	0x2 4	0x 5	0x1 6	0x 5	0x2 4	0x1 6	0x2 2
Hit/Miss(H /M)	M	M	H	H	M	M	H	M	M	H

Cache index	V=Valid bit	Address Tag	DATA
000	1	0x10	M[0x16]
001	0	Nuk ka	Bosh
010	0	Nuk ka	Bosh
011	0	Nuk ka	Bosh
100	0	Nuk ka	Bosh
101	1	0x00	M[0x05]
110	1	0x10	M[0x22]
111	0	Nuk ka	Bosh

Adresat 0x16 dhe 0x24 janë në « konflikt» për bllokun **000** në kashé, pasi ato kanë të njëjtin "cache index". Kemi të bëjmë në këtë rast me "**Conflict Misses**" që sjell natyrisht zvogëlimin e "Hit Rate".

Shembull 6.24
Supozojmë se një procesor adreson kujtesën sipas sekuencës së mëposhtëme të adresave të shprehura në hexadecimal :
0x100, 0x101, 0x200, 0x102, 0x300, 0x103, 0x201, 0x102, 0x301, 0x103

Kujtesa përbëhet nga kujtesa qëndrore e shoqëruar nga një kujtesë kashé me madhësi 256 fjalë (word) të organizuar në 64 linja (blloqe) me nga 4 fjalë secila. Tregoni se cilat prej këtyre kapjeve të kujtesës do të rezultojnë në "hit", ose në "miss" për dy raste :
a. Kujtesë kashé fillimisht bosh, e tipit « full associative ».
b. Kujtesë kashé fillimisht bosh, e tipit « direct-mapped ».

QUIZ 6.4

"*LRU –Last Recently Used*" *është politikë e administrimit të blloqeve* "*data*" *në :*
O Kujtesat kashé të llojit "direct-mapped" ?
O Kujtesat kashé të llojit "Fully Associative"?
O Kujtesat kashé të llojit "N-Set Associative?
O Kujtesat kashé të llojit "Fully Associative" dhe "N-Set Associative"?
O Të gjitha llojet e kujtesave kashé?

Zgjidhje

a. Kujtesë "fully associative"

Adresa	0x1 00	0x1 01	0x2 00	0x1 02	0x3 00	0x1 03	0x2 01	0x1 02	0x3 01	0x1 03
Hit/Miss(H/M)	M	H	M	H	M	H	H	H	H	H

Në këtë rast kujtesa "fully associative" ka hapësirë të mjaftueshme për 10 adresat që lexohen. Gjithashtu, në rastin e një "miss", nga kujtesa qëndrore do të transferohej në kashé, një rresht i plotë me 4 fjalë që kanë adresa të njëpasnjëshme. Kështu, në "miss-in" e adresës 0x100, në kashé do të vendoseshin qelizat M[0x100], M[0x101], M[0x102], M[0x103].

b. Kujtesë "direct-mapped"

Adresa	0x1 00	0x1 01	0x2 00	0x1 02	0x3 00	0x1 03	0x2 01	0x1 02	0x3 01	0x1 03
Hit/Miss(H/M)	M	H	M	M	M	M	M	M	M	M

Në rastin e kujtesës "direct-mapped" situata është më komplekse. Adresimi i kësaj kujtese do të bëhej si më poshtë :

Address Tag	Cache Index	ByteSelect
xxxxxxx98	765432	1 0

Adresat 0x100-0x103, 0x200-0x203 dhe 0x300-0x303 do të ishin në konkurrencë për të njëjtin bllok ose linjë në kujtesën kashé, siç është paraqitur në figurën e mëposhtme.

Adresa në hexa	Address Tag	Cache Index	ByteSelect
	xxxxxxx98	765432	1 0
0x100	xxxxxxx1	000000	0 0
0x101	xxxxxxx1	000000	0 1
0x102	xxxxxxx1	000000	1 0
0x103	xxxxxxx1	000000	0 1
0x104	xxxxxxx1	000001	0 0
0x1xx	xxxxxxx1	xxxxxx	Xx
0x200	xxxxxx10	000000	0 0
0x201	xxxxxx10	000000	01
0x202	xxxxxx10	000000	10
0x203	xxxxxx10	000000	11
0x204	xxxxxx10	000001	00
0x2xx	xxxxxx10	xxxxxx	Xx

0x300	xxxxxx11	000000	00
0x301	xxxxxx11	000000	01
0x302	xxxxxx11	000000	10
0x303	xxxxxx11	000000	11
0x304	xxxxxx11	000000	00
0x3xx	xxxxxx11	xxxxxx	Xx

Ky është një shembull i *"Conflict Misses"*, që quhen ndryshe edhe *"Cache Pulution"*. Grupet e adresave 0x100-0x103, 0x200-0x203 dhe 0x300-0x303 quhen edhe *"aliases"*.

Shembull 6.25
Supozojmë se një procesor adreson kujtesën sipas sekuencës së mëposhtme të adresave të shprehura ne hexadecimal :
1; 5; 14; 11; 5; 4; 2; 12; 2B;B; 2B; 9; 11; 5; 6; 38; 13; 2B
që në decimal, do të ishin :
1; 5; 20; 17; 5; 4; 2; 18; 43;11; 43; 9; 17; 5; 6; 56; 19; 43

Kujtesa përbëhet nga kujtesa qëndrore, e shoqëruar nga një kujtesë kashé dhe është e adresueshme me bazë fjalën (word).
Tregoni se cilat prej këtyre kapjeve të kujtesës do të rezultojnë në hit, ose në miss. Tregoni gjithashtu gjendjen e kujtesës kashé në përfundim të sekuencës së mësipërme të adresimeve, për tre lloje kashé si më poshtë:

a. Kujtesë kashé fillimisht bosh, e tipit « 2-way set-associative » me politikë zëvendësimi LRU (Last Recently Used), kapacitet 16 fjalë, dhe madhësi blloku prej një fjale.

b. Kujtesë kashé fillimisht bosh, e tipit « fully associative » me politikë zëvendësimi LRU (Last Recently Used), kapacitet 16 fjalë, dhe madhësi blloku prej një fjale.

c. Kujtesë kashé fillimisht bosh, e tipit « 2-way set-associative » me politikë zëvendësimi LRU (Last Recently Used), kapacitet 16 fjalë, dhe madhësi blloku prej 4 fjalësh.
Zgjidhje
a.

Adresa	0x01	0x05	0x14	0x11	0x05	0x04	0x02	0x012	0x2B
Hit/Miss (H/M)	M	M	M	M	H	M	M	M	M

Adresa	0x0B	0x2B	0x09	0x11	0x05	0x06	0x38	0x013	0x2B
Hit/Miss (H/M)	M	H	M	H	H	M	M	M	H

Blloku në kashé do të përcaktohej prej barazimit:

Cache index = (Adresa e bllokut) **MOD** (Numri i "set" në kashé) = (Adresa e bllokut) **MOD 8**

Përmbajtja e kujtesës kashé në përfundim të adresimeve të kujtesës do të ishte si më poshtë :

Adress Tag	DATA		Address Tag	DATA
0x38	M[0x38]		Nuk ka (Vbit=0)	Bosh
(0x01 ->) 0x09	M[0x09]		0x11	M[0x11]
0x02	M[0x02]		0x12	M[0x12]
0x2B	M[0x2B]		(0x0B ->) 0x13	M[0x13]
0x14	M[0x14]		0x04	M[0x04]
0x05	M[0x05]		Nuk ka (Vbit=0)	Bosh
0x06	M[0x06]		Nuk ka (Vbit=0)	Bosh
Nuk ka (Vbit=0)	bosh		Nuk ka (Vbit=0)	Bosh

Shpjegime :

- Kashé përbëhet nga 8 grupe ("set") me nga 2 blloqe me madhësi 1fjalë secili.
- Bitët 0 dhe 2 të adresës shërbejnë për të përzgjedhur bllokun në kashé(cache index).
- Vendosja fillestare në një bllok të grupit ("set") përkatës është e parëndësishme.
- Konflikte në kashé ndodhin në dy raste:
  o Në set 1 gjenden tashmë adresat 1dhe 11 hexa dhe lexohet adresa 9. Meqenëse adresa 1 është përdorur më herët se ajo 11, atëherë ne bazë të politikës LRU, adresa 1 i lëshon vendin 9-tës.
  o Në set 3 gjenden tashmë adresat 2B dhe 0B hexa dhe lexohet adresa 13. Meqenëse adresa 0B është përdorur më herët se ajo 2B, atëherë ne bazë të politikës LRU, adresa 0B i lëshon vendin 13-tës.

b.

Adresa	0x01	0x05	0x14	0x11	0x05	0x04	0x02	0x012	0x2B
Hit/Miss (H/M)	M	M	M	M	H	M	M	M	M

Adresa	0x0B	0x2B	0x09	0x11	0x05	0x06	0x38	0x013	0x2B
Hit/Miss (H/M)	M	H	M	H	H	M	M	M	H

Përmbajtja e kujtesës kashé në përfundim të adresimeve të kujtesës do të ishte si më poshtë :

Address Tag	DATA
0x01	M[0x01]
0x05	M[0x05]
0x14	M[0x14]
0x11	M[0x11]
0x04	M[0x04]
0x02	M[0x02]
0x12	M[0x12]
0x2B	M[0x2B]
0x0B	M[0x0B]
0x09	M[0x09]
0x06	M[0x06]
0x38	M[0x38]
0x13	M[0x13]
Nuk ka (Vbit=0)	Bosh
Nuk ka (Vbit=0)	Bosh
Nuk ka (Vbit=0)	Bosh

Shpjegime :
- Renditja në tabelë (kujtesën kashé) është e parëndësishme.
- Meqenëse numri i fjalëve të lexuara në kujtesë është më i vogël se madhësia e kujtesës kashé (13<16,) atëherë kurrfarë mbivendosje nuk ndodh në kashé, prandaj politika LRU nuk ka ndonjë efekt.

c.

Adresa	0x01	0x05	0x14	0x11	0x05	0x04	0x02	0x012	0x2B
Hit/Miss (H/M)	M	M	M	M	H	H	H	H	M

Adresa	0x0B	0x2B	0x09	0x11	0x05	0x06	0x38	0x013	0x2B
Hit/Miss (H/M)	M	H	H	M	H	H	M	H	M

Përmbajtja e kujtesës kashé në përfundim të adresimeve të kujtesës do të ishte si më poshtë :

	Address Tag	DATA			
Blloku 0	(0x00->)(0x28->)0x10	M[0x10]	M[0x11]	M[0x12]	M[0x13]
Blloku 1	0x04	M[0x04]	M[0x05]	M[0x06]	M[0x07]

	Address Tag	DATA			
Blloku 0	(0x10->)(0x08->)(0x38->)0x28	M[0x28]	M[0x29]	M[0x2A]	M[0x2B]
Blloku 1	0x14	M[0x14]	M[0x15]	M[0x16]	M[0x17]

Shpjegime :
- Kashé përbëhet nga 2 grupe ("set") me nga 2 blloqe me 4 fjalë secili.
- Bitët 0 dhe 1 të adresës shërbejnë për të përzgjedhur një nga 4 fjalët brenda bllokut në kashé (block offset).
- Biti 2 i adresës shërben për të përzgjedhur bllokun (cache index).
- Zhvendosja e blloqeve në kashé kryhet duke filluar prej adresës së fillimit të bllokut në kujtesë qëndrore. Kështu p.sh. adresa 1 do të sjellë në kashé bllokun që fillon nga adresa 0-3. Ndërsa adresa 2B do të zhvendosë bllokun që fillon prej 28 deri në 2B. Kujtoni faktin se (Adresa e bllokut) = Integer (Adresën e fjalës/4).
- Vendosja fillestare në një bllok të grupit ("set") përkatës është e parëndësishme.
- Konflikte në kashé ndodhin në pesë raste ashtu siç tregohet në tabelat e mësipërme.
-

6.9 Hierarkia e kujtesave kashé ose kujtesat kashé me shumë nivele

Në tabelën e mëposhtëme përmblidhen disa nga karakteristikat e kujtesës kashé (nivelet L1, L2, L3) dhe të kujtesës qëndrore.

Tabela 6.5

Parametri	L1 (I/D)	L2	L3	Kujtesë Qëndrore
Hit time	2 ns	10 ns	30 ns	100 ns
Miss Penalty	10 ns	30 ns	100 ns	10 ms(10M ns)
Kapaciteti	8KB-64KB	256KB - 8MB	2-16MB	1-dhjetra GB
Madhësia e bllokut	16B-64B	32B-128B	32B-256B	--
Faktori i shoqërizimit(associativity)	1-4	4-16	4-16	---

Si duhet të interpretohet kjo tabelë?

Për të optimizuar parametrat thelbësorë të kujtesës kashé, ajo ndahet në disa nivele, duke formuar atë që zakonisht njihet si hierarkia e kujtesës kashé. Kështu, këta nivele sigurojnë një kompromis të mirë ndërmjet dy parametrave të rëndësishëm që janë *"hit time"* dhe *"miss-rate"* :

6. NEN-SISTEMI I KUJTESES NE NJE KOMPJUTER

Në nivelin L1 (të ndarë në I=Instruksion dhe D=Data) tentohet të zvogëlohet "*hit time*", sepse :

- Instruksionet kanë akses të shpeshtë në këtë kujtesë, prandaj koha e kapjes së saj "*hit time*", duhet të jetë e vogël. Veç kësaj, L1 komunikon direkt me procesorin, i cili ka një kohë cikli të vogël. Rrjedhimisht kujtesa kashé duhet ti përgjigjet atij sa më shpejt.

- Meqenëse "**Miss Penalty** ", nuk është shumë e lartë (10 ns), atëherë vlera e "*miss-rate*" nuk është shumë e rëndësishme për L1.

Për të zvogëluar "*hit time*", ky nivel ka kapacitet i vogël dhe "associativity" i ulët. Për të zvogëluar konfliktet në kashé, ajo organizohet në blloqe të vegjël.

Duke u ngjitur drejt kujtesës qëndrore (nivelet L2, L3) i jepet përparësi parametrit "miss-rate" në krahasim me "*hit time*". Kjo sepse :

- Në L2, L3, procesori ka akses JO të shpeshtë në këtë kujtesë, prandaj vlera "*hit time*" nuk është e rëndësishme,

- Meqenëse "**Miss Penalty** ", është shumë e madhe (30-100 ns), atëherë vlera e "*miss-rate*" duhet të jetë sa më e vogël,

- Për të zvogëluar "*miss-rate*" rriten kapaciteti, "associativity" dhe madhësia e bllokut të niveleve L2, L3

Në procesorët e sotëm, nivelet L2 dhe L3 të kujtesës kashé, vendosen brenda "chip-it" të procesorit duke bërë që ajo (kashé) të okupojë 30-70 % të sipërfaqes së siliciumit të procesorit.

Në tabelën e mëposhtëme përmblidhen disa parametra të kujtesës që përdoret prej procesorëve bashkëkohorë.

Tabela 6.6

Parametri	L1	L2	Kujtesë
t_{hit}	1,2 cikle	5-15 cikle	1-150 cikle
t_{miss}	6-50 cikle	20-200 cikle	0.5-5 M cikle
Kapaciteti	4-128 KB	128-8 MB	16 MB-8GB
Block size	8-64B	32-256B	4-16KB
Faktori i shoqërizimit	1,2	2,4,8,16	Full
Write strategy	Write-thru/back	Write-back	Write-back

Këtu më poshtë jepen disa shembuj llogaritjesh për kujtesat kashé me disa nivele.

Shembull 6.26 -Influenca e kujtesës kashé me shumë nivele në CPI
Le të rimarrim procesorin e shembujve 6.1, dhe 6.4, i cili, si zakonisht, ka këto karakteristika:

- Frekuencë e clockut =500 MHZ (kohëzgjatja e ciklit të clockut = 2 ns.)
- CPI =1.1 (CPI = Cikle Per Instruksion)

Procesori komunikon me një kujtesë qëndrore, e cila ka kohë aksesi prej 100 ns.

Bashkësia e instruksioneve ka këto frekuenca të ekzekutimit :

- 50 % instruksione arithmetike e logjike
- 30 % instruksione LOAD/STORE
- 20 % instruksione të kontrollit (CMP, JUMP etj.)

Në shembullin 6.4, për të zbutur efektin e degradimit të performancave të procesorit si pasojë e ngadalësisë së kujtesës, është shtuar një kujtesë kashé L1, e cila ka bërë që :

- Vetëm 2% e të gjithë instruksioneve pësojnë "cache miss".
- 10 % e veprimeve me kujtesën (instruksione load/store) rezultojnë si "cache miss".

Për të zvogëluar më tej influencën e kujtesës, pra për të rritur vlerën e CPI-së, shtohet një kujtesë e dytë kashé, L2, e cila ka këto karakteristika:

Hit time = 5ns, instruction miss rate = data miss rate = 1 %.

Për të thjeshtuar llogaritjet, supozojmë gjithashtu se, në rastin e një "cache hit", vonesa e procesorit është 0 (hit time = 1cikël clocku të procesorit=2ns.) dhe se "write policy" e kujtesës procesori nuk merret në konsideratë.

Të llogaritet CPI efektive e procesorit kur ai ekzekuton një program të përbërë nga instruksione, që kanë frekuencën e mësipërme të instruksioneve.

Zgjidhje

Parametri "miss penalty", pra koha e vonesa që shkaktohet nga një "miss" në kashé tani do të ishte :

Kashé L1 : Miss penalty = 5 ns/2 ns = 2.5 cikle clocku
Kashé L2 : Miss penalty = 100 ns/2 ns = 50 cikle clocku

CPI efektive e kësaj njësie qëndrore (CPU+MMU) do të mund të llogaritej nga formula:

CPI efektive = CPI Ideale + vonesat mesatare për instruksion = CPI ideale + vonesat nga kujtesa kashé L1 + vonesat nga kujtesa kashé L2

CPI efektive = CPI ideale + vonesat nga kujtesa kashé L1 (e shkaktuara nga instruksionet + e shkaktuara nga të dhënat) + vonesat nga kujtesa kashé L2 (e shkaktuara nga instruksionet + e shkaktuara nga të dhënat)

Duke llogaritur sipas kësaj formule, do të marrim:

CPI efektive = $1.1 + 2.5*(0.02 + 0.1*0.3) + 50*(0.01 + 0.01*0.3) = 1.1 + 0.125 + 0.65 = 1.875$

Duke i grupuar shembujt 6.1, 6.2 dhe 6.25 në një tabelë të vetme do të përftonim :

Tabela 6.7

Shembulli	6.1	6.4	6.26
CPI ideale	1.1	1.1	1.1
Kashé L1	-	Hit time = 2 ns Instruction miss rate = 2% Data miss rate = 10%	Hit time = 2 ns Instruction miss rate = 2% Data miss rate = 10%
Kashé L2	-	-	Hit time = 5 ns Instruction miss rate= =Data miss rate = 1%
Kujtesë qëndrore (RAM)	Ta=100 ns	Ta=100 ns	Ta=100 ns
CPI efektive	66.1	3.6	1.875

Shembull 6.27

Procesori Alfa përdor një hierarki të kujtesave kashé, K1, K2, K3, K4 me madhësi dhe karakteristika të paraqitura në tabelën e mëposhtme. Kujtesat K1, K2 dhe K4 përdorin politikën LRU (Last Recently Used).

Kashé	K1	K2	K3	K4
Madhësia (fjalë të dhënash)	8K	4K	8K	16K
Numri i linjave	8K	4K	4K	8K
Lloji i kujtesës	Fully-associative	2-way-set-assoc.	Direct Mapped	Fully-associative
Madhësia e bllo-kut (fjalë/linjë)	1	1	2	2

Kërkohet të gjenden:

a. Cila prej këtyre kujtesave kashé do të ishte më e kushtueshme duke zënë më shumë sipërfaqe siliciumi në procesorin Alfa?

b. Supozojmë se një "benchmark" manipulon në mënyrë të përsëritur një tabelë me madhësi 6Kfjalë (1 fjalë = 1 integer). Cila prej kujtesave kashé parashikohet të japë rezultatet më të këqija në këtë benchmark?

c. Gjatë testimeve të procesorit Alfa me një benchmark, që kopjon 1000 fjalë nga një tabelë në një tabelë tjetër, është vënë re se njëra prej kujtesave kashé ka performanca shumë të këqija. Duke e zhvendosur njërën prej tabelave gjetkë në kujtesë, performancat përmirësohen ndjeshëm. Cila prej kujtesave kashé është ajo që shkakton këtë lloj sjellje? Jepni argumentet tuaja.

Zgjidhje

a. Kujtesa kashé K4 do të zinte më shumë sipërfaqe në "chip-in" e procesorit Alpha, dhe për pasojë do të ishte më e shtrenjta, sepse ajo kërkon nga një krahasues për çdo linjë (8K fully-associative kashé do të kërkonte 8192 krahasues) dhe njëkohësisht ajo ka kapacitet më të madh (16 fjalë).

b. Kujtesa kashé K2 do të kishte performancat më të këqija në lidhje me "benchmark" në fjalë, pasi ajo është e vetmja që ka kapacitet më të vogël se 6 K fjalë të dhëna.

c. Në këtë rast është vënë re se një "benchmark", që kopjon 1000 fjalë nga njëra tabelë në një tjetër, rezulton me performanca të këqija. Situata përmirësohet ndjeshëm kur njëra nga tabelat vendoset diku gjetkë ne kujtesë. Shkaktare për këtë sjellje është kujtesa K3 e tipit "direct-mapped". Kjo kujtesë ka vetëm një pozicion disponibël për qelizat, adresat e të cilave në kujtesën qëndrore kanë "byte index" të njëjtë [si në shembullin 6.24,b]. Kjo do të sjellë detyrimisht "conflict misses" të cilat do të shkaktojnë rritjen e "cache miss rate". Zhvendosja e njërës prej tabelave, do të shkaktonte zvogëlimin në maksimum të "conflict misses", rrjedhimisht performancat e hierarkisë së kujtesave kashé do të rriteshin ndjeshëm.

Shembull 6.28

Pyetje : Cila është arsyeja që me rritjen e kapacitetit të kujtesës kashé, vlera e "hit rate" rritet?

Përgjigje : Kur një program manipulon të dhëna më shumë se sa kujtesa kashé mund të mbajë, atëherë vetëm një pjesë e të dhënave do të gjenden në kashé. Rrjedhimisht, me rritjen e madhësisë së kashesë, më shumë të dhëna do të përfshihen aty. Në këtë mënyrë do të rritet efekti e afërsisë kohore dhe hapësinore, që do të shoqërohet me rritjen e vlerës se "hit rate". Ndryshe qëndron puna kur programi manipulon të dhëna, më pak se sa kujtesa kashé mund të mbajë. Në këtë rast rritja e kapacitetit të kashesë do të influencojë shumë pak ose aspak në rritjen e vlerës së "hit rate". Kjo pasi, rritja do të mund të ndikojë vetëm në eliminimin e ndonjë "conflict miss"të mundshëm.

Vërejtje : Ky fakt shprehet në figurën e mëposhtme (fig. 6.19) ku edhe faktori i shoqërizimit luan rol.

QUIZ 6.5

Për të rritur efektin e saj në sistemin e kujtesës, kujtesa kashé organizohet në disa nivele. Cilët prej këtyre pohimeve janë të vërtetë? **(zgjidhni dy)**

O Në nivelin L1 të kujtesës kashé duhet të zvogëlohet "hit time", ndërsa në L2 të zvogëlohet "miss rate"?

O Në nivelin L1 të kujtesës kashé duhet të zvogëlohet "miss rate", ndërsa në L2 të zvogëlohet "hit time"?

O Në nivelin L2 të kujtesës kashé, "miss rate" zvogëlohet duke rritur madhësinë e kashesë dhe faktorit të asocimit ("associativity")?

O Në nivelin L1 të kujtesës kashé, "hit time" zvogëlohet duke rritur madhësinë e kashesë dhe faktorit të asocimit ("associativity")?

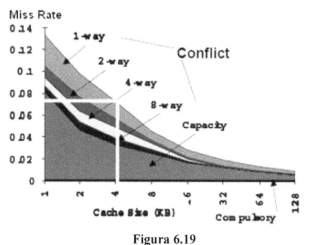

Figura 6.19

Figura ilustron një nga rregullat e artë të kujtesës kashé:

Rregull i artë: *Një kujtesë kashé "direct-mapped" me madhësi **N**, ka afërsisht të njëjtën **"miss rate"** sa edhe një kashé "2-way set associative" me madhësi **N/2**.*

Shembull 6.29

Le të marrim në konsideratë kodin e mëposhtëm :

```
integer  A[1000];
   for i = 1 to 1000
      for j = 1 to 1000
         A[i] = A[i] +1
```

Supozojmë se kodi kompilohet pa përdorur optimizues që ofron kompilatori dhe ekzekutohet në një procesor me kujtesë 1K byte të tipit "fully-associative", me madhësi blloku prej 4 fjalësh (1 fjalë = 4 byte). Në rastin e një shkrimi në kashé, për të përditësuar kujtesën qëndrore, përdoret metoda "write back". Të gjendet se cila do të ishte vlera e përafërt e "data cache miss rate" .

Zgjidhje

Duke marrë në konsideratë vetëm leximin e të dhënave (array A [1000]), programi do të kryejë 1.000.000 lexime (1000x1000) dhe 1.000.000 shkrime në kujtesë. Meqenëse kujtesa kashé ka një bllok prej 4 fjalësh, atëherë çdo "cache miss" do të sillen 4 fjalë të "array" në kujtesën kashé. Rrjedhimisht, tre elementët pasues të "array" nuk do të shkaktojnë "cache miss". Meqenëse kujtesa kashé administron shkrimet në formën "write-back", atëherë "update i array" do të kryen direkt në kashé pa pasur kurrfarë nevojë për kujtesën qëndrore (deri në momentin kur një fjalë në kashé duhet të zëvendësohet). Pra, në total do të rezultojnë 250 "cache miss", që do të shkaktohen vetëm prej leximeve të elementëve A[0], A[4], A[8], A[12], A[16],... Atëherë "Cache miss rate" do të llogaritej :

Miss rate = $250/2*10^6 = 0.0125\%$.

6.10 Kujtesa virtuale

Procesorët modernë, nuk e "shikojnë" kujtesën si një njësi fizike. Kjo do të thotë se ata nuk e adresojnë atë në mënyrë të drejtpërdrejtë, siç jemi mësuar ta trajtojmë deri tani. Këta procesorë, e adresojnë kujtesën në mënyrë të tërthortë, ose siç quhet ndryshe në mënyrë virtuale. Kemi të bëjmë me atë që zakonisht quhet "kujtesë virtuale" (ang."*virtual memory*", fr."*mémoire virtuelle*"). Përse është i nevojshëm ky nivel shtesë abstraksioni në kapjen e kujtesës?

Historikisht ekzistojnë dy arsye themelore që motivojnë përdorimin e kujtesës virtuale:

- Dikur, në kushtet e një kujtese qëndrore të vogël, programet kapërcenin lehtësisht kufijtë e kësaj kujtese. Prandaj, programuesit ishin të detyruar të copëtonin programet e tyre në disa pjesë (të quajtura "overlays"), të cilat mund të qëndronin në kujtesën qëndrore dhe atë sekondare. "Overlays" ngarkohen në kujtesë, ekzekutohen aty, dhe pastaj largohen në kujtesën sekondare, për t'ia lënë vendin në kujtesën qëndrore "overlay-ve" të tjerë. Administrimi i kujtesës bëhet edhe më problematik, në se programi do të ekzekutohej në kompjutera, që kanë madhësi të ndryshme kujtesash qëndrore. Kujtesa virtuale merr përsipër të realizojë pikërisht këtë proces, i cili bën të mundur, që një ose disa programe, madhësia e të cilëve kapërcen limitin e kujtesës qëndrore të disponueshme, të ekzekutohen normalisht. Në këtë mënyrë programuesit lehtësohen prej kontrollit të "overlays". Sot, falë kujtesës virtuale, ne mund të instalojmë sisteme operativë dhe të ekzekutojmë programe në kompjutera, që kanë madhësi shumë të ndryshme të kujtesës qëndrore.

- Në një kompjuter ekzekutohen njëkohësisht programe të ndryshëm, të cilët mund ti përkasin edhe përdoruesve të ndryshëm. Natyrisht, që do të ishte me interes, që programet të mos interferonin në të dhënat dhe kodet e njëri-tjetrit. Kujtesa virtuale bën të mundur pikërisht këtë gjë, duke i hequr mundësinë programeve të kontrollojnë të gjithë kujtesën, por duke i vënë në dispozicion secilit program, një hapësirë të caktuar dhe kufizuar adresimi. Kështu kujtesa virtuale siguron *mbrojtjen* e të dhënave dhe kodeve që gjenden në kujtesën e një kompjuteri.

6.10.1 Koncepti i funksionimit të kujtesës virtuale

Me qëllim që të mundësohet kapja virtuale e kujtesës, është e domosdoshme të përmbushen këta dy kritere:

a. Të ndahen hapësira e adresimit të procesorit, nga adresimi fizik me të cilin kapet kujtesa qëndrore. Kështu, procesori do të përdorë *"adresa virtuale"* për të kapur kujtesën, të cilat do të konvertohen, nëpërmjet një kombinimi hardware dhe software, në *"adresa fizike"* me të cilat kapet kujtesa qëndrore e kompjuterit [2].

b. Kujtesa qëndrore të trajtohet si një "kashé". Kështu në rastin e kujtesës virtuale, kujtesa në të cilën procesori ka akses shtrihet në dy hapësira: në kujtesën qëndrore, e cila në këtë rast konsiderohet si kujtesë e shpejtë, dhe në kujtesën sekondare të tipit "hard disk", e cila është e ngadaltë. Pra, nëpërmjet administrimit të kujtesës në mënyrë virtuale, procesori "shikon" më shumë "kujtesë qëndrore", se sa kompjuteri disponon fizikisht.

Skematikisht këta dy kritere janë paraqitur në figurën 6.20.

Shembull 6.30

Supozojmë se një procesor ka në dispozicion 16 bit për të adresuar kujtesën qëndrore, e cila kryhet me bazë fjalën. Supozojmë gjithashtu se madhësia e kujtesës që gjendet fizikisht e instaluar në këtë kompjuter është 4096 fjalë. Le të shikojmë se si duhet trajtuar kjo situatë prej programuesit dhe procesorit.

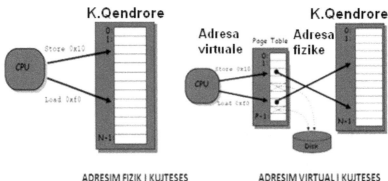

Figura 6.20

Procesori me 16 bit adresë është i aftë të adresojë 2^{16}=65536 fjalë. Pra, "hapësira e tij e adresimit" (ang. "*address space*") është 65536 fjalë. Në kushtet kur ekziston një korrespondencë univoke ndërmjet hapësirës së adresimit të procesorit dhe kujtesës qëndrore, adresat 0-4095 do të konsiderohen prej programuesit si adresa të përdorshme, ndërsa adresat 4096-65535 si të papërdorshme, ose për tu evituar. Kështu programuesi do të detyrohej të kufizonte programin e tij në adresat e përdorshme, ose të përdorte teknikën e "overlays", n.q.s. do ti nevojitej më shumë kujtesë.

Si do të mund të evitohej kjo situatë e pafavorshme për një programues? Hapi i parë do të ishte që hapësira e adresimit të procesorit të veçohej prej adresimit fizik të kujtesës. Kështu, në shembullin tonë, kujtesa do të kishte vërtet 4096 fjalë, por ato nuk do ti përkisnin vetëm adresave 0-4095. Mund të bënim p.sh. që sa herë që procesori ti referohet adresës 4096, të përdoret adresa 0; kur kërkohet 4097 të përgjigjet adresa 1; adresa 8191 ti përgjigjet adresës 4095, e kështu me radhë. Skematikisht kjo paraqitet në figurën 6.21.

Në këtë mënyrë hoqëm dorë prej korrespondencës univoke hapësirë adresimi e procesorit -->kujtesë qëndrore dhe krijuam një lidhje ("mapping") të posaçme ndërmjet tyre.

Por kjo nuk është e mjaftueshme, pasi në të gjitha rastet, procesori do të "shikojë" të njëjtën përmbajtje të kujtesës me madhësi 4096 fjalë. Prandaj, duhet ti krijojmë "përshtypjen"procesorit, se ai mund të përdorë të tërë hapësirën e adresimit, pavarësisht se kujtesa fizikë është shumë më e vogël se kjo hapësirë. Koncepti është i ngjashëm me atë të kujtesës kashé, ku një

370

kujtesë e vogël, por e shpejtë, e "ushqen" shpejt procesorin me të dhëna dhe instruksione, pa u kufizuar në madhësinë e saj.

Në rastin e kujtesës virtuale është niveli superior në hierarkinë e kujtesës, pra kujtesa sekondare e materializuar në hard disk, që na vjen në ndihmë për këtë.

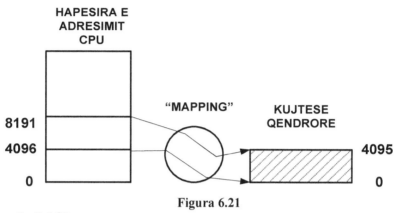

Figura 6.21

Shembull 6.31

Supozojmë se në rastin që po trajtojmë (shembulli 6.30) ekzekutohet instruksioni :

jump 8195   ; kërcim i pakushtëzuar në adresën 8195

Si do të sillet procesori në këtë rast? Meqenëse kjo adresë nuk materializohet në një celulë kujtese, do të rezultojë një gabim shoqëruar me një mesazh të tipit *"Non existent memory"* dhe ndërprerjen e programit.

Si do të mundësonte kujtesa virtuale ekzekutimin e instruksionit "jump" dhe vazhdimin e programit?

Në mënyrë konceptuale, administruesi i kujtesës virtuale, që zakonisht quhet **MMU (Memory Management Unit)** do të vepronte si më poshtë:

-   Përmbajtja e kujtesës qëndrore ruhet në disk.
-   Blloku ose "faqja e kujtesës" ku përfshihet adresa 8195, që shtrihet në hapësirën 8192-12287, identifikohet se ku ndodhet në disk.
-   Blloku i adresave 8192-12287 do të ngarkohet në kujtesën qëndrore.
-   "Address Mapping" duhet përditësuar me qëllim që adresave 0-4093 në kujtesën qëndrore ti korrespondojnë tani blloku i adresave 8192-12287.
-   Instruksioni "jump 8195" do të ekzekutohet normalisht, sikur asgjë të mos të kishte ndodhur.

Ky do të ishte në mënyrë të thjeshtuar koncepti i mekanizmit të funksionimit të kujtesës virtuale, paraqitur simbolikisht në figurën 6.22.

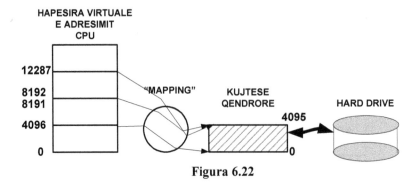

Figura 6.22

Megjithëse parimet e funksionimit të kujtesës virtuale dhe asaj kashé janë të njëjta, ato përdorin terminologji të ndryshme. Kështu njësia e kujtesës virtuale quhet *"faqe"*(ang. *"page"*), ekuivalente e "bllok-ut" në kashé. Ndërsa një "miss" në rastin e kujtesës virtuale, quhet *"page fault"*. Procesori gjeneron adresa virtuale të ndara në *"pages"*, ndërsa kujtesa qëndrore adresohet me adresa fizike të organizuar në *"page frames"*, me të njëjtën madhësi me "pages". Skematikisht tregohet në fig. 6.24.

Ndryshe nga kujtesa kashé që administrohet tërësisht prej hardwar-it të procesorit, kujtesa virtuale bëhet e mundur prej sistemit operativ, i cili mbështetet prej procesorit.

Shënim : Në shembullin e mësipërm, për të thjeshtuar trajtimin, qëllimisht kemi supozuar se kujtesa qëndrore përfshin vetëm një faqe me madhësi 4096 fjalë. Në realitet, ashtu si në rastin e kujtesës kashé dhe siç do të shikojmë këtu më poshtë, numri i faqeve që mund të vendosen aty është shumë madh.

Falë kujtesës virtuale, programet shkruhen tashmë pa u kufizuar prej madhësisë së kujtesës qëndrore që gjenden të instaluara në një kompjuter. Instruksionet e tij mund të kapin të gjithë hapësirën e adresueshme të procesorit. E gjithë kjo kryhet në mënyrë plotësisht **transparente,** si për programuesit e programeve, ashtu edhe për përdoruesit e tyre. Pa kujtesën virtuale kjo nuk do të ishte e mundur.

6.10.2 Implementimi i kujtesës virtuale

Le të shikojmë se si bëhet i mundur realizimi i kujtesës virtuale nëpërmjet një shembulli.

Shembull 6.32

Supozojmë se procesori ka hapësirë adresimi 32 bit. Kujtesa qëndrore ka madhësi 32 KB. Si do të mundësohet funksionimi i kujtesës virtuale në këtë rast?

Hapësira e adresimit dhe kujtesa qëndrore ndahen në "faqe" me madhësi të njëjtë, p.sh. 4 KByte. (Zakonisht madhësia e "faqes" lëviz në kufijtë 1 KB-64KB). Në këtë mënyrë hapësira e adresimit virtualisht do të ndahet në $2^{32}/2^{12}= 2^{20}$ faqe. Kujtesa qëndrore do të ndahet gjithashtu në $2^{15}/2^{12}= 2^{3} =$ 8 faqe, të cilat për ti dalluar, quhen "**page frames**". Skematikisht këto ndarje virtuale të hapësirave të kujtesës paraqiten në figurën 6.23.

Faqe (Page)	Adresat virtuale
1048576	4294963199-4294967295
1048575	4294959102-4294963198
...	....
3	12286-16383
2	8192-12287
1	4096-8191
0	0-4095

Page frame	Adresat fizike ne KQ
7	28672-32767
6	24576-28671
5	20480-24575
4	16384-20479
3	12286-16383
2	8192-12287
1	4096-8191
0	0-4095

Figura 6.23

Kujtesa qëndrore pra, mund të mbajë vetëm 8 faqe, ndërsa faqet e tjera do të gjendeshin në kujtesën sekondare të llojit "hard disk".

Kujtesa qëndrore e kompjuterit "kupton" vetëm adresat fizike; ajo nuk mund të adresohet me adresa virtuale. Prandaj, detyra kryesore e administratorit të kujtesës virtuale (MMU=Memory Management Unit), është vënia në korrespondencë ndërmjet e faqeve me "page frames" në kujtesën qëndrore. Ky proces quhet "transformim i adresave" (ang. *"address translation"* ose *"address mapping"*). Skematikisht ky proces është paraqitur në figurën 6.24.

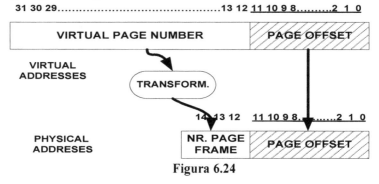

Figura 6.24

Madhësia e faqes, në rastin tonë 4 KByte, do të përcaktojë madhësinë e "page offset", ndërsa "page frame number"do të jetë 3, sepse $2^{3}=8$, aq sa është numri i faqeve që mund të përfshihen në kujtesën qëndrore.

Transformimi i "virtual page number" në "page frame number" kryhet prej "page table", siç tregohet në figurën 6.25.

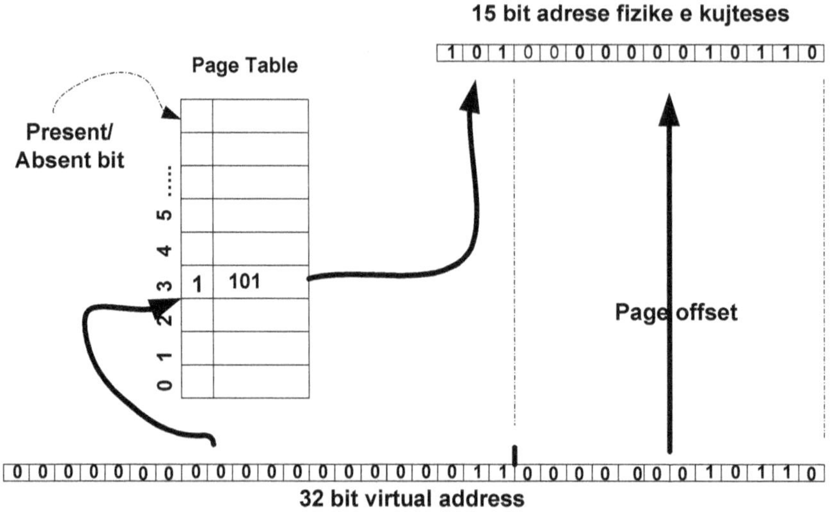

15 bit adrese fizike e kujteses

Figura 6.25

"Virtual page number" shërben si index i "page table". Kjo tabelë tregon në se "page frame" gjendet në kujtesën qëndrore", dhe në cilin prej tetë faqeve. Kështu, në shembullin tonë, blloku 101=5 gjendet në kujtesë (Present/absent bit=1). Adresa me të cilën adresohet fizikisht kujtesa do të ishte : $101 + \text{page offset} = 101000000010110 = 5016_{hexa}$

Shembull 6.33

Në një procesor, "hapësira virtuale e adresimit" është 46 bit. Madhësia e faqes është 4 KByte. Procesori përdor 24 bit për të adresuar fizikisht kujtesën qëndrore. Të tregohet:

a. Si është organizuar kujtesa virtuale.
b. Sa bit do të nevojiteshin për të krijuar "page table" si në figurën 6.25?

Zgjidhje

a. Meqenëse madhësia e faqes është 4 KB, atëherë "page offset" do të jetë: log2 4096=12.

"Virtual page number" = 46-12=34 bit

"Page frame number" = 24-12= 12 bit

b.Madhësia e secilit element të tabelës "page table" është :

"Page frame number" + 1 bit Pres/Absent=12+1 = 13 bit.

Numri i elementëve të tabelës është e barabartë me numrin e "page frames", prandaj madhësia e "page table" do të ishte:

$2^{12} * 13 = 53248$ bit = 6.5 KByte

Shembull 6.34

Në një procesor, "hapësira virtuale e adresimit" ka madhësi 44 bit, ndërsa "hapësira fizike" 32 bit. Madhësia e faqes ("page") është 4 KByte. Lidhja ("mapping") ndërmjet faqeve virtuale dhe faqeve fizike ("page frames") është si më poshtë (në hexadecimal):

Tabela 6.8 –Përmbajtja e "page table"

Virtual page Number	Physic. Page Frame Nmbr.
0x100abc89	0x97887
...	...
0xc9813385	0x99910
...	...
0xbef22433	0x00001
...	...
0x98f54483	0x1a8c2

Të gjendet : sa është adresa fizike që i korrespondon adresës virtuale 0xbef224330fb?

Zgjidhje

Në këtë kompjuter, 12 bitët me peshë më të ulët të adresës (0x0fb), do të përdoren për "page offset", ndërsa 32 bitët (0xbef22433) do të konsiderohen si "virtual page number-VPN". Në "page table", VPN=0xbef22433, i korrespondon "page frame number" = 0x00001. Nga bashkimi i këtyre dy vlerave do të rezultojë se adresa fizike me të cilën do të adresohet kujtesa do të jetë : 0x000010fb.

6.10.3 Përmirësime të konceptit të kujtesës virtuale

Më sipër trajtuam konceptin e funksionimit të kujtesës virtuale. Natyrisht që ekzistojnë edhe shumë detaje dhe përmirësime të rëndësishme. Disa nga këto aspekte janë shumë të ngjashme me kujtesat kashé. Po përmendim disa prej tyre:

- Përmirësimi i performancave , nëpërmjet përdorimi të një kujtese kashé të posaçme, që njihet me emrin "Translation Lookaside Buffer" (TLB).
- Për të optimizuar përdorimin e kujtesës, në vend të faqeve me madhësi fikse, përdoren faqe me madhësi të ndryshme. Kjo teknikë njihet me emrin segmentim (ang. *segmentation*").
- "*Replacement policies*" – kanë të bëjnë me politikat që përdoren kur një "page" duhet të largohet prej kujtesës qëndrore, për në kujtesën sekondare. Këto politika janë të njëjta me ato të kashesë.
- "Write policy" – Në mënyrë të ngjashme me kujtesën kashé, mund të përdoren dy metoda " "write through" dhe "write back". Megjithatë për shkak të vonesës shumë të madhe të kujtesave

sekondare, preferohet "write back". Në këtë rast, në "page table" shtohet një bit ("clean bit"), i cili kalon në "1" kur faqja modifikohet.

Për detaje rreth këtyre çështjeve, lexoni në [2], [4], [5].

 **USHTRIME**

Ushtrim 6.1
Ju keni mësuar tashmë, që kujtesa SRAM përdoret zakonisht për të krijuar kujtesa kashé të shpejta dhe të vogla, që gjenden brenda "chip-it" të procesorit. Kujtesat e tipit DRAM përdoren për të krijuar kujtesën qëndrore, e cila është më e ngadaltë se ajo kashé. Në të kaluarën superkompjuterët ndërtoheshin pa kujtesë kashé ndërsa kujtesa qëndrore krijohej e tëra me SRAM. Superkompjuteri Cray C90, i vitit 1991, është një i tillë. Në se kostoja për ju nuk do të përbënte ndonjë problem, a do të ndërtonit ju ende një kompjuter të tillë? Argumentoni përgjigjen tuaj.

Ushtrim 6.2
Cila është arsyeja që me kujtesat DRAM krijohen kujtesa me kapacitet shumë më të madh se SRAM, pavarësisht se këto dy lloj kujtesash përdorin të njëjtën teknologji gjysmë-përçuese (p.sh. MOS)?

Ushtrim 6.3
Paraqiten tre raste, ku duhet zgjedhur kujtesa më e përshtatshme ndërmjet DRAM dhe SRAM. Argumentoni përgjigjen tuaj.
   a. Të realizohet një sistem kujtese, ku performanca është parësore.
   b. Të realizohet një sistem kujtese, ku çmimi i ulët është faktori përcaktues.
   c. Të realizohet një sistem kujtese në të cilin informacionet ruhen për një kohë të gjatë pa kërkuar ndërhyrjen e procesorit.
   d. Të realizohet një sistem kujtese për një pajisje mobile, që të sigurojë një autonomi maksimale të baterisë.

Ushtrim 6.4 –
Një kujtesë DRAM është e organizuar në formën e një matrice me 1024 rreshta. Me qëllim që informacion të ruhet, ai duhet të rifreskohet çdo 8

ms. Procesi i rifreskimit të një rreshti zgjat 100 ns. Gjeni:
   a. Cila është frekuenca (shpeshtësia në kohë) që duhet të kryhet operacioni i rifreskimit të një reshti?
   b. Sa përqind të kohës kujtesa DRAM do të jetë e angazhuar në procesin e rifreskimit të informacionit?

Ushtrim 6.5
Një procesor 64 bit, komunikon me kujtesën qëndrore me blloqe prej 4 fjalësh. Kujtesa shpenzon një kohë cikli (Tc) prej 20 ns për leximin e fjalës së parë, dhe mandej 10 ns, për kapjet e tjera të kujtesës. Të gjendet sa është debiti maksimal ("bandwidth") i komunikimit procesor-kujtesë

Ushtrim 6.6
Referojuni figurës 6.1. Supozoni se për rastin a) pra, kur kujtesa qëndrore dhe busi kanë gjerësi të njëjtë me fjalën e procesorit, kujtesa kashé ka madhësi blloku prej 16 fjalësh. Në rastin b) gjerësia e busit është 4 fjalë, ndërsa për rastin c) kujtesa është e organizuar me 4 blloqe sipas modelit "interleaving". Supozoni se vonesa e shkaktuar prej kujtesës qëndrore është 10 cikle clocku të busit, ndërsa transferimi në bus zgjat 1 cikël clocku të busit. Gjeni vlerën e "miss penalty" për secilin rast.
Ndihmë : "Miss penalty" është kohëzgjatja e transferimit të <u>një blloku të tërë</u> nga kujtesa qëndrore në kujtesën kashé nëpërmjet busit të sistemit.

Ushtrimi 6.7
Supozoni se procesori komunikon me kujtesën qëndrore nëpërmjet një busi "CPU-Memory" me frekuencë 200 Mhz. Për leximin/shkrimin e një fjale (32 bit) në kujtesën qëndrore nevojiten :
   -1 cikël busi për dërgimin e adresës
   -10 cikle busi për të lexuar/shkruar kujtesën qëndrore.
   -1 cikël për të dërguar 1 falë të dhënash ndërmjet kujtesës dhe CPU-së.
   Shkëmbimi CPU kujtesë kryhet me blloqe prej 4 fjalësh, aq sa është edhe madhësia e bllokut të kujtesës kashé.
Të llogaritet numri i cikleve të busit, që procesori pret për kujtesën për këto raste :
   a. Busi "CPU-Memory" është 32 bit i gjerë dhe kujtesa nuk është interleaving.
   b. Busi "CPU-Memory" është 32 bit i gjerë dhe kujtesa është interleaving.
   c. Busi "CPU-Memory" është 64 bit i gjerë dhe kujtesa nuk është interleaving.
   d. Busi "CPU-Memory" është 64 bit i gjerë dhe kujtesa është interleaving.

e. Busi "CPU-Memory" është 128 bit i gjerë dhe kujtesa nuk është interleaving.

f. Busi "CPU-Memory" është 128 bit i gjerë dhe kujtesa është interleaving.

g. Supozoni se frekuenca e clockut të procesorit është 1.4 Ghz. Sa cikle clocku do të presë ky procesor kujtesën qëndrore për secilin prej rasteve të mësipërme?

Ushtrim 6.8

Përgjigjuni me "Po/Jo" pohimeve të mëposhtëm, që kanë të bëjnë me ndërtimin e kujtesës kashé. Supozoni se parametrat e kashé-së, me përjashtim të atij që ndryshon, mbeten të njëjtë. Shpjegoni shkurtimisht zgjedhjen tuaj.

a. Dyfishimi i madhësisë së linjës do të përgjysmojë numrin e "address tag"? Po / Jo.

b. Dyfishimi i faktorit të shoqërizimit ("associativity") do të dyfishojë numrin e "address tag"? Po / Jo.

c. Dyfishimi i kapacitetit të një kujtese "direct-mapped", shoqërohet zakonisht me zvogëlimin "conflict misess"? Po / Jo.

d. Dyfishimi i kapacitetit të një kujtese "direct-mapped", shoqërohet zakonisht me zvogëlimin "compulsory misses"? Po / Jo.

e. Dyfishimi i madhësisë së linjës zakonisht shoqërohet me zvogëlimin e "compulsory misses"? Po / Jo.

Ushtrim 6.9 -

Duke njohur parimet e ndërtimit dhe funksionimit të një kujtese kashé, përpiquni të shpjegoni :

a. Përse rritja e faktorit të shoqërizimit (assocativity) sjell rritjen e vlerës se "hit rate"?

b. Përse rritja e madhësisë së një blloku, ose linje në kashé, shpesh mundëson rritjen e vlerës se "hit rate"?

c. Përse rritja e madhësisë së një blloku, ose linje në kashé, ndonjëherë zvogëlon performancat e sistemit, edhe pse vlera e "hit rate" rritet?

d. Cila është arsyeja që rritja e madhësisë së një blloku, ose linje në kashé, ndonjëherë shkakton zvogëlimin e vlerës së "hit rate"?

Ushtrim 6.10

Supozoni se një procesor ka këto karakteristika : frekuencë clocku = 200 MHZ, CPI ideale =1.1 dhe kujtesë kashé brenda procesorit (on-chip). Gjatë ekzekutimit të një programi provë, është vënë re se bashkësia e instruksioneve, ka mesatarisht këto frekuenca ekzekutimi :

> ➢ 50 % instruksione arithmetike e logjike
> ➢ 30 % instruksione LOAD/STORE
> ➢ 20 % instruksione të kontrollit (CMP, JUMP etj.)

Si pasojë e ekzistencës së kujtesës kashé, gjatë kapjes së të dhënave (load/store) në 90 % të rasteve, rezultojnë "cache hit". Penaliteti i "cashe miss" është 50 cikle clocku.

Llogarisni CPI efektive për dy raste:

a. Të gjitha instruksionet e programit gjenden në kashé. Pra," instruction cashe miss" = 0.

b. Në 99 % të rasteve, instruksionet e programit gjenden në kashé. Pra," instruction cashe miss" = 1.

Ushtrim 6.11

Supozoni se një CPU, që disponon një kujtesë kashé "on chip", të ndarë ndërmjet instruksioneve dhe të dhënave, ka këto parametra :

- CPI exe = 1.2
- Programi që ekzektohet, ka këtë Instruction mix : 40 % ALU, 25 % load/store, 25 % instruksione kontrolli, 10 % instruksione të ndryshme, që nuk kanë akses me kujtesën.
- Kujtesat kashé të instruksioneve dhe të dhënave sigurojnë këto parametra : Instruction miss rate = 0.8% , data miss rate =5%.
- Miss penalty është 100 cikle clocku, e njëjtë si për leximin, ashtu edhe për shkrimin në kujtesën qëndrore.

Të gjendet : Sa do të ishte numri i cikleve për instruksion (CPI) që do të mund të ekzekutonte procesori, i mbështetur prej kujtesës kashé?

Ushtrim 6.12

Supozoni se një kujtesë kashé instruksionesh, ka "miss rate" = 2 %, ndërsa "miss rate" e kashesë për të dhënat është 4%. Procesori, kur nuk ekziston asnjë vonesë prej kujtesës, ofron një CPI=2. Kujtesa qëndrore ka një miss penalty prej 100 cikle clocku për instruksion & data miss. Frekuenca mesatare e instruksioneve load/store në programe është 35 %. Sa më i shpejtë do të ishte ky procesor, krahasuar me rastin kur kujtesat kashé do të ishin të përkryera (nuk do të kishte kurrë "miss")?

Ushtrim 6.13

Supozoni se në një procesor, n.q.s. të gjitha kërkesat e tij drej kujtesës rrezultojnë në "cache hit", atëherë ai arrin të ekzekutojë një instruksion në mesatarisht 1.1 cikle clocku (CPI=1.1). Frekuenca e clockut e procesorit është 200 Mhz. Kujtesa kapet vetëm me instruksione load/store, të cilat përbëjnë 50 % të numrit total të instruksioneve që ekzekutohen. "miss penalty" është 50 cikle clocku dhe "miss rate" = 1.5%.

Llogarisni :

a. Sa më i ngadaltë do të jetë ky procesor, i shoqëruar nga një kashé reale me parametra si më sipër, në krahasim me rastin, kur të gjitha kërkesat e instruksioneve për kujtesë, rezultonin në "cache hit"?

b. Supozojni se frekuenca e clockut të procesorit bëhet 400 Mhz. Duke ruajtur të njëtët parametra të kujtesës dhe frekencës së instruksioneve, sa më shpejt do të funksiononte tani kjo njësi qëndrore krahasuar me rastin a.?

c. Me procesorin 400 MHz, sa duhet të jetë "miss penalty", me qëllim që të realizohet një njësi qëndore dy herë më të shpejtë se në rastin a?

d. Cili është përfundimi që ju nxirrni prej këtyre llogaritjeve?

Ushtrim 6.14

Në tabelën e mëposhtme jepen të dhëna për procesorët Proc1 dhe Proc2, për kujtesën qëndrore, e cila është e njëjtë për të dy rastet, si dhe për frekuencën e instruksioneve load/store. Kujtesa lexohet nga procesori në 70 ns. Madhësia e bllokut në L1 është një fjalë.

Procesori	Madhësia e kashé L1	Miss rate e kashé L1	Hit time e L1 ns	Koha e leximit të k. qëndrore	Frekuenca e inst. load/store
Proc1	2 KB	8 %	0.66	70 ns	30 %
Proc2	4 KB	6 %	0.90	70 ns	30 %

Të llogariten:

a. Supozoni se për të arritur performancë optimale, frekuenca e procesorëve duhet të jetë e barabartë me "Hit time" të kujtesës kashé L1. Sa do të ishte frekuenca e clockut e procesorëve Proc1 dhe Proc2?

b. Sa do të ishte AMAT për secilin procesor?

c. Duke supozuar se CPI ideale=1.0, sa do të ishte CPI reale për Proc1 dhe Proc2? Cili procesor është më i shpejtë?

d. Sa do të risë performancën e procesorëve Proc1 dhe Proc2 ekzistenca e kujtesës kashé L1? (*Ndihmë: krahasojeni me rastin kur procesori shoqërohet vetëm nga kujtesa qëndrore*).

Ushtrim 6.15

Në tabelën e mëposhtëme jepen të dhëna për procesorët Pro3 dhe Proc4, për kujtesën qëndrore, e cila është e njëjtë për të dy rastet, si dhe për frekuencën e instruksioneve load/store. Kujtesa lexohet nga procesori në 70 ns. Madhësia e bllokut në L1 është një fjalë.

Procesori	Madhësia e kashé L1	Miss rate e kashé L1	Hit time e L1	Koha e leximit të k. qëndrore	Frekuenca e inst. load/store
Proc3	16 KB	3.4 %	1.08ns	70 ns	30 %
Proc4	32 KB	2.9 %	2.02 ns	70 ns	30 %

Të llogariten:
a. Supozoni se për të arritur performancë optimale, frekuenca e procesorëve duhet të jetë e barabartë me "Hit time" të kujtesës kashé L1. Sa do të ishte frekuenca e clockut e procesorëve Proc3 dhe Proc4?
b. Sa do të ishte AMAT për secilin procesor?
c. Duke supozuar se CPI ideale=1.0, sa do të ishte CPI reale për Proc3 dhe Proc4? Cili procesor është më i shpejtë?
d. Sa do të risë performancën e procesorëve Proc3 dhe Proc4 ekzistenca e kujtesës kashé L1?
e. Shikoni me kujdes të dhënat në tabelat e ushtrimeve 6.14 dhe 6.15 dhe analizoni rezultatet që përftoni nga llogaritjet tuaja. A vini re ndonjë ligjësi që rregullon parametrat e procesorëve? Si ndikojnë ato në performancën e procesorit? A mund të arrini në ndonjë përfundim nga ky krahasim?

Ushtrim 6.16
Supozoni se një procesor ka frekuencë clocku 500 Mhz. Ai komunikon me një kujtesë qëndrore që e vonon atë me 20 cikle clocku. Ndërmjet tyre gjendet një kashé me një "miss rate" = 0.05 për instruksion dhe "hit time"= 1 cikël clocku. Supozoni se "miss penalty", në shkrim dhe leximin e kujtesës qëndrore është e njëjtë, me vlerë prej 20 cikle clocku.
a. Gjeni vlerën e AMAT të nën-sistemit të kujtesës të shprehur në sekonda.
b. Supozoni se duke dyfishuar madhësinë e kujtesës kashé arrijmë të zvogëlojmë "miss rate" në vlerën 0.03 për instruksion. Rritja e madhësisë së kashesë, shoqërohet me rritjen prej 20 % të "hit time". Duke përdorur AMAT si madhësi vlerësuese, llogarisni në se ky ndryshim sjell ndonjë përmirësim.

Ushtrim 6.17
Supozoni se procesori lexon kujtesën kashé në një cikël clocku. Ndërsa, në rastin e "cache miss", procesori kërkon 5 cikle clocku që të lexojë informacionin në kujtesën qëndrore. Sa duhet të ishte vlera e parametrit "cache hit rate", me qëllim që AMAT =2 ?

Ushtrimi 6.18

Një procesor jo pipeline, që është i aftë të ekzekutojë instruksionet në një cikël clocku, përdor një kujtesë kashé për të lexuar instruksionet. Vlera e "cache miss rate" për instruksionet është 5%. Në rastin e "cache miss", kërkohen 8 cikle clocku, që të lexohet një bllok (linjë) e kujtesës kashé prej kujtesës qëndrore. Cila do të ishte vlera mesatare e përafërt e CPI ? Mos merrni parasysh penalizimet që vijnë prej "data cache misses" (mungesës së të dhënave në kashé).

Ushtrim 6.19

Supozoni se procesorët CPU-1, CPU-2, CPU-3 kanë këto kujtesa kashé :

    CPU-1 – C1: kujtesë kashé "direct mapped", bllok me madhësi 1 fjalë.
    CPU-2 – C2: kujtesë kashé "direct mapped", bllok me madhësi 4 fjalë.
    CPU-3 – C3: kujtesë kashé "2-way-set associative", bllok me madhësi 4 fjalë.
    Nga matjet e performancave rezultojnë këto vlera :
    CPU-1 – C1: instruction miss rate 4%, data miss rate 6%.
    CPU-2 – C2: instruction miss rate 2%, data miss rate 4%.
    CPU-3 – C3: instruction miss rate 2%, data miss rate 3%.
Të tre procesorët kanë të njëjtën ISA. Në këta procesorë ekzekutohet një program TEST-A, në të cilin gjysma e instruksioneve i kërkojnë operandat në kujtesë. Vonesa që pësojnë procesorët nga kujtesa qëndrore ("miss penalty") është : miss penalty = 6 cikle clocku + madhësia e bllokut. Gjatë ekzekutimit të programit TEST-A, në se kujtesa do të ishte ideale, vlera e CPI-së, për të tre procesorët rezulton të jetë CPI=2.
Gjeni se cili prej procesorëve shpenzon më shumë cikle clocku si pasojë e "cache miss"?
Ndihmë : Në tabelë jenë pasqyruar disa llogaritje. Plotësoni të tjerat!

CPU-cache	Miss Penalty	Inst. cache miss	Data cache miss	Total cache miss
CPU-1-C1		4%*7= 0.28cikle		
CPU-2-C2	6+4=10 cikle			
CPU-3-C3			3%*10=0.3cikle	0.2+0.3*0.5=0.35cikle

Ushtrim 6.20

Duke u bazuar në shembullin 6.13 (adaptuar prej [2]), në rastin e kujtesës "direct mapped", gjeni se cilat adresa në kujtesë do të jenë "konkurrente"

me adresën 12 për bllokun 4 ? Po për bllokun 7?
Krijoni një tabelë me të gjitha adresat konkurrente të 8 blloqeve të kujtesës "direct mapped" të këtij shembulli.

Ushtrim 6.21 -

Në një kujtesë kashé, blloqet e së cilës janë 64 byte, sa bit do të nevojiteshin për të seleksionuar një byte në kashé? Këta bit kanë peshë të vogël (LSB) apo të madhe (MSB) në formatin e adresës? Argumentoni përgjigjen tuaj.

Ushtrim 6.22 -

Në një kujtesë kashé, blloqet e së cilës janë 64 byte, cila do të ishte adresa e fjalës së parë në bllokun që përmban adresën 0xbee3de72?

Ushtrim 6.23

Një procesor 32 bit adreson kujtesën me bazë fjalën. Kujtesa me të cilën ai komunikon, përbëhet nga kujtesa qëndrore dhe L1 kashé. Për adresimin e kujtesës, procesori përdor këtë format adrese:

Block address = 28 bit		Block offset = 4 bit
Address tag = 16 bit	Index = 12 bit	

Të gjenden:
  a. Madhësia e kujtesë qëndrore të adresueshme.
  b. Madhësia e bllokut të kujtesës kashé.
  c. Madhësia e kujtesës kashé.
  d. Organizimi i mundshëm i kësaj kujtese.
  e. Cili është raporti ndërmjet numrit total të bitëve, që përbëjnë këtë kashé, dhe numrit të bitëve të të dhënave, duke përfshirë edhe "valid bit"?

Ushtrim 6.24 -

Një kujtesë kashé ka kapacitet 32 KB dhe madhësi blloku prej 64 byte. Sa bit do të nevojiteshin për të seleksionuar grupin ("set-in") kur :
  a. Kujtesa është 2-way set associative?
  b. Kujtesa është 8-way set associative?
  c. Llogarisni madhësinë e "address tag" dhe "block offset" ("byte select") për të dy rastet e mësipërme.

Ushtrim 6.25

Supozojmë se kujtesa qëndrore e një kompjuteri përbëhet prej 32 byte. Ajo është e adresueshme në nivel byte. Kujtesa kashé ka madhësi 8 blloqe (1

bllok = 1 byte) dhe është e organizuar sipas mënyrës "direct mapped".
Gjeni:
Blloqet në kashé, që i korrespondojnë adresave në kujtesën qëndrore, në tabelat e mëposhtëme dhe shënojini ato në rreshtin përkatës.

Adresa ne K.Q.	Blloku në kashé	Adresa ne K.Q.	Blloku në kashé
00001		00101	
01001		01101	
10001		10101	
11001		11101	

Plotësoni me vlerat e duhura tabelën e mëposhtëme.

Block address =		Block offset =
Address tag =	Index =	

Ushtrim 6.26

Një procesor 32 bit adreson kujtesën me bazë byte. Kujtesa me të cilën ai komunikon, përbëhet nga kujtesa qëndrore dhe L1 kashé "direct mapped". Për adresimin e kujtesës procesori përdor 32 bit adresë. Kapaciteti nominal i kujtesës kashé është 4 KB. Madhësia e bllokut është 1 fjalë = 4 byte.
Gjeni:
a. Madhësitë e zonave të adresimit të kujtesës kashé, dhe vendosini në tabelë.

Block address =		Block offset =
Address tag =	Index =	

b. Paraqitni skematikisht organizimin e kujtesës kashé.

Ushtrim 6.27

Një procesor 32 bit adreson kujtesën me bazë byte. Kujtesa me të cilën ai komunikon, përbëhet nga kujtesa qëndrore dhe L1 kashé "direct mapped". Për adresimin e kujtesës procesori përdor 32 bit adresë. Kapaciteti nominal i kujtesës kashé është 64 KB. Madhësia e bllokut është 4 fjalë = 16 byte.
Gjeni:
a. Madhësitë e zonave të adresimit të kujtesës kashé, dhe vendosini në tabelë.

Block address =		Block offset =
Address tag =	Index =	

b. Paraqitni skematikisht organizimin e kujtesës kashé.

Ushtrim 6.28
Në figurën e mëposhtëme, paraqitet skematikisht një kujtesë "direct mapped" me 8 blloqe, me nga një byte secili.

Blloku	Address Tag	DATA
0		
1		
2		
3		
4		
5		
6		
7		

Paraqisni të njëjtën kujtesë kashé të organizuar në formën:
a. 2-Way Set Associative
b. 4-Way Set Associative
c. 8-Way Set Associative. Si mund të quhej ndryshe, në këtë rast, një kujtesë e tillë?

Ushtrim 6.29
Një procesor 32 bit adreson kujtesën me bazë byte. Kujtesa me të cilën ai komunikon, përbëhet nga kujtesa qëndrore dhe L1 kashé "4-Way Set Associative". Për adresimin e kujtesës, procesori përdor 32 bit adresë. Kapaciteti nominal i kujtesës kashé është 4 KB. Madhësia e bllokut është 1 fjalë = 4 byte.
Gjeni:
   a. Madhësitë e zonave të adresimit të kujtesës kashé, dhe vendosini në tabelë.

Block address =		Block offset =
Address tag =	Index =	

   b. Paraqitni skematikisht organizimin e kujtesës kashé.

Ushtrim 6.30
Një procesor 32 bit adreson kujtesën me bazë byte. Kujtesa me të cilën ai komunikon, përbëhet nga kujtesa qëndrore dhe L1 kashé. Për adresimin e

kujtesës procesori përdor 16 bit adresë. Kujtesa kashé është organizuar në 128 blloqe. Madhësia e bllokut është 4 fjalë = 16 byte.

Gjeni madhësitë e zonave të adresimit të kujtesës kashé, dhe vendosini në një tabelë si më poshtë, për këto tre raste:

Block address =		Block offset =
Address tag =	Index =	

  a. Kujtesa është e organizuar në formën "direct mapped".
  b. Kujtesa është e organizuar në formën "2-Way Set Associative".
  c. Kujtesa është e organizuar në formën "fully associative".
  d. Tregoni korrespondencën ndërmjet adresave ne kujtesë qëndrore dhe blloqeve përkatës në kashé, për tre rastet e mësipërm.

Ushtrim 6.31
Rimerrni shembullin 6.24. Në rastin e kujtesës "direct mapped", për shkak të "conflict misses" vlera e "miss rate" është shumë e lartë. Si do ta riorganizonit ju të njëjtën kujtesë me qëllim që të zvogëlonit vlerën e "miss rate"? Tregoni se cila prej adresave të sekuencës së mëposhtme do të rezultojë tani në miss/hit ?
0x100, 0x101, 0x200, 0x102, 0x300, 0x103, 0x201, 0x102, 0x301, 0x103

Ushtrim 6.32
Supozoni se një procesor adreson kujtesën sipas sekuencës së mëposhtëme të adresave të shprehura ne hexadecimal :
0x100, 0x101, 0x200, 0x102, 0x300, 0x103, 0x201, 0x102, 0x301, 0x103

Kujtesa përbëhet nga kujtesa qëndrore e shoqëruar nga një kujtesë kashé « direct-mapped » me madhësi 1K fjalë (word) të organizuar në 256 linja me nga 4 fjalë secila.
Tregoni se cilat prej këtyre kapjeve të kujtesës do të rezultojnë në "hit" ose në "miss" për dy raste :
  a. Kujtesë kashé fillimisht bosh, e tipit « direct-mapped ».
  b. Kujtesë kashé fillimisht bosh, e tipit « 2-way set-associative ».

Ushtrim 6.33
Një procesor MIPS, i cili përdor 32 bit për të adresuar kujtesën, shoqërohet nga një kujtesë kashé "direct-mapped", që ka këtë format adrese:

Block address = 27		Block offset = 5
Address tag = 22	Index = 5	

Gjeni :

a. Sa është madhësia e linjës ose bllokut në kashé?
b. Sa është numri i bllogeve ?
c. Cili është raporti ndërmjet numrit total të biteve, që përbëjnë këtë kashé, dhe numrit të biteve të të dhënave?

Shënim : Kini parasysh se një procesor MIPS, e trajton kujtesën të alinjuar në madhësinë e fjalës. Në këtë rast, fjala = 4 byte, prandaj 2 bitët LSB të adresës, nuk do të përdoren.

Ushtrim 6.34

Një procesor MIPS, i cili përdor 32 bit për të adresuar kujtesën, shoqërohet nga një kujtesë kashé "direct-mapped", që ka këtë format adrese:

Block address = 26		Block offset = 6
Address tag = 20	Index = 6	

Gjeni :
a. Sa është madhësia e linjës, ose bllokut në kashé?
b. Sa është numri i bllogeve ?
c. Cili është raporti ndërmjet numrit total të biteve që përbëjnë këtë kashé, dhe numrit të biteve të të dhënave?

Shënim : Kini parasysh se një procesor MIPS, e trajton kujtesën të alinjuar në madhësinë e fjalës. Në këtë rast, fjala = 4 byte, prandaj 2 bitët LSB të adresës, nuk do të përdoren.

Ushtrim 6.35

Në sistemin e ushtrimit 6.32, procesori adreson kujtesën sipas sekuencës së mëposhtëme:
0, 4, 16, 32,132, 232,160, 2014, 30, 34, 140, 3100,180, 184, 2184

Me supozimin se kujtesa kashé, është fillimisht bosh, gjeni:
a. Cila prej adresave të mësipërme do të rezultojë në "hit" ose "miss"?
b. Sa do të ishte numri i bllogeve që zëvendësohen?
c. Sa rezulton vlera e "hit rate"?
d. Paraqisni gjendjen e kujtesës kashé në fund të sekuencës në formën:

Address tag	Cache index	Data
...	...	...

Ushtrim 6.36

Kujtesa e një kompjuteri përbëhet nga kujtesa qëndrore, e shoqëruar nga një kujtesë kashé, e tipit «direct-mapped», me madhësi 16 fjalë, të organizuar në 16 linja (blloqe). Pra, madhësia e bllokut në kashé është një fjalë. Supozoni se procesori adreson kujtesën sipas sekuencës së mëposhtme të adresave, të shprehura në decimal.

1, 4, 8, 5 20, 17, 19, 56 ,9, 11, 4, 43, 5, 6, 9, 17.

   a. Tregoni se cilat prej këtyre kapjeve të kujtesës do të rezultojnë në "hit", ose në "miss", duke supozuar se kujtesa kashé është fillimisht bosh.

   b. Cila do të ishte përmbajtja e kujtesës kashé në fund të sekuencës?

   c. Llogarisni "hit rate" të kësaj sekuence.

Rezultatet tuaja vendosini në tabelën e mëposhtme, sipas shembullit 6.16.

	1	4	8	5	20	17	19	56	9	11	4	43	5	6	9	17
Hit/ Miss	Miss	Miss	...													
Nr. blloku																
0																
1	1	1	1	1	1	...										
2																
3																
4		4	...	...												
5																
6																
7																
8																
9																
10																
11																
12																
13																
14																
15																

Ushtrim 6.37

Kujtesa e një kompjuteri përbëhet nga kujtesa qëndrore, e shoqëruar nga një kujtesë kashé, e tipit «direct-mapped» me madhësi 16 fjalë të organizuar në blloqe me nga 4 fjalë secili. Supozoni se procesori adreson kujtesën sipas sekuencës së mëposhtme të adresave, të shprehura në decimal.

1, 4, 8, 5 20, 17, 19, 56 ,9, 11, 4, 43, 5, 6, 9, 17.

a. Tregoni se cilat prej këtyre kapjeve të kujtesës do të rezultojnë në "hit", ose në "miss", duke supozuar se kujtesa kashé është fillimisht bosh.

b. Cila do të ishte përmbajtja e kujtesës kashé në fund të sekuencës?

c. Llogarisni "hit rate" të kësaj sekuence.

d. Krahasoni vlerën e "hit rate" të gjetur në pikën "**c.**", me atë të ushtrimit të mësipërm. Shpjegoni ndryshimin!

Rezultatet tuaja vendosini në tabelën e mëposhtëme sipas shembullit 6.16.

	1	4	8	5	20	17	19	56	9	11	4	43	5	6	9	17
Hit /Miss	Miss	Miss	...	Hit	...											
Nr. blloku																
0	0	0	0	0	0	16	...									
1		4	4	4	20	...										
2			...													
3																

Ushtrim 6.38

Në figurën e mëposhtëme paraqitet kujtesa kashé e tipit "direct-mapped", që gjendet në një procesor 32 bitësh, i cili përdor 32 bit për të adresuar kujtesën e adresueshme në nivel byte.

Të gjenden:

a. Sa është numri maksimal i fjalëve (32 bit), që mund të vendosen në këtë kashé?

b. Sa bit të adresës përdoren për të seleksionuar linjën e duhur ("cache index") të kujtesës kashé? Cilët janë këta bit?

c. Sa bit përdoren për "address tag"? Cilët janë këta bit?

d. Në rastin e një "cache miss", sa do të ishte numri i fjalëve që transferohen prej kujtesës qëndrore në kujtesën kashé?

e. Për çfarë shërben biti "V=valid bit" që shoqëron secilën prej linjave të kashesë?

f. Sa është numri total i biteve që ruhen në këtë kashé duke përfshirë "data words", "address tags" dhe "valid bits"? Sa rezulton të jetë "tag overhead"?

g. Përcaktoni pozicionin në kashé, ku do të vendoset informacioni prej adresës 0x2045F të kujtesës qëndrore. Sa do të ishte vlera e "address tag" në këtë rast?

h. A është e mundur që të dhënat prej adresave 0x22468 dhe 0x3224F8 të gjenden njëkohësisht në kashé? Po të dhënat e adresave 0x1136038 dhe 0x11034 ?

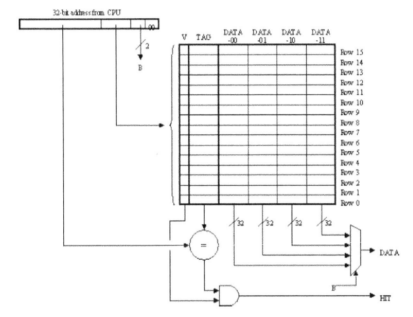

Ushtrim 6.39-
Në një kompjuter, procesori ka hapësirë virtuale adresimi prej 48 bitësh, ndërsa hapësira fizike e adresimit të kujtesës është 36 bit. Madhësia e faqes ("page") është 4 KByte. Të gjendet prej sa faqesh përbëhen hapësirat virtuale dhe fizike të adresimit.

Ushtrim 6.40-
Në një procesor, "hapësira virtuale e adresimit" ka madhësi 44 bit, ndërsa "hapësira fizike" 32 bit. Madhësia e faqes ("page") është 4 KByte. Lidhja (mapping) ndërmjet faqeve virtuale dhe faqeve fizike ("page frames") është si në tabelën 6.8, shembulli 6.34.
Të gjendet Sa është adresa fizike që i korrespondon adresës virtuale:
a. 0xc9813385100?
b. 0x100abc89ccc?

STUDIME

RASTESH

Rast studimi 6.1

Përveç optimizimeve të kujtesave, përmendur në paragrafin 6.1, edhe kontrollorët e kujtesës qëndrore kanë evoluar në drejtim të rritjes së "bandwidth".

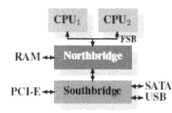

Figura 6.26

Ndër vite, hardware i Personal Computers është standardizuar në "chipset" të përbërë nge dy pjesë: "northbridge" dhe "southbridge", skematikisht paraqitur këtu më poshtë. Në "northbridge", ndër të tjera përfshihej edhe kontrollori i kujtesës qëndrore.

Një arkitekturë e tillë, shoqërohet me ngërçe ("bottlenecks") të shumëfishta në lëvizjen e të dhënave. Kështu, pajisjet me debit të lartë do të duhet të kalojnë të gjitha nëpërmjet "northbridge". Gjithashtu komunikimi me kujtesën qëndrore kryhet nëpërmjet një porte ose kanali të vetëm.

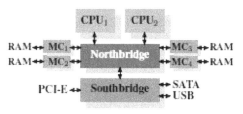

Figura 6.27

Për të përmirësuar këtë situatë, kontrollori i kujtesës qëndrore nxirret jashtë "northbridge" dhe njëkohësisht rritet numri i kanaleve që procesori (procesorët) komunikon me kujtesën, siç tregohet në figurën 6.27. Në një skemë të tillë, "bandwith" i komunikimit kujtesë-procesor rritet ndjeshëm.

Në procesorët modernë (procesorë Intel me mikro-arkitekturë Nehalem, AMD Opteron etj.) kontrollori i kujtesës, përfshihet plotësisht në brendësi të procesorit, si në figurën 6.28. Në një arkitekturë të tillë, numri i bankave të kujtesës është i njëjtë me atë të procesorëve. Kështu në një procesor 4-core, bandwith i komunikimit me kujtesën qëndrore katërfishohet

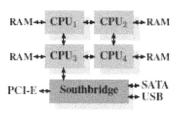

Figura 6.28

menjëherë, pa qenë nevoja që të krijohet një "northbridge" i sofistikuar dhe me një "bandwidth" shumë të lartë.

Kjo arkitekturë ka këtë të metë: meqenëse kujtesa qëndrore duhet ti vihet në dispozicion të gjithë procesorëve, atëherë procesori "lokal" do të kapë kujtesën e tij me një shpejtësi mjaft më të lartë se procesorët e tjerë. Kemi të bëjmë me atë që quhet NUMA (Non Uniform Memory Architecture).Për me shumë lexoni në [15].

Rast studimi 6.2

Le të përpiqemi të hymë në brendësi të një kujtese të tipit DDR (Double Data Rate).

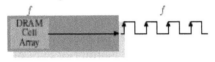

Figura 6.29

Një kujtesë e zakonshme sinkrone e tipit SDRAM funksionon sipas mënyrës SDR – Sigle Data Rate, siç tregohet skematikisht në figurën 6.29. Frekuenca me të cilën funksionon qeliza e kësaj kujtese, është e njëjtë me atë të transferimit në busin e sistemit. Kështu, kur qeliza e kujtesës funksionon p.sh. me 100 MHz, atëherë debiti i të dhënave do të jetë 100Mb/s. Pra, frekuenca "f" e të gjithë komponentëve të kujtesës është e njëjtë.

Rritja e frekuencës së funksionimit të qelizës së kujtesës do të shoqërohej në mënyrë të pashmangshme me rritjet e konsumit. Kujtesat e tipit DDR

Figura 6.30

evitojnë pikërisht këtë gjë. Ato ruajnë të njëjtën qelizë, e cila funksionon me të njëjtën frekuencë, por rrisin prurjen ("bandwidth") duke shtuar një I/O buffer brenda dhe frekuencën me të cilën lexohet

kujtesa në busin e sistemit. Në figurë 6.30 tregohet një kujtesë DDR1 SDRAM, e cila falë I/O buffer, bën të mundur që të dhënat të hidhen në bus në frontin rënës dhe rritës të clockut. Pra, në një cikël clocku lëvizin dy herë më shumë të dhëna në busin e sistemit. ("double pumped bus").

Në kujtesat DDR2, figura 6.31, dyfishohet frekuenca e funksionimit të buferit I/O, gjë që do të dyfishojë "bandwidth" e komunikimit kujtesë-bus,

krahasuar me DDR1.

Kujtesat DDR3 paraqiten në figurën 6.32. Rritja e frekuencës së busit shoqërohet me probleme hardware.

Figura 6.31

Për më shumë informacion rreth kujtesave DDR lexoni në [15] dhe në [1].

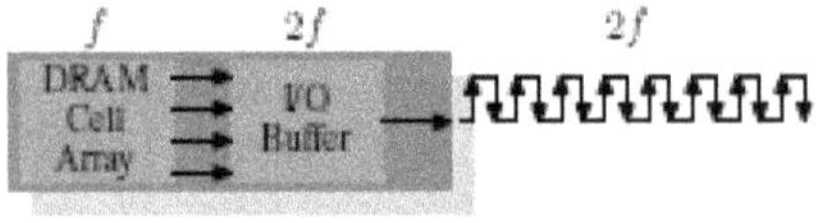

Figura 6.32

 Këndi i
Historisë dhe
Kurioziteteve

1. Kujtesa virtuale e ka origjinën në ''University of Manchester''në vitin 1959. Për herë të parë ajo u aplikua në ''Atlas Computer'' në 1962. Kujtesa e tij përbëhej prej 16000 fjalësh në ''primary core memory'' dhe 96000 fjalë në ''secondary drum memory''. Në këto vite ''Burroughs Corporation'' krijoi kompjuterin B5000, që është kompjuteri i parë komercial, i cili përdor kujtesë virtuale. Ai përdori teknikën e segmentimit.
2. Maurice Wilkes ka thënë:''...zhvillimi që i dha shtytje të rëndësishme kompjuterave, ka qenë shpikja e një kujtese të sigurtë, siç ishte''core memory. Kosto e saj ishte e arsyeshme, kujtesa ishte e sigurtë dhe si e tillë ajo mund të bëhej e madhe''

Shënim : "Core memory" është teknologji që realizohet me toroide magnetikë shumë të vegjël (të quajtur "core"), të vendosur në formë matrice. Ka dominuar në krijimin e kujtesave qëndrore në periudhën 1965-75.

LITERATURA

1. **Agim Çami**, "Arkitektura e Kompjuterave", Julvin, 2011.
2. **David Patterson**, **John L. Hennessy** , "Computer Organization and Design - The Hardware/Software Interface", Morgan Kaufmann, 4 edition, 2008, 2011.
3. **John L. Hennessy, David Patterson**, "Computer Architecture, A quantitative approach", Morgan Kaufmann, 5 edition, 2011.
4. **Nicholas P. Carter** ,"Computer Architecture and Organization", second edition adopted by Raj Kamal, Tata McGraw Hill, 2011.
5. **Nicholas P. Carter**, "Architecture de l'Ordinateur", EdiScience-Dunod, 2002.
6. **Linda Null, Julia Labur**, "The essentials of computer organization and architecture", Johne and Barlett Pub., 2003.
7. **Danny Cohen**, "On holy wars and a plea for peace", IEEE Computer, October 1981.
8. **Intel**, "Endianess White Paper", November 15, 2004.
9. **David Goldberg,** "What Every Computer Scientist Should Know About Floating-Point Arithmetics", ACM Computing Surveys, March 1991.
10. **Berhooz Parhami,** "Computer Arithmetics", Oxford University Press, 2009.
11. **Emmanuel Lazard**, "Architecture de l'Ordinateur", Pearson Education France, 2006.
12. **G.M.Amdahl, G.A. Blaauw, F.P. Brooks,** "Architecture of the IBM System/360", IBM Journal of RD, 1964.
13. **Gene M. Amdahl**, "Validity of the single processor approach to achieving large scale computing capabilities", AFIPS spring joint computer conference 1967.
14. **John L. Gustafson** , "Reevaluating Amdah's law", *Communications of the ACM May 1088 Volume 31 Number5.*
15. **Ulrih Drepper, "**What every programmer should know about memory", Red Hat Inc. 2007.
16. **Andrew Tanenbaum**, Structured Computer Organization, Pearson Prentice Hall, 2005.
17. **Shaaban Muhammad**, "Computer Architecture and Organzation", RIT University, 2012.
18. **William Stalling**, Computer Organization and Architecture, Pearson Education, 2003.

19. **Daniel Page,** A Practical Introduction to Computer Architecture, Springer, 2009.

20. **Steve Wad**, Computation Structures course, MIT, 2009.

21. **Prof. Arvind, Krste Asanovic, Joel Emer**, Computer System Architecture course, MIT 2005.

22. **Christos Kozyrakis**, Computer Systems Architecture course, Stanford University, 2011.

23. **Krste Asanovic,** Computer Architecture and Engineering course, Berkeley University, 2012.

www.ingramcontent.com/pod-product-compliance
Lightning Source LLC
Chambersburg PA
CBHW080147060326
40689CB00018B/3878